U0026333

中國國際法與國際事務年報

第 五 卷

（民國七十八年至七十九年）

中 國 國 際 法 學 會
中國國際法與
國際事務年報 編輯委員會 編

臺灣商務印書館發行

序

丘　宏　達

　　本卷年報編輯體例與以往四卷並無任何變動。在內容方面，由於「國家統一綱領」為我國政府對中國大陸的大政方針的宣示，因此列入年報中。

　　在編輯本年報時，程建人、楊榮藻、李大維、楊國棟與黃一鑫等先生，在收集我國涉外資料方面協助甚多。在一般編務方面，杜芝友與張素雲二位女士擔任了主要工作，任孝琦與張麗鳳女士協助編輯書目。對以上幾位，編者在此表示謝意。

中華民國81年1月1日

中國國際法與國際事務年報第五卷編輯人員

顧　　問　張彝鼎　朱建民
總　編　輯　丘宏達
編　　輯　（依姓氏筆畫為序）

俞寬賜　菲律賓大學碩士，劍橋大學博士，現任國立臺灣
　　　　大學國際法教授

馬英九　美國哈佛大學法學博士，現任國立政治大學國際
　　　　法兼任副教授

黃一鑫　文化學院法學博士及美國馬里蘭大學訪問學者，
　　　　現任司法院秘書處第二科科長兼臺灣高等法院
　　　　法官

程建人　英國劍橋大學法學士（LL. B.），現任外交部常
　　　　務次長

傅崐成　美國維吉尼亞大學法學博士，現任國立臺灣大學
　　　　國際法副教授

葉永芳　美國紐約大學法學碩士，現任德時法律事務所律
　　　　師

趙國材　英國愛丁堡大學法學博士，現任國立政治大學外
　　　　交系國際法教授

總編輯特別助理

任孝琦　美國西東大學亞洲研究碩士，現任政大國際關係
　　　　研究中心特約副研究員

執行編輯

杜芝友　美國馬里蘭大學政策學碩士，現任馬里蘭大學法
　　　　律學院東亞法律研究計畫助理主任

〔 iii 〕

副執行編輯

　　　　張素雲　美國賓州大學法律碩士，現任馬里蘭大學法律學
　　　　　　　　院東亞法律研究計畫研究助理

副　編　輯　（依姓氏筆畫爲序）

　　　　楊國棟　國立臺灣大學政治學碩士，現任職駐南非大使館
　　　　楊勝宗　美國喬治城大學國際關係碩士，現任外交部專門
　　　　　　　　委員
　　　　黃競涓　美國馬里蘭大學政治學碩士，博士候選人

中國國際法學會理監事

榮譽會長: 張彝鼎

會　　長: 薛毓麒　　　秘書長: 傅崐成

理　　事: 王人傑　　丘宏達　　朱建民　　李鍾桂　　法治斌　　林碧炤
　　　　　俞寬賜　　馬英九　　張彝鼎　　張京育　　陳治世　　陳榮傑
　　　　　趙國材　　薛毓麒　　傅崐成

監　　事: 馬漢寶　　陳長文　　楊西崑　　翁岳生　　魏　鏞

中國國際法與國際事務年報（第五卷）

民國七十八年（1989）至七十九年（1990）年

目　錄

壹、論　文

中國國籍法研究[*]

丘　宏　達

一、前　　言

本文在就中國國籍法的沿革、制定後施行的實踐及其在國際法上的一些問題作一歷史性與分析性的研究，最後再針對現行國籍法的缺點與應修正之處提出檢討與建議。

中國人移民海外歷史悠久，但在十九世紀中葉以前，當時的中國政府並未注意到國籍問題及保護在海外的中國人。採取此種態度的主要原因是當時中國政府的海禁政策，私自出國者要受嚴厲制裁，此種禁令始自明朝，但到清朝更變本加厲。清雍正五年（一七二七）上諭說：「朕思此等貿易外洋者，多係不安本分之人，若聽其來去任意，不論年代久遠，伊等益無顧忌，輕其去鄉，而飄流外國者益多矣。嗣後應定期限，若逾期不還，是其人甘心流移外方，無可憐惜，朕意不許令其回復內地。」六年（一七二八）再諭說：「出洋之人，陸續返棹，而彼地存留不歸者，皆甘心異域，違禁偷往之人，不准回籍。」[①]

此種海禁政策到鴉片戰爭（一八三九至一八四二年）清朝被英國擊敗後，才逐漸改變。一八六〇年十月廿四日中英北京條約第五款正式

---

[*] 本文內容部分刊登在 Ko Swan Sik, ed., *Nationality and International Law in Asian Perspective,* The Hague : Martinus Nijhoff Publishers, 1990, pp. 27-64，該文並影印編入 Occasional Papers/Reprints Series in Contemporary Asian Studies, No. 3-1990 (98)。

[①] 丘式如，**華僑國籍問題**，臺北：正中書局，民國五十五年出版，頁94。

對英國開放海禁，該款規定:「……大清大皇帝允於卽日降諭各省督撫大吏，以凡有華民情甘出口，或在英國所屬各處，或在外洋別地承工，俱准與英民立約爲憑，無論單身或願攜帶家屬一並赴通商各口，下英國船隻，毫無禁阻。該省大吏亦宜時與大英欽差大臣查照各口地方情形，會定章程，爲保全前項華工之意。」② 類似條款也包括在一八六〇年十月廿五日的中法北京條約第九款中③。由於海禁開放，允許國人出國，所以就發生中國人在外國的國籍問題，因此在中國制定有關國籍的法律以前，有些條約已開始涉及中國人在外國國籍的事項。

二、清朝對外條約中對國籍問題的規定

清朝簽訂的對外條約中首先涉及國籍問題的是一八六八年七月廿八日中美天津條約續增條款，其第五條規定:「大清國與大美國切念民人前往各國，或願常住入籍，或隨時來往，總聽其自便，不得禁阻，爲是現在兩國人民互相來往，或遊歷，或貿易，或久居，得以自由，方有利益。兩國人民自願往來居住之外，別有招致之法，均非所准。是以兩國許定條例，除彼此自願往來外，如有美國及中國人將中國人勉強帶往美國，或運於別國，若中國及美國人將美國人勉強帶往中國，或運於別國，均照例治罪。」第六條規定:「美國人民前往中國，或經歷各處，或常行居住，中國總須按照相待最優之國所得經歷、常住之利益，俾美國人一體均沾；中國人至美國，或經歷各處，或常行居住，美國亦必按照相待最優之國所得經歷與常住之利益，俾中國人一體均沾。惟美國人在中國者，不得因有此條，卽時作爲中國人民；中國人在美國者，亦不得因有此條，卽時作爲美國人民。」④ 這二條中分別規定自由入籍原則及不得強迫入籍原則。但當時中國國

---

② 王鐵崖編，**中外舊約章彙編**，第一卷，北京:三聯書店，一九八二年第二次印刷，頁 145。

③ 同上，頁 148。

④ 同上，頁 262。

內法並無有關國籍的規定，據西方學者的研究，當時所知的中國習慣法是中國人的子女取得其父親的國籍[5]。

一八九四年三月十七日中美限禁來美華工保護寓美華人條約在第四款規定：「查光緒六年十月十五日，即西曆一千八百八十年十一月十七號，中美在北京所立華人來美續約第三款本已敍明，茲復會訂，在美華工，或別項華人，無論常居，或暫居，爲保護其身命、財產起見，除不准入美國籍外，其餘應得盡享美國律例所准之利益，與待各國人最優者一體相待無異。茲美國政府仍允按照續約第三款所訂，盡用權力保護在美華人身命、財產。」[6]此條中清朝政府被迫同意華人不准入美國籍。

一九〇七年荷蘭在東印度羣島（現在的印度尼西亞）的殖民政府據說將制定國籍法，並採用屬地原則（jus soli，即生在該地的人就具有當地國之國籍）[7]。這個擬議中的法律將使許多生在當地的中國人變成荷蘭人，因此當地中國人紛紛反對並要求清朝政府干涉[8]。當時清政府交涉時的困難之一是當時中國自己根本沒有國籍法，因此覺得必須盡快立法[9]。

另外一個促使中國政府制定國籍法的原因是，當時有些在國內的中國人取得了外國國籍來逃避中國的管轄權，因爲在不平等條約下，

⑤　見 C. Sainson and G. Chuzel, "La nationalite dans le nouveau droit chinois," *Journal de Droit International Prive*. Vol. 3 (1910), p. 411; 引自董霖，**中國國籍法**，重慶：國民圖書出版社，民國三十二年出版，頁 1，14。

⑥　王鐵崖，前引註②，頁582。

⑦　丘式如，前引註①，頁101。

⑧　見宣統元年正月廿九日（一九〇九年二月十九日）農工商部文，臺北中央研究院近代史研究所檔號清字一〇五六號。

⑨　Tsai Chutung, "The Chinese Nationality Law, 1909," *American Journal of International Law*, Vol. 4 (1910), pp. 404, 407. 另請參閱丘式如，前引註①，頁101-102及 L. Tung, *China and Some Phases of International Law*, London and New York: Oxford University Press, 1940, p. 86. 在一九〇九年以前，中國政府數度要求在荷蘭東印度羣島設立領事館，但遭荷政府拒絕的一個理由是中國並無國籍法來決定其外交保護的對象。Ko Swan Sik, *De Meervoudige Nationaliteit* 〔多國籍〕, Leiden : Sijthoff, 1957, p. 122.

中國政府對外國人沒有管轄權⑩。

一九○九年（宣統元年閏二月初七日）清政府頒佈國籍條例⑪。一九一一年五月八日中荷簽訂荷屬東印度領事條約關於中荷兩國解決華僑國籍問題的換文中⑫，對在當地華僑國籍問題，作了一個妥協的解決辦法，即在荷屬東印度，依荷蘭法律是荷人，但回到中國時則爲中國國民，如果往他國居住時，亦可喪失荷籍，全憑個人的意願。

三、中國國籍法的歷史沿革

在一九○九年國籍條例制定前，唯一所知的習慣法是中國人的子女取得其父的國籍⑬。其他有關喪失國籍及外國人歸化等問題，均不清楚。一九○八年三月廿六日（光緒三十四年二月二十日）軍機處劉式訓奏請制定國籍法，其中說明了兩個理由：

(1)「各口租界林立，居民良莠不齊，奸黠之徒每投〔外國〕領事館註冊受其保護，一經犯案提究，則領事強爲干預便享免轄權利。此等事端業已屢見，若凡有領事之處相率效尤，則侵損主權伊於胡底……」

---

⑩ Tsai，前引註⑨，頁405-406。關於不平等條約排除中國管轄權之例，如一八五八年六月廿七日簽訂的中法天津條約規定如下：
　　第三十八款　凡有大法國人與中國人爭鬧事件，或遇有爭鬧中，或一、二人及多人不等，被火器及別器戕傷致斃者，係中國人，由中國官嚴拏審明，照中國例治罪，係大法國人，由領事官設法拘拏，迅速訊明，照大法國例治罪，其應如何治罪之處，將來大法國議定例款。如有別樣情形在本款未經分晰者，俱照此辦理，因所定之例，大法國人在各口地方如有犯大小等罪，均照大法國辦理。
　　第三十九款　大法國人在通商各口地方，如有不協爭執事件，均歸大法國官辦理。遇有大法國人與外國人有爭執情事，中國官不必過問。至大法國船在通商各口地方，中國官亦不爲經理，均歸大法國官及該船主自行料理。
　　引自王鐵崖，前引註②，頁111-112。
⑪ 條文見董霖，前引註⑤，頁 62-68。本條例立法經過可參閱李貴連，「晚清『國籍法』與『國籍條例』」，**法學研究**，一九九○年第五期，頁76-79。
⑫ 王鐵崖，前引註②，第二卷，頁 715，719-720。另可參閱丘式如，前引註①，頁102-103。
⑬ 見前註⑤及相關正文。

（2）「查西國定例有生於其地卽入其籍者，　有夫或妻雖係客籍在其地所生子女及歲時不自陳明卽作爲入籍者；今華僑散布於香港、星加坡、西貢及南洋各地數逾百萬外，置田園長子孫旅居數世，倘彼族視我本無國籍定制而設例以盡沒入籍，我將何以據以與爭……」⑭。

一九〇八年十一月廿八日（光緒三十四年十一月初五日），駐荷蘭公使也向民政部（以前稱爲戶部）報告說明中國沒有國籍法於認定何人爲中國人實有困難⑮。

一九〇九年三月九日（宣統元年二月十八日）清政府下諭：「軍機大臣欽奉諭旨，外務部會同修訂法律大臣奏擬國籍條例繕單呈覽一折，著憲政編查館迅速核議具奏，單並發。」同年三月廿八日（宣統元年閏二月初七日）清政府頒佈國籍條例及國籍條例施行細則⑯。民政部同時頒佈發給國籍執照簡章⑰。

國籍條例採用血統主義（jus sanguinis）來決定子女的國籍（第一條）。外國人願歸化中國者必須是「照該〔外國人本〕國法律於入籍後卽應銷除本國國籍者」（第三條第五款）。外國人有「殊勳於中國者」，可以不適用其他第三條規定的條件（如接續居住十年以上、品行端正或有相當之資財或藝能足以自立者），但仍不能排除銷除本國國籍之條件（參照第四條）。中國人願入外國籍者，應先呈請出籍（第十一條），換句話說，是對於喪失我國國籍採取許可制，而必須具備下列條件才允許出籍（第十二條）：

（1）無未結之刑、民訴訟案件；
（2）無兵役上之義務；
（3）無應納未繳之租稅；及
（4）無官階及出身。

---

⑭　臺北中央研究院近代史研究所檔號清字一〇五六號。原件並無標點，標點係由本文
　　作者加上的。
⑮　同上。
⑯　全文見董霖，前引註⑤，頁67-70。
⑰　全文見同上，頁71。

中國婦女嫁於外國人者喪失中國國籍，但照該國法律不因婚配而認其入籍者，仍屬中國國籍 （第十四條）。中國婦女因婚姻而喪失中國國籍者，若離婚或夫死後，准呈請復籍（第十九條）。依據國籍條例海外中國人即使因外國國籍法規定的屬地原則 (jus soli) 或其他規定而取得外國國籍者，仍得保留中國國籍，因此許多海外中國人具有雙重國籍。

中華民國政府於一九一二年一月一日成立後，在民國元年十一月十八日頒佈國籍法[18]，其內容大體上與清政府頒佈的國籍條例相當。一九一四年十二月卅日修正國籍法[19]。到了一九二八年國民黨取得政權成立國民政府後，才在一九二九年二月五日將國籍法全面修正公佈[20]。

國民政府修正舊國籍法的要點如下：

(1) 將原有歧視婦女部分取消。例如，舊法規定婦女不得單獨申請歸化或喪失中國國籍[21]，新法中取消此種限制[22]。舊法中規定婦女與中國人結婚將自動取得中國國籍[23]，但新法中規定為中國人妻者取得中國國籍，「但依其本國法保留國籍者，不在此限」（第二條第一款）。修改意旨在尊重外國婦女為中國人妻者的自由選擇權[24]。基於同樣理由，中國人為外國人妻者，經內政部許可得喪失中國國籍（第

---

[18] 全文見同上，頁72-80。國籍法施行細則在民國二年十一月三日頒佈，全文見董霖，前引註⑤，頁80-82。

[19] 全文見董霖，前引註⑤，頁 83-86。施行細則在一九一五年二月二日頒佈，全文見董霖，頁86-88。

[20] 中華民國建國七十年紀念，**中華民國現行法規彙編**，㈡，頁 1025-1028。英文譯文見 *Laws Concerning Nationality* (UN Legislative Series, ST/LEG/ SER.B/4, Sales No. 54.v.1.), New York: The United Nations, 1954, pp. 94-97.

[21] 一九〇九年國籍條例第七及十五條，一九一二年國籍法及一九一四年修正國籍法第五條。

[22] 參閱立法院法制外交委員會同審查國籍法草案及國籍法施行條例草案報告，載**立法院公報**，第二期（民國十八年二月），頁93。

[23] 一九〇九年國籍條例第五條第一項，一九一二年國籍法及一九一四年修正國籍法第二條第一項。

[24] 參閱立法院國籍法草案審查報告，前引註⑳，頁91。

十條第一款）㉕。　舊國籍法規定中國人因婚姻喪失國籍者，於婚姻關係喪失後，如於中國有住所，才能申請恢復中國國籍㉖，此點限制過嚴，因此新法中將「住所」規定取消（第十五條）㉗。

（2）新法中儘量避免產生無國籍的情況。舊法中規定「生於中國地，父無可考或無國籍，其母爲中國人者」，才視爲中國人㉘；新法中取消「生於中國地」的條件㉙。換句話說，母爲中國人但生於國外之人也可以取得中國國籍。

四、中國國籍法的法源

甲、憲　法

一九〇九年清政府頒佈的「憲法大綱」及一九一一年十一月二日頒佈的「十九信條」，均未對國籍問題有所規定㉚；一九一二年三月十一日公佈的中華民國臨時約法及一九一四年五月一日公佈的中華民國約法，對國籍問題也未有規定㉛。一九二三年十月十日公佈的憲法（天壇憲法）才在第四條規定：「凡依法律所定屬中華民國國籍者爲中華民國人民。」㉜。

國民政府成立後，一九三一年六月一日公佈的中華民國訓政時期約法第二條第二項規定：「凡依法律享有中華民國國籍者爲中華民國國民。」㉝。一九四七年一月一日公佈的中華民國憲法在第三條規定：「具有中華民國國籍者爲中華民國國民。」㉞

㉕　同上，頁98。
㉖　一九一四年修正國籍法第十七條。
㉗　參閱立法院國籍法草案審查報告，前引註㉒，頁98。
㉘　一九一二年國籍法第一條第三項。
㉙　參閱立法院審查國籍法草案的報告，前引註㉒，頁89-90。
㉚　繆全吉編著，**中國制憲史資料彙編**，臺北市：國史館，民國七十八年出版，頁2—5（大綱），15-16（信條）。
㉛　同上，頁50-56（臨時約法），62-70（約法）。
㉜　同上，頁884。
㉝　同上，頁359。
㉞　**中華民國現行法規彙編**，前引註⑳，㈠，頁1。

乙、法　規

有關國籍的主要法律是一九二九年二月五日公佈的國籍法[35]及國籍法施行細則[36]。主管機構是內政部，該部又頒佈了一些有關法規如下：

(1) 中華民國國籍證明書規則，（一九五六年十月六日公佈，其後修正數次)[37]。

(2) 內政部發給國籍許可證書規則（一九二九年三月三十日發佈，一九八三年一月廿九日修正發佈全文十條)[38]。

(3) 內政部審核取得國籍人解除限制規則（一九三〇年二月廿日發佈)[39]。

(4) 戡亂期間處理無外交關係國家人民取得回復國籍暫行辦法。（一九五〇年十一月一日代電頒行，現已廢止)[40]。

丙、條　約

條約是中華民國的法源之一[41]，因此國籍法的法源應包括條約在內。中華民國在一九三四年十二月十八日加入了一九三〇年四月十二日的關於國籍法衝突若干問題公約（Convention on Certain Questions Relating to the Conflict of Nationality Laws）[42]及此公約所附的關於無國籍議定書（Protocol Relating to a Certain

---

[35] 見前引註[20]。

[36] **中華民國現行法規彙編**，前引註[20]，㈢，頁1029-1030。

[37] 同上，頁1031-1032。

[38] 同上，頁1033-1034。

[39] 同上，頁1035-1036。

[40] 同上，頁1037。

[41] 關於此一問題的討論，請參閱，丘宏達，「國際慣例、條約、協定及非（準）官方協定在我國國內法上的地位」，**中國國際法及國際事務年報**，第二卷（民國七十五年至七十六年），頁3-27。

[42] *League of Nations Treaty Series*, Vol. 179, pp. 89-113；中文譯文見薛典曾與郭子雄編，**中國參加之國際公約彙編**，臺北：臺灣商務印書館，民國六十年臺一版，頁947-950。

Case of Stateless)㊸及關於無國籍特別議定書(Special Protocol
Concerning Stateless)㊹。關於國籍法衝突若干問題公約第四條規
定:「國家關於本國人民之兼有他國國籍者對於該第二國不得施外交
上之保護」中華民國政府提出保留，因爲中國有許多僑民具有雙重國
籍，依該條規定中國將不能行使外交保護權㊺。

在一九五八年九月 二十二 日中華民國批准了 一九五七 年二月二
十日的已婚婦女國籍公約 (Convention on the Nationality of
Married Women)㊻。

我國的國籍法及有關規定，似未與上述我國參加的國籍公約相牴
觸。萬一有所牴觸，將以國際公約優先㊼，但到目前爲止，尚未有此
種事件發生。

中華民國在一九四八年十二月十日在聯合國大會投票贊成世界人
權宣言 (Universal Declaration of Human Rights)㊽。宣言第

㊸　*League of Nations Treaty Series,* Vol, 179, pp. 115-126. 中文譯文見薛典
　　曾與郭子雄，前引註㊷，頁952。
㊹　薛典曾與郭子雄，前引註㊷，頁953. 英文本見 Manley O. Hudson and Ruth
　　E. Bacon, eds., *International Legislations,* Vol. 5 (1929-1931), Dobbs
　　Ferry, New York: Oceana, 1971, pp. 387-394 (Special Protocol).
㊺　立法院外交委員會審查報告中說:「該公約第四條關於不得施行外交保護之規定，
　　係以屬地主義爲依歸，與我國所採之血統主義正相背馳，而與保護華僑政策尤相牴
　　觸，自應加以保留。」**立法院公報**，第二十五期 (民國二十年一月)，各委員會議
　　事錄，頁３。
㊻　*United Nations Treaty Series,* Vol. 209, p. 65ff. 中華民國批准日期見*Multi-*
　　lateral Treaties in Respect of which The Secretary-General Performs
　　Depositary Functions, List of Signatures, Ratifications, Accessions,
　　etc. as at 31 December 1976 (ST/LEG/SER. D10, Sales No. E.77.V.7),
　　New York: The United Nations, 1977, p. 434, note 2.
㊼　參閱最高法院民國七十三年四月六日七十三年度臺非字第六九號判決，其中說:
　　「國際協定之效力優於國內法，前經本院著有二十三 年上字第 一〇七四 號判例可
　　循。」本判決載**中國國際法與國際事務年報**，第一卷(民國七十四年至七十五年)，
　　頁458-463。
㊽　英文本見 Susan J. Djonovich, ed., *United Nations Resolutions,* Series
　　I, Resolutions Adopted by the General Assembly, Vol. II (1948-49),
　　Dobbs Ferry, New York: Oceana, 1973, pp. 135-141 (全文) 217 (投票記
　　錄)。中文譯文見丘宏達編輯，**現代國際法基本文件**，臺北: 三民書局，民國七十
　　三年出版，頁279-282。

十五條規定: 「一、人人有權享有國籍。 二、 任何人之國籍不容無理
褫奪, 其更改國籍之權利不容否認。」此一宣言國際法學家幾均認爲
有國際法上的拘束力, 並曾爲國際法院及許多國內法院所引用[49]。

五、決定中國國籍法內容的幾個重要因素

在制定一九二九年的國籍法時, 有幾個重要因素決定其內容:

第一是中國人對中國文化與生活方式有深厚感情與認同, 因此極
不願意放棄中國國籍。雖然有許多在海外的中國人由於出生地或歸化
的關係取得了外國籍, 但許多人仍希望保留中國國籍以維持他們與中國
在感情上與文化上的聯繫。因此中國的國籍法允許雙重國籍, 以反映
海外大多數中國人的願望。

第二個因素是中國政府要對在海外的中國人行使外交保護權, 所
以除非海外的中國人自願放棄中國國籍, 中國政府仍有權行使外交保
護權以保障海外中國人的權益。

第三個因素是中國人要放棄中國國籍必須經內政部許可。由於在
一九四五年以前許多國家在中國有領事裁判權, 其國民不受中國管轄
[50], 所以對中國人喪失國籍規定必須經內政部同意, 以免中國人可以
隨意入外國籍來逃避中國的管轄權[51]。

第四, 有些海外中國人由於當地國法律規定必須放棄中國國籍才

---

[49] 關於此宣言之法律上拘束力問題, 可參閱 Juan Carrillo Salcedo, "Human
Rights, Universal Declaration (1948)," Rudolf Bernhandt, ed., *Encyclo-
pedia of Public International Law*, Vol. 8, *Human Right and Indivi-
dual in International Law/ International Economic Relations*, Amster-
dam: North-Holland, 1985, pp. 303-307 及其中所引之參考書目。

[50] 關於此問題可以參閱, 王世杰與胡慶育編著, **中國不平等條約之廢除**, 臺北: 中央
文物供應社, 民國五十六年出版。

[51] 立法院外交委員會審查國籍法草案報告中說: 「中國內地如上海等處, 有外國租
界, 中國人多有入外國籍, 以圖享受外國人之權利, 而避免本國人應盡之義務者,
故應**防止**中國人之隨意入外國國籍。」謝振民, **中華民國立法史**, 上海: 正中書局,
民國三十七年滬一版, 頁601。

能取得外國國籍，但後來又想恢復中國國籍，所以國籍法規定恢復國籍的程序。只要其年滿二十歲以上依中國法或其本國法爲有行爲能力；品行端正及有相當之財產或藝能，足以自立者，就可以復籍[52]。申請復籍時並無居住年限及在中國設立住所的條件。

第五，男女平等的原則。在立法時確認女子有獨立國籍，但外國女子爲中國人妻者，如其本國法規定喪失國籍，則規定認爲是中國人，以避免無國籍的情況出現[53]。

第六，中國的國籍法特別着重個人對取得或喪失國籍的自由選擇權。一般來說，國籍法不將中國國籍強加於外國人；對中國人也不剝奪其中國國籍，除非該人自願放棄中國國籍。

六、基於出生或親屬關係的改變取得或喪失國籍

甲、取得國籍

中國國籍法是採用血統主義，該法第一條規定，下列各人具有中華民國國籍：

(1) 生時父爲中國人者。

(2) 生於父死後，其父死時爲中國人者。

(3) 父無可考或無國籍，其母爲中國人者。

但爲了避免出現無國籍的情況，因此也部分採用出生地主義，因此同條也規定「生於中國地，父母均無可考，或均無國籍者」，也具有中國國籍。至於「中國地」是否包括中國船或飛機，則不清楚，且迄今爲止，尚無此類案件發生。

基於婚姻關係也可以取得中國國籍，因此第二條第一款規定：「爲中國人妻者」可取得中國國籍，但「依其本國法保留國籍者，不在此限」，以尊重婦女的選擇國籍權利，並避免造成雙重國籍或無國

---

[52] 國籍法第十六條。
[53] 參閱立法院外交委員會審查國籍法草案報告，謝振民，前引註[51]，頁601。

籍的情況㊿。如果外國婦女依其本國法與中國人結婚後可以保留其外國籍，但她要取得中國國籍，則必須依其本國法先喪失其國籍後，始能依我國國籍法第二條第一款取得中華民國國籍㊌。但「外國婦女嫁與中國人爲妻，於其爲中國人妻時，已取得中華民國之國籍者，其婚姻關係雖因重婚而經法院宣告撤銷，其已取得之中華民國國籍，自不因之而喪失。」㊍ 在一九二八年至一九三五年間共有一百零一位外國婦女由於婚姻關係取得中國國籍㊎。在一九七二年至一九八一年在臺灣地區有六百三十七位外國婦女依國籍法第二條第一款取得中華民國國籍㊏。

　　婦女因婚姻關係取得中華民國國籍者，仍受第九條的限制，不得擔任若干公職。

　　根據國籍法的規定，外國男子不能因婚姻關係（與中國女子結婚）取得中國國籍，但可以依第三及第四條歸化中國取得中國國籍。

　　國籍法第二條第二、三款規定依認知而取得中國國籍：「二、父爲中國人經其父認知者。三、父無可考或未認知母爲中國人經其母認知者。」第四款規定「爲中國人養子者」取得中國國籍，在條文中雖用「子」之字樣，但實際上包括「女」在內㊐。「外國人爲中國人養子時所取得之中國國籍，無論已否備案，均不因收養關係之中止而當然喪失。」㊑。

　　由於蘇聯及其前附庸東歐各國敵視中華民國，因此在一九五〇年

㊿　參閱Tung，前引註⑨，頁92。

㊌　民國三十五年司法院解字第三〇一號解釋。段紹禋編輯，**中華民國六法理由判解全編**，臺北：三民書局經銷，民國五十三年出版，頁272。

㊍　民國二十七年院字第一七二七號解釋，段紹禋，前引註㊌，頁272。

㊎　董霖，前引註⑥，頁18。

㊏　**中華民國七十一年內政統計提要**，臺北：內政部，民國七十二年出版，頁61。

㊐　外交部將我國國籍法譯爲英文送請聯合國刊登在**有關國籍的法律**（*Laws Concerning Nationality*）一書中，就將「子」譯爲 Child（兒童或小孩），前引註⑳，頁94。在國籍法英文譯文中，所有中文「子」均譯爲 Child。

㊑　民國二十五年院字第一五五二號解釋。段紹禋，前引註㊌，頁272。

十一月一日內政部頒佈戡亂期間處理無外交關係國家人民取得回復國籍暫行辦法[61]，其中規定如下：

第　二　條　蘇聯及其附庸國家之人民依國籍法第二條第一、四、五
　　　　　　各款聲請取得我國國籍者暫停辦理，但依國籍法第二條
　　　　　　第一款聲請事實在兩國未斷絕邦交前，其本國法不保留
　　　　　　其國籍，或雖保留其國籍而聲請事實在本國法公布施行
　　　　　　前者，及依國籍法第二條四款聲請事實在兩國未斷絕邦
　　　　　　交前者均不在此限。

第　三　條　凡喪失我國國籍已取得蘇聯或其附庸國籍之人民聲請回
　　　　　　復我國國籍者，均暫停辦理。

第　四　條　非蘇俄及其附庸國家而已與我國無外交關係國家之人民
　　　　　　依國籍法第二條第一、四、五各款申請取得我國國籍
　　　　　　者，仍依國籍法規定辦理。

此一辦法已因動員戡亂時期的終止而失效[62]。

乙、喪失國籍

由於我國國籍法主要是採血統主義，所以海外出生的中國人不會因此喪失中國籍。依第十條的規定，喪失中國國籍的情況如下：

一　爲外國人妻自請脫離國籍經內政部許可者。

二　父爲外國人經其父認知者。

三　父無可考或未認知母爲外國人經其母認知者。

依前項第二、第三款規定喪失國籍者。以依中國法未成年或非中國人之妻爲限。

在抗日戰爭期間（一九三七至一九四五年）有我國婦女與日本人結婚，但因依上述規定，與外國人結婚並不當然喪失我國國籍，所以如該婦女未經內政部准許其脫離我國國籍，不能因其與日本人結婚而

---

[61]　前引註[40]。

[62]　見後註[116]及相關本文。

視爲「敵國人民」(63)。

爲外國人收養者，並不當然喪失中國籍，當然被收養人可以依國籍法第十一至十三條喪失我國國籍。

七、依歸化或其他方式自願取得中國國籍

甲、歸化條件

國籍法第三條規定外國人或無國籍人經內政部許可的歸化條件如下:

「呈請歸化者。非具備左列各款條件。內政部不得爲前項之許可。

一　繼續五年以上。在中國有住所者。

二　年滿二十歲以上。依中國法及其本國法爲有能力者。

三　品行端正者。

四　有相當之財產或藝能足以自立者。

無國籍人歸化時。前項第二款之條件專以中國法定之。」

此條中並未規定外國人必須先喪失其本國籍才能申請歸化，但司法院作了此一補充解釋，民國三十五年院解字第三〇九一號說(64):

依呈請歸化人之本國法不因取得中華民國國籍而喪失其國籍者，須依其本國法喪失其國籍後，始得爲歸化之許可。此在國籍法雖無明文，而由同法第二條第一款但書(65)，及第八條(66)但書避免國籍重複之本旨推之，實爲當然之解釋。

外國人與中國人有親屬關係者，其歸化條件依第四條及第五條之規定，放寬如下:

「第四條　下列各款之外國人。現於中國有住所者。雖未經繼續五年以上亦得歸化。

(63) 民國三十五年院解字第三〇九二號解釋。段紹禋，前引註(55)，頁276。

(64) 段紹禋，前引註(55)，頁273。

(65) 參閱前引註(54)及其相關本文。

(66) 第八條見以下註(67)及其相關本文。

一、父或母曾爲中國人者。

二、妻曾爲中國人者。

三、生於中國地者。

四、曾在中國有居所繼續十年以上者。

前項第一、第二、第三款之外國人。非繼續三年以上在中國有居所者。不得歸化。但第三款之外國人。其父或母生於中國地者。不在此限。

第五條　外國人現於中國有住所。其父或母爲中國人者。雖不具備第三條第二項第一款、第二款及第四款條件亦得歸化。」

外國如有「殊勳於中國」，雖未具備上述第三條的歸化條件，依國籍法第六條也可以歸化，但內政部對此項歸化的許可，要求須經國民政府（現爲行政院）核准。

第八條規定：「歸化人之妻及依其本國法未成年之子，隨同取得中華民國國籍，但妻或未成年之子，其本國法有反對之規定者，不在此限。」換句話說，歸化人之妻及子，須依其本國法喪失其國籍後始能取得中華民國國籍⑥⑦。本條中所稱「子」也包括「女」在內⑥⑧。

乙、歸化程序

依國籍法施行條例及相關規定，外國人或無國籍人的歸化程序如下：

（1）自住居地方的戶政機構提出聲請書、願書及住居地方公民二人以上的保證書，轉請內政部核辦⑥⑨。

（2）聲請書中應包括姓名、性別、年歲、籍貫（某國某處）、住或居所、住或居年限、職業、財產（動產與不動產）、品行、藝能、隨同歸化之妻子女等⑦⓪。

---

⑥⑦　參閱民國三十五年院字第三○九一號解釋。段紹禋，前引註⑤⑤，頁274。

⑥⑧　參閱前引註⑥⑨之說明。在一九七八年有三位歸化人的女兒根據第八條同時歸化。見**內政統計提要**，前引註⑥⑧，頁61。

⑥⑨　施行條例第二條。

⑦⓪　劉繼，**外事警察法令彙編**，上海：世界書局，民國三十六年出版，頁57。

（3）願書應書明「依中華民國國籍法第二條第五款規定願歸化中華民國遵守中華民國一切法令理合出具願書」[71]。

（4）保證書中保證人應書明「某國某處人某某願依中華民國國籍法第二條第五款規定聲請歸化中華民國並遵守中華民國一切法令委無欺僞情弊甘願出具保證書」[72]。

（5）內政部核准後，發給許可歸化證書，並公佈於國民政府公報[73]（現改爲總統府公報）。

（6）內政部並指定新聞紙二種，令聲請人登載取得國籍的事實[74]。

在一九二八年六月至一九三五年六月間共有四千九百零二位外國人或無國籍人申請歸化中國（其中一千八百三十二人爲本人，三千零七十人爲其家屬）。其中約四千人爲逃到中國的白俄羅斯人（被蘇聯取消國籍）；五百人爲朝鮮人（當時朝鮮爲日本竊佔）；其他三百人爲英國、美國、日本、德國、法國、意大利、印度、瑞士、丹麥、波蘭、阿富汗及無國籍人等[75]。在一九七二年至一九八二年在臺灣地區有七十九名外國人歸化中國[76]。

丙、撤銷歸化

在國籍法中並未規定撤銷歸化之事，但在施行細則第八條卻有如下之規定：

「取得回復或喪失中華民國國籍後，發現有與國籍法之規定不合情事，其經內政部許可者，應將已給之許可證書撤銷，經內政部備案者，應將原案註銷，並於國民政府公報公布之。」

---

[71]　同上，頁64。

[72]　同上，頁65。

[73]　施行條例第三條第二項。

[74]　同上，第六條。

[75]　董霖，前引註⑤，頁18-19。

[76]　**內政統計提要**，前引註⑱，頁61。

在一九二八年六月至一九三五年六月間,共有二件撤銷歸化的案子[77]。自一九五〇年政府遷臺以來, 是否有此種案件發生, 未能查出。

八、喪失國籍

國籍法第十條規定下列三種情況喪失中國國籍:

(1) 爲外國人妻自請脫離國籍經內政部許可者。

(2) 父爲外國人經其父認知者。

(3) 父無可考或未認知母爲外國人經其母認知者。

此外, 國籍法施行條例第八條規定得撤銷取得或回復的中華民國國籍。

國籍法第十一條規定要經內政部許可才能喪失中國國籍[78], 且該人必須年滿二十歲以上並依中國法有能力者。適用此條有一個問題, 就是未成年人的監護人是否可以代表未成年人聲請喪失國籍。司法行政部 (現改爲法務部) 的意見是不行[79]。

內政部除了國籍法第十二條規定的下列情形外, 通常均許可喪失中國國籍:

「一、屆服兵役年齡未免除服兵役義務尚未服兵役者。

二、現服兵役者。

三、現任中國文武官職者。」

爲了避免有中國人想逃避中國的管轄權, 有下列情形的人雖已符

---

[77] 董霖, 前引註⑤, 頁19。

[78] 高雄地方法院民國七十六年五月十四日訴字第三八七號重婚罪刑事判決中說: 「被告劉欽富雖持有『劉三銘』名義之印尼護照, 惟其並未向內政部申請喪失中華民國國籍, 仍具有中華民國國民身分, 此有內政部七十六年四月七日臺 (七六) 內戶字第四九二四一八號函附卷可稽, 其既係有配偶之中華民國國民, 復在中華民國境內犯罪重爲婚姻, 無論就行爲身分抑行爲地點而言, 均有我國刑法之適用, 焉能以持有外國籍卽謂其重婚行爲非犯罪?」中國國際法與國際事務年報, 第二卷 (民國七十五年至七十六年), 頁572。

[79] 司法行政部民國四十一年一月十四日臺 (四一) 電參字三八三號。段紹禋, 前引註⑤⑤, 頁276。

合第十條及十一條喪失中國國籍的規定，但依第十三條仍不喪失中國國籍：

「一、爲刑事嫌疑人或被告人。

二、受刑之宣告執行未終結者。

三、爲民事被告人。

四、受強制執行未終結者。

五、受破產之宣告未復權者。

六、有滯納租稅或受滯納租稅處分未終結者。」

一位中國人喪失中國國籍後，如有下列情形可依國籍法的規定，回復中國國籍：

(1) 因與外國人結婚的中國婦女喪失中國國籍者，可以在婚姻關係消滅後，依國籍法第十五條，經內政部的許可，回復中國國籍。

(2) 依國籍法第十六條的規定，中國人喪失中國國籍者如在中國有住所、年滿二十歲依中國法有能力、品行端正及有相當之財產或藝能足以自立者，可以經內政部許可回復中國國籍。但歸化中國之人及隨同取得國籍之妻或子女喪失中國國籍者，不適用此條恢復國籍之規定。

在一九二八年六月至一九三五年五月間，內政部准許了一百五十七位中國人因歸化外國而喪失中國國籍。其中多數是取得日本國籍，也有取得葡萄牙、墨西哥、英國等國籍[80]。一九七二年至一九八一年在臺灣地區內政部准許二千三百十七位中國婦女因與外國人結婚喪失中國籍。另外准許九千六百六十八位中國男子及七千六百五十七位中國婦女因歸化外國關係喪失中國國籍[81]。

依據中國法律，若干權利只有中國人能享有。例如土地法第十八條規定：「外國人在中華民國取得或設定土地權利，以其本國與中華民國有外交關係，並依條約或其本國法律中華民國人民得在該國享受

---

[80] 董霖，前引註⑤，頁20。

[81] 內政統計提要，前引註58，頁61。

同樣權利者爲限。」因此中國人喪失中國籍後，國籍法在第十四條規定：

　　「喪失國籍者。喪失非中國人不能享有之權利。喪失國籍人在喪失國籍前已享有前項權利者。若喪失國籍後。一年以內不讓與中國人時。其權利歸屬於國庫。」

　　如果海外的中國人爲情勢所迫不能不放棄中國國籍，則第十四條的適用將作變通處理。例如，一九七二年日本承認中共政權後，因爲日本法律不承認雙重國籍，而我國政府又不被日本承認，所以爲了維護其在日本的權益，若干僑胞必須先放棄我國國籍以便取得日本國籍。行政院因此決定「被迫喪失國籍之旅日僑胞，在喪失國籍前原有的財產，於喪失國籍後繼續保護，」不適用土地法第十八條的限制。其理由是「海外僑胞因僑居地政府與中華民國政府間外交關係中斷而被迫喪失國籍與國籍法第十四條第二項所規定之情形，顯然有別。」[82]

　　此外，外國人不得擔任公職[83]，因此國籍法施行條例第十條規定：

　　「國籍法施行前及施行後，中國人已取得外國國籍仍任中華民國公職者，由該管長官查明撤銷其公職。」

九、歸化人的地位與權利

　　許多國家對歸化人的地位與權利均有限制，中華民國也一樣。國籍法第九條規定：

───────────
[82]　行政院民國七十三年一月十八日臺七十三年內〇七二〇號致臺灣高等法院函。**中國國際法與國際事務年報**，第一卷（民國七十四年至七十五年），頁445-446。但這個命令造成假華僑在臺炒作不動產及土地的根據，內政部建議廢止。見**聯合報**，一九九〇年二月十九日，頁4。
[83]　司法院大法官會議釋字第四十二號解釋認爲：「憲法第十八條所稱之公職，涵義甚廣，凡各級民意代表與中央與地方之公務員，及其他依法令從事於公務者皆屬之。」段紹禋，前引註[55]，頁2。

「依第二條之規定㉃。取得中華民國國籍者。及隨同歸化人取得中華民國國籍之妻及子。不得任左列各款公職。

一、國民政府委員、各院院長、各部部長、及委員會委員長。

二、立法院立法委員及監察院監察委員。

三、全權大使、公使。

四、海陸空軍將官。

五、各省區政府委員。

六、各特別市市長。

七、各級地方自治職員。

前項限制依第六條㉈規定歸化者。自取得國籍日起滿五年後。其他自取得國籍日起滿十年後。內政部得呈請國民政府解除之。」

為了施行上述條文，內政部在一九三〇年二月二十四日公佈「審核取得國籍人解除限制規則」㉏，依此規則第二條，要符合下列條件：

(1) 取得國籍後在中國有一定之住所，而現時仍居住在中國。

(2) 年滿二十歲以上，依中國法有能力。

(3) 品行端正。

(4) 通曉中國語言文字。

(5) 對於黨㉐國無不忠實之言行。

(6) 有相當之財產或藝能足以自立。

依規則第七條內政部接到聲請書類認為應解除限制時，應呈由行政院轉呈國民政府解除限制，並依規則第八條將解除限制人在國民政府（現為總統府）公報公佈。

回復中國籍的人，依國籍法第十八條規定，在三年內不得任第九條第一項所列各款公職。由於國籍法及施行條例中並未規定此種限制

㉃　參閱前引註㉓及㉙與其相關正文。

㉈　外國人有殊勳於中國而歸化者。

㉏　全文見董霖，前引註⑤，頁47-49。

㉐　國籍法是在國民黨訓政時期制定，因此用「黨國」一詞，一九四七年行憲後此詞應解釋為「國家」。

必須由回復國籍人向內政部聲請，因此這種限制將在回復國籍後三年內自動解除。

　　歸化人解除限制後，其權利與其他中國人相同。但依引渡法第四條第一項規定：「請求引渡之人犯為中華民國國民時，應拒絕引渡，但該人犯取得中華民國國籍在請求引渡後者，不在此限。」

十、國籍與國家或政府繼承

　　一八九四年八月三日日本對中國宣戰，中國不幸為日本擊敗，因此在一八九五年四月十七日簽訂馬關條約，其中第二款規定將臺灣與澎湖割讓日本。第五款規定：「本約批准互換之後，限二年以內，日本准中國讓與地方人民遷居讓與地方外者，任便變賣所有產業，退去界外。但限滿之後尚未遷徙者，酌宜視為日本臣民。」[88]

　　一九四一年十二月九日中國對日宣戰，廢除了中日間一切條約與協定[89]。一九五二年四月廿八日簽訂的中日和約[90]，在第二條確認了這些條約的廢除。一九四三年十一月廿六日的開羅宣言規定日本竊據的中國東北（滿洲）及臺澎均須歸還中華民國[91]。一九四五年七月廿六日的波茨坦公告規定開羅宣言的條件必將實施[92]。日本在一九四五年九月二日的降伏文書中接受了波茨坦公告的條件[93]。一九四五年十月廿五日中國收回臺澎。

　　一九四六年一月十二日中國政府宣佈自一九四五年十月廿五日起恢復臺澎人民的中國國籍[94]。由於臺灣人民是被迫喪失我國國籍，所

---

[88]　王鐵崖，前引註②，頁615。

[89]　Hungdah Chiu, ed., *China and the Question of Taiwan: Documents and Analysis,* New york: Praeger, 1973, p. 204.

[90]　*United Nations Treaty Series,* Vol. 138, pp. 38-52.

[91]　Chiu, 前引註[89]，頁204。

[92]　同上，頁208-209。

[93]　同上，頁209-210。

[94]　民國三十五年一月十二日行政院節參字第〇一二九七號。**中華民國司法法令彙編，** 第二冊，臺北：司法行政部，民國四十三年出版，頁985。

以其恢復國籍後，國籍法第十八條對回復國籍者任公職之限制，不適用於臺灣人民[95]。一九四六年六月二十二日中國政府發佈在外臺僑國籍處理辦法[96]，其第三條規定，在外臺僑向我國使領館或駐外代表聲請登記為中國籍時，應覓具華僑二人保證其確有臺灣籍；其不願恢復中國國籍者得向我國駐外使館或代表為不願恢復國籍的聲明。第五條規定，恢復國籍的在外臺僑其法律地位與待遇應與一般華僑完全相同；其在日本韓國境內者並應享受與其他盟國僑民同等之待遇。

　　臺灣光復後，以前臺人與日本人因婚姻關係產生了一些複雜的國籍問題，因此在一九四八年二月二十八日行政院發佈臺灣省光復前日僑與臺民之贅夫及其子女國籍處理辦法[97]，其規定如下：

第一條　「日男」已為臺女贅夫者，應比照國籍法第二條第一款之規定辦理取得中國國籍之手續，其所生子女，亦應比照同法第一條第一款之規定屬中華民國國籍，如該日男不願取得中國國籍者，應即遣送赴日，至其子女應從母籍。

第二條　「日女」已為臺男之妾或與臺男同居多年，有永久共同生活之意思，而該臺男之妻，業已死亡或該臺男從未結婚者。應即補行結婚儀式後，依照國籍法第二條第一款之規定，聲請取得中國國籍，其已生子女，自應依照同法第二條第二款之規定，聲請取得中國國籍。

第三條　「臺男」已為日女贅夫，並願取得日本國籍者，應即隨同其妻遣送赴日，毋庸辦理喪失中國國籍之手續，但該臺男不願取得日本國籍，而該日女自願取得中國國籍者，得免遣送回日，並得於對日和約簽訂後，准其依照國籍法之規定，辦理歸化中國手續，至其子女應從母籍。

第四條　「臺女」已為日男之妾或與日男同居多年者，仍屬中華民國

---

[95]　司法院民國三十六年院解字第三五七一號解釋。段紹禋，前引註[55]，頁275。

[96]　劉繼，前引註[70]，頁43-44。

[97]　葉潛昭編，**最新實用中央法規滙編**，第一冊，臺北：彥明出版社，民國六十二年出版，頁377。此一辦法於一九八一年四月廿九日廢止。

國籍，但其自願取得日本國籍者，應即遣送赴日，毋庸辦理喪失中國國籍手續，其所生子女，自不具有中國國籍。

第五條 日男臺女或臺男日女於結婚後，而又離婚者，關於其未滿七歲之未成年子女之國籍，得依其監護人之國籍而定。

在一九三一年至一九四五年間，日本竊據中國部分領土並在東北建立僞滿洲國，在南京成立僞政府，由於中華民國政府從不承認此種政權之合法性，因此中國的國籍法仍適用在這些地區。而在日本佔領下的南京僞政府也適用中國國籍法並許可某些日本人或日本佔領下的韓國人歸化中國。一九四六年十月內政部特頒佈處理日人入籍辦法及處理韓人入籍辦法(98)，其規定如下：

(1) 日或韓人於日軍在華佔領區內入中華民國國籍者，非經內政部核准一律無效。

(2) 日或韓女已爲中國人妻者，應依照中國國籍法之規定爲取得中華民國國籍的申請。

(3) 國籍法關於外國人聲請歸化中國之規定，對日本暫停適用。

(4) 國籍法對於外國人聲請歸化中國之規定仍適用於韓人，但以無戰犯嫌疑或其他不法行爲者爲限。

十一、與其他國家有關的國籍問題

甲、中國國際私法與國籍問題

關於一個人擁有幾個國籍時，將如何處理，在一九三〇年的關於國籍法衝突若干問題公約第五條規定：

「在第三國之領土內有一個以上之國籍者，應視爲只有一個國籍。在不妨礙該國於身分事件法律之適用及有效條約等範圍之內，該國就此人所有之各國籍中應擇其通常或主要居所所在之國家之國籍，或在諸種情形之下似與該人實際上關係最切之國家之

(98) 劉繼，前引註⑦0，頁43。

　　國籍，而承認爲其唯一之國籍。」

由於中華民國已加入了這個公約[99]，所以自應適用此約。一九五三年六月六日公佈的涉外民事法律適用法[100]第二十六條大體上遵循這個規定，但稍有變動，該條規定如下：「依本法應適用當事人本國法而當事人有多數國籍時，其先後取得者，依其最後取得之國籍，定其本國法；同時取得者，依其關係最切之國之法。但依中華民國國籍法應認爲中華民國國民者，依中華民國法律。」本條第一項規定是根據近年來國際私法發展的趨勢，卽尊重當事人自由選擇的國籍，因此第二十六條在立法時採用當事人最後選擇的國籍[101]，對同時取得的國籍，則依一九三〇年公約的規定，選用與該人實際上關係最密切國家的國籍。

　　關於無國籍人的國籍，涉外民事法律適用法在第二十七條採用當事人住所地法(lex domicilii)而規定「依本法應適用當事人本國法而當事人無國籍時，依其住所地法；住所不明時，依其居所地法。」。

　　對於中華民國所不承認之國家之人民，是否作爲無國籍人處理？在一九二一年與一九二四年間，中華民國法院就面臨了這個問題。當時中華民國政府已不承認其時已不存在的俄羅斯帝國，但也未承認新成立的蘇聯。大理院（前最高法院）一九二一年統字第一五八九號解釋[102]，對此問題說明於下：

　　「俄國舊國家，現已消滅，新國家尚未經我國承認，其所制定之法律，自均難認爲有法之效力。凡關於俄國人之訴訟，除其住所或居所地，在中國或其他國領域內，應依法律適用條例第二條第二項辦理外，其依法律適用條例原應適用俄國法律者，應斟酌各該地新舊法令，作爲條理採用。」

⑨⑨　薛典曾與郭子雄，前引註⑫，頁947。原書無標點，由本文作者加以標點。

⑩⑩　**中華民國現行法規彙編**，前引註⑳，（三二），頁19931-19934。

⑩⑪　蘇遠成，**國際私法**，臺北：聯合書局，民國四十九年出版，頁75-76。

⑩⑫　梅仲協與羅淵祥合編，**六法解釋判例彙編**，第一卷，上海：昌明書屋，民國三十六年出版，頁1-89。

在一九二一年統字第一六五〇號解釋[103]中，大理院又說明：

「本院統字一五八九號解釋，係因俄國新國家未經我國家承認，不能認俄人爲有國籍之人……。但雖無國籍，而實際上與其他無國籍人情形不同。故法律適用條例第二條第二項之規定因應適用，而爲便利計，又不能不認爲有例外。來函所述身分親屬等事件，若依法律適用條例均應適用俄人之本國法，則依本院前號解釋，自得斟酌地方(卽俄人之本國地方)新舊法令，作爲條理採用……」

乙、與其他國家有關國籍的爭端

一九五五年四月二十二日中共與印尼簽訂了關於雙重國籍問題條約[104]，施行結果使不選擇印尼國籍的華人如不選擇中共國籍，就被視爲無國籍人，使持中華民國護照的僑民遭遇極大困難。中華民國政府提出嚴重抗議無效後於一九五八年派船接運五千多人的印尼忠貞僑胞來臺[105]。

一九五五年十二月七日越南共和國（南越）公佈國籍法[106]，規定以下之人均視爲越南人：

（1）明鄉人（十七世紀明朝滅亡後逃到越南之中國人後裔）不論年齡和住所及有無越南或外僑的身分證者（第十一條第四項）。

（2）父爲中國人但母爲越南人者（第十二條第三項）。

（3）父爲中國人母爲越南人的私生子（第十三條第四項）。

（4）本法公佈後出生的明鄉人。

（5）出生在越南，父母均爲中國人之兒童，如其父母中之一人，

[103]　同上，頁1-89～1-90。

[104]　**中華人民共和國法規滙編**，第十一集，頁100。

[105]　**國家建設叢刊**，第三冊，**外交與僑務**，臺北：正中書局，民國六十年出版，僑務編，頁17。

[106]　丘式如，前引註①，頁 47-48。該法的法文譯文全文見 *Supplement to the Volume on Laws Concerning Nationality 1954,* New York: The United Nations, 1959, pp. 164-179.

係在越南生長者，則此孩童係越南人，同時無退出國籍之權（第十六條）。

一九五六年八月廿一日越政府又修改了第十六條[107] 如下：

「在越南出生之兒童，其父母均爲中國人者，均一律係越南籍。在本諭未公佈前，在越南出生之兒童，其父母爲中國人者，亦一律係越南籍。惟以下情形除外：

一、關係人已有議定，將其驅逐出境，而該議定尙未收回者。

二、關係人如係犯人，已完結其案件，議定雖免除，但因缺乏良知，犯過輕或重罪者，因不謹愼或無意而犯法令，而其犯罪行爲又不成爲犯罪要素者。

三、關係人已被一措施指定其居留之住所，或被監視其居處者，而此種措施又未獲收回者。」

中華民國政府嚴重抗議越南的強迫入籍措施，但無效，最後接運五百多名在越的學生來臺入學[108]。

十二、雙重國籍問題

國籍法施行條例第十條規定：「國籍法施行前及施行後，中國人已取得外國國籍仍任中華民國公職者，由該管長官查明撤銷其公職。」而司法院大法官會議釋字第四十二號解釋認爲公職係爲「各級民意代表與中央與地方之公務員，及其他依法令從事於公務者皆屬之。」[109]但在臺灣高等法院民國七十年一月廿六日六九年選字第四號判決中，卻認爲國籍法施行條例第十條，「並非對具有雙重國籍之中華民國國民不得享有選舉權及被選舉權之特別規定。是中華民國國民取得外國國籍卽具有雙重國籍者，不因該條文之規定而喪失被選舉之權。」[110]

　　上述判決的理由非常牽強，為各方批評，在一九九〇年立法委員張博雅女士改任衛生署長而辭職後，舉行補選，當選人莊國欽具有美國籍，但在就任前放棄美國籍才平息各方爭議。內政部現正在研究修訂國籍法，初步決定雙重國籍者不得任公職，包括民意代表在內⑪。

　　一九七二年三月十七日國民大會通過同月廿三日總統公佈的動員戡亂時期臨時條款，第六款規定⑫：

　　「動員戡亂時期，總統得依下列規定，訂頒辦法充實中央民意代表機構，不受憲法二十六條、第六十四條及第九十一條之限制：

　　(一)在自由地區增加中央民意代表名額，定期選舉，其須由僑居
　　　　國外國民選出之立法委員及監察委員，事實上不能辦理選舉
　　　　者，得由總統訂定辦法遴選之。」

　　依此條款，政府於同年制定動員戡亂時期僑選增額立法及監察委員遴選辦法，再於一九八〇年修正公佈⑬。根據此一辦法遴選了若干位海外僑胞擔任立法及監察委員，而這些人幾乎均有外國籍。這是否與國籍法施行條例第十條相符，頗有爭議，僑務委員會所支持的華僑通訊社，在一九八七年曾就此問題，發一專稿說明如下：

　　　　「僑選增額立、監委員所適用之『動員戡亂時期僑選增額立
　　法及監察委員遴選辦法』因係依據憲法動員戡亂時期臨時條款授
　　權所訂定，由總統於民國六十一年明令公佈，再於六十九年修正
　　公佈，具有與法律同等之效力。又該辦法有限時性，僅適用於動
　　員戡亂時期僑選增額立監委員之遴選，所以是特別法。

　　　　至於國籍法施行條例第十條之適用問題，因海外遴選立、監
　　委員係根據憲法動員戡亂時期臨時條款授權訂定辦法產生，其法
　　效位階高於國籍法施行條例；同時，民國十八年公佈的國籍法施
　　行條例為一普通法，上開遴選辦法在性質上居於特別法之地位，
　　基於特別法優於普通法及後法優於前法之原則，依據該遴選辦法

---

⑪　**中央日報**，國際版，一九九〇年四月十七日，頁1。
⑫　段紹禋，前引註⑯，頁24-25。
⑬　**中華民國現行法規彙編**，前引註⑳，頁249-250。

所產生之僑選增額立、監委員，自不受國籍法施行條例第十條規定之限制⑭。」

至於法務部對此問題之見解也與上述說明相似⑮。

由於動員戡亂時期已於一九九一年五月一日終止，且臨時條款也已廢除⑯，因此上述說明已不符目前情況。依據一九九一年五月一日公佈的中華民國憲法增修條文⑰第四條，海外立、監委與國大代表將依政黨比例方式選出。而早在一九九一年二月中央選舉委員會已決定將來海外民意代表必須適用國籍法施行條例第十條的規定，就是有雙重國籍的人不得擔任⑱。

至於中華民國爲締約國的若干條約或協定，對雙重國籍人的權利有若干限制。例如中華民國批准的一九六一年四月十八日的維也納外交關係公約，在第三十八條第一項規定：「除接受國特許享受其他特權及豁免外，外交代表爲接受國國民或該國永久居留者，僅就其執行職務之公務行爲，享有管轄之豁免及不得侵犯權。」⑲ 一九八〇年十月二日北美事務協調委員會與美國在臺協會有關相互特權、免稅暨豁免協定第五條中，規定將所在地國民及永久居民的稅捐豁免排除⑳。

十三、結　論

由於清朝政府在十九世紀中以前採取閉關政策，不准國人出國，也不准外人來中國定居，因此自無制定國籍法的必要。自從十九世紀

---

⑭　「華僑擔任中央民意代表的合法性析論」，華僑通訊社專稿，民國七十六年四月二十一日僑務委員會⒄僑一美 04616 號函送外交部參考。全文刊**中國國際法與國際事務年報**，第二卷（民國七十五年至七十六年），頁328-332，所引部分在頁329。

⑮　「法務部對立法委員林聯輝專案質詢有關僑選立監國籍問題之答覆稿」，民國七十七年三月廿八日法務部法77律5207號。**中國國際法與國際事務年報**，第三卷（民國七十六年至七十七年），頁615-616。

⑯　**世界日報**，一九九一年五月一日，頁1。

⑰　全文刊**法令月刊**，第四十二卷，第七期（一九九一年七月），頁26-27。

⑱　**中央日報**，國際版，一九九一年二月二十三日，頁1。

⑲　丘宏達，**現代國際法基本文件**，前引註⑱，頁370。

⑳　同上，頁479-480。

中以來，清朝被迫對外開放，並准許國人出國或移民，也相對准許外人來中國定居。所以本世紀初中國政府才覺得有需要制定國籍法。

中國的國籍法是以血統主義為主，只在避免產生無國籍的情況時，才採用出生地主義。

關於歸化的問題，一九二九年的國籍法是採用自由選擇的原則，不將國籍強加於外國人，因此中國政府也不希望外國將其國籍強加於中國人。

至於中國人在外國歸化時，他仍可以保留中國國籍，除非他自願放棄。不過在制定國籍法時，中國仍處在外國領事裁判權的狀況下，對許多外國人不能行使管轄權；為了避免中國人入外國籍來逃避中國的管轄權起見，一九二九年的國籍法採取喪失中國國籍要經許可的規定。這點與一九四八年世界人權宣言的第十五條第二項後段規定「任何人……更改國籍之權利不容否認」不符。由於外國領事裁判權早已廢除，所以喪失國籍應經許可的規定，應該取消。但在實際上又有許多海外華人不願意因入外國籍而自動喪失中國籍，在此情況下，內政部在一九九一年六月通過的國籍法修改草案中，擬增訂一條如下：

「中華民國國民未滿二十歲具有外國國籍者，應於年滿二十歲以前選擇一國籍；其已年滿二十歲具有外國國籍者，應於取得外國國籍後二年內選擇國籍。但本法修正前已年滿二十歲且兼具外國國籍者，不在此限。未依前項規定辦理選擇國籍者，喪失中華民國國籍。但具有本法第十二條情事者（註：具有兵役義務者），不在此限」[21]。

此外，中華民國曾在聯合國大會投票贊成一九六七年十一月七日消除對婦女歧視宣言[22]。該宣言中宣示各國應給予婦女與男子相同的取得、改變或保留國籍的權利[23]。因此有學者建議在國籍法中應修改

---

[21]　**中國時報**，一九九一年六月廿二日，頁4。

[22]　見**中華民國出席聯合國第二十二屆常會代表團報告書**，臺北：外交部，民國五十七年出版，頁160-166。

[23]　U N Doc. A/6555 and Corr, 1 (1967)。

將父與母或妻與夫的地位平等化。例如，只要父或母一人爲中國人，
其子女就應認爲是中國人㉔。

<hr />

㉔　參閱**中國時報**，一九九〇年一月廿三日，頁2及**中央日報**，國際版，一九九〇年二
　　月十四日，頁2。

釣魚臺主權爭端之經緯與法理

俞 寬 賜*

一、前　言

　　日本於民國七十九(一九九〇)年十月二十一日以海空軍攔阻我國區運聖火船接近釣魚臺的事件，對國人構成空前嚴厲的震撼和衝擊；海內外中國人更再度響起衛士的號角和開展二十年前曾震驚寰宇的「保釣運動」。當我國政府重申維護領土主權之決心、及中共予以口頭聲援時，日本官方和媒體竟指我國漁船入侵其領海，豈不令人迷惑！究竟此一領土主權爭端之癥結何在？其解決之途徑又如何？值得我們再一次冷靜客觀地分析和研究。

　　釣魚臺列嶼(日本別稱「尖閣列島」，以下簡稱「釣魚臺」)主要由釣魚島、南小島、北小島、黃尾嶼、赤尾嶼等無人荒礁所構成；位於我國東海大陸礁層外緣，南臨「琉球海溝」，與九十浬外的八重山羣島相望；距離臺灣東北岸一〇二浬、及冲繩西南岸二四〇浬(參見頁37圖)。它之所以成為中、日領土主權爭端之焦點，不僅有其歷史淵源，而且與「大陸礁層」等海洋法制度——尤其與東海大陸礁層的石油潛藏量具有密切關係。中國國內的變局及美國對琉球政策的衍化，也對此一爭端發生關鍵性的影響。因此，釣魚臺主權爭端在本質上具有歷史、法律、和政治之多重性。本文主旨在以其歷史及政治層面為經緯，從法律觀點分析其癥結，評斷中、日雙方之論據，並探討解決爭端之途徑。

＊　英國劍橋大學法學博士，國立臺灣大學政治系教授。

二、釣魚臺主權爭端之經緯

　　首先就釣魚臺主權爭端之經緯言，其發展與中、琉歷史關係不可分。琉球王國很早卽通中國①；一三六八年明太祖卽位後的五百餘年間，明、清兩代德威遠播，琉球不僅繼續通中國，而且入貢受封，成爲中國之藩屬②。每當琉王薨逝時，中國皇帝必遣王使赴琉球諭祭故王和册封新王。欽使往返琉球，必以釣魚臺爲航行指標。因此它是中國人最早發現和命名的。早在十五世紀初年出版的「順風相送」書中，卽有「釣魚臺」之名③。其後，歷次册使之書面報告均對釣魚臺作詳略不同的陳述；有的甚至在描繪琉球疆界時將釣魚臺標示爲中國領土。這種記錄迄今被妥存者包括嘉慶十三年（卽公元一五三四年）册使陳侃及嘉慶四十一年（卽一五六一年）册使郭汝霖等的「使琉錄」④。此外，清初程順則的「指南廣義」、乾隆五十年（卽一七八五年）林子平所繪的「三國通南圖說：琉球國部分圖」，及日本一七八三和八五年相繼出版的地圖等，也都默示釣魚臺屬於中國⑤。明朝

---

① 參閱劉蕙孫（中共學者）：「中國琉球往來史之探討」，載琉球——中國交流史をせぐる，浦添市——泉州市友好都市締結紀念學術文化討論會報告書（浦添市教育委員會編印，昭和六十二年十二月），頁 85-99；但據明史琉球傳，琉球「自古不通中國」。

② 吳靄華著：「琉球歷史上的久米村」，載國立臺灣師範大學歷史學報，第十三期（民國七十四年六月），頁107。

③ 我國十五世紀出版的順風相送一書之相關紀錄，曾於一九七一年美國參議院外交委員會就當時之「美日還琉條約」所舉行之聽證會中被引述。見 U.S. Hearings on Executive J92-1, Senate Committe on Foreign Relations, 92nd Congress, 1st sess. 1971. 順風相送一書寫成日期不詳，據英國漢學家李約瑟（Joseph Needham）所著的「中國科學技術史」（Science and Civilisation in China），第四卷第一部第二十六章斷定爲一四三〇年完成。參閱方豪，「從『順風相送』探索鄭和或其他同時出使人員來臺澎的可能性」，載「東方雜誌」，復刊第一卷第二期，（民國五十六年八月一日），頁49。

④ 使琉清單，見郭明山，釣魚臺列嶼的法律地位問題之研究，臺北：國立臺灣大學政治學研究所碩士論文，民國六十三年，頁20～25。另可參閱明報月刊，第五十八期（一九七〇年十月）。

⑤ Choon-ho Park, East Asia and the Law of the Sea, Seoul: Seoul National University Press, 1983, p. 33；林金莖著，孫克蔭譯，戰後中日關係與國際法，臺北：中日關係研究會，民國七十六年出版，頁 231-232.

胡宗憲一五六二年編纂的「籌海圖編」及同治二年（卽一八六二年）
的「皇朝中外一統輿圖」，更可證明釣魚臺當時分別被列入中國福建
沿海的海防範圍⑥及劃爲臺灣屬島的一部分⑦。清光緒十九年（卽一
八九三年），慈禧太后並頒布昭書，將列嶼中的釣魚島、黃尾島、和
赤尾島賞賜給盛宣懷作爲產業，以供採藥之用⑧。

　　這些史錄和事實，莫不清楚地表示釣魚臺早卽屬於中國，而不屬
於琉球。唯其如此，在日本於一八七二年入侵琉球並廢王改藩、及於
一八七九年廢藩改縣之後，「冲繩縣」縣令才連續向日本內務省申請建
立國碑，將「散處冲繩與福州間的釣魚臺等無人島」據爲琉球縣治版
圖⑨。日本內務和外務兩省因見於釣魚臺鄰近中國，而且當時中國報
章正流傳訊息，指稱日本將佔據臺灣附近清朝所屬島嶼，及「促請清
國注意」等情，乃囑冲繩縣令緩議，以免「招致清國疑惑」⑩。俟甲
午中日戰爭於一八九四年形將結束、而日本勝利在握之時，日本以當
時已與昔日「情勢相殊」，乃由內閣會議於同年（明治廿七年）十二
月廿七日開始討論，於翌年一月十四日作成決議，將釣魚臺劃入日本
國土；旋卽於同月二十一日指令冲繩縣令，謂關於建標之案，「茲准
如所請議」⑪。兩月餘以後，卽一九八五年四月十七日，中日馬關條
約成立，中國被迫將臺灣及其附屬一切島嶼割給日本 (China cedes
to Japan in perpetuity and full sovereignty……the Island of
Formosa, together with all the islands pertaining or be-

---

⑥　丘宏達，「釣魚臺列嶼問題研究」，載丘宏達著，關於中國領土的國際法問題論集，
　　臺北：臺灣商務印書館，民國六十四年出版，頁74。

⑦　「皇朝中外一統輿圖」（清同治二年），南七卷，頁東一至四（臺灣部分）；引自丘
　　宏達，「釣魚臺列嶼問題研究」，前引註⑥，頁124以下第六圖。

⑧　楊仲揆著：中國・琉球・釣魚臺，大華大典叢書之一，香港：一九七二年五月出
　　版，頁140-147。

⑨　參閱林金莖，前引註⑤，頁257-266。

⑩　日本內務省批復文見林金莖，前引註⑤，頁260,261,263。

⑪　同上，頁266。請同時參閱丘宏達「釣魚臺列嶼問題研究」，前引註⑥，頁72,78-
　　79。該項閣議決定旣未上奏便成爲天皇之敕令，也未登載於官報；冲繩縣也沒出任
　　何告示，以致無人知之，中國又何能抗議？見林金莖，前引註⑤，頁238。

longing to the said Island of Formosa)（第二條第二款）。其後，日本將釣魚臺改名「尖閣列島」，劃歸冲繩縣（卽琉球）⑫。

　　第二次世界大戰結束時， 日本無條件投降， 同意完全接受中、英、美三國一九四三年「開羅宣言」， 將其竊自中國之一切領土歸還中華民國⑬。三國於一九四五年七月二十六日發佈之「波茨坦公告」更規定：除上項開羅宣言必須實現外，「日本之主權必將限於本州、北海道、九州、四國及吾人所決定之其他小島之內」⑭。至於這些文件所未提到的琉球，則於一九四五年四月被美軍佔領，繼於同年九月七日向美軍投降。從此，美國不僅統治琉球，而且認爲沿襲日本舊制，統治範圍包括釣魚臺。 其後， 美國又根據一九五一年舊金山對日和約，取得在所謂「南西諸島」（包括琉球）「行使一切行政、立法、及管轄之權利」（參見附圖）⑮。中國因未參與此一條約，乃於翌年另締「中日和約」，規定「中、日兩國一九四一年十二月九日以前所締結的一切條約、專約及協定歸於無效」（第四條）。

　　由於美國認爲其根據金山和約所取得之權利僅限於行政權，而非主權； 並且認爲日本對琉球保有「剩餘主權」（residual sovereignty)⑯，所以在一九七二年五月十五日，亦卽美、日「還琉條約」(The Okinawa Reversion Treaty) 生效之日， 美國將琉球併同

---

⑫　**大日本地誌**，大正四年（卽一九一五年），卷十，頁1,33。

⑬　宣言全文見 *Foreign Relations of the United States: Diplomatic Papers: the Conferences at Cairo and Tehran, 1943,* Washington, D.C.：U.S. Government Printing Office, 1961, pp. 448-449. 惟宣言未提及琉球和釣魚臺，並限於日本自一九一四年第一次世界大戰發生後日本在太平洋所奪得或所佔領之一切島嶼。

⑭　公告全文見 *Foreign Relations of U.S.：Diplomatic Papers: the Conf. of Berlin (the Potsdam Conf.), 1945,* Vol. II, Washington, D.C.：U.S. Government Printing Office, 1960, pp. 1471-1476.

⑮　見舊金山對日和約，第三條。 約文見 *United Nations Treaty Series,* Vol. 136, p. 50. 同條文規定： 如果美國向聯合國提出託管及以美國爲唯一管理當局等建議，日本負有同意之義務。惟事後，美國並未作此建議。

⑯　*American Foreign Policy: 1950-1955: Basic Documents,* Vol. 1, Washington, D.C.：U.S. Government Printing Office, 1957, p. 453.

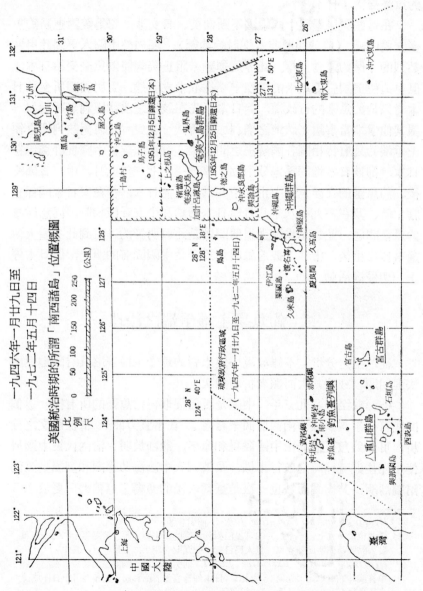

美國統治時期的所謂「南西諸島」位置概圖

一九四六年一月廿九日至
一九七二年五月十四日

比例尺

0　50　100　150　200　250
（公里）

資料來源：又吉真三編著：琉球歷代總合年表。那霸出版社，昭和六十三年，頁一七七。

釣魚臺交給了日本⑰。

在這些發展過程中，中國不斷向美、日交涉，認爲美國應將釣魚臺交還中國（琉球問題非本文討論範圍）。海內外中國人更因此展開熱烈的「保釣運動」⑱。此等反彈雖未阻止美國將釣魚臺交給日本，但也迫使美國對釣魚臺的主權爭端採取中立姿態，聲明美國所交給日本者只是釣魚臺的行政權，對日本原先在該地之法律權利無所增加，對其他爭端當事國在該地之權利亦無所減；並表示任何對該列嶼之領土爭端乃是有待相關各國解決之問題⑲。這種態度被中國批評爲偏袒日本，卻被日本批評爲過分中立。等到一九七三年九月，中、日斷交後，釣魚臺的交涉也告中止。中共爲求拉攏日本，竟在與日本關係正常化時、及在一九七八年八月與日本締結和平友好條約時，同意緩議釣魚臺問題；並且認爲廻避這個問題是比較明智的。直到此次聖火傳遞事件發生後，中共才被迫聲明釣魚臺是中國固有的領土，促日本停止一切侵權活動。

三、釣魚臺主權爭端之法理

從以上之分析，不難發現一連串對釣魚臺主權爭端具有關鍵性的法理問題。玆就其大而顯者析論如次。

(一)截至一八九三年，中國是否已經取得釣魚臺的所有權？這個問題可從事實及法律兩個層面來考慮。在事實方面，根據前文之分析，可知釣魚臺最先由中國發現和命名，繼卽於明、清兩代被中國冊使用作往返琉球時之航行指標、及被列入中國海防範圍和劃屬臺灣的附屬島嶼；其周圍海域也一直是臺灣人民的漁場。慈禧太后更於一八

---

⑰ *Hearings on the Executive J.92-1*, 前引註③。

⑱ 中共也於一九七〇年十二月四日提出對釣魚臺的領土要求，及於翌年十二月三十日發表聲明，表明此種立場。見**人民日報**，一九七一年十二月卅一日，頁1。

⑲ *Hearings on the Executive J.92-1*, 前引註③，美國國務院發言人在記者會中答詢時亦重申此項立場；對此，日本外務省曾於昭和四十五年九月十日作成譯文，見林金莖，前引註⑤，頁267-268。

九三年將該列嶼中的三個重要小島賜給盛宣懷，使其成爲中國法律下
的私有財產。在此長期行使事實主權的過程中，不曾發現任何他國的
抗議。從法律觀點言，這種不受打擾的演進和逐漸強化國家控制權的
程序，正符合領土主權建立之要求⑳。尤其不可忽視的是，在當時的
國際法下，領土主權之建立比較容易滿足法律要件。因爲當時的法律
在這方面的要求沒有現代國際法那麼嚴格。依據現代國際法之規定，
發現某一無主地之國家，必須在該地確有展示主權之意向及有效控制
之事實，才能取得對該地的所有權。國際法院一九五三年在「明奎耶
及愛克瑞阿案」(Minquier and Ecrehos Case) 的判決中即曾如此
裁示㉑。反之，昔日的國際法則認爲發現無主地的國家，僅憑「發
現」這一事實即可建立其對該地之法律權利㉒。美國聯邦最高法院馬
歇爾院長（Chief Justice J. Marshall）在一八二三年的一次判
決中即曾如此裁示㉓；在一八五六年的「克力柏敦島仲裁案」(The
Clipperton Island Arbitration Case)的裁決中，法庭更認爲一國
對無主地之先占，無須在該地作有效控制，即可取得該地之領土主權
㉔。釣魚臺迄今仍是不能維持經濟生活的無人列嶼，中國之於十八、
九世紀取得在該地之領土主權，自不以有效控制或設治爲法律要件。
因此，根據常設仲裁法庭在「巴瑪斯島案」(The Island of Palmas

---

⑳　*The Island of Palmas Case (Netherlands-USA), Reports of International Arbitral Awards,* Vol. II, p. 867.

㉑　*I.C.J. Report 1953,* p. 47. 另可參閱 W. W. Bishops, Jr., "Judicial Decisions," *American Journal of International Law,* Vol. 48(1954), pp. 316-326. 對本案之摘要及 D. H. N. Johnson, "The Minquier and Ecrehos Case," *International and Comparative Law Quarterly,* Vol. 3 (1954), pp. 189-216對本案的討論。

㉒　G. Von Glahn, *Law Among Nations,* 5th ed., New York: MacMillan, 1986. p. 311.

㉓　美國最高法院在 Johnson and Graham's Lessee *v.* M'Intosh Case (1823) 一案判決，引自 Von Glahn, 前引註㉒，pp. 311-312.

㉔　本仲裁案見 *American Journal of International Law,* Vol. 26 (1932), p. 390.

Case) 所裁示之法理[25]， 中國在一八九三年以前已經合法取得釣魚臺的領土主權。

(二)日本之據取釣魚臺，在法律上究竟屬於「先占」(Occupation)、抑或根據馬關條約？日本堅稱釣魚臺為其固有領土,其主要論據為國際法上關於「無主地的先占」學說。它認為當日本於一八九五年依其內閣會議之決議將釣魚臺劃入沖繩縣轄區時，該列嶼不屬於任何國家；因此，日本是以「先占」方式取得釣魚臺的所有權[26]。這種論點無論在事實或法律上均不能成立。因為就前者言，日本這種解說顯然完全忽視了整個歷史事實 —— 包括前述中國明、清兩代各種史册的記載，及慈禧太后一八九三年實際行使主權的昭書；也否定了日本自己當時因顧慮中國反對而相繼於一八八五、一八九〇、及一八九三年駁回沖繩縣之申請，不同意將釣魚臺劃入日本版圖之事實[27]。根據前節之分析，吾人可以清楚地了解，日本之於一八九五年決議將釣魚臺劃入琉球，完全因為日本在甲午戰爭中打敗了中國，才敢積極據取釣魚臺，然後迫使中國在馬關條約中同意割讓臺灣及其附屬一切島嶼[28]，以玆掩護。尤有進者，無論根據昔日和現代的國際法，「先占」之客體以「無主地」(territorium nullius) 為限。根據前文之分析，釣魚臺既然在一八九三年以前已經屬於中國，則顯然不能成為日本一八九五年先占之客體。因此，日本之據取釣魚臺，不是根據「先占」之法理，而是根據中日戰爭所導致之「馬關條約」。

(三)美國片面將釣魚臺交給日本，其合法性如何？如前所述，美國取得琉球羣島及釣魚臺之行政權， 係以「金山和約」第三條為基礎。惟中國既非該條約之締約國，而一九五二年的「中日和約」又未

㉕ 見 *Reports of International Arbitral Awards,* Vol. II, p. 829 及 *American Journal of International Law,* Vol. 22 (1928), pp. 875-876.

㉖ 日本論點之中文及英文譯註，分別見**明報月刊**，第77期一九七二年五月及林金莖，前引註⑤，頁 226-230。

㉗ 林金莖，前引註⑤，頁256-266。

㉘ 參見註⑩及註⑪。

承認該第三條之規定。因此，美國處理戰後日本領土，自應以中、美、英三國元首一九四三年之「開羅宣言」及翌年之「波茨坦公告」爲準據。而後者明定：戰後日本領土主權須以該國原有四大島及盟國「所決定的其他小島」爲範圍㉙。是以，美國不能片面將琉球和釣魚臺交給日本，其理至明。尤有進者，依前所論，日本據取釣魚臺係以一八九五年馬關條約爲法源；而依上述「中日和約」第四條之規定，馬關條約應「因戰爭結果而歸於無效」。從而美國在管理釣魚臺期間應承認我國（絕非日本）對該列嶼享有「剩餘主權」，及在管理結束時應將該列嶼交還我國。因此，美國一九七二年片面將該列嶼交給日本，乃屬非法。

（四）大陸礁層及專屬經濟海域等海洋法制度之發展，對釣魚臺主權爭端是否具有決定性意義？這是一項頗爲複雜的問題。茲就三方面簡要申論如次：

第一、關於無人島的大陸礁層問題：一九五八年大陸礁層公約規定：隣接島嶼之海底區域和隣接大陸之海底區域一樣構成大陸礁層㉚，而對島嶼之性質則無明確界定。因此，日本以爲只要據有釣魚臺，它就可以與中國分享廣濶的東海大陸礁層。但今之法律制度隨著成文法、判例法及國際實踐之演進，已有重大改變。就成文法言，一九八二年的「聯合國海洋法公約」規定：「不能維持人類居住或其本身的經濟生活之岩礁不應享有專屬經濟海域或大陸礁層」㉛。就判例法言，國際法庭在歷次劃界訴訟中，對於涉案的有人居住的近海島嶼尚且僅當「相關情況」（Relevant circumstances）加以衡酌；或則承認這種島嶼在海域劃界時僅具有部分法效㉜，或則忽視其存在

㉙　波茨坦公告，第八節，譯文見丘宏達編輯，**現代國際法基本文件**，臺北：三民書局，七十三年初版，頁 442。

㉚　一九五八年日內瓦大陸礁層公約，第一條。

㉛　一九八二年聯合國海洋法公約，第一二一條第三款。

㉜　例如，見 the Island of Ushant in 1977 *the Anglo-French Continental Shelf Case, International Law, Reports* Vol. 54, para. 248; the Kerkennah Islands in *the Tunisia-Libya Continental Shelf, I.C.J, Reports 1982,* paras. 128-129; The Seal Island in *the Gulf of Maine Case* (USA-Canada), *I.C.J. Reports 1984,* para. 222, 等。

㉝，或則僅承認其在周邊享有有限寬度的領海㉞。在國際實踐方面，不少國家在締結大陸礁層劃界條約時更完全忽視有爭議的小島嶼㉟。循是以論，則釣魚臺這樣遠離中國大陸和臺灣，而且無人居住的礁嶼，自不具有分享東海大陸礁層的法律地位。明乎此，則日本爭取釣魚臺所有權的心結或可緩和。

第二、二百浬專屬經濟海域制度能否構成陸地領土主權之法源？著者查遍各國立法及政策聲明，發現只有馬來西亞曾以此種法理作爲據有部分南沙羣島之辯護㊱。日本能否比照馬國之論，以釣魚臺位於日本或琉球的經濟海域之內而聲稱其對該列嶼享有領土主權？這個問題的答案是絕對否定的。因爲在法律上，海域不能賦予島嶼任何領土主權；相反地，唯有島嶼才能成爲對海域權利之根源㊲。更何況我國已於一九七九年宣佈建立二百浬專屬經濟海域，而釣魚臺正位於臺灣以北的此種海域內！

第三、我國可否繼續維持「陸地自然延伸原則」（principle of natural prolongation of land territory under the sea），作爲

㉝ 參閱 *North Sea Continental Shelf Cases, I.C.J. Reports 1969,* para. 57.

㉞ 例如 The Channel Islands in 1977 *the Anglo-French Continental Shelf Case. International Law Reports,* Vol. 54, paras. 189-203. 關於海島在海域劃界時的角色，可參閱 Jon M. Van Dyke, "The Role of Islands in Delimiting Maritime Zones: The Case of the Aegean Sed," in *Ocean Yearbook,* Vol. 8 (1989), 1990, pp. 54-64.

㉟ 例如, Bahrain-Saudi Arabia Agreement of 1969, 見 *Limits in the Sea,* No. 94 (1981); *New Directions in the Law of the Sea.* Vol. V (1977), pp. 228-229. 及 Ali A. El-Hakin, *The Middle Eastern States and the Law of the Sea,* Syracuse, New York: Syracuse University Press, 1979, pp. 23-131.

㊱ Official Statement by Malaysian Deputy Foreign Minister in Charge of Legal Matters, May 19, 1983. 見 *Kessing's Contemporary Archives,* April 1984, p. 32785 及 B. A. Hamzah, *The Spratlies: What Can Be Done To Enhance Confidence,* Institute of Strategic and International Studies, Malaysia, 1990, p. 7.

㊲ *Law of the Sea Bulletin,* Special Issue 1 (March 1987), p. 6 及 J. R. V. Prescott, *The Maritime Political Boundaries of the World,* London: Methuen, 1985, p. 222.

享有釣魚臺主權的論據之一？釣魚臺位於我國東海大陸礁層之外緣；
其南十餘浬處面臨深逾二千公尺的琉球海溝。因此，釣魚臺構成我國
大陸及臺灣在海底自然延伸之範圍，與日本或琉球之大陸礁層截然分
離。在一九六九年「北海大陸礁層案」(The North Sea Conti-
nental Shelf Cases) 的判決中，國際法院強調地質因素，宣示「自
然延伸原則」，認爲一國領土在海底之自然延伸部分，應屬於該國；
任何國家之大陸礁層也不得侵入屬於他國領土在海底的自然延伸部分
[38]。這也是我國在釣魚臺爭端中採取「自然延伸原則」之法理根據。

　　不過近些年來，此一自然延伸原則在判例法方面已有頗爲矛盾的
發展[39]。尤其在一九八五年「利比亞與馬爾他大陸礁層案」(Libya
and Malta Continental Shelf Case) 中，國際法院更直截了當
地裁稱：由於沿海國的大陸礁層權利可以擴展到距岸兩百浬，因此在
兩百浬以內，「自然延伸原則」已無重要性可言[40]。這種新的發展對
我國原有政策之影響如何？是一項值得深入研究的問題。依筆者之
見，儘管判例法已有相反的發展，但一九八二年海洋法公約仍以「自
然延伸原則」爲基礎，規定將沿海國家對大陸礁層的主權範圍擴展到
包括「陸架、陸坡、和陸基」(shelf, slope and rise) 的大陸邊緣
(continental margin)[41]；許多沿海國家之國內立法更明定其對整
個大陸邊緣享有主權權利[42]。因此，我國當可維持一九七○年批准礁

[38] *I.C.J. Reports 1969,* paras. 19,45,58,85,95-96,關於本判決之中文簡要討論，
參閱俞寬賜，從國際法觀點研究大陸礁層，臺北：臺灣商務印書館，民國六十四年
出版，頁 120-129. 該書曾獲第十屆中山學術著作獎。

[39] 參閱 *I.C.J. Reports, 1982,* paras. 44, 66-68,80.

[40] Libya-Malta Continental Shelf Case, *I.C.J. Reports, 1985,* paras.
31-41,particularly, para. 39, 對本案之析論，可參閱俞寬賜，"An Analysis
of the ICJ Judgment on the Libya-Malta Continental Shelf Case,"
The Journal of Social Sciences, National Taiwan University College
of Law, Vol. 38 (1990), p. 209ff.

[41] 一九八二年聯合國海洋法公約第七十六條第一項及第三項。但依該條第四項及第六
項規定，大陸礁層的外界「不應超過從測算領海寬度的基線量起三百五十海浬。」

[42] 國內立法規定以大陸邊緣爲其大陸礁層主權界限的國家包括有 Bangladesh,
Chile 等。以立法規定以二百浬或大陸邊外緣 (Continental Margin) 爲界限
之國家更多，包括 Antigua and Barbuda, Burma, Canada, Dominican
Republic, Guyana, Honduras, Iceland, India, Mauritania, Mauritius,
Mexico, New Zealand, Norway, Pakistan, St. Lucia, Senegal, Sey-
chelles, Sri Lanka, Vanuatu, Vietnam, South Yemen 等。

層公約時所持之基本政策㊸，將「陸地自然延伸原則」適用於東海大陸礁層，肯定釣魚臺構成我國東海大陸礁層突出海面的不可分割的一部分。

四、結論——釣魚臺爭端之解決途徑

綜上所論，可知釣魚臺爲我國固有領土，無論在法律或事實上，均勿庸置疑。但是日本也堅稱該列嶼爲它的固有領土；且自一九七二年以來，它握有對該列嶼之行政權。我國政府的長期交涉、和海內外中國人的保釣運動、及中共的口頭聲援，都未能扭轉大局。此一爭端究竟有無？或什麼才是解決之途徑？媒體已有廣泛討論和建議。其中除「武力不宜採行」已是多數人之共識外，法律解決、外交談判、或共同開發等辦法，迄今仍是議論的主題。惟依筆者之研究，在當前政治情勢發生徹底改變以前，此等辦法均有其無法克服的基本困難。茲簡單析論如次：

第一、就正式外交談判言，由於釣魚臺主權爭端涉及我國、中共和日本三方面，而我國大陸政策迄仍停留在「三不」階段；日本又僅承認中共爲代表中國之合法政府，從而無論我國和日本、或日本和中共都不可能舉行有效的雙邊談判。至於三邊談判，縱爲日本所同意，但我國不願中共參與；中共更反對我方參加；而我國和中共又絕不可能合派代表團與日本談判。因此，除非兩岸關係發生突破性的改變，否則，釣魚臺爭端很難循外交談判途徑謀求解決。

第二、就法律途徑言，由於我國不是國際法院規約締約國，不可能在該法院進行訴訟。中共雖然是法院的成員，但未接受規約第三十六條之強制管轄權。日本雖已接受這種強制管轄條款，但聲言僅適用

㊸　我國存放批准書日期爲一九七〇年十月十二日，參見兪寬賜，**從國際法觀點研究大陸礁層**，前引註㊳，頁35-36. 批准時我國曾就該公約第六條之大陸礁層劃界規則提出保留，見 *UN Monthly Chronicle*, Vol, Vll, No. 10 (November 1970), p. 185.

於接受同樣義務的國家之間，且以「相互原則」爲條件⑭。因此，釣魚臺爭端的三個當事者，均不可能逕自訴之於國際法院。從另一方面來看，無論國際司法或國際仲裁，其訴訟管轄均係以爭端當事國之一致同意爲基礎；而同意之方式是由當事國共同簽訂「特別協定」(compromis)，就法院或仲裁機構之任務、及其適用之法律、甚至仲裁法官之選任、仲裁程序、及費用分攤等細節，分別詳加規定。而這一切細節又須經長期直接談判，才有達成協議之可能。尤有進者，國際司法或仲裁之結果，誰都不敢預斷。因此，各國通常不願將涉及領土或經濟、安全等重大利益的爭端交由國際司法或仲裁法庭裁斷。釣魚臺主權爭端的任一當事國（如日本）倘不願採循這種途徑，則也無由開始談判。

　　第三、「共同開發」原是國際間解決海域重疊和領土爭端的方法之一。例如根據筆者之研究，在四十五種大陸礁層劃界條約中，有百分之十二採取此一辦法，包括一九七四年的日本南韓條約、一九七九年的馬來西亞泰國條約、一九八一年的冰島挪威條約等。但就釣魚臺主權爭端言，由於深涉我國、中共、和日本三方面，任何一方如果不同意、或不願談判，則不可能達成共同開發之協議。如果改由日本與我國或中共進行雙邊式的共同開發，則又必然招致第三邊之反對。例如一九七〇至七一年間，中、日、韓三國共同探採黃海及臺灣以北（包括釣魚臺附近）海底資源的計劃，由於三國政府的積極籌備及多家美國探油公司之熱心參與，原已接近運作階段；但因中共之抗議和警告⑮，以致無疾而終。可謂殷鑒不遠。當時我國與美、日均有外交關係，尚且如此；今日主張中、日共同開發釣魚臺資源者，能不三思乎?!

---

⑭　參見 *Yearbook of International Court of Justice, 1988-1989*, pp. 74-75.
⑮　中共認爲這種共同開發計劃構成對中國主權的公開侵犯(overt encroachment)，它絕不容忍。關於此等抗議與警告，可參閱**人民日報**，一九七〇年十二月四月（頁5）及三十一日（頁1）。另可參閱"Statement of the Ministry of Foreign Affairs of the People's Republic of China," (December 30, 1971), *Peking Review*, Vol. 15, No. 1 (January 7, 1972), p. 12.

　　因此，在中國仍處分裂局面的今天，釣魚臺主權爭端尚乏徹底解決之途徑可循。不過在此次聖火事件中，我國朝野已經適時以實際行動再度昭告天下，宣示我國對釣魚臺享有領土主權。類此抗議行動，不僅在事實上迫使日本今後不敢再有侵犯我國此項權利之措施，而且在法律上迫使日本永遠不可能依照國際法的「時效取得原理」（Prescription）得到釣魚臺的領土主權。此外，更積極可行的途徑則是由我國政府透過與日本之間現有的非官方機構，積極交涉，以求在暫時擱置主權爭端的原則下，達成至少兩項目標，卽(一)雙方約定均不得在釣魚臺或其周圍海域內片面從事任何工程建設或礦產資源探採；更不得駐軍或作軍事演習；(二)雙方漁民在釣魚臺及其周圍海域享有平等自由捕魚及從事相關活動之權利，互不干涉，以期和平共處。

外國法院就我國漁船非法入侵案件
所作裁判之研究

傅 崐 成[*]

一、問題發生之背景

　　中華民國臺灣地區的漁船近年來不斷在世界各地遭受逮捕、拘禁
或扣押，使得此一問題成爲令人關切的對象。欲探究問題發生的背景
原因，正如同所有社會科學的問題一樣，吾人立刻陷入一個相互關
連、因果循環陷阱。臺灣經濟的發展，社會教育的不當，法治觀念之
不足、漁撈技術之改善、颱風天災的頻仍、……。不過，最基本的一
項原因應當是：各國對海洋主權主張之擴充。從一九五八年日內瓦公
海公約①所堅持之「公海四大自由」與領海公約②之堅持「三浬領
海」，發展到一九八二年聯合國海洋公約③中所揭橥之「十二浬領海」
加「二百浬專屬經濟區」加「自然延伸之大陸礁層」；今天的世界海洋
主權主張地圖，已絕非一九五八年四大海洋公約制訂者們所能想像。

　　目前，中華民國的遠洋漁船已逾千艘。在往來於母港基地與遠洋
漁場之間，它們會遭遇巨風、面對機械故障、企圖撈捕突現之魚羣、

* 美國維琴尼亞大學法學博士 (S. J. D.)，現任國立臺灣大學法律研究所副教授，本
　研究是行政院農業委員會及臺灣地區漁業發展基金管理運用委員會委託研究報告的
　一部分。擔任本研究助理的人員有李憲佐、蕭振寰、姜皇池及洪三財等四位。
① 此公約中文譯文見：丘宏達編輯，**現代國際法基本文件**，臺北：三民書局，民國七
　十三年出版，頁106-113。
② 此公約中文譯文見：丘宏達，前引註①，頁101-106
③ 此公約中文譯文見：丘宏達，前引註①，頁122-238。

心存僥倖地登陸小島去採食椰子（此事於帛琉的確發生過）……。無窮盡之糾紛與問題，於焉不斷發生。

相關國家之海域主張比較表

國　　名	領　　海 （寬度—標示*)	專屬經濟區 （寬度—標示）	1982年 海洋法公約
中 華 民 國	12浬—無	200浬—無	未能參加
菲 律 賓	最多285浬—有	200浬—有	已 批 准
印 尼	12浬—有	200浬—有	已 批 准
馬 來 西 亞	12浬—有	200浬—有	已 簽 字
泰 國	12浬—有	200浬—有	已 簽 字
印 度	12浬—有	200浬—有	已 簽 署
帛 琉	12浬—無	200浬—無	未 簽 署

標示*: 是否公布其領海、專屬經濟區、或直基線之座標表或大比
　　　例尺海圖?

過去，我國漁船船東在東亞、南亞一帶國家水域，發生船隻被查扣之事件，大多漫不經心地，隨意「認罪」(plea guilty)，只求花錢消災；只要早一點將人、船救回，再度出海打魚，一點小罰款，並不使得船東們太在意。以 1972 年之「金鴻惠號漁船非法進入菲律賓領海捕魚案」為例，船長認罪，受判罰金五百披索菲幣，確是九牛一毛。法官並且警告：如果下次再被查扣，被控非法入境，將沒收船隻。但是，這種輕罰緩刑的日子已經過去了。1987年我國僑泰一號、二號漁船因非法進入印尼二百浬經濟海域捕魚，結果船長、輪機長等四名被告共被判處罰金5500萬盾印尼幣，船舶、漁獲全部沒收充公，還須負擔 7500 盾訴訟費用。

更何況，在海上遭遇臨檢之後，從海軍、警察到獄吏，我國船長船東都習於「送紅包」；往往希望藉此消災。結果，紅包愈要愈大，罰金愈來愈多，最後，只要看到臺灣漁船在附近出沒，各國海上執法者都更急於出海臨檢、捉人（以增加收入？）。

在這種情況下，臺灣漁船船東如果再不趕緊調整自己的心態、加強漁民的訓練，決心在每一個漁船查扣案件中，仔細研究本身的法律立場與外國之法令規章，以誠實及自尊來依循法律，全力保護自己，臺灣的遠洋漁業必將遭受愈來愈不堪的困擾。

二、案例之收集與整理

在研究期間，雖然從國內、國外的政府辦公室、漁業公司、合作代理公司、學術研究機構……，收集到不少資料，但是，眞正完整的案例書狀（包括起訴書、辯護狀、判決書或裁定書），卻「幾乎」完全沒有。作爲一個自稱爲法治國家的國民，我們對法律文件的文書存檔（documentation）工作之無能，眞令研究者吃驚。當吾人發現：許多漁船船東、船長都是在根本沒有看見過「裁判」內容的情況下，就依照律師或「代說項者」之指示付款時，更感不可思議。

以下爲「信而有徵（文書證據）」的三十六個案例（其中詳細之事實、控訴內容、裁定或判決內容、依據法令及個案評論④：

菲律賓——

1. 金鴻惠號漁船非法進入領海捕漁案（1972）
2. 海慶號、新春六號、龍記號漁船非法入境案（Ⅰ）（1975）
   海慶號、新春六號、龍記號漁船非法入境案（Ⅱ）（1975）
   海慶號、新春六號、龍記號漁船非法入境案（Ⅲ）（1975）
3. 有得利號漁船非法入境案（1982）
4. 南榮一號漁船非法入境捕魚案（1985）
5. 德發財號漁船擱淺案（1987）
6. 昇旭財號漁船傭船案（1987）
7. 勝盟號漁船所屬小舢舨遇暴風迷失入菲境求援案（1987）

---

④　所有三十六個案例均收集在作者未出版的研究報告第三之二冊：**案例彙編**中。

5.華升廿一號、廿二號漁船違規作業案（1984）

6.建泰三〇一號、三〇二號漁船違規作業案（Ⅰ）(1984)

　　建泰三〇一號、三〇二號漁船違規作業案(Ⅱ)(上訴審)(1984)

印尼——

1.順裕成號漁船非法進入領海案（1970）

2.富達十一號漁船非法進入領海捕魚案（1974）

3.亞東二號等九艘漁船非法入境案（1975）

4.新益祥十六號漁船非法入境領海案（1974）

5.寶慶一號漁船非法進入領海捕魚案（1975）

6.吉慶三號漁船非法進入領海捕魚案（Ⅰ）（1981）

　　吉慶三號漁船非法進入領海捕魚案（Ⅱ）（1981）

7.永青十一號漁船非法進入領海捕魚案（1985）

8.豐祥廿一號漁船非法進入領海案（1986）

9.旭春一號、立春六號漁船非法進入領海捕魚案（1987）

10.僑泰一號、二號漁船非法進入經濟海域捕魚案（1987）

三、案例之法律分析與評論

（一）遵循法律途徑解決糾紛最有利

　　在研究了前列三十六個案例之後，吾人更可增強一基本信念：這些國家容或未臻於至善至美，但是都對法治有相當之尊重；而遵循法律之途徑來盡量保護我國漁民之權益，是最有回報的做法。

　　無論我國漁船有無非法侵入他國水域作業之故意過失，都應該避免以人情、紅包打通關節，而應以尊重當地法律訴訟或行政爭議的程序，以尋求最大保障、最小處罰、最快釋放。譬如：1985 年南榮一號漁船被控非法入境被菲國檢察官起訴一案（菲律賓—4），本案被告原本明知自己惡意非法入侵菲國水域，於 1985 年 5 月13日左右在狄耶哥島（Diego Island）附近被捕。被告坦承不諱，俯首認罪，已

爲有罪答辯 (Criminal Case No. 600)。惟其後檢方又依費南多・狄耶拉上士(Sgt. Fernendo Dierra)之證言及三包炸藥爲物證，認爲被告另攜帶有三包炸藥，持之違法捕魚，而違反了由 PD 1058 號法案修正之 PD 704 號法案第 33 條之規定，另行起訴 (CRI. CASE NO. 601)。結果被告心中不服，努力在法院中爲自己辯護，最後終於獲得了正義的判決：除單純之非法入境部分外，其餘無罪。

法院認爲檢方證人狄耶拉爲菲國警方人員，但（1）初上船時未表明身分，（2）雖得到被告中船長之允許其登船，但於登船前仍開數槍，指稱其於登船前已見到厨房附近有炸藥，並有三包炸藥佐證。惟

（1）依其他緊隨其後登船之人的證言及實際驗勘船舶構造之結果，自狄耶拉等人登船處，中有另一艙房阻隔了視線，根本無法見到厨房內及狄耶拉指稱炸藥所在處。

（2）其他證人知有炸藥之存在乃由狄耶拉指出，並非親眼立即目睹。

（3）船上僅有之一條魚無法辨別出是否使用炸藥捕獲或他法捕獲的。

（4）登船時，船上尚有其他五名菲國當地居民正與被告交談。狄耶拉並未提及，亦未曾對之加以詢問炸藥是否屬當地居民所有或爲何在該船上。

（5）被告漁船出海前，曾經臺灣海關嚴密檢查，且臺灣法律對非法持有槍砲彈藥等物課以極重之徒刑，檢查嚴苛，似可推定被告出海前未曾攜有炸藥。

（6）上船後，狄耶拉即命隨同登船者對被告加以綑綁，並未告知被告任何有關炸藥一事，及何以將之綑綁並施以不人道待遇的原因。

綜上所述，依

(a) *People vs. Eng* c-33 130 to L-22132, April 12, 1968, 23 SCRA 146 判例，認爲證人之證言仍須經合法調查，符合事理，

與事實認定相符才可，有誇大、虛僞者，不應採信；及

　　(b) *Duran vs. Court of Appeals,* 71 SCRA 68 判例認爲檢方起訴所持可歸責被告之事由如顯可認理由不充分，不足構成有罪證據者，不得爲有罪判決等理由，法院認爲不應有炸藥之存在即認定被告有犯罪意圖，本案可能是搜捕隊（raiding team）蓄意誣告。

　　判決被告除非法入境之部分外，無罪。

　　又譬如：1984年建泰三〇一號、三〇二號漁船（Jiann Tai No. 301、No. 302）在印度被控違規作業案（印度—6 I、II），我國兩漁船船長（被告 1 被告 2）在與印度漁業合作之公司（被告 4）經其經理（被告 3）之指示下，於1984年 3 月31日合法持許可自印度馬德拉斯港出海捕魚，於1984年7月26日爲海防隊船外克瑞姆（Vikram）號發現，在北緯 8°53.9′（8度53點9分），東經 76°10.9′ 水深未及 40 噚（約爲73.152公尺）處附近從事漁撈。指揮官拜加（Baijal）令助理指揮官裘拉（Chawla）及助理軍官海爾梅思（Hiremath）二度登上建泰三〇一、三〇二號船檢查後，以該二漁船違規作業而加以逮捕，並向孟買法院起訴。

　　檢方當時指控六點：

　　(1) 二船未有漁獲日誌，(2) 未有通訊日誌，(3) 航船日誌登載不實，未依規定登載漁獲量等事項，(4) 船上有魚貨、漁網是濕的，而船所在位置水深不及 40 噚，乃違法捕魚，(5) 又未依規定每日向海防隊爲位置、船速、漁獲量等之報告，(6) 被告 3 、 4 未盡監督之責。故被告等人違反了印度刑法、1981 年印度海域法及 1982 年印度海域規則。

　　由於建泰三〇一、三〇二號漁船之出港許可證（Clearance）乃於 1984 年 3 月31日發出，依許可傭船之許可證（Permit）之規定，得到出港許可證之船隻於發出許可證日起算45日內，須回到出發港，否則依印度海域法第12條及印度海域規則第16條規定，因未遵守許可證條件與條款，則該許可證失效；且是否已於45日內回港，依證據法第 106 條，應由該船船長負責舉證責任，而截至 1984 年 7 月26日，

該船長並未能證明建泰三〇一號及建泰三〇二號漁船曾回到出發港，故已超過 45 日期限。所以建泰三〇一號，三〇二號漁船漁撈之行為並未有合法之許可。依印度海域法第 13 條，對違反該法第12條規定之船隻，應予沒收。因此地方法院法官除科處被告 1 罰金 60,000 盧比、被告 2 罰金 40,000 盧比外，尚沒收建泰三〇一號及三〇二號漁船，訴訟期間船舶停泊費由被告1、2負擔。

兩船長心有不甘，乃堅決上訴至印度高等法院，結果獲得勝訴，法院判決：

　1.第一審法院判決不當。

　2.被告無罪開釋。

　3.船舶不應沒收，而應釋放。

印度高等法院寫下了非常令人敬佩的判決書，其大要謂：

　1.根據1982年印度海域規則對於捕魚日誌等法定文件為不實記載之部分 (Rule 5(1)(h)(vi), Form E of 1982 Rules)：該法定文件不須由船長親自製作，且不必百分之一百真實無誤，只要船長已盡必要注意義務，並合理估定漁獲物之數量即可。

　2.關於未向海防隊報告必要資料部分 (Rule 5(1)(n) of 1982 Rules)：

　　　(1) 未規定船舶位置、操作條件與捕魚方式之報告格式，只規定漁獲物之轉運或其他處理方須作成統計。

　　　(2) 有關單位未收到船舶所發送之報告，法律並未推定船舶未發送報告；且認定不違反1981年印度海域法(Section (1)(q) of 1981 Act)，則必須認定不違反 Rule 5(1)(n) of 1982 Rules，因 Section 5(1)(q) of 1981 Act 要求船上發送之訊息應記載於航海日誌。

　　　(3) Rule 5(1)(n) of 1982 Rules、只適用於持有入漁執照 (license) 之外國船舶，而不適用於持有入漁許可證 (Permit) 之外國船舶。

　3.在禁止水深40噚內捕魚部分 (Rule 8(1)(q) of 1982 Rules (amended))：

　　(1) 海底崎嶇不平，不可以政府所出版之海圖作爲水深之決定性證據。

　　(2) 以回聲測深器(Echo Sounder)測得之水深較海圖準確，但仍有 5 ％之誤差，且不可以一船所在位置之水深，而決定另一船所在位置之水深。

　　(3) Rule 8(1)(q) of 1982 Rules 之規定與入漁許可證和意圖函 (Letter of Intent) 准許入漁之精神不合而應無效（參閱 Section 2(c) of 1981 Act）。

　　4.船舶出港後 45 日須向基地港報告，係傭船人 (charterer) 之義務，而非船長之義務（船長之義務限於1982年印度海域規則第 5 條（Rule 5）下之條款和條件），且不可依屬傭船人義務之 Rule 8 of 1982 Rules 判決船長有罪；僅可依違反屬船長義務之 Rule 來判決船長之罪（卽 Rule 5 及 Rule 16 of 1982 Rules）。

　　5.Section 12(a)、(b) of 1981 Act 只適用於傭船人（charterer) 或其代表人 (representative)，而不適用於船長或船員（指許可證之情形）。

　　6.船長與傭船人共謀逾期捕魚部分：

　　(1) 共謀不成立。

　　(2) 許可證之捕魚天數爲 1095 天，而未規定逾 45 天卽不可
　　　　再捕魚。

　　7.沒收船舶部分：

　　(1) 如非法令之犯罪則不可沒收，而逾 45 天捕魚並非犯罪，只是未向基地港報告而已！

　　(2) 卽使船長未履行報告之義務，亦不可判決沒收船舶，因不能證明有共謀，Section 12 of 1981 Act 不適用於船長，且被告等有權出海捕魚逾 45 天。

　　堅持上訴能不能遇著公平、成熟之法官，以獲得如此之平反，實屬無人能預料；不過，倘若二船長不堅持上訴，則絕不能獲此平反，則是百分之百可確定之事。

除去上述二案例之外，在其他許多案例中，即使看不見如此傑出之裁判，也可以明白看出各國法院之理性與遵法之精神。譬如：1989年合瑞元號漁船在馬國被控非法進入其經濟海域捕魚案（馬來西亞—4），筆者曾自費前往馬國納閩島，協助兩位當事人所聘之馬國律師，參與審判過程。該船是在納閩（Labuan）附近白吐安頭（Bethune Head）燈塔90浬處被馬國海軍查扣。臨檢時發現：甲板上有一條魚，魚線散放於其他漁具之外，魚簍中並有用作釣餌的活魚。其後船員及船貨均被逮捕並帶回納閩港，被控無照於馬來西亞的漁業水域中捕魚。

被告之律師曾多方力辯，其中包括：當事人認為自己是在中國自己之南沙羣島水域航行；況且被臨檢當時，該船根本未在作業。

本案法官認為要構成馬國漁業法第 15 條（1）項（a）款的無照捕魚行為，需證明五大要件：

1. 於1989年10月16日下午二時零六分8名被告確實在漁船上；
2. 該船當時位在東經114度19分1秒北緯6度37分7秒處；
3. 該船位在馬國漁業水域中；
4. 被告用釣鈎及釣線捕魚；
5. 被告未領有馬國核發的捕魚許可證。

其中第4點所稱「捕魚」一詞，依馬國漁業法（第2條）的定義，係為「準備、支援、企圖、及從事捉、撈、殺魚的行為」；而檢方僅證明船上有魚、散佈的魚線及活魚餌，就斷言被告從事捕魚行為，其證據力則嫌薄弱。法官強調，沒有證據證明甲板上的那隻魚是否係活魚或魚線是否已濕，實未構成馬國漁業法所定義的捕魚行為，即不構成漁業法第 56 條（1）項所謂在馬國漁業水域捕魚之行為。

在欠缺犯意，且「捕魚」行為之事實未有明確證據的情況下，法官終於斷然作成「無罪」之判決；船隻以及八名被告均予釋放。檢察官（女性）原本雖有意上訴，但是，眼看被告船長及其船東、律師、顧問（筆者），均充滿信心，決意爭訟到底（此外，可能也在閱讀了筆者寫給她的六張信紙的長函之後，深受影響）；終於放棄上訴，而使此一判決確定，成為一難得之先例。

(二)印尼的行政、司法體系較難預測

當然，不可否認地，從已收集、分析之這些少數案例來看，在菲、泰、帛琉、印度、馬來西亞與印尼這六國之中，似乎印尼的司法審判（以及行政處分）上，問題最大。

譬如：1975 年亞東二號等九艘漁船被控非法入境一案（印尼—3），九艘合作漁船，因文件不齊備，被最高檢察署以「非法入境」起訴，復加控「走私罪」，造成九艘漁船全部被沒收之重大損失。其間因暴行脅迫簽字，不准被告答辯、拒絕辯護律師⋯⋯嚴重侵害被告當事人權利之事，未受到當事人全力上訴反擊，實構成中、印尼雙方當時漁業合作之一大挫折。

又譬如：1975年寶慶一號漁船被印尼麻路格港（Merauke）檢察官控以非法進入領海捕魚案（印尼—5），（據船東主張）寶慶一號於民國六十四年一月十九日早晨在 7856 漁區（南緯 10 度 15 分，東經 139 度）澳洲公海作業，因機器故障，收發報機亦故障，在失去控制之非人力可抗拒之情形下漂流兩天，時值海面有強風，隨時有傾覆之虞而岌岌可危，幸由澳籍油輪安美路普（AME-RUPE）號拖救至印尼麻路格港。在麻路格港內，初期印尼當局並無扣留該船之舉，允修復後可隨時自由離境；爾後未曉何因，印尼麻路格地方檢察官竟以該船侵犯領海無照捕魚之罪嫌，脅迫船長簽字而扣留該船（船長簽字而附註不贊成以示抗議），並由該檢察官提出控訴。

結果，法院居然判決：

被告（船長）犯罪行為如下：

(1) 在印尼麻路格港附近領海偷取印尼海洋資源。

(2) 故意進入印尼領域而未擁有外國人必備的文件。

(3) 故意在印尼領海航行。（此點完全無法律基礎）

而科處被告有期徒刑一年（緩刑）、漁船漁具及漁獲物沒收，被告並須付清訴訟費用，自費返國回臺。

卽使到了 1980 年代，印尼處理我國漁船非法入漁案件的態度，

仍然極爲嚴苛。 雖然，「似乎」移送法院審理的案件增加， 較少由海軍或海關等行政機關片面裁決處罰 （印尼稱之爲「庭外和解」）， 但是， 法院有時顯然偏袒不公。

譬如: 1987年僑泰一號、二號漁船非法進入印尼經濟海域捕魚案（印尼—10), 初審被告獲得無罪之判決; 檢方不服上訴。 二審法院則重判， 船長、輪機長等四名被告共重科罰金 5500 萬盾印尼幣， 所有船、貨全部沒收。 此案之判決， 一、二審之變化恁大， 使人懷疑其中或有隱情， 而不敢斷言是非。 不過， 二審法官在判決理由申評及起訴文書中指出， 被告等是在欠缺通譯人員、不了解內容的情況下， 簽署之書狀，「並非違法」， 令人不服。 可惜吾人並未看到本案被告有再繼續上訴 （三審） 之紀錄。

在已收集、分析之印尼案例中， 惟一比較審理得較愼重、 合理者， 應屬 1987 年旭春一號、立春六號漁船被控非法進入印尼領海捕魚一案 （印尼—9)。 在此案中， 被告之辯護律師的確曾鄭重其事地爲16名我國被告辯護， 且法庭係由三名法官組成之合議庭， 論斷理由亦較完整。 最後被告等被判決非法進入印尼領海捕魚「有罪」， 判刑五個月 （但已經羈押日期抵折完畢）， 每船罰金 1750 萬盾印尼幣， 漁船、漁貨發還給雅加達之合作公司 （YMTK)。

(三)人身保護令在菲國受重視

漁船在外國被查扣， 常常面對之基本問題是: 久羈不移審， 造成被告心理上之重大挫折。 也因此， 被告往往輕易認罪(plea guilty)， 不再力爭。

菲律賓受美國殖民統治約半個世紀， 留存有美國憲法中所珍視之人權保障傳統。 因此， 人身保護令狀 （writ of habeas corpus） 之申請， 在菲國扣我漁船案中， 頗能發揮功效。 譬如在 1988 年 CHIN LU YIH 四十三號漁船被控非法入境案 （菲律賓—10） 中， CHIN LU YIH NO. 43 號漁船在公海返回臺灣途中， 於1988年12月10日遭遇海難， 船舶漏水而飄流至艾歐貝拉(Ioabela)海岸， 撞上大礁岩而沈

沒，船員（聲請人）被迫游泳上岸，並向地方當局報告，被以軍用飛機送至卡加言省的亞巴利城（Aparri, Cagayan），並於1988年12月22日被遞解至當地外國人管理局的移民及外人遞解出境委員會及海岸防衛隊司令（以下簡稱「該委員會」）（Commission on Immigration and Deportation (CID), Alien Control Office of Apprri, Gagayan; and Station Commander, Philippines, Coast Guard, Aparri, Cagayan）處而遭扣留（detention），直至 1989年1月未正式起訴或指控特定犯罪，亦未經任何令狀或機關之合法授權。經被扣留者委由律師聲請人身保護令狀，法院要求該委員會將被扣留者送至法院，說明限制諸人自由之原因，並作答辯；但委員會不加理會，經被扣留者之律師再次聲請，於是法院舉行聽審（hearing of the petition）。

雖經委員會答辯，法院仍然裁判命令委員會立卽釋放聲請人，還其自由，不得延誤。

理由：

（1）聲請人在該委員會之監管（custody）下，並失去自由。

（2）未正式起訴或指控持定犯罪，且無法定機關之命令。

（3）無文件可證明地方非法入境委員會之調查尚未結束。

（4）該委員會未遵守法令規定（Sections 8,10,11 of Rule 102 of the Rules of Court），亦卽未爲人身保護令狀之書面答辯。

（5）基於人身保護令狀作用之考慮，包括任何妨礙行動自由之限制皆可適用。

不過，法院發出立卽釋放聲請人而不可再予監禁或限制之命令（Order），此命令已送達該委員會與卡加言省之省檢察官辦公室；且上訴期間已屆滿之後；聲請人仍被監禁（confinement）。於是上訴人不服氣，乃再度聲請人身保護令狀。法院亦再度接受聲請人之請求，命令：

1.卡加言省移民及外人遞解出境委員會在收到命令後，必須使聲請人獲得自由，並不可再監禁或限制（confinement or restraint）

聲請人。

　　2.依前項命令，該委員會應將聲請人送到法院，依移民法（Immigration Law）爲適當之處理。

　　此外，在1988年菲國馬可漁業公司（Marco Fishery Ventures Corporation）（以下稱馬可公司）所屬漁船與臺灣漁民被扣案（菲律賓—11）中，也可以看出菲國對於非法扣押，違法拘禁及人身保護令狀案件之重視。本案起於菲國第三區海岸防衛隊（3 rd Coast Guard District）於1988年12月5日至1988年12月10日期間於三寶加（Zamoanga）沿岸水域逮捕了馬可公司之七艘漁船，並於1988年12月12日將案件移交地方非法入境委員會調查。但經過二個多月，既未提出正式之調查報告，且第三區海岸防衛隊亦未提出任何人或多人或馬可公司刑事或行政違反海防隊規則和規章（criminal or administrative violation of Coast Guard rules and regulations）之適當控訴。而七艘漁船和十八名臺灣漁民仍在海岸防衛隊之監管、扣留下，且船上之漁獲物開始腐敗。

　　在此情況下，馬可公司乃基於延時羈押、違反法律爲由，向非法入境委員會催促並抱怨。由於該委員會尚未收到案件，因此非法入境委員會對本案欠缺管轄權（want of jurisdiction），但不駁回（dismiss）該案而作成說明書（manifestation），建議第三區海防隊將馬可公司所提出有關機關所要求罰金（penalty）總額之適當保證書（bond）歸檔（file）後，立即釋放其所監管之七艘漁船和十八名臺灣漁民。

　　在委員會所依之說明書中，特別提及：第三區海防隊應明確決定其合法立場（stand），盡速釋放監管下之涉案漁船，以免對政府和馬可公司造成不必要之損害。

　　非法入境委員會並且明智地聲稱，此一說明書將可發揮幫助「竭盡行政救濟原則」（exhaust administrative remedies）並避免損害訴訟或任何法庭訴訟之功能，以及船舶之擔保（security）與十八漁民之安全。卽依據公正與平衡（justice and equity）解決問題。

菲國非法入境委員會所表現出來的崇法精神，誠令人激賞。

（四）船上財產保全之證據應力求明確

在漁船查扣案件中，經常發生的另一問題是：船上財產之為人竊取、侵吞。譬如 1988 年文明十一號、十二號、國興六號、弘昇號漁船非法進入經濟海域捕魚案（馬來西亞—2）中，四艘漁船於1988年8月20日的南沙羣島附近海域作業時，被馬國海岸以無照進入馬國經濟海域為由強行扣押，並曾至船上搜刮財物，而未發給收據。此事一方面固因無收據、清單，導致最後財物無法收回；但也激發了船東的憤慨，而聘請律師全力訴訟，最後雖仍被判有罪，但馬國在法令上放寬解釋，允許我國船東將沒收之漁船以較低之價買回，而未公開拍賣。倘若船長在平時即能建立完整之財物清單，且在船上財物被取去時，要求保留證據，較能保障財產之安全，或追索返還。

（五）主張「不知法律」於事無補

對於各國海域、入境、航行、捕魚之法令規章被告往往主張不知情，企圖藉此免責或減輕處罰。一般而言，這種主張於事無補。因而，一艘船舶既已航行於他國之水域，甚至在他國水域內打魚，即不能主張對該國之法令不知情。譬如在1974年富達十一號漁船非法進入領海捕魚案（印尼—2）中，（依據印尼海軍所作口供）富達十一號漁船於1974年1月1日自臺灣出發後，經由哈馬赫拉（Halmahera）、西蘭（Ceram）海及阿拉夫魯（Arafuru）海至澳洲領海捕魚後，在循原路回程途中，於1974年2月26日在阿拉夫魯海內，因機件故障而漂流於海上，最後於1974年3月1日擱淺在南緯4度7分東經132度57分（04°07′00″S 132°57′00″E）處，被印尼之阿門五號（AMAN-5）蝦船看見，即加以援助，並將全部船員帶到開馬那（Kaimana）。

船長認罪，承認未取得由印尼政府批准之在印尼領海內捕魚之執照，但主張不知印尼政府所公佈之禁止捕魚法令。結果最高檢察署仍然認為因富達十一號未取得印尼政府有效之執照，而故意進入印尼領

海捕魚，觸犯 1939 年領海及海域法第 2 條、1960 年第 4 號法令、1962 年政府法令第 8 號及 1963 年總統令第 103 號。

　　根據最高檢察署1969年 7 月 1 日 KEP-056/DA/7/1969 號決定與 1971 年12月10日 INSTR-066/DA/12/1971 號命令，如富達十一號漁船船長同意並能夠支付 13,925 美元給印尼政府，本案可在法庭外和解。

　　不能因不知法律而免責，此實為一般法律適用時之常態。但是，這並不是說今後我國漁船被查扣案件中，當事人均無須做此抗辯；因為，有時候，如果法令之細微處仍有彈性，法官仍然有可能依照此一「不知法律」之事實，給予某種有利之考量（例如：量刑之考量）。

（六）欠缺海域外界之公佈不影響海岸國之權利

　　雖然 1982 年聯合國海洋法公約第75條規定：各國應妥善公佈其專屬經濟區(Exclusive Economic Zone)之外部界線或分界線之大比例尺海圖或地理座標表，並應將這海圖或地理座標表副本交存聯合國秘書長；但是，此條條文並非一個海岸國主張專屬經濟海域之生效要件。此一規定只是一項訓示規定，正如同兩國訂條約一樣，並不以在國際上公佈為生效要件，只不過「妥善之公佈」與「存放聯合國秘書長」會使得此一外部界線或分界線更具可遵循性與反抗辯力而已。

　　譬如在前述文明十一號、十二號等四艘漁船在馬國經濟水域被捕案（馬來西亞—2）一樣，被告主張：因為馬來西亞無官方承認之標示馬國經濟海域外界界線之海圖，因此該經濟海域之外界線應由檢方舉證，而檢方始終未能提出正確之經濟海域外界線，用以證明被告等位於馬國經濟海域之內。但是，法院最後仍然採信了馬國海軍舉證之外界線與船位，進而為被告有罪之判決。

　　事實上，正如同前節所表列之吾國鄰近國家之海域主張中，大都仍沒有此種海域外界線大比例尺海圖或地理座標表之公佈；但都絲毫不影響這些國家主張其諸類海域之權利。

（七）吾國在南海主張「歷史水域」有利漁民

　　中華民國在二次大戰之後，曾派出軍艦接收並測量南海西沙、中沙、東沙及南沙羣礁；民國三十五年並由內政部公佈南海諸島所有島礁之中、英文名稱對照表，同時對外宣佈我國在南海之「國界」，為一條從東京灣往南延繪，經海南島、西沙、南沙與越南之間海域中間線，再向南經曾母暗沙 (James Shoal)、南沙與拿土納島、汶萊之間的海域中間線後，折向北經南沙、中沙民主礁與菲律賓海岸間之海域中間線，直到呂宋海峽為止。⑤

　　由於過去四十多年來，中華民國一直主張上述傳統之國界線，使得其中之水域為國際海洋法上所謂之「歷史水域」(Historic Water)。在國內受教育之吾國漁民當然經常在南沙羣島附近作業，而不認為係在外國水域作業。在1989年合瑞元號漁船被控非法進入馬來西亞經濟海域捕魚案（馬來西亞—4）以及文明十一號、十二號、國興六號及弘昇號等四艘漁船被控非法進入馬國經濟水域作業案（馬來西亞—2）中，被告律師均曾力陳此點，雖然法官基於馬國之海域權利主張，未能在判決中明白支持此一論點，但從此二案之判決結果來看，（一無罪、一從輕），可見此一主權主張實已發揮相當之力量；至少在證明吾國漁民之「主觀犯意」上，有利吾國漁民。

（八）「善意之疏失」有時可作有利之主張

　　基於誠實可信賴之證據，有時被告能因主張「善意之疏失」(honest mistake, utter good faith) 而受到寬恕。譬如：1987 年之昇旭財號漁船傭船案（菲律賓—6），即為一例。

　　1986年11月19日 IFRDCL 公司與昇旭財號漁船船主簽訂傭船契約，1986 年 11 月 24 日由菲國在臺北的「亞洲交易中心」(Asian Exchange Center in Taipei)核發該船入境菲國之證明，並於12月29日在 IFRDCL 註冊完畢。IFRDCL於1987年5月20日接到通知，由

---

⑤　詳情可參考傅崐成，**南海的主權與礦藏——歷史與法律**，臺北：幼獅出版社，民國七十年出版。

被告四人開船至菲國聖費南度省拉優聯(San Fernando, La Union)
港交船, IFRDCL 並通知菲移民及外人遞解出境委員會(CID)。

　　1987年 5 月25日船長佩特隆 (Patron) 因初航看錯海圖, 抵達那
佛塔斯漁港 (Navotas Fish Port Complex, Navotas, Metro
Manila), 隨遭海岸巡邏隊逮捕, 以違反菲國法律(PD 760 as amend-
ed by PD 866 and 711) 移送移民及外人遞解出境委員會(1987年
5 月27日), 並準備起訴。被告以「善意之疏失」為抗辯, 終獲寬恕。

(九)「不可抗力」可為有利之主張

　　雖然在印尼也曾發生過機械故障、漂流獲救, 被拖入印尼港口修
理, 卻被控非法入侵領海之不幸案件 (1975 年寶慶一號漁船非法進
入領海捕魚案 (印尼— 5)(詳見前「㈡印尼的行政、司法體系較難預
測」); 但是, 基本上,「不可抗力」(force majeure) 是經常有效
之抗辯理由。

　　譬如: 1987年德發財號漁船擱淺案 (菲律賓— 5), 即為一例:
臺灣籍漁船德發財號及其五名船員於1986年11月23日在臺、菲交界處
捕魚, 翌日該船在臺灣水域內引擎故障, 而飄流進入菲國水域, 最後
抵達佛果 (Fugo) 島附近, 船身後部撞上大岩礁於 1986 年11月30日
在佛果島巴里特 (Barit) 沿岸擱淺。其上二名船員利用救生設備,
於1986年12月 1 日登上佛果島, 數日後自動要求被送至亞巴利城並待
在亞巴利移民委員會。另三名船員於1986年12月 2 日游泳上岸途中獲
救, 而由菲國亞巴利海岸防衛隊於1986年12月 5 日, 將該三名船員接
運過來, 並於1986年12月 8 日將案件提交有管轄權之卡加言省亞巴利
地方非法入境委員會。該委員會於1986年12月19日進行調查, 於1987
年 1 月26日提出報告。

　　地方非法入境委員會於調查報告中, 為下列之評論與建議:
　　1.在非法入境方面, 該五名船員在菲國內出現, 係超出他們的控
制。由案件之事實可知, 他們並無進入菲國領海之故意; 且無證據顯
示他們在菲國領海內捕魚, 亦未走私貨物及可沒收之物品, 他們之出

現亦不威脅菲國之安全。

　　2.五名船員因當時惡劣的天候而加劇之不可抗力 (Force Majeure) 而進入菲律賓，因此，不犯修正之菲國 1960 年移民法 (the Philippine Immigration Act of 1960, as amended)。

　　3.基於人道 (humantarian) 理由，立即釋放該五名船員，並將其遣送回船籍港 (homeport) —— 臺灣。

(十)顯然不誠實之陳述宜避免

　　船隻被控非法入境時，船長、船員也經常提出機械故障或颱風侵襲……等「不可抗力」爲藉口。但是，此種抗辯理由，一定得有可信之證據才能發生功效。例如上段中所述之 1987 年德發財號漁船在菲擱淺案，擱淺之事實，信而有徵，無容懷疑。但是，在 1988 年泰興漁船在馬國擱淺被控非法入漁案（馬來西亞—3）中，船長也主張機械故障，造成在馬國海岸五公里處擱淺，卻被判了罰金(數字不詳)。

　　泰興漁號漁船係在 1988 年 11 月 10 日於馬國水域（納閩東面海外 145 英里，及拉央拉央礁島東面海外約五公里處）非法捕魚（船長稱係機械故障，漂流至馬國水域），被馬國海軍扣往馬國納閩島。漁船及船員經移交予漁業局，然後再交由警方暫時扣押。並將漁獲物拍賣。而由檢方起訴，控其侵入馬國水域非法捕魚，觸犯 1985 年漁業法第 15 條第 1 項(a)款 (Section 15(1)(a) of the Fisheries Act, 1985)。

　　泰興漁號漁船船長辯稱機械故障擱淺，惟拖至納閩島，馬國農業局官員上船稍一檢修即可發動，終被科處罰金。另外，如瑞鎰財、金瑞慶二漁船，曾聲言係自新加坡「載魚返國」，但也無法提出任何新加坡方面之載運證明文件，自難爲法官採信。

　　因此，除非能有證據，證明自己之抗辯理由爲眞實，否則反而加強法官處罰之決心，對己不利，不如不爲抗辯了。

(十一)注意船籍、漁獲、契約等文件之正確、齊備

船隻航行海上，遇有臨檢，常因文件之不齊備或不完整、不正確，而引發進一步之查扣，甚獲判刑、處罰。過去曾發生瑞鎰財號、金瑞慶號自稱「自新加坡載魚返國」，因提不出載運文件，而被馬國判刑之例。此外，也曾發生船長所携之船籍證書爲不清晰之影本，而遭查扣之事件。在1988年東隆發號、福明魚十一號、金漁發十二號漁船非法進入泰國水域捕魚案（泰國－1）中，因涉嫌人所提契約文件未經公證，而不爲檢方採信，移送法院。幸法官調查文件屬實，而爲有利被告之判決：

東隆發、福明漁十一號、金漁發十二號三漁船之船東與新加坡之中國人翁南雄訂立租賃契約，將前述漁船租給翁南雄以從事捕魚，租期自1988年1月20日至1989年1月20日。除船隻外，該項租賃契約並包括出租人所僱用之船員，租金爲新臺幣1,200,000元，並約定如漁船遭遇意外事件，承租人須負全部責任。其後，前述漁船於1988年5月17日，在泰國漁業水域內遭泰國當局以非法捕魚而逮捕，並由泰國普吉省檢察官提出控訴，三艘漁船之船東則聲請法院裁判歸還三艘漁船。

檢方控訴：

1. 未經允許在泰國漁業水域內非法捕魚，侵犯泰國之漁業權。

2. 請求法院依 1939 年泰國漁業法第4、7、10、11條及刑法第43、32、33條判決被告（三名船長）有罪，並將三艘漁船沒收。

船東提出船舶在臺灣之登記文件、租賃契約與前二項文件之翻譯本證明他們是眞正船東且船舶已出租，並舉出船員與船舶一併出租，而船員在承租人之指揮監督下，證明他們對三名被告（船長）之犯罪行爲毫不知情，亦無任何關聯。

但檢方則以聲請人所舉出之文件資料係在外國作成，未依審議法（Law of Consideration）第 47 條第 3 項之規定，由泰國關稅處或臺灣之公證處（Notary Public）公證其眞實性，且未註明翻譯者之中文程度，故其正確性有疑問，因此上述文件資料不足採信，而將之移送法院起訴。

（十二）「傭船人」或船東應負之責不應由船長擔負

在漁船查扣案件，有時會發生因爲船東或傭船人 (charterer) 不在法院所在地，因此，檢察官或法官乃將原本應由船東或傭船人負擔之法律責任，粗率地轉於船長身上，要求處罰後者。在前文（本節「㈠遵循法律途徑解決糾紛最有利」）所提及之 1984 年建泰三〇一號、三〇二號漁船在印度被控違規作業案（印尼—6，Ⅰ.Ⅱ.）中，上訴審法官卽在其判決理由書中明白提及：「船舶出港後四十五天須向基地港報告，係傭船人之義務，而非船長之義務，且不可依屬傭船人義務之（法令）判決船長有罪；僅可依違反船長義務之（法令）來判決船長之罪。」

此點與下述之分級處罰，亦有關係。

（十三）分級處罰應爲合理之實踐

漁船在海外被查扣，船上各級幹部與船員有時會被一同處罰、共同負擔一致（或同一）之行政罰或刑罰。這其實是不合理之實踐 (practice)。因爲，船長、輪機長、無線電報務員與其他專門下網、起網之船員，對船隻之控制方向與操作，實際毫不相同。

各國之案例中，分級處罰已是常態，受到不利判決之當事人可資參考。譬如：在 1985 年樂陽一號漁船被控非法進入帛琉領海案（帛琉—1）中，法院所作分級處罰之判決，可稱典範：

法院基於被告之認罪，檢視調查報告及聽取被告律師與檢察總長 (Attorney General) 之辯論後，作成下述五項判決：

1. 船長部分：法院作成二項判決：

(a) 刑案 232-84 號：

未經允許而進入領海違反託管地法第十九章 §102 及 §109 (19 TTC §102 and §107)，科處最高徒刑三年，併科最高罰金五萬美元。但依據下列條款和條件，徒刑部分緩刑三十個月：

(1) 被告繳清罰金。

（2）被告持有離境機票及證明。

（3）緩刑期間禁止入境。

(b) 刑案 233-84 號：

非法入境違反託管地法第53章第53條第1項（53 TTC §53(1)），科處最高徒刑二年，與前項判決（刑案 232-84 號）一併執行。但依下列條款和條件，可以緩刑：

（1）被告持有離境機票及證明。

（2）緩刑期間禁止入境。

2.輪機長部分：（刑案 233-84 號）

非法入境違反託管地法第 52 章 §53(1) 科處最高徒刑二年，併科最高罰金五百美元。但根據下列條件和條款，徒刑部分可緩刑二十個月：

（1）被告繳清罰金。

（2）被告持有離境機票及證明。

（3）緩刑期間不得入境。

3.一名船員（可能具較高職位）部分：（刑案 233-84 號）非法入境違反託管地法第52章§53(1)(52TTC §53(1))，科處最高徒刑二年，併科罰金二百五十美元。但依據下列條款和條件，徒刑部分可緩刑二十個月，並服刑至1985年3月11日釋放：

（1）被告繳清罰金。

（2）被告持有離境機票及證明。

（3）緩刑期間禁止入境帛琉。

4.九名船員部分：（刑案 233-84 號）

非法入境違反託管地法第53章（1）§53（1），科處最高徒刑二年。

但依下列條款及條件，可以緩刑並釋放被告等人：

（1）被告等人未遣返前，仍應留在樂陽一號漁船上。

（2）被告等持有離境機票及證明。

（3）緩刑期間禁止入境帛琉。

　　(4) 在帛琉緩刑監視官 (Probation Officer) 之指揮和監督下，執行 160 小時社區服務工作 (Community　Service　Work)。

　　此外，在前述1985年東隆發號、福明漁十一號、金漁發十二號漁船非法進入泰國水域捕魚案（泰國－1）中，船東及船員均未被罰，只有三船之船長各被判刑六個月。

　　在華國一號、二號漁船在印度被控非法進入領海案（印度－2）中，法官亦作出分級處罰之判決：

　　(a) 船長於外國人法案（Foreigners　Act）下，各科處罰金1,500盧比或易科四個月單純監禁 (Simple Imprisonment)。

　　(b) 船員於外國人法案下，各科處罰金 150 盧比或易科四星期單純監禁。

　　(c) 在護照法 (Passport Act) 下，船長各科處罰金1,000盧比或易科單純監禁四星期。

　　(d) 在護照法下，船員各科處以罰金 100 盧比或易科單純監禁四星期。

　　此外，在 1972 年金鴻惠號漁船被控非法進入菲國領海案（菲律賓－1）中，只有船長被判罰金，船員無罪。在 1987 年僑泰一號、二號漁船被控非法進入經濟海域捕魚案中，最高法院法官也推動地方法院之原則，只判兩船之四名高級幹部（船長、輪機長）1000萬盾至2000萬盾印尼幣不等之罰金。其餘船員被告均被判「免予起訴並恢復權利與名譽」。

（十四）「身體刑」不能被用於經濟海域非法捕魚案件

　　在一九八二年聯合國海洋法公約第七十三條第三項規定：「沿岸國對觸犯其專屬經濟區內捕魚法規的處罰，非經相關國家的同意，不得包括拘禁或其他形式的『身體刑』（Corporal　punishment）（按：指死刑、無期徒刑、有期徒刑及拘役）」。

　　在前述曾一路爭訟至印尼最高法院之 1987 年僑泰一號、二號漁船非法進入經濟海域捕魚案（印尼－10）中，比較最高法院與檢察官

之見解，當可看出最高法院法官之優異處：一則表現於「分級處罰」之簡明精確；二則表現於「身體刑」之避免。

	檢察官請求地方法院判決	地方法院之判決	最高法院之判決
處 分	1. 船長閻明清罰金2500萬盾或易科有期徒刑6個月 2. 船長余潘東方罰金2000萬盾或易科有期徒刑5個月 3. 僑泰一號輪機長罰金1500萬盾或科有期徒刑4個月 4. 僑泰二號輪機長罰金1500萬盾或科有期徒刑4個月 5. 報務員罰金1000萬盾或易科有期徒刑3個月 6. 其他船員各罰金500萬盾或易科有期徒刑2個月	1. 檢察官之控訴撤銷 2. 釋放被告	1. 撤銷地方法院之判決 2. 科處第1至第4被告如下： 第一被告罰金2000萬盾 第二被告罰金1500萬盾 第三被告罰金1000萬盾 第四被告罰金1000萬盾 3. 其餘被告免予起訴並恢復其權利與名譽

除非另外找出處罰「身體刑」之理由，譬如：非法進入「領海」、非法炸魚、毒魚、走私魚貨……；否則一個沿海國無法科處「身體刑」以處罰進入其經濟海域捕魚之人。在 1987 年之旭春一號、立春六號漁船非法進入印尼領海案（印尼—9）中，被告所獲之「有期徒刑」處罰，是基於其非法進入印尼「領海」而來。這種差別實係因為「領海」與「經濟海域」之法律概念不同：前者為沿海國享有「完全排他主權」之所，後者則只給予沿海國針對海洋資源管理之「主權上之權利」（Sovereign rights）耳。

（十五）數船併案審理時，各船之船位特性宜詳細區分

在海外漁船被查扣之案例中，常有二艘以上之我國漁船同時被拿捕，併案受審之情況。此時，行政機關、檢察官與法院，往往傾向於：認定同一事實，想當然耳地將各涉案船長、船員，一併作同等之處罰。

在 1984 年建泰三〇一號、三〇二號漁船被控在印度違犯作業案

（印度—6.Ⅰ.Ⅱ.）中，印度高等法院推翻了孟買地方法院之判決，極而明智地作出了傑出的新判決。其中，法官在論斷二船是否曾在水深 40 噚以內之海域內捕魚時，明白指出：以回聲測深器測得之水深較政府出版之海圖準確，但仍有 5 ％之誤差，且不可以一船所在位置之水深，來決定另一船所在位置之水深。

此一判決實具有重大之參考價值。

（十六）漁種區分有時有重大意義

1976 年華國一號、二號漁船被控非法進入印度領海案（印度—2）中，魚種區分成為控、辯雙方主要的爭點。最後法院只判被告「非法進入領海」有罪，而不成立「非法捕魚」罪。

華國一、二號漁船在1976年 4 月20日11：40於印度領海約 14°14.5″ N80°18.5″ E (of Krishnapattinam) 被印度漁船船長發現，經通知海軍後，由印度海軍於1976年 4 月21日 06：24 在距印度東岸 9 海里與馬德拉斯（Madras）以北 60 公里處逮捕二船，並帶至馬德拉斯港，由檢方起訴。

檢方指控被告違反下列法令：

1.1948年外國人令（Foreigners Order 1948）Section 3 (1) (a) and (b) 及1946年外國人法（Section 14 of the Foreigners Act 1946）。

2.1950年進入印度護照規則（Passport (Entry into India) Rules) Rule 3(a)。

而可以根據下列法令處罰：

1.1920年進入印度護照法（Passport (Entry into India) Act) Section 3 及1950年進入印度護照規則 Rule 6。

2.印度刑典(India Penal Code) Section 379 處罰非法捕魚。

被告則抗辯：

1.經印度刑事訴訟法第207條(A)項（Sec. 207 (A) of Criminal Procedure）之程序，被告承認侵入印度領海，但否認偷魚行為。

2.被告等之捕魚行為並非印度刑典第379條 (Sec. 379 of I.P.C.) 之犯罪行為，因為在海中所捕之魚可能屬野生的 (Ferae naturae) 之範圍。

但檢察官以為係偷魚行為，因為所捕魚類屬沿岸地區並在水深 10-15 噚 (fathoms) 處之魚種（根據專家 Sir S. J. Rajendran, Assistant Fishery Scientist, Control Marine Fisheries Sub-Station 之報告）。

3.關於非法進入領海：被告係無害通過 (innocent passage)，或被告可能係因航行錯誤而進入印度領海。

最後法院判決：

1.不成立非法捕（偷）魚罪 (Sec. 379 of I.P.C.)

理由：卽使印度政府主張對在印度領海內之魚類有專屬的權利，但不能說在該海域內之魚類乃印度政府之財產並在其排他占有下，因為在該水域內之魚可能從網上逃脫，而且游入領海外之深海中。專家之報告並未指出該種魚不會游入較深海水中，故性質上屬於野生之範圍。（此見解另有印度之判例支持）

2.成立非法進入領海

理由：

　　a 被告等未經印度政府許可而將其拖網船開入印度領海內（經被告承認），他們也無護照而進入印度或其領海。

　　b 並非無害通過，因其自 1976 年 4 月20日被發現至 1976 年 4 月21日被逮捕時，皆在附近，故不符「無害通過」之要件。

　　c 關於航行錯誤並非不可能，因無法證明該拖網船之機件係有效運作，以致於該船可能係漂流在廣大的海洋上（事實不明確）。

（十七）勤於整理漁具保持乾燥以避罰

對於外國漁船是否可被證實曾在本國水域內捕魚，以否定其「無害通過」之身分，證明其可罰，實為一困難之工作。在各案例中，

沿海國執法者所能提出之指控非法入漁之證據，往往只是甲板上之漁具，以及仍然潮濕之漁具。因此，航行中，漁具之整理收存於艙內或加覆被蓋，保持乾燥，相當重要。

譬如在1984年盟弘廿一號、廿二號漁船被控於印度水域違規作業案（印度－3）中，被告3、5乃被告4之經理，於1983年向印度農業部等相關單位申請租用外國漁船，獲得許可證（Permit）。被告1、2分別為盟弘廿一、廿二號漁船（MENG HORNG NO. 21, 22）之船長，受僱於被告4（船公司）。海岸防衞隊（Coast Guard）在經過檢查後，發給被告1、2出港許可證，被告1、2隨即出海從事漁撈。於1984年7月26日，海岸防衞隊所屬船舶外克瑞姆號發現在北緯 8°53.9′ 東經 76°10.9′ 水深未及 40 噚（約73.152公尺）處附近，有船隻從事漁撈，指揮官班加令助理指揮官裘拉前往處理，裘拉帶著另一名助理軍官史蒂芬生（Stephonson）登上盟弘廿一、廿二號漁船。經檢查後，以該二艘漁船違規作業而加以逮捕，並向孟買法院起訴。

檢察官在八項控訴中，特別提及：⑸船上有魚且漁網仍是濕的，而船所在之位置水深不及 40 噚。

而在法官之判決中也特別指出：當裘拉登船時見船員正在挑選魚，漁網是濕的，可證實被告1、2於禁止海域內有捕魚行為，應依印度海域規則第8條⑴項⑼款及第16條，印度海域法第12條⑻項為處罰。

此外，在1989年合瑞元號漁船非法進入馬國經濟海域捕魚案（馬來西亞－4）中，檢方所提出之「捕魚行為」證明，也是「甲板上有一條魚，魚線散放於其他漁具之外，魚簍中並有用作釣餌之活魚」。幸而本案法官未採信這些證據，因此認為不構成馬國漁業法第 56 條第⑴項所謂之捕魚行為。

（十八）政治、外交及人道考量有時左右裁判

外國漁船非法入漁案件，因為是涉外案件，且往往證據不甚明

確；加以事涉一國之海洋管轄主權；因此，各種政治、外交、人道
……等法外之考量，往往也有其影響力。

　　譬如在1984年盟弘廿一號、廿二號漁船在印度被扣違規作業案
（印度—3）中，該二船係由印度漁業公司租用，進行漁撈作業，獲
有外國漁船作業許可。事件發生，最後印度漁業公司（被告4）及
其二經理人（被告3、5）均判無罪；兩名中國船長則分別被判罰金
60,000盧比及40,000盧比，並須負擔訴訟期間之船舶停泊費用。政治
考量，實屬明顯。

　　另外，在1987年勝盟號漁船所屬小舢舨遇暴風迷失入菲境求援
案（菲律賓—7）中，移民及外人遞解出境委員會也是以「人道立
場及外交考慮」爲由，而建議依修正共和國法第613號第35條
(Sec. 35 of Commonwealth Act No. 613, as amended) 處「行
政罰鍰」(administrative fine, without further criminal
proceedings)，並將該等船員遣送回臺灣。

　　在前述之1988年文明十一號、十二號、國興六號、弘昇號漁船
非法進入馬國經濟海域捕魚案（馬來西亞—2），以及1989年合瑞元
號漁船被控非法進入馬國經濟海域捕魚案（馬來西亞—4）中，政治
之考量也都隱然可見。

(十九)愼重考慮是否「認罪」以維權益

　　在諸多漁船查扣之案例中，常以船長「認罪」(plea guilty) 受
罰終場。當然，認罪之客觀環境，千變萬化。不過，不可否認的，
「受拘禁」、「思鄉」、「語言不通」、「對當地司法無信心」、「接受警
檢人員之恐嚇、欺騙」……，是造成許多遭扣漁船船長、船員「認
罪」的最主要的原因。而一旦被告認罪，往往法院卽可適用法庭之
「簡易程序」(Summary Procedure)，使得結案之日期提前，也
使得「認罪」成爲法律保護程序中之一大漏洞。因爲，法官與檢察官
之事實調查、言辭辯論、證人互詰 (cross examination) ……等過
程，均遭忽略，而被告身蒙寃屈之可能性大增。

　　1987 年金瑞慶號漁船遇難擱淺遭沒收案（馬來西亞—1），可能是不當認罪之典型案例：

　　金瑞慶號漁船於1987年12月31日自東港出海赴南海捕魚，因避羅依颱風後，於返航途中衞星導航器故障、羅盤失靈，於1988年1月22日擱淺於北緯7度22分，東經113度48分(telex 稱50分)，亦即 Tg. Kubung 外135浬處之馬來西亞漁業水域內 (in the Federal Territory of Labuan in Malaysian Fisheries Waters) (fax 稱距納閩256浬處)，經馬國海軍營救後拖入納閩港，扣留14日後始上法庭，其間均被扣上手銬坐牢，後因僑胞交涉始免續銬。

　　第一次開庭時，船員否認非法入漁事，因而續被扣押，求援無方。

　　第二次開庭，法庭人員要船員切結認罪，因船員備受坐牢之苦，復見同案被扣另二漁船（瑞鑑財號、鴻發鑑號）被判情形，認無抗辯機會，爲救船員回國，乃簽切結書認罪。

　　所以「即時開庭判決」：沒收漁船，船主罰金馬幣四千元，船員各罰金馬幣一千元後釋放。

　　在此過程中，船主爲了索回該船，四處託人，花費六十萬元，毫無結果，可說是不能遵循法律管道謀求自我保護者之借鏡。相對於本案者，爲同樣發生在馬來西亞水域之 1989 年合瑞元號漁船被控非法進入馬國經濟海域捕魚案（馬來西亞—4）。由於船長之堅持不肯「認罪」，配合各方在法庭內之努力，終致獲取勝訴「無罪開釋」之判決。以金瑞慶號漁船船員所受之「手銬十四日」之待遇，以及導航器與羅盤故障之事實，倘若堅不認罪，同時力爭法律，不去花各種託人說情之金錢，可能最後所獲之結局，會比任意認罪之結果好得多。

　　此外，1988年嘉富興三號漁船在菲國被控非法入境案（菲律賓—8），以及 1988 年明連發號漁船在菲國被控非法入境案（菲律賓—9），兩案之「認罪」過程，亦令人爲之扼腕。

　　嘉富興三號漁船於1988年5月5日被控非法侵入菲國領海 (within the territorial waters of the West of Yami Island,

Itbayat, Catanes, Philippines)，該船遭侵襲巴旦尼斯(Batanes)省的貝寧（Bering）颱風吹壞 (destroyed beyond repair)、殘餘設備託管，船員被起訴，於開庭時認罪 (plea guilty)。結果船員被判刑四十五天 (straight penalty)、罰金五百披索，船隻殘留設備返還。因扣押期間已超過，著令立卽遣返。

明連發號漁船被控於次一日，1988年5月4日，非法侵入非國領海(10 Miles NW of Daquey Island, Sabtang, Batanes, Philippines)，該船也是遭侵襲巴旦尼斯省的貝寧颱風吹壞，殘餘設備託管，船員被起訴，於開庭時認罪 (plea guilty)。結果，同樣地，船員被判刑四十五天 (straight penalty)、罰金五百披索，船集殘留設備返還。因扣押期間已超過，著令立卽釋放並驅逐出境。

對於海難之救助，此不獨爲 1982 年海洋法公約第九十八條所明訂，且爲世界各文明國家國內法令所規範（如：我國之海商法）。因海難而入境，竟遭判處「非法入境」，而颱風之事實、船舶殘餘物之存在，均爲不可爭之證據；船長、船員居然「認罪」，若感不公，應係自取之。

當然筆者並不鼓勵吾國漁船一昧之不認罪。相反地，有時「適當的認罪」或「部分認罪、部分抗辯」，應受到鼓勵，或爲有效之辯護手段。

譬如在1976年華國一號、二號漁船被控非法進入印度領海案（印度—2）中，被告一方面就「未經許可擅入印度領海」之部分，自行承認；另方面堅持「船上魚種非專屬於印度領海內之魚種」一點，努力自辯；終獲不成立「非法捕魚」罪之判決；可謂公理正義之成功維護。

而在1986年裕盈財號漁船被控非法進入帛琉領海捕魚案（帛琉—4）中，被告之漁船裕盈財號 (CT3-3530) 於1986年4月20日在海倫斯礁(Helens Reef)南方30浬處，被帛琉海岸巡邏隊發現涉嫌未經允許擅自進入其領海，擅自停留及無照捕魚(未依 7 PNC Sec. 201授權捕魚)，經逮捕後於1986年5月2日進入帛琉馬拉科 (Malakal) 港。

本案被告認罪（plea quilty），可望於庭外和解（out-of-court settlement），惟稍後又發生連峰財一號（CT3-4117）漁船與帛琉水警衝突（fighting）後「落海失蹤」（lost at sea）乙案，據稱帛琉總統欲加重處罰臺灣非法入漁漁民，遂告拖延。

到了1986年9月24日，刑案141-86號（帛琉 vs. CT3-3530 船長及四位船員），帛琉助理檢察長（Assistant Attorney General）正式控告我船員：

(1) 未經允許停留領海罪，違反帛琉法 7 PNC Sections 102 and 107

(2) 未經允許於領海內捕魚罪，違反帛琉法 7 PNC Sections 206 and 207

(3) 未經允許擅入領海罪，違反帛琉法 7 PNC Sections 201 and 207, 13 PNC Sections 1002 and 1011，僅及於船長。

因被告均認罪（plea guilty），並於1986年9月17日開庭前即達成「訴訟交涉」（plea bargain），最後雖被處有期徒刑，但被告均獲緩刑：

(1) 船長緩刑五年，罰金二千元，（船長服刑六個月，1986年11月2日屆滿）。

(2) 船員緩刑四年，罰金一千元（船長服刑一百三十八日，於本案宣判時屆滿）。

（緩刑期間禁止入境帛琉）本案被告之「認罪」，可謂得宜。

四、結論與建議

如何使吾國漁民受到法律上之最大保護，是本研究報告之基本關切目標，以下依據本研究之心得，提出下列諸項建議：

(一)加強漁船船東、船長、船員之教育工作

政府、漁會及各漁業團體應聘請專家指導下列事項：

—— 國家與主權之意義與尊重他國主權之價值

—— 國際海洋法概論：偏重領海、經濟海域、無害通過權、過境通行權、臨檢與海洋環境

—— 刑事訴訟法：偏重證據法常識、人身保護令狀

—— 文書檔案之收集整理：方法與意義

—— 階級服從與分級處罰：說明階級管理之必要性以及法院判刑之分級處罰之理由

—— 面對外國公船舶臨檢時之應對方法、態度以及如何使用本研究報告「附錄」中之（中、英文對照）應付臨檢會話卡片

—— 與「對外漁合協會」合作監督外國律師工作之方法

(二)制頒法令獎罰船東，加重其保安責任

政府漁政主管機關應考慮調整現有法令，制頒辦法，要求船東加強人船保安措施：

—— 提供船員應付颱風災難之訓練

—— 提供船員維修機械、排除故障之訓練

—— 懲罰所屬船隻故障率偏高之船東。

—— 獎勵所屬船隻故障率偏低之船東

—— 懲罰所屬漁船在海外被判有罪確定之船東

—— 補助所屬漁船在海外被扣被判無罪確定之船東（以實際獎助船東遵循法律途徑解紛）

(三)創辦漁船海外扣船保險

利用風險分擔原則，使船舶被扣而自信無罪之船東，能負擔訴訟期間之船員與家屬之生活費用，海外訴訟之費用。

(四)加強「對外漁合協會」協助船東監督海外律師之工作

監督海外為我國被扣漁船辯護之律師工作，必須先取得各漁船船東事先之預設授權，或事後之專案授權，並須讓船東了解：由第三者

監督其所聘律師工作之必要性。監督之內容則應至少包括下列數項：

　　—— 被告應詢時有無通譯之安排？

　　—— 被告有無被延時羈押之情況？

　　—— 人身保護令狀與財產保全程序之進行？

　　—— 證據（包括衛星導航設施紀錄）之保全程序？

　　—— 當地基礎法令、判例之提供？

　　—— 有無有利被告之爭點（arguments）—— 如：「不可抗力」、「魚種區分」、「善意疏失」、「他船船位」……等？

　　—— 有無「認罪」（plea guilty）之必要？

　　—— 律師辯護書狀之製作、提供副本？

　　—— 其他法庭訴訟程序中各項書狀 —— 如：起訴書、答辯狀、裁定書、判決書……等之提供？

　　—— 訴訟程序中之旁聽與連絡報告？

(五)大量印刷「應付外國臨檢會話卡片」（中英對照）分發各漁船

　　本研究報告設計之此一系列之應對卡片[6]，可由漁會、各漁業團體製作，分交各漁船攜帶備用；並依實際需要加以修訂（如：我國駐海外使領館、代表機關地址、電話號碼之修訂）。

(六)主動追究1986年5月13日帛琉水域我國漁船「連峰財一號」命案之真相

　　此一命案發生迄今，真相並未明白[7]。政府與「對外漁合協會」以及各與帛琉有漁業合作之機構，共同繼續追究真相，以使漁民相信彼等在海外工作之生命安全，的確受到應有之尊重；如此漁民亦才有守法令、尊重國家主權利益之意願。

---

[6]　見本文附錄。

[7]　詳見傅崑成，**國際海洋法與漁權之爭**，臺北：三民書局，民國七十九年出版，頁397-406。

(七)加強與菲、泰、帛、印尼、馬、印度等國之外交溝通

　　政府應努力與上述國家漁政、海防、司法機關溝通，傳達下列諸見解

　　—— 鄰國法庭不應鼓勵被告「認罪」，尤其是在該船被捕的確切位置依舊有疑時。雖然簡易審判程序較好處理，但倉促的判決亦可能錯失了眞實。

　　—— 建議鄰國法院，不要忽略了他們檢視所有相關證據的職責，包括颱風或其他海難的發生、以及被海軍或海岸防衞隊所取走的衞星導航紀錄……等。如果在檢視所有的證據後，仍留有疑點，則不應判決任何罪行的成立。

　　—— 除非當事國同意，國際法禁止對那些在其專屬經濟區非法捕魚的人，科以監禁或是任何形式的「身體刑」。國內立法如果違背上述原則，均應修改；並且在完成修法之前，對現在被告的漁民亦不應以此類刑罰。

　　—— 在一國的漁場進行漁業合作之協定，均應由相關國家出面締結。而根據一九六九年維也納條約法公約第六十三條的規定：「……斷絕外交關係不影響彼此間由條約確定之法律關係……。」⑧我國與亞洲鄰國雖然沒有正式的外交關係，亦不應阻礙上述協定之達成。

　　—— 在一國國內司法程序無法解決的漁業糾紛，應透過國際仲裁來解決，故而應早日與東協國家達成仲裁協定。

---

⑧　譯文引自丘宏達，前引註①，頁65。

附錄: 漁船應付外國臨檢之會話卡片(中英文對照)

No.0	要求表明人身分: Please identify yourself:
他國海軍登船時	□菲律賓海軍 (The Philippine Navy)
	□印尼海軍 (The Navy of Indonesia)
	□馬來西亞海軍 (The Navy of Malaysia)
	□泰國海軍 (The Navy of Thailand)
	□印度海軍 (The Navy of India)
	□日本海上警察 (The Maritime Police of Japan)
	□澳洲海岸防衞隊 (The Coast Guard of Australia)
	□美國海岸防衞隊 (The U. S. Coast Guard)
	□帛琉海軍 (The Navy of Palau)
	□麥克羅尼西亞海軍 (The Navy of Micronesia)

No.1	爲何攔阻本船?
他國海軍登船時	□1.行使"登臨權"檢查
	□2.求援
	Why stop us?
	□1.Exercising the right of visit.
	□2.Calling for help.

No.2	表明現在所從事之活動——
他 國 海 軍 登 船 時	☐1.單純過境（無害通過）或過境通行。
	☐2.合法捕魚（入漁證號碼: ）
	☐3.因機件故障漂流至此。
	☐4.因天災或不可抗力漂流至此。
	We are engaging in the following activity.
	☐1.Innocent passage or transit passage.
	☐2.Fishing in conformity with fishing license.
	☐3.Our essential equipment [is] out of order.
	☐4.Drifted here as a result of natural disasters or force majeure.

No.3	是否扣押本船?
他 國 海 軍 登 船 時	☐1.否
	☐2.是，爲了☐(1)非法入境
	☐(2)非法捕魚
	☐(3)其他非法活動（如: ）
	Are you going to arrest us?
	☐1.No.
	☐2.Yes, because of. ☐(1)illegal entry.
	☐(2)illegal fishing
	☐(3)other illegal activity.
	觸犯貴國何種法律?
	What laws or regulations have we violated?

No.4	詢問將被帶往之港口，及扣押單位？
他船決定扣押我船時	Which port are we being taken to? (　　　　　　　　　　　　) Which authorities are going to take custody of this vessel and the crews? (　　　　　　　　　　　　)

No.5	要求記載船舶現在位置（經、緯）
他船決定扣押我船時	We request for the recording of the present location of this vessel. (Longitude:　　　'　　　") (Latitude:　　　'　　　")

No.6	要求記載現有漁獲及重要船舶設備
他船決定扣押我船時	We request for the recording of the following: (A)1. Total fishload:　　　　　tons（噸） 　　2. Species of fishes caught　　魚種 (B)Detailed inventory of this vessel: 　□主引擎____具 (Main Engines) 　□備用引擎____具 (Stand-by Engines) 　□衛星導航裝置 (Satellite Navigation Equipment) 　□冰箱____台 (Refregirators) 　□電視____台 (Television Sets) 　□無線電通話器____具 (Radio Communicators) 　□漁網____組 (Fishing Nets)

No.7	詢問申訴機關
我船於扣押港上岸時	To which authority could we direct our complaints to? (　　　　　　　　　　　　) 我們要求律師協助，在他來之前，我們不願意作更多的解釋。 We need a lawyer. Before his arrival, we refuse to make further explanations. 我們要求一位能用我們自己語言的律師跟我們溝通。 We need a lawyer who can speak our language. 我們和你們溝通時，需要通譯的在場。 We need the presence of an interpreter while communicating with you.

No.8-0	要求聯絡臺灣在該地之辦事處
我 船 於 扣 押 港 上 岸 時	Please inform the Taiwan authorities located in your country. (A)駐澳洲美爾鉢遠東貿易公司（電話: 611-2988） Far East Trading Co., Pty, Ltd. D401, International House World Trade Centre Malbourne Corner Spencer and Flinders, St. Melbourne, Victoria 3005 Australia 　(TEL: 611-2988)

No.8-1	要求聯絡臺灣在該地之辦事處
我 船 於 扣 押 港 上 岸 時	(B)駐印尼臺北經濟貿易代表處（電話: 570-3047） Taipei Economic and Trade Office 7th Floor Wisina, Dharmala, Sakti JL, Jendral Sudirman 32 　(TEL: 570-3047) (C)亞東關係協會東京辦事處（電話: 583-2171〜75） Tokyo Office, Association of East Asian Relations 8-7, Higashi-Azabu 1-Chome, Minatoku Tokyo 106, Japan 　(TEL: 583-2171〜2175)

No.8-2	要求聯絡臺灣在該地之辦事處
我船於扣押港上岸時	⒟駐馬來西亞臺北經濟文化中心（電話: 242-5549; 243-5337） Taipei Economic and Cultural Center 9.01 Level 9, Amoda Bldg., 22, Lalan Imbi 55100 Kuala Lumpur, Malaysia 　（TEL: 242-5549; 243-5337） ⒠駐菲律賓經濟文化辦事處（電話: 816-4317） Taipei Economic and Cultural Office 28 Fl., Pacific Star Bldg., Sen. Gilj. Puyat Ave. Corner Makati Ave., Makati Metro Manila, Philippines. 　（TEL: 816-4317）

No.8-3	要求聯絡臺灣在該地之辦事處
我船於扣押港上岸時	⒡駐泰國遠東商務辦事處（電話: 251-9274～6; 251-9393～6） The Far East Trade Office Head office 10th Fl., Kian Gwan Building, 104 Wit Thayu Road, Bangkok Thailand （TEL: 251-9274～6; 251-9393～6）

No.9	要求醫療協助

1.我請求緊急醫療指導

I request urgent medical advice.

2.我請求你在指明的位置和我會合

I request you to make rendezvous in position indicated.

3.我需要醫療援助

I require medical assistance.

4.我需要一名醫師，我有嚴重燒傷患者

I need a doctor; I have severe burns.

5.我急需一架直昇機，連同一名醫師

I require a helicopter urgently with a doctor.

6.我有傷／病患者（或指名的人數）急需送出

I have injured/sick person (or number of persons indicated) to be taken off urgently.

No.10	對於患者的描述

1.我有一男性年…（數字）歲。

I have a male aged…(number) years.

2.病人已病…（數字）天／小時

Patient has been ill for…(number) days/hours.

3.病人一般情況嚴重

General condition of the patient is serious.

No.11	
1.病人因打擊受傷	
Patient's wound is due to blow.	
2.病人因擠壓受傷	
Patient's wound is due to crushing.	
3.病人因爆炸受傷	
Patient's wound is due to explosion.	
4.病人因墜落受傷	
Patient's wound is due to fall.	
5.病人因槍擊受傷	
Patient's wound is due to gunshot.	
6.病人曾自殺	
Patient has attempted suicide.	
7.病人曾服不知名毒物	
Patient has swallowed unknown poison.	
8.病人曾被潑上腐蝕性藥物	
Patient has had corrosive thrown on him.	

貳、外交部長錢復對立法院外交委員會關於「當前國際情勢與外交施政」的報告

（民國七十九年十月二十九日）

當前國際情勢與外交施政

錢　復

壹、前　　言

主席、各位委員女士、先生:

本人今天應　貴會之邀，前來報告「當前國際情勢與外交施政」，深感榮幸。在此世界局勢發生巨大變化、歐洲及亞洲整合趨勢所引起的激盪之中，我們身處臺、澎、金、馬，時時刻刻都受到波動。

各位委員一定非常關切東、西德的統一及南、北韓的高階層接觸對臺海兩岸關係未來發展的影響。中、沙外交關係中止、北平與耶加達復交以及新加坡與中共本月三日在紐約宣布建交對我們造成的衝擊，也是各位最為關注的外交事項。

伊拉克攻佔科威特事件使中共重復活躍於國際社會。世人的記憶力可悲地短暫，他們忘卻了中共頭目在上年六月四日天安門廣場上殘殺無辜學生的暴行。對這些情勢，我們需要集體的智慧、明確的原則以及自尊與謹慎的作為來突破困局。現在擬就當前國際情勢與外交施政提出簡要的報告，並說明我們今後因應的辦法。

貳、當前國際情勢與我國的因應

一、國際政治情勢

(一)東、西陣營由對峙轉為和解及合作

第二次世界大戰結束之後，國際關係發展的主軸是自由陣營與共

產集團間的冷戰及對峙。 此一敵對形勢於今終於出現轉機， 趨向和解，而且在若干經濟及國際事務中開始了合作。

就美蘇關係而言，長期的軍備競賽不但導致美蘇兩強在經濟上的困境，亦使其在國際間的影響力日益減退。相對地，新興經濟強權崛起於世界舞臺。 面臨此一形勢， 美蘇兩強共同認為須以互信取代疑忌，以和解取代對抗。本年五月，蘇聯總統戈巴契夫與美國總統布希在華盛頓舉行高峯會議，就削減戰略核子武器、停止化學武器生產及解除對蘇聯貿易障礙等問題，達成十四項協議。美蘇關係的改善自對世界局勢產生穩定的作用，但仍無法阻止瘋狂野心家的侵略行動。本年八月二日，伊拉克總統哈珊悍然揮軍侵入旋並宣布兼併科威特。鑑於伊拉克的行為已嚴重違反國際法及聯合國憲章的規定，並嚴重危及中東地區的和平與安全，聯合國安理會曾通過譴責、制裁伊拉克及要求伊拉克無條件自科威特撤軍的九項決議，要求世界各國響應配合。我國為伸張國際正義，亦由本部發表聲明，表示贊同支持聯合國安理會的決議，並對伊拉克所採兼併科威特而剝奪其政治獨立及危害中東地區和平與安全的行為表示譴責。很幸運地，我們於八月廿四日撤出了在科威特的工程人員與僑民，但我必須承認外交部駐科威特人員在撤僑中有疏失之處，外交部已切實檢討，並尋求改進。

中東危機，是和是戰，外交部一直密切注意，布希總統曾公開表示他對伊拉克拒絕自科威特撤軍的頑強態度難以容忍，該地區緊張的態勢仍在持續中，外交部已與十五個相關單位共同組成中東危機緊急應變小組，如果戰爭一旦發生，有關我國油源的獲得、僑民及駐外人員的安全等事項，政府自將盡力作妥善的因應與處理。

中東危機是美蘇和解以來對世界和平最大的威脅，為此美蘇兩國總統於九月上旬在芬蘭首都赫爾辛基再度舉行高峯會議，一致主張貫徹聯合國的制裁決議，以迫使伊拉克軍隊撤出科威特。赫爾辛基高峯會議的召開顯示美蘇兩國正為合作建構「後冷戰時代」的國際新秩序邁出重要的第一步。

在歐洲，東西和解共識的形成及東西經濟聯繫的加強，亦改變傳

統的權力結構，其最顯著者即爲「北大西洋公約組織」與「華沙公約組織」的軍事敵對形勢已在無形中逐漸消弭。本年五月，美國宣布放棄更新部署於歐洲的短程核武，而蘇聯也有所呼應，於六月初宣布片面裁減中歐的核武。此等行動被認爲強化了美蘇雙方化敵爲友的互信基礎，而能有助於將來合作關係的加強。

(二)民主自由浪潮波濤壯濶

東西和解形成的因素錯綜複雜，然而主導貫穿其中者，厥爲世界各國深切體認經濟發展的重要性與急迫性。首先是身爲共黨集團領導者的蘇聯在面臨嚴重經濟危機與政治難題之後，幡然醒悟，力行改革重建，不但開放人民合法從事個體經濟，邁向市場經濟體制，並且放棄蘇共一黨專政特權，允許多黨並存，並建立總統制。綜觀戈巴契夫的政經改革，其影響所及，不僅改變蘇聯共黨的體質，亦激起東歐集團內部的民主化浪潮及國家體制改革運動。本月三日東、西德的統一將民主與自由浪潮推到一個劃時代的高峯。

二、 國際經濟情勢

近年來經貿問題在國際間日受重視，尤其當東、西集團間的軍事對抗漸爲經濟合作取代時，國際間經貿往來較前頻繁，更爲顯著，其重要趨勢有如下述:

(一)經濟集團化漸趨明顯

東亞地區近年來的經濟成長快速，爲因應這股龐大的經濟力量，美、加兩國所簽訂的自由貿易協定已自上年元月生效，而歐洲共同市場亦計畫進行第一階段的貨幣聯盟與經濟合作，以邁向一九九二年的單一市場。亞太地區國家爲因應西歐及北美經濟集團化的挑戰，正積極進行經濟協調合作。惟亞太地區與歐洲迥異，不僅經濟發展水準參差不齊，而且政治、宗教情況錯綜複雜，參與經濟協調合作動機不一，致欲成立一區域經濟合作組織，尚待有關各方繼續努力，始克有

成。除上述三大經濟圈外，其他地區的經濟合作組織，如阿拉伯合作委員會、加勒比海共同市場、西非國家經濟共同體及南亞地區合作組織亦正逐步發展中。

(二)南北對抗僵局鬆動

南北半球國家的經濟發展向來極不均衡，近年來第三世界國家經濟發展依舊停滯不前，通貨膨脹未見改善，且外債有增無減，一九八九年底第三世界國家外債總額高達一兆二千九百億美元，惟工業國家已開始改變以往消極被動的作風，而轉以較積極的態度與開發中國家共同合作，以謀解決第三世界的經濟困境，尤其是外債問題。上年美國政府提出「布雷廸計畫」，主張以自願削減債務為原則，鼓勵債權銀行與債務國經由「自願」談判達成減債協議，並藉此促進債務國實行經濟改革，提高經濟成長。目前此項計畫尚在研商階段，結果難卜，然此一發展顯示南北雙方願以對話及合作方式共謀問題的解決，自為國際經濟情勢發展中的一項重要趨向。

(三)「地球村」及「環境保護」觀念影響日深

國際經濟情勢中另一項重要的發展為「環境保護」意識抬頭。現代科學、技術及經濟發展固然創造人類富裕舒適的生活條件，但亦同時對世界帶來前所未有的多項難題。尤其當「地球村」或「無國界的世界」正逐漸形成之際，諸如能源短缺、生態污染、海洋資源濫捕等更成為全人類責無旁貸而應亟謀解決的問題。基於此項體認，世界各國在致力於經濟發展的同時，亦關心地球自然環境的保護。本年七月，七國經濟高峯會議在美國休士頓召開，會議主題之一即為環保問題。

三、我國的因應

綜觀當前的國際情勢，開放、改革、合作與發展已蔚為世界主流。在此一複雜多變的情勢中，世界各國無不積極強化本身體制，提

升國力，並致力對外關係的開展，以迎接新世紀的來臨及可能面對的新挑戰。爲因應國際的變局，我國努力的方向如下：

(一)加速政經建設，迎接新世紀的挑戰

在近年國際政經情勢發生變化之前，我國早已着手政經改革及建設。在政治上，近年政府所推動的革新措施包括解除戒嚴、開放報紙發行、廢止黨禁以及保障集會遊行權利等，目前政府更加緊腳步，進行憲政體制的革新，期使政治建設更爲落實。世界各先進國家對我國的政治革新均有好評，我國的政治革新在國際間對塑造國家良好形象具有裨益，且亦有助於外交工作的推展。

在經濟建設方面，政府爲因應國際經濟集團及自由化的趨勢，正積極推動我國產業升級，以提高產品競爭力，俾邁向更廣大的國際市場。自由經濟爲世界各國未來經濟發展的主流，唯有在自由經濟制度之下，各類資源才得以有效分配與利用。我國臺澎地區天然資源稀少，爲求資源得到最佳效用，必須尊重市場機能，建立公平交易制度，故政府正逐漸降低關稅，減除進口限制，適度開放市場，以達到自由經濟、公平貿易的原則。

目前世界潮流的趨向皆以經濟利益爲前導，而我國多年來努力建設所培養的經貿實力正可配合拓展對外關係。在作法上，我國對開發中的友好國家提供本身經濟發展的經驗及各項技術援助，以協助該等國家發展經濟，從事建設。我國三十多年前於復興基地從事建設時，亦曾接受他國協助，如今我國民生富裕，並將於公元二千年時躋身已開發國家之林，此時自應善盡我之所能，以分擔國際義務，回饋國際社會。基於此項體認，政府乃設立「國際經濟合作發展基金」，以協助開發中國家的經濟建設。另外，針對國際間發生的重大事件，審情度勢，亦當對有關國家適時提供援助。如此次在伊拉克入侵及兼併科威特事件之中，中東地區若干國家遭受波及，經濟及社會蒙受極大的傷害。政府爲使我國於國際社會扮演建設性成員的角色，並響應聯合國請求各國提供援助的呼籲，經與　貴會各位委員、大院各問政團體

負責的委員女士及先生交換意見，並報奉行政院核准後，決定對約旦、土耳其及埃及三國提供現金或物資共計叁仟萬美元的援助。

(二)採取務實作法，開創外交新局

　　當前國際情勢發展為我外交提供有利契機，然不容否認，我在拓展國際關係上仍面臨不少困難，有待克服，其中最大的挑戰即來自中共的阻撓掣肘。中共多年來從未鬆懈對我外交進行孤立的作法，處處予我無情的打擊，近來更見變本加厲，「外交孤立」是中共統戰攻勢中重要的一環。中共的統戰策略概分為三：政治上，中共一再叫囂「和平統一」、「兩黨對談」及「一國兩制」；經濟上，費盡心思地引誘國人赴大陸投資經商；然而外交上，中共則從未改變其企圖孤立我方的一貫策略。最近中共不斷攻擊我所推行的「務實外交」，阻撓我國對外關係的拓展，並以「斷交」或「降低關係」威脅恫嚇欲與我建立邦交或加強實質關係的國家。對於我參加國際組織與活動，中共亦蓄意挑起「代表權」、「會籍」與「名稱」問題，阻止我國參與國際組織與活動，企圖進而將我排除於國際舞臺之外。甚至於若干與政治無關之經濟性區域組織，中共亦百般阻撓，干預我之活動，不留下任何空間。

　　中共除盡一切可行的手段破壞我外交關係外，自一九五三年開始，亦對開發中國家以贈與或長期無息貸款等金元手段，在國際間收買外交。中共此舉美其名為「提供援助」，實則甚多接受中共援助的國家，其國民所得尚遠高於中共，況中共本身所負外債迄一九八九年時，已高達四百二十億美元。根據資料統計，一九八五年時中共的雙邊援助承諾累積總額達九十三億美元，使中共成為「石油輸出國家組織」以外開發中國家的最大援助國之一。吾人由中共此一政治勒索、經濟招手、外交封鎖的統戰手法，可知其最終目的乃在逼迫我方接受其「一國兩制」的主張，貶復興基地為一個地區、我政府為「地方政府」。

　　為配合國際情勢的發展，並反制中共的統戰陰謀，政府在外交方

面已採取更積極、更務實的作法，俾能開創新局。我除將繼續加強與各友邦間的雙邊關係外，同時也將盡一切努力，善用我國經貿實力，與所有無敵意的國家，建立並增進彼此間經貿、文化及科技等各項實質關係，並積極參與國際組織及活動，俾能確保並提升我國國際地位。

叁、努力貫徹當前外交施政要項

一、加強與我有邦交國家的關係

目前我與二十七個國家建有外交關係。鞏固並加強與友邦國家的合作關係是我外交上的首要工作，為此，我除加強與各友邦國家的一般政治交往外，並積極推展各項合作關係，舉凡農、漁技術、財經、工礦、國防、交通、醫療、科技、職業訓練、中小企業投資等各方面的合作，均為我致力的項目，祇要有助於增進雙方實質利益的方案，本部均積極推動，以期維繫雙方既存友好情誼與邦交關係。茲舉若干友邦國家為例，說明如下：

韓國係我在東北亞的重要友邦，兩國關係密切悠久，雙方在政治、經濟、科技、體育、文化等各方面交流均極密切，兩國高層官員互訪頻繁，韓國建設部長官曾於七月訪華，內政部許部長水德亦於七月應邀訪韓。近年來中韓兩國為因應國際經濟情勢的轉變，均體認雙方有加強經貿合作關係的必要，本年八月第廿三屆中韓部長級經濟合作會議在漢城舉行，我方由經濟部蕭部長萬長率團前往參加。最近三年來，中韓雙邊貿易額自六億餘美元遽增為二十三億餘美元，顯示兩國經貿朝「互通所有」的方向努力，成效漸著。

韓國多年來為謀求韓半島的和平與安全，推動「開放外交」及「北方政策」，致力改善與共黨國家的關係。韓國與蘇聯已於本年九月卅日宣布建交，韓國與北韓雙方總理亦曾於九月及十月舉行兩次會談，最近韓國與中共就互設民間性質的「貿易辦事處」達成協議，我

已向韓方表達嚴正關切立場。對韓蘇間及南北韓關係的發展以及韓國與中共關係的演變，我正繼續密切注意，並隨時與韓方加強接觸。政府近派本部金政務次長樹基爲新任駐韓大使，金大使已於九月廿七日向盧大統領呈遞國書，並積極展開工作，以期維護中韓邦交。

中南美洲與加勒比海爲與我有邦交國家最多的地區。我爲增進與友邦的關係，提供各項技術協助，以改善其經濟，故該等國家均甚重視與我合作關係。目前我在本地區派駐有農、漁、工藝等技術團隊共二十三個，技術人員達一百七十餘人，長期提供技術服務，本年十月本人與來訪的貝里斯農漁部部長共同簽署「中貝農技合作協定」，短期內我將增派一農技團前往貝國工作，此外，我並不定期派遣各類專家前往中南美地區考察及作短期指導，兼邀友邦有關人員來華爲其舉辦專業講習。政府設立的「國際經濟合作發展基金」於七月通過在聖文森、多明尼加、巴哈馬等國設置加工出口區、開發漁蝦養殖區、改善機場公路工程等案，進一步提供友邦所需資金與技術。

在非洲地區，南非與我國建交以來，雙方關係友好密切；兩國在政治、經濟、文化與科技等各方面均已奠定良好的合作基礎，目前，雙方訂有二十二項合作協定，並正洽簽投資保證與貨品暫准通關兩項協定；兩國並定期舉行部長級經技合作會議。馬拉威、史瓦濟蘭兩國與我關係亦甚友好；我派駐馬國農技團已歷二十年，協助開發馬國農業成效輝煌；我在史國亦派駐農技團與手工藝團各一，有效協助改善其經濟。史瓦濟蘭總理於十月應邀訪華，專程參加我國慶。我與賴索托以及幾內亞比索復交或建交後，已分別設館並順利推展館務；目前我已派遣一農技團前往賴索托工作；並派農技團與醫療團各一協助幾國改善其農漁業與醫療情況。本年十月幾國元首國務委員會維拉主席應邀來華作正式訪問；渠對我在中幾建交後即刻展開協助幾國發展農漁業與提高醫療水準等計畫，表達誠摯謝意；本人並與幾國外長代表雙方政府簽署「中幾經濟暨科技合作總協定」，兩國友好合作關係將獲進一步開展。

對賴比瑞亞的戰亂，我們一直在密切注意中，也盡了一切努力維

護與該國的外交關係，希望不會因政權的變化使這種關係中斷。鄧大使權昌的堅守崗位為外交人員樹立了一項楷模，受到國人的尊敬。我願在此向各位保證，對於外交部國內及駐外人員，我一定做到賞罰嚴明。

　　亞西地區與我維持長期友好邦交的沙烏地阿拉伯於七月二十二日與中共「建交」， 政府於同日宣布中止與沙國外交關係。 有關情形本人已於七月十四日在　貴會提出報告。目前中沙兩國已在沙京續就雙方未來關係調整的有關事項進行磋商。鑒於維持中沙密切的實質關係符合我國家利益，我將積極與沙國維持友誼關係，而沙國亦有極高意願與我繼續交往與合作，中沙未來實質關係可望持續開展。

二、提升我與無邦交國家的實質關係

　　近年來由於我國經貿力量股實壯大，我在拓展與無邦交國家的實質關係上已獲致可觀成果。目前我與一百二十多個國家與地區維持經貿、科技、文化等各種實質關係，今年以來，我分別在義大利與德國的萊比錫增設代表處及辦事處，我在無邦交國家或地區所設的代表處或辦事處已增為四十七國七十三處，其中九機構係以正式國號設立，駐歐洲各國機構多已洽獲改名為「臺北經濟文化辦事處」，駐哥倫比亞機構亦更名為「臺北商務辦事處」。三月與六月巴西與巴布亞紐幾內亞二國分別在華設置代表處。迄目前共有三十個與我無邦交國家在華設立三十五個辦事處、協會或簽證服務處，其中受理簽證業務者已達二十九國。

　　當前我國推展對外實質關係，以美國、歐洲、日本及東南亞為重點地區，茲簡要報告如下：

(一)中美關係

　　中美兩國近年來已建立制度化的工作關係與共識基礎， 雙方商務、文化、科技等實質關係在原有基礎上持續發展，目前經雙方簽署且有效執行的教育、關稅、郵政、航空、科技合作等協定共達一○三

項。多年來美國始終爲我最大貿易夥伴，我亦爲美國第六大貿易國，我對美國一直享有鉅額出超，去年我爲僅次於日本的對美第二大出超國。我爲因應美方急遽抬頭的貿易保護主義情勢，曾與美方就著作權、專利商標、保險、農、漁業、租稅、電訊等問題以諮商方式尋求解決，化解雙方貿易摩擦，並採取對美開放市場、擴大自美進口、派遣赴美採購團、推動美國各州來華設立商務辦事處等多項具體措施，以縮小對美順差。去年我對美出超金額爲一二〇億美元，與一九八八年的一三三億美元及一九八七年的一六〇億美元相較，已減少甚多，今年前九個月的對美出超額爲七十億餘美元，較去年同期亦減少百分之二二‧五，我積極改善中美貿易失衡的努力已顯成效。

我爲促進美方人士對我在政經、社會各方面進步情形的瞭解，將邀訪國會議員、州市首長列爲重點工作之一。此外，兩國各級地方政府的聯繫亦甚密切，目前美國有十九州與二屬地在華正式設立商務辦事處，三十四州、一〇八郡市與我各縣市締結盟約。

(二)我與歐洲國家間的實質關係

目前我在歐洲除與教廷維持外交關係外，並與其他無邦交國家保持良好實質關係。我在歐洲十六個國家分別設有代表機構，歐洲則有十五個國家在華設置十八個機構，推動雙方實質關係。多年來我在爭取雙方互設代表機構及簡化簽證手續方面已陸續獲致具體成果，我與歐洲國家間經貿、文化、科技等各項交流亦不斷擴增。歐洲爲我國僅次於美國、日本的第三大貿易夥伴，本年一至六月中歐雙邊貿易額達一〇八億餘美元，較去年同期增加百分之一四‧九〇，歐洲各國均甚重視我國的經濟發展與潛力，願意與我進行各項合作，目前我與法國、荷蘭、比利時、西班牙、德國等國間均設有經濟合作委員會，定期召開會議研商經貿合作事宜，其中法國與我簽有十餘項科技合作協定，合作項目包括環保技術、電腦資訊、工業設計與生物科技，我與德國、荷蘭、瑞典分別簽有互免海運事業所得稅議定書，並與奧地利、盧森堡分別簽署學術合作或航空協定。由於歐市將於一九九二年

底完成內部單一市場，其對世界的經濟與政治將造成巨大影響，有鑒於此，政府已着手研究歐市法規，加強與歐洲議會聯繫，以積極籌劃因應。

我爲拓展與東歐國家的關係，已先後開放對前東德、波蘭、匈牙利、南斯拉夫、捷克、保加利亞、羅馬尼亞、蘇聯與阿爾巴尼亞等九國爲直接貿易國家，此等國家的人民申請來華簽證均已放寬爲可比照一般自由國家人民的規定辦理，其他如電訊、通滙、航運與學術文化的交流、人員互訪亦大幅開放，前東德、匈牙利、南斯拉夫與波蘭且可享受我國第二欄優惠關稅，交通部觀光局亦已開放國人赴東歐國家觀光。今年一至七月我與東歐雙邊貿易額達二億二千餘萬美元，較去年同期增加七千萬美元，成長達百分之四五・九二，未來我將繼續推動對東歐工作，以有效提升雙方關係。

(三)中日關係

中日兩國實質關係近年來穩定成長，雙方經貿、投資、文化、觀光與人員交流不斷增進。去年中日雙邊貿易達二五〇億美元，今年一至八月達一五九億美元，兩國人民來往亦達一五〇萬人。我與日本自民黨、民社黨等政黨關係良好，自民黨與民社黨友我國會議員分別成立的「日華議員懇談會」繼續從事友我助我活動，日本全國地方縣市亦分別成立三十三個「日華親善議員聯盟」以及四十五個「日華親善協會」，並有全國性的「日華親善協會全國聯合會」，致力促進中日親善關係。由於我對日貿易逆差與年俱增，去年幾達七十億美元，成爲中日貿易上的一項問題，在雙方每年舉行的經濟貿易會議中對此問題亦不斷商討，未來我將繼續採取主動態度，敦促日方改善對我態度，提升接觸層面，進一步增進雙方關係。

對於此次日本阻撓我國船隻前往釣魚臺傳遞臺灣區運會聖火，政府已表達強烈不滿與抗議。政府除重申釣魚臺列嶼爲中華民國之領土與採取適當措施外，並已組成專案小組，負責處理本案。

（四）我與東南亞國家的關係

　　我對地緣與我接近的東南亞各國關係甚爲重視，我與各該國政要互訪頻繁，本年四月間經濟部陳部長履安曾率領「東南亞貿易投資訪問團」赴菲律賓、泰國、印尼與馬來西亞訪問。我與東協各國貿易快速成長，去年雙方貿易總額達八十六億餘美元，我工商業界赴東協國家投資者甚爲踴躍，我國已居外人在馬來西亞投資的首位，並分居泰國、印尼、菲律賓外人投資的第二位，甚受各該國的重視。我國經貿力量與大量投資已在東協各國構成一舉足輕重的地位，日後加強與統合此一優勢力量以有效推動我與東協各國關係，已成我重要課題。

　　新加坡與我關係密切，雙方高層官員經常互訪，星國政府重視與我關係。星國雖已與中共建交，惟其領導階層人士屢向我方表示，新加坡與中共改善關係時，將不會犧牲對我友誼與實質關係。星國去年與我雙邊貿易達三十八億美元，爲我在東協的最大貿易夥伴，中星兩國本年四月在臺北舉行首屆經濟部長級會議，決議繼續加強雙方經貿、科技合作關係，兩國並已簽署投資保證及暫准通關兩協定，將有助於促進雙方經貿投資關係。未來我將繼續加強雙方高層人員互訪交流，並加強雙方年輕一代領袖的聯繫，以進一步推展兩國關係。這是我們以後發展實質關係的一個好的模式。

　　菲律賓與我國雙方於去年將派駐機構分別易名爲「駐菲臺北經濟文化辦事處」與「駐華菲律賓經濟文化辦事處」，雙方關係向前推動一步。本年七月菲國發生嚴重震災，我及時捐贈二十萬美元賑款，菲方深表感謝。

　　我與印尼的各項合作關係繼續進展，去年雙邊貿易高達十六億餘美元，我爲印尼第四大貿易夥伴，本年三月起我開始進口印尼天然氣，預估今年雙邊貿易額可增爲二十三億美元。本年二月中印雙方簽署投資保證及避免雙重課稅兩協定備忘錄，雙方並決定據此進一步正式簽署該二協定。此外，自去年起雙方每年輪流在臺北與耶加達舉行經濟部長級能源合作會議。印尼於本年八月八日與中共復交，但我與

印尼間以經貿爲主的長期實質關係諒將不致遭受影響，未來我將繼續運用各種可能途徑，謀求加強與印尼在政治、經貿、投資與技術合作等方面的實質關係。

此外，我與位於南太平洋的巴布亞紐幾內亞亦於去年九月簽訂中巴電信合作及共同籌設太平洋區域通信衛星計畫備忘錄；巴國外交部長與交通部長等人曾多次訪華；我駐巴代表處與巴國駐華代表處已分別於去年六月及今年六月成立。今年九月本人應巴國外長邀請赴巴國參加該國獨立建國慶典，其間我方並與巴國簽署中巴農技合作協定。巴國國土面積在南太平洋僅次於澳洲，天然資源豐富，中巴兩國携手合作將同蒙其利，多項合作計畫刻正籌劃展開中。本人願在此強調，今後發展對外的實質關係，必定量力而爲，絕不好高鶩遠，瞻前也要顧後，不追求數字上的表現，但求質的穩固，不盲目地在不穩定的國家中投下人力與財力，不浪費公帑及國家資源，但也絕不放棄任何一個有發展的機會。

三、積極參與國際組織及活動

積極參與國際組織、會議及活動，以拓展多邊外交關係，亦爲我開展對外工作努力以赴的目標。目前我參與十個政府間國際組織與七五二個民間國際組織，在　大院八十五會期間，我國新加入「太平洋核能委員會」、「亞洲滑水聯盟」、「國際兒童哲學諮議會」與「國際企管學會」等國際組織。我除確切掌握各國際組織的特性與動態，以有效鞏固我在各國際組織的會籍外，並運用我日益受到國際重視的經貿實力，多方爭取參與包括全球性與地區性以及具經貿功能性的各種國際組織。今年元月一日我正式向「關稅暨貿易總協定」（GATT）提出入會申請，二至四月我應邀參加「經濟合作暨發展組織」（OECD）與亞洲新興工業化國家間的四項研討會，與該組織建立進一步聯繫。此外，我並爭取「太平洋經濟合作會議」（PECC）與「太平洋盆地經濟理事會」（PBEC）的活動或會議主辦權，以及爭取參加「亞太經濟合作」（APEC）。「亞太經濟合作」本年七月在新加坡召開第二

屆部長級會議，會後曾發表聯合聲明，指出將以諮商方式促成我國與中共及香港同時加入。在輔導有關政府機關、民間團體與個人參加各項國際會議與國際交流活動方面，我亦已進一步放寬我學術機構、民間團體或個人前往包括大陸在內的地區參加國際會議與活動；同時亦放寬共產國家團隊或個人來華參加一般非政治性的國際會議與活動。本年八月我在臺北市舉辦第二屆中華民國進步夥伴展，共有四十七個國家應邀來華參加，對我加強與各國間的經貿活動甚有助益。

肆、結　語

從中共對我務實外交頻頻打擊、排斥我舉辦一九九八年亞洲運動會，以及變本加厲孤立我國於國際社會的行為中，我們應該沉痛而深切地認知，在國際間爭取生存的空間需要依靠我們自己的力量。我們不能將國家的命運寄託在敵人偽裝的「善意」上。對於臺海兩岸的關係，我們不能一廂情願地沉醉在白日夢裏。民間的交流及間接貿易與投資有其必要，但是我們必須把握的一點是，從交流之中，我們要讓大陸同胞體認到民主政治與市場經濟及自由企業的優點，以及四十年來我們在臺灣成長與開發的經驗與成果，而不是爭向中共的頭目示好，而與他們握手言歡。在國際間，我們迫切需要建立一個當仁不讓、富而有禮的新形象，以取代若干國際新聞媒體對我們社會所形容的自私、貪婪的面貌。我們在困境之中必須盡到對國際社會的義務與責任，然後再要求恢復應有的地位。這種新形象是我們外交的資產，也是我們國家在國際社會中的力量。我誠懇的希望各位委員女士、先生對這種工作予以支持，我也相信在外交工作上我們會有一個更好的明天。謝謝。

叁、特　載

國家統一綱領
錢復《外交新局與突破》

國家統一綱領

中華民國八十年二月二十三日國家統一委員會第三次會議通過
中華民國八十年三月六日李總統登輝核定
中華民國八十年三月十四日行政院第二二二三次會議通過

壹、前　言

中國的統一，在謀求國家的富強與民族長遠的發展，也是海內外中國人共同的願望。海峽兩岸應在理性、和平、對等、互惠的前提下，經過適當時期的坦誠交流、合作、協商，建立民主、自由、均富的共識，共同重建一個統一的中國。基此認識，特制訂本綱領，務期海內外全體中國人同心協力，共圖貫徹。

貳、目　標

建立民主、自由、均富的中國。

叁、原　則

一、大陸與臺灣均是中國的領土，促成國家的統一，應是中國人共同的責任。

二、中國的統一，應以全民的福祉為依歸，而不是黨派之爭。

三、中國的統一，應以發揚中華文化，維護人性尊嚴，保障基本人權，實踐民主法治為宗旨。

四、中國的統一，其時機與方式，首應尊重臺灣地區人民的權益

並維護其安全與福祉，在理性、和平、對等、互惠的原則下，分階段逐步達成。

肆、進　程

一、近程——交流互惠階段

（一）以交流促進瞭解，以互惠化解敵意；在交流中不危及對方的安全與安定，在互惠中不否定對方為政治實體，以建立良性互動關係。

（二）建立兩岸交流秩序，制訂交流規範，設立中介機構，以維護兩岸人民權益；逐步放寬各項限制，擴大兩岸民間交流，以促進雙方社會繁榮。

（三）在國家統一的目標下，為增進兩岸人民福祉：大陸地區應積極推動經濟改革，逐步開放輿論，實行民主法治；臺灣地區則應加速憲政改革，推動國家建設，建立均富社會。

（四）兩岸應摒除敵對狀態，並在一個中國的原則下，以和平方式解決一切爭端，在國際間相互尊重，互不排斥，以利進入互信合作階段。

二、中程——互信合作階段

（一）兩岸應建立對等的官方溝通管道。
（二）開放兩岸直接通郵、通航、通商，共同開發大陸東南沿海地區，並逐步向其他地區推展，以縮短兩岸人民生活差距。
（三）兩岸應協力互助，參加國際組織與活動。
（四）推動兩岸高層人士互訪，以創造協商統一的有利條件。

三、遠程——協商統一階段

　　成立兩岸統一協商機構，依據兩岸人民意願，秉持政治民主、經濟自由、社會公平及軍隊國家化的原則，共商統一大業，研訂憲政體制，以建立民主、自由、均富的中國。

外交新局與突破[*]

錢　復[**]

壹、當前國際局勢

欲制定及執行一國的外交政策，首先必須了解當前的國際大環境。扼要的來談，目前的國際局勢正顯示出下列三種值得注意的趨勢：

一、尋求建立新的國際秩序

二次大戰後，美、蘇兩極對立的局勢已隨著共產主義的式微而瓦解，包括歐、美各國，甚至中共都在大談國際新秩序的建立。其中關鍵即在面對原有兩極政治體系舊秩序崩潰，區域性政治或經濟主義盛行時，如何在全球建立新的行爲規範。當美、蘇已無法完全控制國際秩序時，類似伊拉克的區域性霸權，仍可能在各地出現，爲後冷戰過渡時期平添變數。

二、民族主義的再度復甦

---

*　**中央日報**，國際版，民國八十年七月二十八日，頁1。
**　外交部部長。

相當矛盾的，正當共黨極權統治瓦解的同時，民族主義的意識在原有極權體系崩潰後再度興起，而且目前的焦點，正是世界政治舞臺的重心 —— 歐洲。

南斯拉夫、捷克、羅馬尼亞境內的民族主義風潮，不但造成區域情勢的不安，甚至可能引爆其他國家國內民族主義的定時炸彈。面臨此一風潮的國家不在少數，蘇聯、西班牙、印度、馬來西亞、奈及利亞、南非、中國大陸，甚至太平洋上的斐濟都可能是民族主義風潮的下一個對象。

三、禍福與共「地球村」觀念逐漸被接受

在二次大戰以前，全世界即明顯分為殖民主義者及被殖民者兩個強弱集團，後者對前者而言只是被奴役、榨取的對象。但二次大戰以後，特別是在六〇年代殖民地紛紛獨立後，此種不平等現象雖遭打破，但在經濟上貧富間的差距仍然存在，且愈來愈大。有識之士乃相繼發起「南北對談」、「南南對談」，歐、美先進國家亦認清此一不平衡狀態長此以往，不但會造成第三世界國家的動盪不安，隨之而來的經濟、生態失衡，甚至難民潮都將是歐美先進國家所不能坐視的。所以目前國際局勢所顯現的另一特點即世界各國所必須關切的共同議題愈來愈多。

而在上述幾種局勢的交相影響下，目前的國際大環境一方面顯露出共產主義已為各國及其人民所唾棄，而殘餘勢力卻仍頑強抵抗；另一方面則是區域不安的可能性增加，有賴區域內各有關國家協調解決；同時外交工作的範疇，卻不再局限於政治、軍事領域，而是逐漸延伸至經貿、科技、環保等層面。

貳、我國的外交處境

在談完國際大環境後，再來看看我們的外交現勢（小環境）。以我國目前的國際處境與以往相比，有以下二項特點：

一、我國經濟實力呈現驚人的成長

在三十年前，我們仍是國際社會中的「受援國」，在二十年前我們外貿總值就全球而言仍微不足道，貿易逆差的情況亦常出現。但今天，我們的外貿實力已位居全球第十五位，國民所得爲全球第二十六位，外滙存底更高居全球第一位，這張漂亮的成績單，已使各國不得不投以注視與羨慕的眼光。歐、美先進國家紛紛重新評估與我國的關係，第三世界國家也亟盼學習我們的發展經驗及得到我們的援助。

二、中共對我外交封鎖變本加厲

在我們交出一張漂亮經貿成績單的同時，政府拓展外交的努力也一直未曾鬆懈。但不可諱言的，今日與我國建交國家的數目尚不及與中共建交國家的零頭，卽是在我政府採行新的大陸政策，公布「國家統一綱領」，中共仍持「經貿從寬、外交從嚴」的態度，對我所有外交工作採取亦步亦趨的阻撓策略，並揚言要使「中華民國」從國際舞臺上消失。例如僅從今年一月以來，中共卽已要求波蘭、匈牙利、菲律賓、馬來西亞及蘇聯等二十國，重申中共當局「爲中國唯一的合法政府，臺灣是中國的一部分」，中共在外交上百般阻撓的意圖由此可見。

叁、面對中共挑戰目前我外交工作的重點

在綜述我們所面對的國際外交局勢後，我外交工作的重點包括:

一、鞏固現有邦交國

正當我們在致力爭取友國的同時，中共也正設法挖我們的牆腳。

中共近來不斷破壞我與大韓民國、南非及教廷三國的友好關係。中共認為只要把這三個友邦拉走，剩下的「小國」在國際上已無足輕重。當臺灣感受到在國際上遭孤立、遺棄的無奈後，自然會被迫走上談判桌。

　　在洞悉中共陰謀的同時，我政府鞏固現有建交國邦交的努力顯得格外重要，也是我們當前外交工作的一大重點。但外交工作的成功，最主要仍需靠全體國民對政府政策的支持與配合，方能有成。

二、爭取與無邦交國家間建立、改善實質關係

　　推展和增進與無邦交國家間的關係，和爭取邦交國具有相同的重要性。政府在策略上的運用，則是透過雙方在經貿、文化、科技及環保等方面的合作，達成爭取建立半官方甚至官方的關係。目前我們已在五十一個無邦交國家，設置了七十九個代表機構，足證政府在爭取與無邦交國家間實質關係上的努力，已獲致成效。

　　在提昇與無邦交國家間實質關係方面，我們努力方向則為:

1. 爭取設立代表機構

　　在無邦交國家設立代表機構之初，難免遭遇困難，迨雙方關係穩固與改善後，主動爭取充實其地位、加強其功能與提升其代表性乃為一必要的工作。僅在過去一年中政府已設置駐匈牙利代表處、駐加拿大代表處、駐馬達加斯加代表處、駐丹麥代表處、駐奈及利亞代表處、駐溫哥華辦事處及駐關島辦事處等七個代表機構或辦事處。這些代表機構與即將派駐於東歐捷克的代表機構，均係依據前述原則進行。

2. 爭取符合代表機構功能的名稱

　　政府在無邦交國家設立代表機構時，常因中共的阻力而無法使用正式國號或符合代表機構功能的名稱，而不得不暫時以一些較籠統、

含糊的名稱取代，如中華旅行社、遠東貿易公司或服務中心等。近兩年來政府在改進與無邦交國家實質關係時，卽致力將代表機構名稱「正式化」、「統一化」，作爲努力方向之一。目前我國除已將派駐斐濟、巴布亞紐幾內亞、巴林、阿拉伯聯合大公國、科威特、利比亞、馬達加斯加、模里西斯、奈及利亞、厄瓜多及玻利維亞等十個無邦交國家的代表機構，使用「中華民國」稱號設立，另在新加坡等二十五個國家所設立的代表機構，雖無法使用「中華民國」的正式名稱，但仍盡可能使用「臺北商務代表處」、「臺北經濟文化辦事處」或類似具有「統一化」代表性的名稱。

3.爭取我代表機構具有正式地位

目前我仍有若干駐外機構，在駐在國一時無法取得正式地位，如何爭取我代表機構具有正式地位，這也將是我們在無邦交國進行外交努力的另一個目標。因爲唯有取得正式地位，我們才能確實維護國家及我國國民在駐在國的合法權益。

三、積極參與國際活動，加入國際組織

在區域主義及地球村觀念盛行的國際局勢下，除加強與各國的雙邊關係外，仍需積極參與區域性及全球性的經貿、科技及環保等國際組織，才能確實維護國家利益。但今天，由於中共的百般阻撓，我國僅在十個政府間國際組織中擁有正式會籍。如何擴大加入國際組織的活動，加強與國際社會的互動關係，是我們外交上另一個重要課題。

我政府在參與國際組織時的態度是主動、積極，並視各國際組織的性質而作不同的處理。而爲求充分發揮我之角色，並將中共的阻力化解至最小，基本上政府將以申請加入區域性或經貿、科技、文化等功能性國際組織爲近程目標，待各國認同我之角色、地位，同時我國家利益亦與國際社會相結合時，自當設法加入政治性的國際組織。在此同時，政府亦將以維護我國在國際間作爲獨立主權國家的國格與尊

嚴，及追求國家最高利益，爲爭取參與國際組織的基本原則。

至於非政府間的國際組織與活動，政府則採取「不廻避、不退讓」的原則，衡量實際狀況，在可能範圍內廣泛參與。目前我國共參與七百七十六個國際組織，以求增進國際間對我國的了解與友誼。上年元月一日政府以「臺、澎、金、馬關稅領域」的名義向關稅暨貿易總協定（GATT）正式提出入會申請，目前正以穩健的方式爭取各國的支持。另外在區域性經濟組織方面，我國已是太平洋盆地經濟理事會（PBEC）及太平洋經濟合作會議（PECC）的成員，至於亞太經濟合作會議（APEC）也已表示歡迎我國加入，我們的努力正逐步加強中。

四、提供對外經援合作

今日我們能有如此令人刮目相看的經貿實力，除了國人本身的努力外，當初在我經濟發展過程中受惠於美國的援助甚多，對於我國經濟發展的裨益也相當大。今天當我們行有餘力時，自當回饋國際社會，以我們的經濟發展經驗，協助第三世界國家發展經濟，並藉此建立彼此的友誼。其方式可概分爲:

1. 建立中華民國援外模式

我們的經援能力或技術水準或許仍無法與歐、美、日等先進國家相比，但對於一個飢餓的人，麵包與水要比牛排大餐更受歡迎。對於包括基本建設都付之闕如的第三世界國家，唯有先從基礎的農、漁、輕工業著手，再逐步提升發展層次，才是解決貧窮問題的根本之道。

自民國五〇年代起，政府即積極展開對外技術援助，派遣農耕隊、漁技團、手工藝團協助友邦發展農、漁、手工業，目前則配合國內廠商前往海外投資的意願，將技術援助的層次逐漸提升至輕工業及出口加工業，提供我們經濟發展的經驗，不但繁榮了友邦的經濟，也增加了我們與第三世界國家間的實質友誼。

2.與國際援外組織合作

我政府對外援助的方式除了提供技術協助及貸放資金外，同時也宜與國際援外組織合作，以期使我們的經援發揮最大的效用。

對外經援本身卽是複雜的課題，一來由於我國尙無一套完善的對外經援操作經驗與制度，二則由於我仍無法對外提供大量經援，因此將我國的對外經援（例如「海外經濟合作發展基金」）與世界銀行、亞洲開發銀行、美洲開發銀行及非洲開發銀行等國際組織合作，或與對外經援豐富的歐、美先進國家援外機構合作，如美國國際開發總署（USAID），不但可使得我國的經援能確實協助受援國發展經濟，另一方面藉由與國際援外機構的合作，可提升我國的國際形象，並增進我國與各國間的實質友誼。

3.國際災難人道援助

國際災難救助工作爲一人道的善行，同時也是外交工作中重要的一環；適時的災難救助，常可建立援助國與受援國彼此間友好關係。今日以我國雄厚的經濟實力作爲國際社會一分子，有能力也應該積極參與國際災難救助活動，以盡我應負的國際責任，並提升我國際形象。

過去一年爲援助友邦因突遭風災、水災、旱災、地震等天然災害所造成的損失，經由我政府所設立的「國際災難人道基金」共計對菲律賓、大韓民國、馬拉威、蘇丹、宏都拉斯、哥斯大黎加、巴拿馬、多明尼加、秘魯、智利、斐濟等十餘國提供二百五十餘萬美元的援助。另在波斯灣危機期間爲援助難民及受戰爭影響國家，政府亦以專款方式援助約旦及土耳其兩國及庫德族難民。這些援助雖爲杯水車薪，但各受援國對我適時慷慨解囊均有良好的回應。

肆、結　語

　　上年年底楊尚昆在中共召開的「全『國』對臺工作會議」中卽曾
兇悍的表示，在國際上要堅決阻止其他國家同我建立外交關係，阻止
我加入政府間國際組織。甚至本年五月江澤民前往莫斯科訪問時，仍
不忘在「『中』、蘇聯合公報」中抨擊我務實外交的作為，由此可見
近年來我外交工作的努力確實已有相當績效，否則中共當局絕不會一
再叫囂、抨擊我務實外交。

　　今天，我們在外交崗位上的每一位外交工作人員仍將繼續推動務
實外交，爭取應有的國際友誼與地位，絕不因為中共的蠻橫態度而改
變我們努力的方向，愈是艱難的工作，我外交人員愈要挺起胸膛接受
挑戰，在全國同胞的支持下，達成我們外交工作的目標。

肆、最近發展

國際法委員會
通過關於外交郵袋和信使的條款草案

　　國際法委員會於1989年5月2日至7月21日在日內瓦舉行第四十一屆會議，通過了關於外交信使和沒有外交信使護送的外交郵袋的地位的共有32條的條款草案，並核可了關於負有特別使命的信使和郵袋的地位的任擇議定書和關於具有普遍性質的國際組織的信使和郵袋的地位的任擇議定書草案，因而結束了有關這個問題的這項歷時十三年的艱巨任務。保加利亞的揚科夫是該問題的特別報告員。

　　委員會建議大會召開一次全權代表會議，以締結一項關於該問題的公約。

　　草案的目的是建立一個統轄一切種類信使和郵袋的地位的統一制度，使派遣國、接受國和中轉國的權利和義務取得適當平衡。

　　在這屆會期間，委員會還暫時通過了危害人類和平及安全治罪法草案的三個條款草案：侵略威脅，干涉以及殖民統治和其他形式的外國統治。

　　委員會審議的其他專題有：國家及其財產的管轄豁免；國際法不加禁止的行為所產生的損害性後果的國際責任；國際水道非航行使用法；國家責任；國家和國際組織之間的關係。

　　大會於1947年設立國際法委員會，負責編纂和發展國際法，為國際法的各個方面編制條款草案。當有關一個特定專題的條款草案完成時，大會往往召開一次全權代表國際會議，將條款草案變成多邊協定。

　　委員會由三十四名成員組成，他們都是法律專家，以個人身分參加並代表世界上各主要法系。他們由大會選舉產生，任期五年。當前

這一屆將於1991年12月31日屆滿。

　　在建立一個有關一切種類的信使和郵袋的地位的制度的時候，委員會考慮到了在防止濫用外交郵袋的同時必須保證官方通訊的正常進行和通訊內容的保密。

　　在制訂條款草案的時候便注意到了這種兼顧的必要。例如，第16條規定保護外交信使「執行其職責」。第17條規定外交信使——除了某些例外——在護送外交郵袋時其臨時住所不可侵犯的原則。

　　第18條規定外交信使「就執行其職務時的一切行為而言」，應享有刑事管轄豁免。

　　第20條規定外交信使免除人身檢查和搜查；但委員會同意「人身檢查」指的是身體上的檢查，並不排除在機場或其他離開或到達地點出於安全目的而對他進行心智或其他偵查。

　　第25條規定派遣國應採取適當措施，防止通過其外交郵袋遞送除來往公文、公務文件或公務專用物品以外的東西。

　　第28條說，外交郵袋不可侵犯、不得開拆或扣留或檢查。但是如果主管當局確有理由相信領館郵袋內裝有允許物品之外的物品，則可要求在該主管當局在場的情況下由派遣國的一名代表開拆郵袋。如果派遣國拒絕這一要求，則可將郵袋退回。

　　委員會關於危害人類和平及安全治罪法草案的工作與以往一樣分三個方面進行：危害和平罪；危害人類罪和戰爭罪。

　　委員會今年審議了特別報告員的第七份報告。該報告是關於戰爭罪和危害人類罪的。委員會特別注意用語問題和戰爭罪的嚴重程度問題以及戰爭罪與嚴重破壞行為之間的區別。

（聯合國紀事，第六卷，第四期（1989年12月），頁62。）

聯合國宣布1990年代爲聯合國國際法十年

聯合國大會在 1989 年11月17日宣布 1990-1999 年爲聯合國國際法十年，這反映了全世界正越來越認識到有必要在國際關係中加強法治。

大會在第 44/23 號決議中說，聯合國國際法十年應促進接受和尊重國際法的原則；促進和平解決國家爭端的手段和方法，包括將爭端提交國際法院解決和充分尊重國際法院；鼓勵國際法的逐漸發展和編纂；並鼓勵國際法的教學、研究、傳播和更廣泛的了解。

大會要求秘書長開始制訂一項國際法十年行動綱領的工作，包括研究是否有可能在該十年結束時舉行第三次國際和平會議和其他合適的國際會議。

大會12月 4 日譴責「一切恐怖主義行爲、方式和作法，不論其在何地由何人所爲」均屬犯罪行爲，並呼籲所有國家不組織、慫恿、支援或參加在其他國家進行的恐怖主義行動。大會還要求採取堅決措施消除國際恐怖主義及其根源。

大會還要求立卽安全地釋放所有人質和被綁架的人，無論他們是在何地被何人綁架。大會對採用種種暴力的恐怖主義團體、毒品販子及其准軍事團伙之間日益增長的危險聯繫表示擔憂。

大會還歡迎國際民用航空組織（民航組織）爲促進國際航空安全公約得到普遍接受所作出的努力，並歡迎最近通過的**禁止在國際民用航空使用的機場進行非法暴力行爲的議定書**。大會還對國際海事組織通過**禁止危害航海安全的非法行爲公約和禁止危害大陸架固定平臺安全的非法行爲議定書**表示歡迎。

關於聯合國國際法十年的議程項目是在全體會議上審議的，而關

於恐怖主義的決議則是大會根據第六委員會（法律問題）的建議而通過的十三個關於法律問題的決議中的一個。

　　保加利亞、捷克斯洛伐克、德意志民主共和國、波蘭和蘇聯還提出了一項關於在聯合國內建立一個處理國際恐怖主義行為的調查機構和一個關於國際恐怖主義問題的中心的建議。

　　　　　　　　　　（聯合國紀事，第七卷，第一期（1990年 4 月），頁77。）

伍、書評、書摘、論文摘要

書 評

漢 能 著

自治、主權、自決─衝突權利之包容

賓州費城，賓州大學出版社，一九九〇年出版，頁
五〇三。Hurst, Hannum, *Autonomy, Sovereignty,
and Self-Determination: The Accommodation of
Conflicting Rights,* Philadelphia, Pennsylvania:
University of Pennsylvania Press, 1990, 503 pp.

黃 競 涓

　　本書共分四大部分，第一部分有六章，分別介紹各種重要名詞之
定義，在國際法歷史中之流變與地位；第二部分有九章，分別討論九
個牽涉到「自治」(autonomy)、「主權」(sovereignty)、或「自
決」(self-determination) 之個案；第三部分共分三章，討論其他
形式之自治區之安排；第四部分則爲結論。

　　第一部分之第一章爲全書之藍圖做一簡介。作者揭示本書之焦點
在於各種少數團體（以種族、宗教、語言區分），試圖從國際法與國
內憲法制度安排之觀點來研究各個爭端地區多數人之團體與少數人團
體之爭端解決。

　　作者首先說明少數人團體明示要求政治自治，有些情況必須透過
獨立方能達成；有些只是要求法律保護使其羣體免於受歧視，或藉法
律制度保存少數民族之文化、語言及價值免於受到多數人羣體之迫害。

　　此外多數人、少數人團體之衝突（例如種族糾紛）多半牽涉有外

力之干預,例如鄰近國家有相同之種族或宗教,常會支援少數人團體。即使衝突完全不涉外力,爭執之雙方也常常各引國際法之規定來聲援己方之立場。

種族衝突也常聯合經濟因素做為其爭執之焦點,例如少數族裔所居住之地區往往是中央政府最忽略、最貧窮落後之地區;或是某些少數族裔所居住之地區藏有大量天然資源(如石油),為免於受中央政府之剝削而要求自治或獨立。

作者欲從國際法規範、人權之觀點來討論下列問題:(1)一國之少數團體是否可以合法要求自決?(2)國家可否以主權不可侵犯之理由否定少數團體欲分享政治權力之要求?作者認為研究每一個牽涉多數人團體與少數人團體衝突之個案,必須注意觀察這一項衝突之歷史演變、經濟因素、政治操縱、外力干預。作者希望從這些研究中找出解決衝突之方案,以避免各種不幸之流血衝突。

第二章討論主權、國家(statehood)、民族主義(nationalism)。國家主權與獨立自主不可或分;主權是構成國家之一項重要因子,通常只有國家才享有主權;國家沒有絕對主權,只有平等主權。

除了主權國家外,國際法中尚規定享有完全或部分主權之其他形式之「國家」:中立國、受保護之獨立國家、國際化領土 (an internationalized territory)、屬國 (a vassal state)、託管地…等。

主權限制之規定見於一般、習慣國際法,包括不可侵犯其他國家領土主權之完整、避免從事危害鄰國之行為、維護人權並避免種族屠殺或歧視。國家主權可以經由條約簽訂之規定而分割或喪失,例如兩個國家經由簽約合併成一國。

民族主義最早出現於十八世紀末期,早期歐洲之用法意指基於共同語言、宗教、種族之團體,追求政治權力以達成其做為一個「民族」之需要。一九四五年後,民族主義成為反殖民運動之對等語。

第三章討論自決,「每一個民族應該自由決定其政治地位,自由追求經濟、社會以及文化發展」之自決主張是民族主義主張之延伸。自決之概念最先只適用於潰敗之帝國內之領土,例如第一次世界大戰

後鄂圖曼帝國 (Ottoman empire) 與奧匈帝國 (Austro-Hunga-rian empire) 之瓦解，使其原有領土內之各民族紛紛要求自決。自決之概念在當時並未想到日後可適用於殖民地。

十九世紀末期，主張「少數權利」(minority rights) 或自決之成功與否端視外力（尤其是列強）是否支持。多半之例子顯示列強通常基於其政治利益之考慮，而非爭議領土上人民需要之考慮來決定其是否支持某一民族之自決主張。

一九一九年國際聯盟 (the League of Nations) 成立時，自決之原則並未見於當時之憲章中；雖然民族自決之原則為許多國際條約所承認，但實證國際法並不承認一個國家內之各民族有權分割領土於該國之外。當時只有在極少數沒有爭議之領土上實施過公民投票 (plebiscites) 或複決投票 (referenda) 外，其他要求自決之民族並未得到參與凡爾賽和約列強之許可以上述方式獲取獨立。

雖然美國總統威爾遜在其十四點和平計劃中所揭示之自決原則包含民主政治之程序，即自決之民族在其國內應由人民參與政府之決策，但一九一九年由潰敗帝國內所產生之新國家並無義務採行威爾遜所主張之內容。

討論自決 (self-determination) 之研究，常將自決分兩部分來討論，首先「自己」(self) 代表的是什麼意義？通常有主觀與客觀之成分，主觀上一羣人可以認為自成一個羣體；客觀上該羣人必須具備共同之特徵，例如種族、語言、歷史、宗教。但困難在於每一個人常同時隸屬於好幾個不同之團體，應接受那一個團體所主張之自決原則，常沒有明確之劃分。往往一個羣體政治上之自決主張常常產生對另一個羣體政治自決之否定，所以有人認為自決本身並不意含無條件政治獨立之權利。

列寧、史達林支持民族自決之原則，只適用於階級鬥爭中被壓迫之民族對抗壓迫者，主張領土分離 (secession) 只是用來對抗壓迫國之策略，並非支持被壓迫民族內之資產階級民族主義分子。

自決之主張在聯合國憲章草擬時還未被視為國際法之原則，然而

隨時間之演進，自決原則逐漸演變成自決之權利。一九六〇年聯合國大會所通過之「賦與被殖民國及其人民獨立之宣言」(the Declaration on the Granting of Independence to Colonial Countries and Peoples) 中揭示為加速無條件終止殖民主義，所有人民有自決之權利，自由決定其政治地位與追求經濟、社會及文化之發展。但在同一宣言中也揭示另一重要原則：「任何企圖局部或全面破壞一個國家團結或領土完整之做法不符合聯合國憲章所標示之目標與原則。」

上述宣言所提出「自決之權利是否可適用於非殖民地」之問題，在一九七〇年聯合國所通過之「國際法原則中國家間依據聯合國憲章發展友好關係及合作之宣言」(the Declaration on Principles of International Law Concerning Friendly Relations and Co-operation among States in Accordance with the Charter of the United Nations) 中雖有所說明，但仍無法澄清。該宣言因同時主張民族自決與國家領土主權之不可侵犯，無法解決其中所隱含之衝突因子。

有人定義分類從一九一九年至一九四五年期間適用於自決原則之「人民」(people)：(1)一國內所有人民受其他民族之統治；(2) 分散於各個國家無法獨立建國之少數民族；(3) 在甲國是少數民族，但是是組成乙國之民族之一部分；(4) 殖民領土上之人民。從一九四五年後殖民地開始陸續解放之大環境來看，「人民」之主要定義乃指前殖民地上非歐洲血統之居民，不論這些居民之種族、語言、宗教等特徵。

儘管殖民地居民有自決之權利，但在實踐上往往產生前殖民帝國之武斷劃分領土或是該殖民地之鄰國乘權力空檔之時以歷史上擁有該片土地為藉口將之兼併。

一九六六年由聯合國大會通過之兩項人權公約：(1)「有關經濟、社會及文化權利之國際公約」(International Covenant on Economic, Social and Cultural Rights)；(2)「有關公民暨政治權利之國際公約」(International Covenant on Civil and Political Rights) 其共同之第一條規定：「所有人民有自決之權利。藉此權利

人民自由決定其政治地位，自由追求其經濟、社會以及文化發展」。印度在加入這兩項公約時對第一條之規定持保留態度，就印度政府而言，第一條規定中人民有自決之權利，只限於受外國統治之人民，並不適用於主權獨立國家之人民或一個民族中之一部分人民。印度政府之這項保留態度受到許多國家之支持，咸認為對自決權利應採有限度之詮釋。

聯合國「人權委員會」(the Human Rights Committee)對上述公約之第一條規定之評論遲至一九八四年才公佈，該項評論並未澄清自決之定義以及國家在第一條規定下之義務。委員會主席也承認自決權是「最難定義名詞中之一個，因為濫用此權將導致國家憂慮其領土完整受到威脅，從而危害國際和平與安全。」雖然有些委員會成員主張應擴大自決權適用之範圍，卽不限於殖民地之人民，但由於無法獲得任何「合議」(consensus)，所以委員會不能明確規定自決權適用之範圍。

國際法學者在辯論習慣國際法是否包含自決權時，有極端不同之看法。Brownlie 與 Gro Espiell 認為自決權已構成習慣國際法中一項絕對性的規範。然而 Verzijil 卻認為自決不值得成為一項國際法之規則。

儘管自決權在聯合國決議案、公約、及學界中受到某種程度之肯定，但對於其是否可適用於殖民地以外之其他人民則仍有甚大之爭議。一般而言，各方認為自決權並無毫無限制之適用範圍。

第四章討論「少數人團體」(minorities)之權利。作者指出對少數人團體之定義並無定論，但為人所接受之一般性定義為：一羣人數不多，但具有共同之種族、宗教或語言特徵之非具政治主宰力量之團體。

最早之國際性保護少數人團體之規範首推一六四八年之「威斯法利亞條約」(the Treaty of Westphalia)，所有簽約國家尊重某些不同宗教信仰之團體。在鄂圖曼帝國時之 "millet system" 給予不同宗教團體一些自治權。第一次世界大戰後經由國際聯盟之監督簽訂數

項有關保護少數人團體之條約，其主要內容包括：(1) 平等對待、不受歧視之權利；(2) 有成爲公民之權利；(3) 使用其團體內通用語言之權利；(4) 建立並管理其宗教及社會組織之權利；(5) 國家有義務穩定提供少數人團體教育及其他組織之財力支持；(6) 承認保護少數人團體之法規高於其他法條。

上述國際聯盟保護少數人團體之條約並不適用於所有國家，而且其所保障之權利屬於傳統上保護少數人團體宗教、語言及文化之層面，並未包含政治及經濟之自治。

聯合國憲章並無特別規定少數人權利之條文，其重點放在個人人權之保護以及人民集體之自決權上。大多數國家有關少數人團體之問題常靠少數人團體遷移至其他與其有共同特徵人民之國家或地區來解決，並非靠領土劃分來適應各類種族或宗教團體之分佈情形。

儘管自一九四五年以來國際法中有關少數人團體之規定並無多大進展，但法律上對少數人團體之平等對待及禁止歧視已成爲一項習慣國際法之規範。

由於少數人團體對中央政府之不信賴因而要求政治、經濟上之自治；又由於中央政府不信賴少數人團體之忠誠，甚至拒絕承認少數人團體所享有之傳統保存宗教、語言以文化之權利，因而導致許多國家內部之中央政府與少數人團體之衝突。

第五章討論「土著民族之權利」(indigenous rights)。土著民族之權利之保障主要指國家必須保障本土土生民族（如印第安人，土著部落）免於受到屠殺、滅種，並保障土生民族之各項基本人權。作者從歷史上殘殺、迫害土著民族之罪行談起，從而討論國際法與國內法陸續發展出保障土著民族之權利。聯合國之工作小組於一九八八年提出保障土著民族權利之聯合宣言之草案，共列出二十八項原則，作者將全文列於書內。

第六章討論人權。作者分別討論聯合國以及各區域性國際組織有關人權之規定。

本書第二部分分析九個與自治、自決有關之個案，作者藉第一部

分所討論之觀念與問題來分析每一個個案。這些個案包括 (1) 香港;
(2) 印度與旁遮省 (the Punjab); (3) 庫德族 (the Kurds);
(4) 尼加拉瓜之臨大西洋海岸區; (5) 北愛爾蘭; (6) 挪威、瑞典、
芬蘭之 Saami (Lapp) 族; (7) 西班牙之巴斯喀 (the Basque
country) 以及卡達拉尼亞 (Catalonia); (8) 斯里蘭卡; (9) 蘇
丹。

　　本書第三部分進一步討論其他個案, 作者首先分析具有聯 邦 或
「準聯邦」(quasi-federal) 結構之案例, 包括 Eritrea(1952-1962),
格陵蘭 (Greenland), 尼得蘭安地列斯 (Netherlands Antilles),
瑞士 (1848-1874), 以及蘇維埃社會主義共和國聯邦。作者其次討論
為國際所關切之領土, 包括 Aland Islands (介於瑞典與芬蘭之間),
但玆自由市 (Free City of Danzig), Memel Territory, 紐西
蘭之庫克島(the Cook Islands)等土地, The Saar (1920-1935),
The Saar (1945-1955), 以及 Free Territory of Trieste。

　　作者最後討論其他值得研究之區域, 包括比利時, 巴西之印第安
人, 中國大陸, 斐濟 (Fiji), 義大利之 the South Tyrol, 馬來西
亞。

　　最後一部為結論, 作者將自治之內容與自治之權利簡要說明作結。
本書是目前國際法上自治與自決問題作最詳盡研究的書。

書 摘

多 布 金 編

在太平洋盆地區國家之國際技術之合資投資

麻賽諸塞州史多漢，巴脫沃斯法律出版社，一九八八年出版，二一一頁。James A. Dobkin, editor, *International Technology Joint Ventures in the Countries of the Pacific Rim,* Stoneham, Massachusetts: Butterworth Legal Publishers, 1988, 211 pp.

黃 競 涓

　　本書共分十二章，分由不同作者撰寫。第一章由編者多布金(James A. Dobkin) 簡介合資投資之基本概念與原則，其餘十一章分別介紹國際技術之合資投資在下列太平洋盆地諸國之實踐情形：澳大利亞、加拿大、中國大陸、中華民國、香港、日本、韓國、紐西蘭、新加坡、泰國、以及美國。本書之內容源自一九八七年一月十九日由「太平洋盆地諮詢委員會」(the Pacific Rim Advisory Council) 在新加坡所舉辦之討論會。

　　多布金在第一章中首先藉一假想之合資投資案例引介其中所涉名詞之定義、法律架構、注意事項等。他指出從事合資投資之動機不一，但基本上有下列幾項：(1) 一個公司沒有足夠之資源從事一特定之計劃，必須藉助於另一家公司之資金來分擔風險、減低投資成本；

(2) 利用合資投資來擴大個別公司之生產、行銷能力與機會；(3) 利用合資投資行銷到不熟悉之外國市場。

合資投資之特徵在於經由個別公司統合其力量、專業、技術來分擔投資之成本及風險。合資投資之長處在於其允許參與之公司從事高風險之計劃而免於暴露其資財於無限制之責任與義務。

有意從事合資投資之公司首先必須確定其目標與投資之形式，其次必須慎重選定一與其相當之公司做為合資投資之夥伴。選定夥伴後必須設立合資之基本架構，包括個別公司之投資數額、方式，以及合資公司之組織形態。此外尚需考慮所牽涉國家之法律規定，以及各種可能因合資投資所產生之法律問題。遇有爭端時之解決程序亦須詳細列出。

多布金在介紹合資投資之概要後進一步說明 (1) 合資投資之架構，包括責任之限制、權利與義務之定義；(2) 在協商談判國際技術合資投資之過程中應如何選定一合意之夥伴；(3) 合資投資協議中之重要條款，包括各類名詞之定義、合資投資之管理、解決爭端之程序、合資投資之終止、「不可抗力」(force majeure) 條款；(4) 定義必須轉移之「專利」(patents) 與技術；(5) 在合資投資中所享有之各種權利、在合資投資關係終止時個別公司所分配之權利、以及對接收之技術之保密原則；(6) 其他附帶之協議。

合資投資在太平洋盆地各國之實踐情形本摘要只涉及中國大陸與中華民國之國際技術合資投資。

Michael W. T. Chan 在介紹中國大陸之合資投資之一章中首先簡要說明大陸之法律體系，隨後列出一九八六年所公佈之「國務院鼓勵外國投資條例」(Provisions of the State Council for the Encouragement of Foreign Investment) 之主要規定。他並介紹在中國大陸之投資種類，包括「衡平合資投資」(equity joint venture)、契約合作之投資、外國公司完全擁有之投資、特殊貿易區之投資。

Chan 指出中國大陸並無「反獨佔壟斷法」(antimonopoly

law), 但外國公司仍必須遵守相關之法律規定。此外外國公司在大國大陸之登記、外滙之流通、土地之使用、進出口之管制、各種投資方式之課稅制度、智慧財產權之保護、使用勞工之標準、以及爭端之解決，作者皆做簡要之說明。

Jim Hwang 在介紹中華民國之國際技術合資投資一章中首先說明中華民國之法律制度，其次說明合資投資在中華民國之組成方式。

外國在中華民國之投資首先需要獲得中華民國政府之投資許可，但在外滙流通上並未受到限制。其他需要中華民國政府之許可者尚包括出口許可、土地使用計劃許可、符合環保之許可。

在賦稅制度方面，合資投資公司須繳納所得稅與附加價值稅。中華民國政府亦採行減稅獎勵投資之措施。

中華民國目前無「反托拉斯法」，但在立法過程中之「公平貿易法」有反獨佔之規定。

在保護智慧財產方面，中華民國有「商標法」、「專利法」、「著作權法」之法令保護，並有專責之反仿冒機構取締仿冒之案件。

外交部外交年鑑編輯委員會　編撰

中華民國七十七年外交年鑑

臺北，外交部，一九八九年出版，六八〇頁。

黃　競　涓

中華民國「外交年鑑」之編印出版，原僅見於民國二十三年，二十四年，二十五年，且由當時「外交年鑑社」編纂，並非由外交部正式編印。這本「中華民國七十七年外交年鑑」係首次由外交部按年正式出版。

本年鑑所載資料始於民國七十七年元月一日，迄於同年十二月三十一日。全書分爲本文、外交活動圖片及附錄三部分。

本文包括外交施政概況、中外關係、處理僑民及旅外國人事務概況、外交行政事務、外交業務組織體系及職掌、外交大事日誌等。

外交施政概況章節中首述一年來國際情勢之演變，其次分節陳述中華民國基本國策、外交政策，當前外交工作之重點，大陸政策與外交政策之互動關係。

中外關係章節分別說明中華民國與亞太地區、亞西地區、非洲地區、歐洲地區、北美地區以及中南美地區國家之關係。在同一章中並介紹中華民國參加國際組織、會議與活動之概況，中華民國與他國所簽訂之條約與協定，新聞文化活動，邀訪外賓與本國官員出國訪問，國會外交活動以及中華民國所參與之國際技術合作。

處理僑民及旅外國人事務概況一章簡介外交部及駐外單位處理有關涉外僑民事務，例如與外國政府交涉改善對中華民國國民核發簽證

之待遇及放寬停、居留之限制；救助遇難或被扣之漁民、漁船。該章同時說明外交部及駐外單位如何配合僑務委員會執行僑務施政計劃，如何加強便僑工作以及服務僑民。

　　外交行政事務章節分別介紹領事事務與便民服務措施，外交人事業務，檔案與資訊管理，研究設計業務。

　　外交業務組織體系及職掌一章以列表方式介紹外交部各處、司等之職掌以及組織之層級。外交大事日誌則詳列一年來所發生之重要外交事項。

　　附錄包括一年來總統、行政院長、外交部長所發表之外交言論摘錄，一年來外交部發言人之言論及有關聲明摘錄，中華民國與世界各國簽訂雙邊條約協定一覽表，中華民國參加國際組織概況，中華民國參加國際會議，活動次數統計表，外交法令選錄，駐外使領館通訊錄，駐無邦交國家地區機構通訊錄，駐華外國使領館名錄，駐華外國機構名錄。

馬若孟 編

一項特有之關係: 臺灣關係法下之美國與中華民國

加州史丹福，史丹佛大學胡佛研究中心，一九八九年出版，一六五頁。Ramon H. Myers, editor, *A Unique Relationship: The United States and the Republic of China Under the Taiwan Relations Act*, Stanford, California: Hoover Institution Press, 1989, 165pp.

黃 競涓

　　本書爲討論「臺灣關係法」下美國與中華民國關係之論文集，分由六位學者撰寫。第一篇導言由編者簡介中華民國遷至臺灣後所面臨之挑戰，臺灣與中國大陸不同之政經體制與發展，美國之中國政策之歷史回顧，臺灣與中國大陸近年來之關係。馬若孟指出一九七九年一月一日美國與中華民國正式斷絕外交關係，美國國會同一年卻通過「臺灣關係法」繼續維持雙方在斷交後之法律、商務關係，可以說是開創現代歷史上所特有之一項關係。其餘五位學者之論文原先曾發表於一九八八年九月十日由史丹佛研究中心舉辦之一項會議。

　　已退休之美國外交官費浩偉 (Harvey Feldman) 在其論文中討論「臺灣關係法」十年之實踐效果。他首先陳述「臺灣關係法」之中美國對臺灣政策之六項要點，並說明在制定過程中美國國會修改行政部門所擬草案中不合理之規定，例如國會希望行政部門能給予臺灣

國防安全更多之保障。從美國國內法之角度來看臺灣仍然是一個國家，其政府亦是一合法之政府。

費浩偉以其親身參與美國與臺灣當局在斷交後之談判經歷，略述一些小典故，例如爲何臺灣在美之代表機構以「北美事務協調委員會」之名稱運作？主因美國不接受任何含有中國、臺灣字眼之名稱；又如美方如何應對臺灣要求代表機構須有官方之性質，妥協結果爲美方仍宣稱雙方新的關係不具任何官方性質，但不能阻止中華民國宣稱其具官方性質。

費浩偉詳細分析「美國在臺協會」臺北辦事處之人事與運作，雖然不具官方名稱，但其運作大致如領事館之功能。美國與臺灣派駐在對方之人員享有外交人員之特權與豁免。

雙方所有談判雖假手「美國在臺協會」與「北美事務協調委員會」，其運作之方式隨時間及實際需要而常有彈性之作法。談判所達成之協議其法律效力同於行政命令。

「臺灣關係法」十年之實踐以來，臺灣與美國之經貿關係更趨密切，該法希望達成之功能幾乎都實現了。唯一遺憾地是美國與中共在一九八二年八月十七日所簽訂之公報中，美國表示將逐年遞減售臺之武器，此明顯背離「臺灣關係法」第三條之規定。

期間臺灣與美國之關係大致良好。只有「劉宜良命案」，雙方貿易衝突造成一些小摩擦。從美國之角度看，「臺灣關係法」運作良好，沒有必要修改。從臺灣與中共之角度看，維持現狀要比修改該法後所產生任何對己方不利之情況還好。隨著一九九〇年代之開始，「臺灣關係法」已然超越政治，成爲現實生活中之一部分。

沙特（Robert Sutter）之論文討論「臺灣關係法」與美國之中國政策。美國在一九七〇年代覺得爲牽制採擴張政策之蘇聯，有必要改善與中共之關係。從關係正常化到正式之外交承認，美國之中國政策顯然偏重中共。但至一九八三、一九八四年間，美國與蘇聯之關係逐步改善，中共對美戰略地位之重要性相對減低，其對美國之影響力也相對減弱。

　　美國在與中華民國斷交後爲繼續維持雙方其他關係而由國會通過「臺灣關係法」來安排雙方新的關係。該法制定過程中美國國會與行政部門就未來臺灣的安全問題、軍售問題，國會之監督該法執行之問題等有些爭執，但都在國會議員力爭下給予臺灣最大之保障。

　　雷根總統當政期間，由於其第一任國務卿海格堅信中共戰略地位之重要性，所以不惜對中共讓步簽訂一九八二年之「八一七公報」，美國承諾將逐年減少對臺灣之軍售。當海格下臺舒茲接任後，美國重新估量中共之戰略地位，並產生一個新的對中國政策之「合議」(consensus)。美國國會與行政部門皆認爲「臺灣關係法」履行良好，沒有必要修改。美國與中共之關係則在原有基礎上穩定發展，雙方盡量避免在臺灣問題上過分刺激對方。

　　布希 (Richard Bush) 之論文討論美國如何協助中華民國之國防防衞。他首先說明美國與中共關係正常化期間軍售臺灣所產生之爭議，其次分析「臺灣關係法」中之安全條款。他繼而討論「八一七公報」含糊不清之處，例如公報中並未揭示美國減少對臺軍售之速度與期限，也未提到軍事武器零件之供應，臺灣仍然能夠靠與美國公司以簽訂合約之方式獲得軍事科技轉移。此外美國在「八一七公報」中之承諾是以中共和平解決臺灣問題之前提下達成，倘日後中共不依和平一途解決問題，則美國自然也不受該公報之約束。

　　臺灣在「八一七公報」之陰影下不能從美國購得精密之武器，因而轉向國內研究發展並生產較精密之武器，其中較尖端之科技係向美國購得。這種在武器供應上採取「進口替代」(import substitution)之方式明顯地改變美國對臺軍售之模式。

　　布希認爲只要美國願意繼續提供防衞臺灣所需要之軍事科技轉移，臺灣肯繼續花錢花人力投資生產，中共在軍事武器之發展沒有大突破，則臺灣可以逐漸取得嚇阻中共侵略之能力。

　　高立夫 (Ralph Clough) 在其論文中討論中共與「臺灣關係法」。中共領袖從一九五〇年代開始卽懷疑美國支持臺灣脫離中國，從一九五〇年杜魯門總統派第七艦隊協防臺灣，到一九五四年「中美

共同防禦條約」之簽訂都加深中共之懷疑。

　　一九七〇年代美國與中共關係正常化時期，雙方將臺灣問題暫時擱置一邊。中共以爲只要美國從臺灣撤軍、廢止「中美共同防禦條約」，與中華民國斷交後就可以切斷美國與臺灣之關係，卻沒有料想到「臺灣關係法」之制定與通過。更令中共感到憤怒的是「臺灣關係法」使得美國與臺灣之關係一如往昔，只差沒有外交承認之名義。

　　中共在經歷「臺灣關係法」制定兩年後之迷惘期後，極力向美國施加壓力阻止美國對臺之軍售，並同時對臺灣施展統戰之策略。當時美國與中共之緊張關係在一九八二年雙方簽訂「八一七公報」後暫時平息。雖然中共仍繼續表示對「臺灣關係法」之不滿，但因美國不予理睬，在自討沒趣之情況下抗議之聲浪暫時抑制。中共爲維持與美國良好之合作關係，只以言辭警告美國對臺灣之態度不能逾越「上海公報」、「建交公報」、「八一七公報」之規定，並未積極向美施加壓力取得美國對臺灣問題進一步之讓步。

　　周煦之論文討論中華民國與「臺灣關係法」。臺灣在獲悉美國要與中共建交後在失望之餘仍表達其希望與美國繼續維持密切之關係，包括官方性質之辦事處。官方關係最終雖未能如願，但「臺灣關係法」之制定仍維持臺灣起碼之要求。站在臺灣的立場自然希望美國政府確實履行「臺灣關係法」之規定。站在美國之立場，其與臺灣有密切之貿易往來，自然希望臺灣能繼續維持繁榮、安定，所以履行「臺灣關係法」之規定符合美國之利益。

丘宏達、法治斌與蘇永欽合著

我國非常時期法制研究

臺北：二十一世紀基金會，一九九〇年出版，八三頁。

張 素 雲

本文首先研討國家緊急應變權之法理及其演進，進而比較我國憲法及臨時條款之相關規定，由此而評析我國非常時期之法制。每一文章均附有詳細註解及參考資料；書後附錄包括：①我國非常時期法制現狀之檢討與展望座談記錄；②行政機關法制作業應注意事項；③實施外滙自由化而廢止之法規；④臺灣地區解嚴而廢止之法規；⑤冠有「非常時期」、「戡亂時期」、「戡亂時間」、「戡亂」、「動員戡亂」名稱之法規及國家總動員法計八十八種，經建議後，廢止七種，修正一種；⑥各國憲法摘要共六種。最後附表二份，包括：冠以「非常時期」名稱之法律及其子法目錄、冠以「戰時」名稱之法律及其子法目錄、冠以「戡亂時期」「戡亂期間」「戡亂」名稱之法規目錄、冠以「動員戡亂」名稱之法規目錄、現行國家總動員法規目錄及法規專案小組已完成檢討建議之法規。本書主文、附錄與附表前後呼應，缺一不可。

現代法制下之政府是個「有限政府」，權力分散，以應民主，但國家遭變，不得不將權力集中，限制人民之權利，以處理變局，可見國家緊急應變權乃是奠基在國家生存權之上，但此權應避免濫用，以防走民主之倒車。

　　國家緊急應變權傳統之體制有兩種型態: martial law 與 state of siege，分屬英法法系及大陸法系國家。新興的緊急法制則不宣告戒嚴，改採緊急立法方式，授權行政機關採取各種應變措施，文中卽詳細討論英國、美國、德國、西班牙的緊急應變權之擴張及監督之過程。

　　我國憲法第三十九條及第四十三條分別規定戒嚴及緊急命令，由總統行使，須經立法院事前通過或事後追認。因緊急命令法迄今仍未制定，總統因此無從發布緊急命令，且臨時條款之公佈實施使得憲法規定之監督程序形同於無，宜建立緊急處分之有效期間，非經立法院同意延長，逾期卽自動失效。

　　我國非常時期法制體系混亂，以行政命令限制人民之部分權利，不經立法程序，或以特別法限制人民之基本人權等均在改革之列: 國家總動員法制宜尋求憲法上之根據，兩岸人民關係暫行條例亦宜有憲法位階之基礎，戒嚴法制宜廢除，臨時條款之緊急處分權宜併入憲法之緊急命令中，仍用緊急處分之名稱，以達「充分授權、嚴密監督」之要求。

外交部外交年鑑編輯委員會　編撰

中華民國七十八、七十九年外交年鑑

臺北，外交部，一九九〇年出版，九三二頁。

黃　競　涓

　　本年鑑資料涵蓋期間始於民國七十八年元月一日，迄於民國七十九年六月三十日。全書分爲本文、外交活動圖片及附錄三部分。

　　本文包括外交施政概況、中外關係、處理僑民及旅外國人事務概況、外交行政事務、外交業務組織體系及職掌、外交大事日誌等。

　　外交施政概況章節中首先分析一年半來之國際形勢，可概言如下：㈠全球民主運動蓬勃發展、共產國家放棄一黨專政；㈡美蘇高峯會議象徵東西關係緩和，中共戰略重要性相對降低；㈢德國統一攸關歐洲整合，而韓蘇高峯會議象徵亞太權力結構丕變；㈣區域經濟日趨集團化，世界政經重心漸移亞洲。本章其次說明現階段中華民國之外交政策。

　　中外關係一章分節介紹中華民國對外關係概況，中華民國參加國際組織、會議與活動之概況，中華民國簽訂之條約與協定，新聞文化活動，邀訪外賓與本國官員出國訪問，國會外交活動，國際技術合作，國際文教交流活動，國際經貿活動。上述兩項乃新增項目，國際文教交流活動一節涵蓋中華民國與他國簽訂之文化協定，中華民國與無邦交國家之文化關係。國際經貿活動一節介紹中華民國國際貿易活動之實績，中華民國對各國或地區經貿拓展方案，中華民國積極參與國際經貿組織之概況，中華民國所參與之經貿諮商。

處理僑民及旅外國人事務概況一章分述外交部及駐外單位所從事之具代表性之保僑措施，各地區之僑務概況。

外交行政事務一章介紹領事事務與便民服務措施，外交人事業務，檔案與資訊管理，研究設計業務。

外交業務組織體系及職掌一章以表列方式介紹外交部各單位之職掌以及組織之層級。外交大事日誌則按月日詳列一年半來所發生之重要外交事項。

附錄包括總統、行政院長、外交部長之外交言論摘錄，外交部發言人之言論及有關聲明摘錄，中華民國與他國簽訂之雙邊條約、協定一覽表，中華民國參加國際組織之概況以及參加國際會議、活動次數統計表，國際組織中英文名稱一覽表，外交法令選錄，中華民國駐外使領館通訊錄，中華民國駐外代表機構通訊錄，駐華外國使領館、機構之名錄。

布 里 克 編

華盛頓與臺北之關係: 鞏固雙方
傳統友誼之新時機

華盛頓特區，傳統基金會，一九九〇年出版，八一頁。Andrew B. Brick, editor, *The Washington-Taipei Relationship: New Opportunities to Reaffirm Traditional Ties,* Washington, D. C.: The Heritage Foundation, 1990, 81pp.

黃　競　涓

　　美國「傳統基金會」與臺北「國際關係研究中心」於一九八九年十月二十五日合辦一項討論華盛頓與臺北之關係之座談會。本書即該項座談會之紀錄。與會者包括美國參議員，中華民國之外交官，以及兩國之學者。

　　會議由「傳統基金會」會長傅呢 (Edwin J. Feulner, Jr.) 與臺灣政治大學校長張京育分致開幕辭。張京育在其講辭中說明中華民國與美國自一九七九年斷交後關係依然密切之原因，並舉各項數據來證明雙方關係有增無減。他並指出中華民國政府以數項實際之行動來減少對美國之大幅貿易盈餘，並積極協助其他第三世界國家發展經濟。他呼籲美國應積極協助中華民國重返各類國際經濟組織。

　　在第一場討論會之前分由艾倫 (Richard V. Allen)，美國衆議員克倫 (Philip M. Crane) 等人說明「臺灣關係法」制定十年後之華盛頓與臺北間之關係。衆人皆肯定「臺灣關係法」對維繫雙方關

係之貢獻。

　　第一場討論會之議題爲「『天安門事件』後美國與中華民國之政治
與經濟關係。」代表中華民國政府參與多次與美國貿易談判之丁懋松
律師以其個人之談判經驗來說明雙方貿易談判中所產生之問題。在談
判過程中美方希望中華民國依其所建議之條文修改有關貿易法令，丁
懋松則認爲美方只需將原則提出卽可，至於詳細之法令修改問題應由
中華民國內部來執行。此外美方要求中華民國在一些敏感之貿易問題
上讓步，但卻未顧及中華民國民間之反應，因而造成談判之困難。例
如美方一味要打開臺灣之煙酒市場，以便大量傾銷美國之煙酒，卻不
顧及因鼓勵靑少年吸煙所造成之民間反感。此外中華民國一直建議成
立一獨立公正之仲裁機構來解決雙方之貿易爭端，但都遭到美國之拒
絕。因爲中華民國不是「關稅暨貿易總協定」之會員國，所以不能引
用其中解決爭端之仲裁條款，當遇到與美國有貿易爭執時，只能用談
判，協商之方式處理，美國以其豐厚之談判籌碼總能遂其所願，在談
判中居上風。

　　「美國在臺協會」經濟組組長盛德 (Ray Sander) 則站在美方
之立場爲其談判之態度辯護。他指出美方有四項原則主導其與中華民
國之貿易談判: (1)「平等對待」原則，希望中華民國政府以對待本國
公司之原則對待美國公司; (2) 開放市場與自由貿易; (3) 談判結果
應築基於雙方皆獲利之原則; (4) 經濟之互賴原則。

　　美國衆議院外交委員會亞太事務小組之顧問布希 (Richard
Bush) 則說明近年來臺灣所從事之政治改革，在讚揚中仍提出一些
其個人之批評。

　　在上述三人演說後則進行簡短之與觀衆之問答。

　　美國參議員麥考斯基 (Frank Murkowski) 在第二場討論會之
前發表「美國國會在天安門事件後所扮演影響美國之中國政策之角色」
之演說。他說明美國國會在天安門事件後所通過譴責中共之決議案以
及美國行政部門所通過多項對中共制裁之規定。他認爲在此期間美國
與臺灣之關係並未受到太大之改變。他並認爲在天安門事件後，美國

應對香港問題付諸更多之關切，並應增加香港移民之配額。

第二場討論會之主題是「美國與中華民國貿易關係中之衝突與合作」。學者布魯克斯 (Roger A. Brooks) 討論成立美國與臺灣之間「自由貿易區」之可能性，他提出國與國間成立「自由貿易區」是「關稅暨貿易總協定」條款所允許的。美國與加拿大之自由貿易區是美國與其他國家成立自由貿易區之藍圖。他認為美國與臺灣若能設立自由貿易區，對雙方皆有利益。

學者 Hou Chi-ming 詳細說明臺灣三十餘年來各項經濟紀錄，並闡述每一個階段之經濟發展策略及其成果。他並討論臺灣近年來所採行之經濟自由化與國際化之策略，臺灣歷年來對其他開發中國家所提供之農業技術援助之成果，成立太平洋盆地區域內「自由貿易區」之可能性，以及臺灣意欲參加國際經濟組織。

學者布里克 (Andrew Brick) 說明中華民國目前之經濟地位，理應加入各項重要之國際經濟組織，但因中共之阻擾與名稱問題而未能如願。

在上述三位學者之演說後，隨卽展開綜合問答討論。

金 德 芬 編

亞洲太平洋地區區域安全

華盛頓特區，華盛頓公共政策價值研究中心，一九
九〇年出版，二四六頁。June Teufel Dreyer, editor,
Asian-Pacific Regional Security, Washington,
D. C.: The Washington Institute for Values in
Public Policy, 1990, 246 pp.

黃　競　涓

美國參議員魯卡 (Richard G. Lugar) 在本書之前言中指出由
於美國在太平洋地區維持駐防之軍力，再加上提供該區各國自由貿易
出口之龐大市場，所以近二十年來太平洋地區各國得以在經濟上有極
大之發展。在各國經濟繁榮之同時，也產生許多新的問題，例如韓
國、臺灣、日本對美之大量貿易出超。此外美國在韓國之駐軍問題，
美國與菲律賓洽商續租軍事基地之問題，美國與日本、韓國、澳洲、
紐西蘭之安全防衞關係等皆是本書所討論之範圍。

本書共分九章，分由九位學者就一個題目撰寫。第一章由金德芬
(June Teufel Dreyer) 敎授討論亞洲太平洋地區之安全問題。她
首先列出該區三項可能之防衞聯盟，分別爲中共與美國之戰略性聯
盟、中共與日本之聯盟，以及亞洲所有非共產國家之聯盟。這些可能
之聯盟主要是平衡蘇聯在亞太地區之軍事威脅。

金德芬隨後分析每一項聯盟之可行性。她指出每項可能之聯盟皆
有弊多於利之特徵，以中共與美國之戰略性聯盟爲例，其不可行之理

由在於可能更刺激蘇聯之敵意；中共軍隊之素質無法勝任使用美國之高科技武器或軍事設備； 中共不可能在 美蘇發生爭執 時倒向美國一邊。

由於蘇聯在內政、外交上都產生極大之改變，因而亞太各國在防禦問題上產生新的變數，一方面歡迎戈巴契夫提出蘇聯在亞太地區裁軍之計劃，一方面仍持審慎之態度預防任何可能之軍事威脅。

金德芬最後簡略介紹本書其他作者就亞太地區國家戰略安全考慮所寫之文章。

第二章由查格利亞 (Donald S. Zagoria) 討論中國大陸與亞洲之安全。他指出中共在與蘇聯、美國之三角關係上採取等距外交之政策，期望從中獲取最大之利益。但因近來美、蘇關係大幅改善，所以中共能從中謀利之機會大大減低。中共與蘇聯之關係雖獲改善，但因雙方之互不信賴，在亞洲地緣政治之競爭，以及雙方軍力之不平衡，所以雙方關係仍有所限制。中共與美國之關係在「天安門事件」後漸趨冷淡。儘管如此，中共追求加入世界經濟體系加速國內經濟發展、維持與美蘇等距且穩定 之關係 、 統一香港與臺灣之 外交政策並未改變。

第三章由赫爾曼 (Donald C. Hellmann) 討論當前美國與日本之安全關係，他指出第二次世界大戰後之美日安全關係之安排雖然非常成功，但隨著日本經濟勢力之迅速擴大，美國「霸權」(hegemony)地位之轉換，舊的觀念已不符合時代之要求。他批評五個有關日本不能或不願發展國防能力之 「謎思」(myth)，並指出日本不應該再維持一個在國防安全上被美國保護之地位，而應該加強負擔國防安全之責任。

第四章由奧森 (Edward A. Olsen) 討論當前美國與韓國之安全關係。他指出隨著韓國經濟、軍事實力之成長，美國逐漸已無必要繼續在韓國駐軍。日後美軍撤離後仍應與韓國維持密切之軍事合作關係。目前美國與韓國在四項問題上有所磨擦：(1) 美國是否會使用核子武器之疑問；(2) 美、韓在「聯合指揮部隊」(Combined Forces

Command) 中領導地位之爭執;(3) 美軍駐防可能干預韓國內政問題之爭議;(4) 美、韓對日後日本在亞太地區安全上所扮演之角色認知不同之爭議。前三項衝突一旦美軍撤離韓國後即可消失,唯有最後一項爭議仍有待雙方之溝通。

第五章由格爾伯 (Harry G. Gelber) 討論臺灣之安全問題。他首先簡介近年來臺灣之經濟與政治發展,以及因之而調整之外交策略。他指出臺灣最大之安全威脅仍來自中共,所以如何加強防衛臺灣之安全是臺灣最重要之考慮。他並說明臺灣在東亞地區所佔重要之戰略地位,以及中共「一國兩制」之不可行。他最後指出美國對於臺灣之安全問題仍有利益關係。

第六章由派克 (Douglas Pike) 討論美國與越南之安全問題。他指出越南本身對美國並無直接威脅,其威脅主要來自其與蘇聯之同盟關係。越南對泰國以及鄰近東南亞國家之潛在威脅依然存在。儘管美國近來試圖改善與越南之關係,但作者強調這並不能解決美國與越南間存在之基本芥蒂。

第七章由格林特 (Lawrence E. Grinter) 討論美國與菲律賓之安全關係。他指出美國在菲律賓之海、空軍基地之續租問題在於菲律賓政府希望能大幅提高租金,以及有些組織反對美國繼續在該國租借軍事基地。他在討論菲律賓之政治、經濟現況後,提出幾點美國與菲律賓安全關係可能選擇之情況:(1) 延續租約;(2) 東南亞國協駐軍於所租之基地;(3) 美國駐軍移防他國;(4) 與蘇聯取得諒解。

第八章由哈里斯 (Owen Harries) 討論西南亞之安全問題。他指出西南亞之島國有其戰略之重要性,美國不應忽視。這些國家多半貧窮落後,需要經濟援助,而蘇聯搶得機先與這些島國建立友善之關係,從中獲取有利之戰略地位。美國應加強對這些國家之經援並改善關係以平衡蘇聯之影響力。

最後一章由陶爾 (William T. Tow) 討論美國、澳洲、紐西蘭之安全關係。他指出由於紐西蘭之反核立場使得其與美國之共同防衛關係因而削減,從而減弱美澳紐共同防衛條約以往在該區之防衛能

力。他建議美國應讓步批准建立南太平洋非核子地區之條約，紐西蘭也應讓步放鬆其反核之立場。

美國與韓國以及美國與臺灣之貿易討論會

密西根國際法學刊，一九九〇年第十一卷第二期，
頁二七三～五二四。 *U.S.-Korea and U.S.-Taiwan*
Trade Symposium, Michigan Journal of Interna-
tional Law, Vol. 11, No. 2(1990), pp. 273-524.

黃　競　涓

　　密西根大學之「東亞商學研究」（East Asia Business Pro-
gram） 機構與**密西根國際法學刊**之負責單位於一九八九年十一月十
七日至十八日合辦一項討論美國與韓國、美國與臺灣之貿易學術會
議。與會者所發表之論文收集於**密西根國際法學刊**中。

　　韓國與臺灣在過去三十多年來有極爲顯著之經濟發展，由於大量
對美貿易出超，導致美國近年來強烈對之施加壓力企圖降低貿易之不
平衡。來自美國、韓國以及臺灣之學者、專家紛就上述背景所產生之
各項貿易、法律問題發表意見。

　　中華民國經濟部政務次長江丙坤在其文章中討論美國貿易法對中
華民國政府經濟、貿易決策之影響，他首先敍述美國貿易法旨在去除
美國兩位數之貿易赤字以及對操縱滙率，限制進口之國家施予報復。
他隨後說明中華民國對該項貿易法所持之立場。中華民國一向主張自
由與公平之貿易，但對美國貿易法中某些對小額貿易項目之斤斤計較
則持保留態度。中華民國政府近年來已開放外滙管制，並逐步促使市
場自由化，一九八九年通過之「加強與美國經濟、貿易關係之行動細
則計劃」卽此明證。展望未來與美國之貿易關係，江丙坤認爲美國將
在農產品與服務部門兩項對中華民國施加壓力。他最後表示中華民國

有意加入「關稅暨貿易總協定」以及在國際經濟體系內負擔更多之責任。

來自臺灣之「中鋼公司」,「遠東機械公司」、「大同公司」以及一家電腦公司之負責人分別在小組討論會中發表他們對美國貿易法對臺灣業者所產生影響之看法。臺灣之鋼鐵業者認為其對美輸出之產品並未損及美國鋼鐵業者之生機,美國貿易法之規定讓美國業者極容易控訴外國業者傾銷或接受補貼。臺灣之電腦業者則表示「智慧財產權」之保障在臺灣已獲重視,電腦業者聘請美國之專家、律師來臺灣講學,以避免其產品侵犯美國業者之「智慧財產權」。

貝羅 (Judith H. Bello) 與赫姆 (Alan F. Holmer) 在其共同之論文中討論「關稅暨貿易總協定」下「烏拉圭回合」(The GATT Uruguay Round) 貿易談判對美國與韓國、臺灣雙邊貿易之影響。兩位作者首先陳述美國在「烏拉圭回合」之目標,並對「智慧財產」、服務部門、投資以及農業四個項目說明美國之立場。美國與韓國,美國與臺灣之雙邊貿易談判乃補多邊貿易談判之不足,作者以上述四個項目分別討論美國與韓國、臺灣之貿易問題。

來自臺灣之律師 Lawrence S. Liu 在其文章中從法律與政策之觀點看美國之貿易措施與中華民國之經濟自由化。他首先討論中華民國與美國雙邊貿易之基本架構,包括雙方各項條約、協定與換文,兩國國內之貿易法律規定。他隨後就一九八〇年代兩國間之主要貿易問題分項說明,這些項目包括農產品、航運、銀行、煙酒、彩色電視機、外滙管制與滙率、漁業糾紛、保險、智慧財產權、著作權與商標之保護……等。

臺灣之律師 Paul S. P. Hsu 在其文章中討論臺灣如何以各種法律規定來吸引外國之投資,以及未來這些法令修訂或增添之趨勢。

美國官員馬魯雅馬 (Warren Maruyama) 在其文章中介紹「三〇一條款」之起源與內容,並澄清一些對該條款之誤解。

史勒特 (Valerie A. Slater) 在其文章中討論美國進口業者對於美國政府對臺灣與韓國採行貿易保護主義之看法。

　　接下去三篇文章分別討論美國貿易法對韓國政府經濟、貿易決策之影響，韓國對進口、外國投資之規定，美國貿易法對韓國業者之影響。

　　林姆（Linda Y. C. Lim）教授在其文章中討論美國對東南亞地區新興工業國家之貿易政策。

　　惠勒（J. W. Wheeler）在其文章中比較韓國與臺灣之經濟發展策略，以及雙方之國際貿易政策。

　　最後一篇文章由貝里斯（Jean-Francois Bellis）討論歐洲共同市場在一九八○年代對韓國與臺灣之貿易政策。

高英茂與陳博中合編

海峽兩岸發展經驗比較

臺北：二十一世紀基金會，一九九〇年出版，二〇六頁。

張 素 雲

本書收集有關海峽兩岸發展經驗比較研究共八篇論文及九篇評論。比較內容涵蓋：中共的政治發展、國民黨的發展趨勢、大陸及臺灣法制之發展、大陸及臺灣之經濟發展和兩岸社會發展之策略。

齊錫生教授從「決策的理性化」、「行政的效率化」、「政治的法治化」及「權力的民主化」等四個層面評析「後毛澤東時代」的政治發展，結論是中共體制變更不大。 相對之，鑑於國民黨各項大幅度改革，戴鴻超教授預測在公元二〇〇〇年，臺灣政治體制勢必加速現代化與民主化的轉型過程。

夏道泰博士及丘宏達教授分別評論兩岸之法律發展：夏道泰分析中共如何從公檢法體制走向社會主義法制的各種原因，過程及面對之困難。丘宏達則針對動員戡亂、戒嚴及特別刑法對法制的影響，提出應修定之各種法律。

趙岡教授認為中共雖長期強調公有制主導下的社會主義商品經濟的優越性，但經驗證明其目標是不切實際的，於是一再修正其錯誤，而提出生產責任制，雖受農民歡迎，卻造成農村勞力過剩。就產權而言，因農民不擁有產權，竭澤而漁，使地力無法長期保持。為提高企業效率，除固定工資外，可領盈餘或其他福利，即所謂的「利潤留

成制」。但決定利潤的主要因素是已被固定的產品價格及原料價格，價格不合理時，企業難有盈餘。其間，中共不斷提出改革方法如「以稅代利」、「破產法」、「承包制」、「租賃制」和「股份制」，可算是一項重大突破。

鄭竹園教授以分析臺灣經濟模式的特徵、臺灣經濟發展的實績、臺灣經濟成功的因素、臺灣模式的缺失及臺灣經濟的啓示，指出因臺灣快速的經濟成長，種種問題相繼而生的環境污染、外滙存底過高、公共投資不足、稅制不健全、法規過時及政府公權力旁落，但他認爲臺灣經濟奇蹟及成就是不可抹滅的。

李文朗教授從人口學角度評估兩岸對「生、養、育」三大政策的差異，例如人口增加的控制，人力資源的培育、人口結構的轉型等等。李文朗認爲中共政府過分干預人口政策、中產階級羣衆不多無法造成影響力。兩岸經驗比較之結果恰與西方學者的發展理論相反。

蔡文輝教授則強調社會學上的發展理論架構，主張「工業化」、「經濟成長」及「現代化」三者之間的連鎖關係，而在每個重要發展階段均有其催變因素，特徵及策略。

本書每篇論文之後之評論，進一步討論在「北美華人社會科學家協會」年會中所提出之論文，並提出評論。

薛　琦著

外國因素: 多國企業對中華民國
經濟現代化之貢獻

加州史丹佛, 史丹福大學胡佛研究中心, 一九九〇
年出版, 一三八頁。Chi Schive, *Foreign Factor:
The Multinational Corporation's Contribution to
the Economic Modernization of the Republic of
China,* Stanford, California: Hoover Institution
Press, 1990, 138pp.

黃　競涓

　　過去三十年中華民國之經濟成長受到許多學者之注意, 在衆多研
究臺灣經濟快速成長之論文中沒有一篇仔細分析外國之直接投資對臺
灣經濟所產生之深遠貢獻。 本書卽彌補這項空缺, 利用豐富且詳實
之調查資料來估量外國投資對臺灣經濟發展之貢獻, 尤其是對就業機
會、出口之影響。此外, 本書尚討論科技轉移與外國之直接投資間之
關係, 以及由臺灣本土產生之多國企業興起之原因及所造成之影響。
　　全書共分八章, 首章介紹外國直接投資做爲一個考量其對臺灣經
濟發展有所貢獻之原因, 並說明以臺灣做一個個案研究之必要性及鋪
陳全書之研究結構。
　　第二章介紹流進臺灣之外國直接投資之來源與趨勢, 其規模與所
有權, 其資本形成與工業結構。
　　外國資本流入臺灣早在日本殖民時期卽產生, 但本書則專注於一

九五二年以後之情形。一九五二年中華民國政府相繼頒佈兩項獎勵海外華僑及外人投資辦法，隨後海外資本不斷進入臺灣。從一九六〇年以來，外國直接投資不斷成長，其中五分之一來自海外華僑，百分之三十一來自美國，百分之二十四來自日本，百分之十三來自歐洲。

一般而言非華僑之外國直接投資之數額遠大於華僑投資之金額。其中以德國平均投資額五百四十三萬美元為最大，日本之平均投資額一百四十九萬美元為最小。

美國與歐洲之投資較偏好控制多數資本之結構或是擁有完全所有權之結構。日本之投資者則偏好百分之五十左右之合資投資。

一九六五年以前外國直接投資主要是機器之輸入，一九六五年以後，則以外滙和盈餘做為再投資之資本為主。

非華僑之外國直接投資集中於生產部門，例如電器、電子工業。華僑之投資則偏重於服務部門，例如建築和旅館業。

第三章介紹由外國直接投資所帶動之科技轉移。由臺灣之資料顯示外國資本之輸入臺灣，或多或少也引進西方科技供臺灣使用，例如汽車及汽車零件工業、電器和電子產品工業、塑膠及塑膠產品工業等。

通常外國投資者利用其本身之行銷網輸出其在臺灣生產之產品。此外外國投資者也傾向於簽訂較昂貴且嚴苛之技術合作協定。

第四章討論外國公司之科技、雇用與輸出。在臺灣之外國公司多半集中使用勞力密集之科技。作者比較本國公司與外國公司在資源分配上之效率，資本與勞工比例之情形。

第五章特別介紹「勝家縫紉機公司」(The Singer Company)在臺灣之投資。「勝家」在臺灣之投資是多國企業在開發中國家成功地達成技術轉移之範例。「勝家」對臺灣子公司之密集且廣泛之科技協助大大提昇了臺灣縫紉機工業之科技水準。

第六章討論外國公司是否與本地相關企業有密切之來往。通常外國公司都設在特別之加工出口區，且其原料多半自外國輸入，所以較少在當地採購，與地方企業之關係不密切。以臺灣為例，短期觀察外

國公司確有此現象，但長期而言，這種現象逐漸式微。

第七章討論臺灣之對外投資。臺灣之對外投資集中於美國及東南亞國協國家。臺灣對外投資之動機在於：（一）取得穩定之原料供應；（二）提供貨品給當地市場；（三）促進外銷；（四）取得或維持進入科技市場之通道。

最後一章為全書做總結，作者以外資在臺灣經濟發展中所扮演之催化角色說明開發中國家之經濟發展可以臺灣吸收、利用外資之政策做為一個參考之範例。

關中等人合編

第二屆漢城—臺北討論會: 中華民國
與大韓民國之經濟與政治發展

臺北, 亞洲與世界社, 一九九〇年出版, 七五頁。
John C. Kuan, et al., editors, *The 2nd Seoul-Taipei Forum: The Economic and Political Development of ROC & ROK,* Taipei, Asia and World Institute, 1990, 75 pp.

黃 競 涓

「亞洲與世界社」與「漢城國際事務研討社」(the Seoul Forum for International Affairs) 於一九九〇年四月二十六日至二十八日在臺北合辦第二屆漢城 —— 臺北討論會, 主題爲中華民國與大韓民國之經濟與政治發展。本專刊卽該項研討會之紀要。

第一場討論會之主題爲「民主化過程中政治與經濟之發展」分別從韓國與中華民國之角度來探討。

韓國學者韓昇洲 (Sung-joo Han) 首先說明近年來韓國之政治發展, 是一則以喜, 一則以憂。喜的是韓國趕在東歐政治自由化之前先完成了和平的民主政治轉型, 產生了二十六年來第一位人民直選的總統。憂的是民主之制度建設仍然進展緩慢, 其對經濟、法律秩序以及社會安定造成某些負面影響。

韓國總統盧泰愚靠反對黨之分裂而贏得總統大選。隨後一九八八

年之漢城奧運暫時轉移人民對政治之注意力。但韓國國會之選舉，執政之「民主正義黨」未能贏得過半數之席位，只拿到兩百九十九席中之一百二十五席。金大中、金泳三以及金鍾泌之三個反對黨共得到過半數之一百六十五席。由於反對黨集中動用議會之調查權，迫使執政黨偵辦前總統全斗煥政權之腐化事蹟。

激進之學生與反對勢力也帶動勞工運動之發展。一連串之勞資糾紛，使得工資之年成長率超過百分之二十，同時也造成生產延誤，錯過交貨期而喪失訂單。以一九八八年為例，韓國之經濟成長率由百分之十二降為低於百分之七。

政治之分裂現象，使得盧泰愚決定與金泳三、金鍾泌合作共組一新的政黨。新黨名為「民主自由黨」，成為議會之多數黨。

金大中、金泳三、金鍾泌之決定是否與盧泰愚合作，完全取決於各自政治利益之考量。

「民主自由黨」雖然暫時得到多數黨之地位，但內部仍有分裂之可能。而激進反對勢力為對抗這一新黨也會有更多之政治行動。金大中之區域勢力亦俟機而動。總言之，韓國之政治仍充滿許多變數，其未來之發展仍有待觀察。

臺灣之學者朱雲漢則分析中華民國政治發展之狀況。他指出近年來臺灣之執政黨與社會經歷了三項轉型：(一)執政之國民黨之內部結構已然「臺灣化」，以一九八八年為例，百分之七十以上之黨員為臺灣省籍，中央常會中百分之五十三為臺灣省籍；(二)由於「民主進步黨」之產生，國民黨對政治之壟斷告一段落。隨著新選民意代表之進入立法院，立法院不再只是行政院之「橡皮圖章」；(三)隨著戒嚴之取消，國民黨不再擁有控制社會之絕對權力，各種民間組織、社會運動蓬勃而生，言論自由隨之擴張。

在各項選舉中，國民黨之得票率雖然逐漸下降，但因黨之基層紮根深，所以「民進黨」尚無法構成嚴重威脅。

國民黨近年來主導各項政治改革，取得機先，能面臨反對黨之挑戰。「民進黨」主張之「自決」以及中共之威脅是影響未來政局穩定

與否之變數。

第二場討論會之議題是「太平洋盆地區『新興工業國家』(NICs)與日本之新角色」。韓國學者鄭求鉉（Ku-hyun Jung）說明亞洲新興工業國家最主要之輸出市場爲美國，最主要之機械、工業原料之供應者爲日本，所產生之影響是美國與亞洲新興工業國家之貿易赤字爲三百七十點二億美元，日本對亞洲新興工業國家則有兩百一十億美元之貿易盈餘。

四項重要轉變影響太平洋盆地區之經濟關係：（一）「世界化」趨勢之增加，大大提昇各國消費型態之同質性（例如年青人之消費市場）；（二）「歐洲共同市場」之進一步整合將會影響每一個國家；（三）美國因貿易赤字而使得保護主義抬頭，對日本與亞洲新興工業國家構成很大之壓力；（四)東歐國家相繼揚棄共產主義，尋求政治、經濟改革更加肯定東亞國家先前所採行之民主化過程。

對此區未來之展望在於是否會成立一個經濟整合體，與美國之貿易糾紛是否能順利解決，此區之共產主義國家是否能加速改革與開放之腳步。

臺灣之學者王建全（Jiann-chyuan Wang）主張太平洋盆地國家進一步之經濟整合有其必要，主因：（一)該區域之貿易持續增加；（二)該區域內之投資也日益增加，日本、南韓與臺灣相繼至泰國、馬來西亞、菲律賓與中國大陸投資設廠；（三)美國進口降低之可能性，促使太平洋盆地諸國得尋求其他之出口市場；（四)面對日益高漲之全球貿易之保護主義，太平洋盆地諸國有必要加強合作共同對抗各種貿易障礙。

日本未來應扮演之角色：（一)日本應加速經濟自由化，減少其貿易和非貿易之障礙；（二)日本應增加太平洋盆地區之投資，加速此區之工業發展；（三)日本應該將技術轉移給其他亞洲國家，提高這些國家高附加價值成品之輸出。

亞洲新興工業國家則應分散其出口市場，開放其國內市場，加強對亞洲其他開發中國家之直接投資，對解決第三世界國家外債問題負

更大之責任。

　　第三場討論會之主題是「中華民國、大韓民國、中國大陸、北韓四方之關係」。韓國學者李相禹（Sang Woo Rhee）首先分析中、韓兩國造成分裂之歷史背景，並比較兩方分裂之異同。統一之先決條件乃是爭執之兩方同意統一之觀念，且持共產主義之一方必須放棄「無產階級革命」；其次是必須承認對方政權爲談判之對手；最後雙方必須體認統一之過程不可操之過急。

　　臺灣之學者趙春山（Chun-shan Chao）則討論南韓與中共近年來之發展，中華民國與北韓、中國大陸之間之經濟往來。

　　每一場討論會都包含與聽衆間之綜合討論，其問答概要亦附於本專刊內。

國際商業法會議: 與中華民國之貿易與投資

羅耀拉國際暨比較法學刊，一九九○年第十三卷第一期，頁一～九四。*International Business Law Conference: Investment and Trade with the Republic of China, Loyola of Los Angeles International and Comparative Law Journal,* Vol. 13, No.1 (1990), pp.1-94. 本期刊內容亦同時刊載於 *Occasional Papers/Reprints Series in Contemporary Asian Studies,* No. 1(1991).

黃 競 涓

　　位於洛杉磯之羅耀拉法學院 (Loyola Law School) 於一九九○年舉辦一項關於與臺灣貿易及投資之學術討論會，與會者所發表之文章全部刊載於「羅耀拉國際暨比較法學刊」上。

　　鮑爾斯 (Linda F. Powers) 在會議之開幕辭中指出美國試圖從造成臺灣對美國大量貿易出超之結構因素與貿易障礙入手來改善此種貿易不平衡之現象。臺灣在去除貿易障礙上有很大之改進，一九八八年通過之計劃設定每年減少對美貿易出超百分之十，分散出口市場，降低關稅及減化發給執照之流程。美國與臺灣在保護智慧財產權項目上也達成多項協議。臺灣也修改或制定新的法令開放服務部門給外國公司。總言之，臺灣現有之貿易環境與措施提供美國對臺灣出口及投資有利之機會。

　　卡斯 (Ronald A. Cass) 在其文章中討論幾項牽涉中華民國產品之反傾銷及補貼之判例。他首先指出一九三○年美國通過之「關稅

法」(the Tariff Act) 之第七章 (Title VII) 授權美國政府對任何向美國傾銷產品之國家之該項貨物課予額外之關稅，以保護美國國內相關產品之企業。決定外國產品是否傾銷美國之機構為美國之「商務部」及「國際貿易委員會」(the United States International Trade Commission)。

由於臺灣是美國第四大之進口市場，所以產生許多牽涉傾銷及補貼之法律訴訟。所牽涉之產品涵蓋高科技及低附加價值之項目。

由統計顯示提出反傾銷及補貼訴訟之美國企業多半屬於不具競爭能力之夕陽工業，而臺灣在這些產品項目對美國有大量出口。卡斯說明未來臺灣產品牽涉到反傾銷及補貼案例會持續增加之原因，並解釋美國「國際貿易委員會」如何審查外國產品是否傷害本國相關產品之企業。

依照美國法律規定，任何一項反傾銷或補貼案例所牽涉之進口產品不只限於一個國家，而可以同時包括許多國家視作同一個集團來接受美國政府之調查，此之謂「累積原則」(cumulation doctrine)。卡斯討論幾項牽涉臺灣及「累積原則」之反傾銷或補貼之案例，包括臺灣生產之十二伏特摩托車電池等案。

Chung-teh Lee 與 Jeffrey H. Chen 在其合著之文章中討論中華民國對於美國所指控之保護主義之回應。作者詳細說明一九八九年三月中華民國政府通過之「加強與美國經濟、貿易關係之行動細則計劃」。該項計劃包括降低進口稅、貨物稅，放鬆進口管制，逐步降低進口農產品之稅率，逐步開放「服務部門」給外國投資，進一步鼓勵外國投資，保護智慧財產權等。

傅利曼 (Cheryl M. Friedman) 在其文章中討論中華民國對智慧財產權之保護，特別是電影、商品以及電視節目之商標之保護。她說明中華民國對上述商標保護之方法，從註冊、使用，一直到如何處理使用未經註冊商標所造成之後果以及如何註銷未經應用之註冊商標。

丘宏達教授在其文章中介紹中華民國之法律體系兼述其對契約管

理、解決爭端之規定。他首先說明中國法律之特質以及介紹中華民國法律制度之演進與現況，隨後介紹中華民國現今之司法程序、司法結構、解決爭端之方法、檢察官制度、判例之角色、律師及法律服務、民事及刑事訴訟程序、以及國家賠償法等項目。他最後介紹外國人在中華民國之法律地位，並說明中華民國與美國所簽訂條約中有關本國國民在對方管轄權內之法律地位。

K. C. Fan 在其文章中討論商務訴訟、仲裁以及在中華民國如何執行外國之「仲裁決定」(arbitral awards)。他從中華民國相關之法律規定中詳細說明上述之議題。

卡斯在其第二篇文章中討論簽訂美國與中華民國之間自由貿易協定之可能性。他指出一九八九年三月美國「國際貿易委員會」之一項報告評估美國與太平洋盆地諸國（包括中華民國）簽訂自由貿易協定之可行性，有關中華民國部分遭到中共之嚴厲抗議。除了中共之反對外，美國尚需考慮其他國家對於美國與他國簽訂「自由貿易協定」之疑慮，在此情況下美國不太可能與中華民國商談簽訂「自由貿易協定」。

本期刊之最後一篇文章由 Douglas T. Hung 初步展望美國與中華民國簽訂「自由貿易協定」之可能性，他從中華民國政府之觀點闡述簽訂「自由貿易協定」對雙方有利之地方。

關中等人合編

中華民國與歐洲關係座談會紀錄

臺北，亞洲與世界社，一九九一年出版，四九頁。

John. C. Kuan, et al., editors, *Proceedings of the Symposium on Sino-European Relations*, Taipei: Asia and World Institute, 1991, 49 pp.

黃　競涓

「亞洲與世界社」於一九九〇年九月二十二日舉辦一項「中華民國與歐洲關係座談會」。與會者包括來自西歐與臺灣之學者、商人以及中華民國之民意代表與政府官員。座談會共分兩場，第一場討論中華民國與西歐之關係；第二場討論中華民國與東歐之關係。本小册子卽該項座談會之紀錄。

在討論中華民國與西歐關係之座談會中，林碧炤教授首先說明雙方關係之展望與機會。他指出從全球之角度來看由於蘇聯與東歐之轉變，東西冷戰之結束，國際環境更趨和平。西歐各國朝整合之方向大步邁進，而太平洋盆地國家積極尋求與西歐之合作，中華民國也不例外。但因爲政治、語言、地理位置之障礙，雙方關係宜循序漸進，開始時不宜抱持過高之期望。

吳榮義教授分析中華民國與歐洲之貿易發展以及投資。他首先指出自一九八六年至一九八九年新臺幣對美元升值了 52.3%。同期間臺灣之工資以每年平均 10.6% 之速度快速上漲。其所造成之影響是昔日勞力密集之工業在國際市場上不再享有競爭力，出口成長逐漸遲

緩。

儘管如此，中華民國與歐洲之雙邊貿易卻持續增加，以一九八六年爲例，歐洲成爲中華民國第二大之外貿市場。而歐洲對臺灣之投資在一九八八年與一九八九年時成爲臺灣之第二大投資者。

兩位西歐業者約翰 (Juergen John) 與赫姆 (Niels Johan Holm) 分別提出如何加強西歐與中華民國關係之看法。前者指出德國之統一對「歐洲共同市場」並不構成威脅，而「歐洲共同市場」基本上不會採取貿易保護主義之政策。臺灣宜早日設立據點因應一九九三年歐洲整合後之外貿環境。他並建議中華民國政府應更加開放進口市場並對外國公司給予「國家待遇」，享有與本地公司同樣之待遇。赫姆則建議臺灣應提昇出口品質，他指出歐洲對產品品質之要求較美國爲高，所以臺灣若要增加對歐洲之輸出宜提高產品之品質。此外臺灣應朝高附加價值之產品加強對歐之輸出，並應加強當地之行銷廣告。

在討論中華民國與東歐關係之座談會中，第一篇報告分析東歐之轉變對臺灣與中國大陸所產生之機會與挑戰。東歐諸國相繼放棄共產主義對中共產生很大之壓力，但中共總書記江澤民卻對外表示中國大陸歷史、文化背景不同於東歐，且中共之控制能力較東歐共黨強，所以中國大陸不會發生如東歐各國般的變化。

東歐各國之轉變則產生對臺灣改善對東歐關係友善之環境。臺灣近來已陸續在布達佩斯與德國之萊比錫設立半官方之貿易辦公室，並且與捷克、匈牙利與波蘭洽商設立類似之貿易辦公室。德國之統一雖然帶給未來中國統一之希望，但畢竟仍有很多障礙待突破。

第二篇報告討論中華民國與東歐之貿易發展。臺灣與東歐之貿易自一九八〇年初起，雖然貿易總額不大，但成長速度卻很驚人。臺灣對東歐貿易額最大之前三國依次爲東德、波蘭與匈牙利。臺灣除了對匈牙利與南斯拉夫以外對其餘東歐國家皆是貿易赤字。究其原因乃是匈牙利與南斯拉夫較早採門戶開放政策，其餘諸國則仍有很多貿易障礙。臺灣對東歐之輸出明顯集中於機械產品，以一九八九年爲例，佔

所有對東歐輸出之51.1%，其次爲電子產品，佔18%。東歐對臺灣之輸出則集中於鋼鐵製品，佔所有對臺輸出之51.2%，其次爲有機化學成品，佔14.2%。

　　臺灣所擅長之消費性產品卻是外滙短缺之東歐諸國最不優先進口之產品，若是這些國家改變這項政策，臺灣可以很快擴張對東歐之輸出，轉赤字爲盈餘。

　　最後一篇報告則討論中華民國加強對東歐貿易之策略。熟悉東歐諸國貿易環境之艾宏（E. F. Einhorn）建議臺灣業者赴東歐投資，或採合資投資，或是整廠輸出，或是買下當地企業。以物易物之交易方式亦可採行。

論文摘要

西藏之過去與現在

馬里蘭州巴爾地摩，馬里蘭大學法學院，一九八九年出版，二五頁。Hungdah Chiu and June Teufel Dreyer, *Tibet: Past and Present*, Baltimore, Maryland: University of Maryland School of Law, 1989, 25 pp.

本冊第一篇報告曾發表於一九八八年三月二日由史密桑協會 (The Smithsonian Institution) 所舉辦之「西藏問題研究會」。第二篇報告原載於「現代歷史」 (Current History) 第八十八卷第五三九期。

黃　競　涓

　　丘宏達教授在第一篇報告中介紹西藏之政治歷史與地位。在中國唐朝時期 (618-907A.D.)，西藏被稱爲「吐蕃」，唐朝雖以「和親」方式與吐蕃和平共處數十年，但雙方關係泰半處於戰爭狀態。西元一二七九年元朝成立時，西藏成爲蒙古帝國之一部分。當明朝於一三六八年取代元朝時，西藏重獲其獨立之地位，其領袖偶而對明朝皇室朝貢。在此期間，西藏之喇嘛教從事宗教改革，產生新派之「黃教」，有別於舊派之「紅教」。明朝末年，黃教之影響力已及於蒙古。

　　由於喇嘛教篤信「靈魂轉世」 (reincarnation)，所以黃教之首領必須從新生嬰兒中挑選。當黃教之第三代領袖前往蒙古時，蒙古王

册封其爲「達賴喇嘛」。黃敎之第二號領袖稱爲「班禪喇嘛」。當第三代達賴喇嘛去世後，其繼位者由蒙古男嬰中選出。

由於蒙古人與滿洲人之支持，達賴喇嘛暫時獲得西藏之統治權。當一六四四年清朝成立後，清朝政府逐漸干預西藏之政治。例如一七二〇年爲阻止蒙古勢力對西藏之影響，清政府曾出兵干預；又一七二七年至一七二八年西藏內亂時，清朝亦出兵干預。自此清朝將達賴喇嘛置於一受清保護之地位，並派兵常駐西藏。儘管西藏成爲清帝國之一部分，但其內部仍享有近乎完全之自主權。

一九〇四年春，英國從印度入侵西藏，強迫簽訂「拉薩協定」，並要求清朝承認此協定，言明中國對西藏只有「宗主權」（suze-rainty）而沒有「主權」（sovereignty），遭到清政府之拒絕。隨後在一九〇六年於北京簽訂之協定中，雙方妥協，英國承認中國對西藏有絕對之權利，但不言明是宗主權或是主權。

當中華民國於一九一二年成立時，國民代表大會保留席位給西藏，五色旗中之黑色代表西藏，總統並宣布西藏之地位等同於其他省份，爲共和國之一部分。

然而西藏人不承認中國之宣稱，攻擊中國駐西藏之軍隊，並入侵鄰近之中國省份。中國政府決定出兵平息侵擾，但遭到英國之干涉不能進入西藏。一九一三年西藏與蒙古簽訂協議互相承認對方之獨立地位，但未獲得其他國家之承認。

英國爲排解中國與西藏之糾紛，安排雙方於一九一三年十月十三日至一九一四年七月二日在印度之西姆拉（Simla）舉行會談。在會議中西藏代表要求西藏之獨立，英國代表麥馬洪（McMahon）則提出十一條條款之草約，其中第二條主張中、英政府承認中國對西藏之宗主權，並承認外藏之自主權（英人將西藏分爲內外藏），中國政府不得將西藏轉變爲中國之一省，英國政府也不得兼併西藏或其任何一部分。中國政府不承認此草約，但英國與西藏於一九一四年七月二日分別於條約上簽字。

一九二九年國民政府統一中國後，與西藏之關係逐漸改善。中國

曾派北京之喇嘛拜訪西藏第十三代達賴喇嘛，受其熱切之歡迎，並指派北京喇嘛爲西藏駐南京辦公室之首要代表。一九四〇年二月二十二日，第十四代達賴喇嘛由南京政府在拉薩宣布登基，南京政府並在拉薩成立一西藏辦公室。一九四六年國民政府起草憲法時，西藏曾派代表參與。憲法第一百二十條明文規定確保西藏之自治地位。當一九四九年七月間國民政府在各處敗退時，西藏政府命令國民政府在西藏之辦公室撤出西藏，以免遭到共產黨藉機入侵西藏。該辦公室於一九四九年七月二十日關閉，自此結束國民政府與西藏之官方關係。

　　達賴喇嘛爲避免與中共從事大規模之流血戰爭，於一九五一年五月二十七日與中共簽訂「和平解放西藏協議」，中共同意尊重西藏之現況。一九五四年四月二十九日，中共與印度簽訂關於印度與中國之西藏間之貿易交流協定，印度間接承認中國對西藏之主權。隨著中共黨政軍幹部進入西藏，大批漢人也移入西藏，造成日益嚴重之種族衝突。一九五八年七月，西藏之康巴（Khambas）族要求中共離開西藏，中共則指控外力唆使西藏獨立。當中共要求西藏政府鎮壓康巴族時，激起一連串之暴動。一九五九年三月西藏宣布廢止一九五一年與中共簽訂之協議，並宣布獨立。中共隨卽派兵鎮壓，在沒有一九五一年協議之約束下大肆整肅異己，解散西藏政府。達賴喇嘛逃至印度，其權力由中共控制之班禪喇嘛接掌。中共有鑑於大批藏人逃亡印度與尼泊爾，接受外力之援助從事長期對中共之抗爭，於一九五九年五月由中共駐印度大使聲明西藏爲中國不可脫離之領土，他國無權促使西藏成爲半獨立之地位或使之成爲他國之勢力範圍。自此西藏完全在中共之軍事統治下，文化大革命期間，西藏受到極大之摧殘，廟宇或關或毀，許多藏人或關或殺。

　　毛澤東死後，中共爲彌補近二十年對西藏高壓統治所造成之傷害，開始改變統治西藏之策略。廟宇開始重建，公路、水力發電等設施開始興建。中共並強調保留藏族特有之文化、語言與宗教傳統。儘管有這些較開明之措施，中共仍然不允許西藏擁有眞正的自治地位。一九八七年九、十月間反中共之暴動在西藏展開，旋被中共鎮壓。

　　金德芬（June Teufel Dreyer）在第二篇報告中討論西藏最近之動亂。自一九八七年九月至一九八九年年初，前後在西藏共發生了二十一次之暴動事件。而以一九八九年三月之暴動最爲嚴重，因而導致中共在西藏宣布戒嚴。

　　令中外學者感到驚訝地是爲何在中共一連串放寬對西藏之統治時發生如許之暴動。究其原因，在中共新措施下並非人人受益，大部分未受其利反受其害（如負擔以往不必繳納之稅賦）者積怨頗深，尤以城市特別嚴重。許多不贊成中共開發西藏之觀光事業者，認爲中共將西藏出賣給外國，所享之利益也被漢人佔有。而中共對西藏許多措施都較對其他省份之規定寬鬆（如稅率較低），吸引大批漢族之流動人口進入西藏謀求發展，引起藏族之恐懼與憎恨。此外藏語在實踐上未受到等同於漢語之官方地位亦受到相當之責難。入藏之漢人多半不願意學習藏語，語言上之歧視造成就業機會之不平等，更加深藏人之不滿。在宗教信仰上，藏人亦覺得受到很多束縛，例如朝聖受到限制、喇嘛人數之限制等。

　　中共在鎮壓這些暴動之同時，也作若干讓步，例如加強藏語之學習，對藏語之尊重，漢族之流動人口必須向當地政府登記等等措施。更重要的是中共嘗試與流亡在外之達賴喇嘛進行談判，爭議之焦點在於未來西藏之地位以及達賴喇嘛日後回到西藏後之地位。中共堅持西藏不得獨立，達賴喇嘛則對未來西藏之地位持開放之態度。中共希望達賴喇嘛日後只是西藏之精神領袖，而非政治領袖。關於此點，達賴喇嘛本身並不反對，但他的隨從則強力反對。

　　一九八八年六月達賴喇嘛對歐洲議會演說時曾提出一套類同於解決香港問題之西藏問題方案。中共雖視之爲一改善關係之開端，但以該方案幾乎等同於西藏之獨立或半獨立，而加以拒絕。中共並指控達賴喇嘛嘗試將西藏問題國際化。中共與西藏流亡政府除了難以解決之談判爭端外，尚需面對西藏內部以及流亡在外新興之急進團體，這些急進之藏族青年不反對使用暴力來對抗中共之統治。綜合上述之討論，作者認爲西藏問題仍是一個僵局。

勞瑞・丹羅許　著

臺灣關係法制定十年後

馬里蘭州巴爾地摩，馬里蘭大學法學院，一九九〇
年出版，二七頁。Lori Fisler Damrosch, *The Taiwan Relations Act after Ten Years,* Baltimore, Maryland: University of Maryland School of Law, 1990, 27pp.

黃　競　涓

　　本論文主要對「臺灣關係法」做十年後之回顧。全文分兩大項。第一部分檢討「臺灣關係法」制定十年後之實踐，是否符合當初立法之旨意。作者從商務關係、國防安全、人權三項議題來檢驗「臺灣關係法」履行之成果。第二部分分析如何藉「臺灣關係法」之規定來適用美國法律於與臺灣有關之案例上，並討論臺灣關係法未來如何引導美國對臺灣之關係。

　　臺灣與美國之商務關係在「臺灣關係法」規範下，不僅未因外交關係之中斷而萎縮，反而更加頻繁。雙邊貿易額大幅增加，臺灣對美國之貿易順差持續擴大，美國政府甚至要求臺灣對其他第三世界負債國家給予經濟或財力援助。這十年來臺灣經濟發展之成功，「臺灣關係法」扮演很重要之角色，在此法律規範下，臺灣能在美國繼續享有「普遍優惠制度」之地位。以一九八六年為例；臺灣對美國之出口佔美國「普遍優惠制度」下進口總數之百分之二十七。此種表現使得雷根總統宣布自一九八九年一月一日起，臺灣將從「普遍優惠制度」中

「畢業」，不再享有對美出口之關稅優惠。

在同一期間，中共卻並未享有「普遍優惠制度」之地位，主因中國大陸之經濟制度不屬於「市場經濟」之型態。而在制定「臺灣關係法」之多次聽證會中，美國一再強調臺灣非中共之一部分，所以美國對共產國家之貿易規定不能適用於臺灣。

作者指出儘管臺灣之市場導向之經濟制度無庸置疑，但是中央控制之範例無所不在，例如臺灣當局不僅靠保護關稅來控制進口，並且使用其他非關稅障礙來管制進口。

在「臺灣關係法」之引導下，美國之法律視同臺灣與其他國家之地位無異，所以美國貿易法規中保護本國企業對抗外國傾銷之規定也全適用於臺灣。在此情況下美國與臺灣之貿易糾紛，勢必要靠類同於政府對政府間之談判交涉來解決。「臺灣關係法」安排了「美國在臺協會」與「北美事務協調委員會」來代表雙方解決各種貿易爭端，例如禁止使用流刺網在太平洋從事漁撈，保護智慧財產權等項目。

在臺灣之國防安全上，「臺灣關係法」明確表示美國對西太平洋之和平、穩定與安全之關切，並確保臺灣之前途必須以和平方式解決，同時美國將繼續提供臺灣防禦性之武器。在此十年間，多半時候美國銷售給臺灣之武器金額超過其銷售給中共之武器金額。雖然中共仍然不放棄使用武力來解決臺灣之問題，作者認為中共對臺灣用武之可能性很小。美國對臺持續銷售防禦武器多少總讓中共估算是否使用武力侵臺時有所顧忌。

在臺灣之人權問題上，在起草「臺灣關係法」之過程中，美國眾議員李奇（Jim Leach）曾希望該法能指定「美國在臺協會」將推展臺灣之人權視為首要任務。然而「臺灣關係法」最終之人權條款只是提醒臺灣當局要注意人權。每一年美國國務院都會發表一項「各國人權實踐之報告」，臺灣也在其中。國會偶而也提出批評或讚揚臺灣人權表現之決議案。

作者指出臺灣近年來在人權提昇上有相當大之進展，但有關人民主張未來臺灣與中國大陸間之關係之問題上仍受到限制。作者對「美

國在臺協會」未能積極推展臺灣人權而有所批評。

本論文之第二部分首先討論臺灣在美國國內法之地位。美國法院將臺灣視爲具有主權特徵之實體。在「米倫工業」控告「北美事務協調委員會」(Millen Industries v. Coordination Council for North American Affairs) 一案中，美國「上訴法院」指出「北美事務協調委員會」所從事之行爲不僅只是商業性質，同時還具有「主權」行爲允許原告免稅進口原料並在臺灣享有某些優惠。「上訴法院」引用「臺灣關係法」將臺灣視作享有「主權豁免原則」以及「國家行爲原則」之「外國」(a foreign state)。

在另一案例 (U. S. v. 594,464 Pounds of Salmon, More or Less) 中，美國法院認爲臺灣「外貿協會」所規範之鮭魚出口法規構成一項「外國法律」(a foreign law)。在上述兩項判例上，美國司法系統承認臺灣有規範外貿之政府功能，從而構成對臺灣「主權」特徵承認之司法意見。

作者在論文之第二部分繼而討論「臺灣關係法」制定後這十年間，臺灣參與國際協定以及國際組織之情況。從一九七九年以來臺灣與美國經由「北美事務協調委員會」與「美國在臺協會」共簽訂了近五十項之雙邊協定。「臺灣關係法」規定這些雙邊協定與美國同其他國家所簽訂之條約一樣必須得到美國國會之批准。這些雙邊協定雖然未列入美國國務院之出版品中，但是卻列在「聯邦紀錄」(the Federal Register) 中。

「臺灣關係法」支持臺灣繼續享有若干國際金融組織之會員地位，例如美國支持臺灣在「亞洲開發銀行」之會員地位。

作者最後指出「臺灣關係法」是美國針對個別國家立法中非常特殊之案例。在該法下美國國內法一般都適用於與臺灣有關之案例上，而臺灣在沒有美國之外交承認之狀況下仍適用這些法律。在有關未來臺灣之地位之問題上，「臺灣關係法」持中立之立場。無論未來是獨立或統一，「臺灣關係法」屆時將會自動失去或轉變其功能，但在目前「臺灣關係法」仍是過渡期規範美國與臺灣關係之最主要之依據。

陸、參考資料

甲、釣魚臺列嶼問題資料彙編

丘宏達編輯

最近由於我國高雄區運會載運聖火到釣魚臺列嶼附近航行，引起日本干預，使釣魚臺列嶼問題又引起國人的注意，因此，將此問題的相關資料，整理出來，以供各界參考。關於這個問題的分析，除可參考本卷年報所刊俞寬賜教授的大作外，也可參閱拙著，「釣魚臺列嶼主權爭執問題及其解決方法的研究」，臺北：國立政治大學國際關係研究中心國際及中國大陸情勢專題報告之四，民國八十年一月出版。

Ｉ、日本外交檔案中關於竊占釣魚臺列嶼經過的記載

> 以下資料譯自「日本外交文書」，第十八卷〔自明治十八年（公元一八八五年）一月至明治十八年十二月〕，外務省編纂，東京：日本國際連合協會發行（昭和二十五年發行），頁五七二——五七六。

事項二三　雜件
　　一、版圖關係雜件

三一一、（公元一八八五年）十月九日　　山縣內務卿給外務卿的信
　　有關散佈在沖繩縣與中國之間的無人島之詢問文件。
　　附屬書(一)向總理呈訴有關在右開島嶼設立國際標文件。
　　　　　(二)沖繩縣令對右開島嶼提出調查報告書，呈給山縣內務卿
　　附記　將久米赤島、久場島及釣魚島編入版圖的經過概略

官房甲第三十八號

　　調查散佈在沖繩縣與中國之間的無人島之事宜，另附在甲號上，連同附在乙號上的沖繩縣令之呈訴狀上，呈請有關當局斟酌，並盼賜告鈞座意見及照會。　此呈

外務卿　井上馨

　　　　　　　　　　　　　內務卿　山縣有朋

明治十八年十月九日

　　附註：調查書附在另一份，無副本，敬候您的答覆，盼斟酌。

　　附屬書(一)

另書乙號

　　　呈太政大臣（以下稱總理）文件

　　散佈在沖繩縣及中國福州間的無人島及久米赤島等二島的調查事宜，彙同沖繩縣令的呈訴文件均已呈上，恭候處理。右開島嶼與中山傳信錄所述之針路方向完全相同，迄無屬淸之證跡（即沒有淸國管轄的證跡），名稱亦異，且與沖繩縣轄區之宮古、八重山等極爲接近，今沖繩縣擬對上開島嶼實地調查，建立國標，謹候鈞座詮議，盼賜知。　此呈

總理大臣

　　　　　　　　　　　　　內務卿　謹呈

　　附屬書(二)

別紙甲號

第三百十五號

　　　調查久米赤島及另二島事宜之呈訴案

　　調查散佈在本縣與中國福州間的無人島之事宜，東京已令森本縣書記長（大書記官）相機調查，聽候處分，調查概略詳見另書。久米赤島、久場島及釣魚島，自古以來，本縣卽已使用這個稱號，且爲接近本縣所轄之久米、宮古、八重山等羣島之無人島。正如已經告訴您的，沒有什麼困難，上開島嶼與大東島的地勢不同。中山傳信錄所述之釣魚臺、黃尾嶼、赤尾嶼是否就是大東島，實在令人懷疑，中國册

封舊中山王的使船熟悉這些島嶼，以作為航向琉球的指標乃屬不爭之事。這次於調查大東島建設國標之後，乃僱汽船出雲丸順便航向兩先島（意指久米赤島、魚釣島、久場島中之任兩島──筆者案），然不敢上去調查，蓋建立國標之事尚須遵從鈞座旨意，謹此申報。　此呈內務卿　山縣有朋

　　　　　　　　　　沖繩縣令　西村捨三

明治十八年九月二十二日

　　附記

　　　久米赤島、久場島及魚釣島編入版圖的經緯

散佈在沖繩縣及中國福州間的久米赤島（自久米島未申之方向約七十里，距中國福州約二百里），久場島（自久米島午未方向約一百里，距八重山羣島之石垣島約為六十多里），魚釣島（方位與久場島相同，然較遠十里）。上述三島不見屬清之證跡，且接近沖繩縣所轄之宮古、八重山島，加以有關建立國標之事已由沖繩縣令（知事）上書總理大臣，早在明治十八年（一八八五年）十月九日時已由內務卿山縣有朋徵詢外務卿井上馨，外務卿仔細考慮的結果，認為上述三島嶼乃是接近中國國境的蕞爾小島，且當時中國報紙盛載日本政府占據鄰近臺灣的中國屬島，催促中國政府注意。基於上開理由，建立國標，開拓這些島嶼之事，須俟後日，伺機行事。十二月五日，內務外務兩卿乃諭令沖繩縣知事，勿急於國標之建立。明治二十三年（一八九〇）一月十三日沖繩縣知事復呈報謂：上開島嶼向為無人島，亦無他國設定管轄，近因水產管理之必要，乃由八重山島役所呈請內務卿指定管轄。明治二十六年（一八九三）十一月二日沖繩縣知事又以管理收產建設航標為由，呈報內務、外務兩卿，請將上開島嶼劃歸沖繩縣管轄，並設立國標。因而內務卿乃於明治二十七年（一八九四）十二月二十七日提出內閣議決，並事先與外務卿取得協議。明治二十八年（一八九五）一月廿一日經閣議通過，並由內務、外務兩卿諭知沖繩縣令，謂有關設立國標事宜已獲核准。

三一二、十月二十一日　井上外務卿給山縣內務卿的信

　　散佈在冲繩縣與中國間的無人島，展緩建立國標之答覆文件

十月廿一日寄發

親展第三十八號

發文者：外務卿伯爵　井上馨

受文者：內務卿伯爵　山縣有朋

　　散佈在冲繩縣與中國福州間的無人島及久米赤島等二島（含久場島——譯者案），冲繩縣已實地調查有關建立國標之事，本月九日附甲第三十八號的文件，幾經考慮並協商後，認爲右開島嶼靠近中國國境，非以前所調查過的大東島可比擬，其周圍看起來很小，且中國附有島名。近來中國報紙盛載我政府占據臺灣附近的中國屬島，我們若於此時遽爾公然建立國標，反易招致中國的疑忌。當前僅須實地調查港灣形狀及希望開發該地物產的情事作成詳細報告，至於建立國標之事須俟他日適當時機。盼將以前調查大東島的情形，連同此次（對無人島、久米赤島）調查幷案彙報，勿披露報端，隨時加以注意，並等候我進一步提供的答覆。

三一三、十一月三十日　山縣內務卿給井上外務卿的信

　　有關在無人島建設國標之事，給冲繩縣令的指令之協議文件

附屬書　冲繩縣令呈訴山縣內務卿，關於在無人島建設國標關係文件

　　秘第二一八號之二

　　如同另書：在無人島建設國標之事，已由冲繩縣令提出右開鈞座意見的意思，因依照那樣的指令應登載並蓋章，順便將附件寄下，並賜知鈞座意見。　此呈

外務卿伯爵　井上馨

　　　　　　　　內務卿伯爵　山縣有朋呈

明治十八年十一月三十日

註：按指令

　　以書面提出之意見，鈞座應悉目前不宜（不要）設立國標。

　　　　　×年×月×日

　　　　　　　　　　兩卿（譯者案　內務卿　外務卿）

三一四、十二月四日　井上外務卿給山縣內務卿的信

就無人島建設國標之事，沖繩縣令提出其對指令之覆函

發文日期：十二月四日

發　文　者：外務卿　井上馨

受　文　者：內務卿　山縣有朋

在沖繩縣下之無人島建設國標之事，已由沖繩縣令提出其對指令之關係情事，已於十一月三十日獲悉鈞座指令及照會，盼將指令文登錄並蓋印之附屬書寄下。〔其他項目略去〕

　　　　　×　　　　×　　　　×

以下資料譯自「日本外交文書」，第二十三卷（自明治二十三年（公元一八九〇年）一月——明治二十三年十二月），東京、昭和二十七年發行，頁五三一——五三二。

事項一九　雜　　件

一、決定將八重山羣島的魚釣島列入管轄之關係文件

二四五、（公元一八九〇年）一月十三日　沖繩縣知事給山縣內務大臣的信

決定將魚釣島及另二島列入管轄的關係文件

附記一、明治二十七年（公元一八九四年）十二月二十七日，野村內務大臣給陸奧外務大臣的信

有關在久場島、魚釣島建設管轄標樁之協議文件。並以另書將右開關係文件提之於內閣會議。

二、明治二十八年（公元一八九五年）一月十一日陸奧外務大臣給野村內務大臣的信

有關在久場島、魚釣島建設標樁之覆件

甲第一號

接近管下八重山羣島石垣島的無人島，卽魚釣島及另二島（指久場島、久米赤島 —— 譯者案）之事，已於十八年十一月五日第三百八十四號提出，而於同年十二月五日得悉鈞座指令，致右開島嶼之管轄

迄未確定，今由於有取締水產之必要（卽有他國人到右開島嶼來作水產試驗 —— 譯者案）乃需確定其管轄權，且此時八重山島役所已提出管轄權之申請，盼鈞座斟酌並賜知。　此呈

內務大臣

　　　　　　　　　　（冲繩縣）知事敬呈

　　註：在本件之末，附上有關之文書如左

附記一

　　　　朱書

　　秘別第一三三號　收文日期：二十七年（公元一八九四年）十二

　　　　　　　　　　月二十八日

　　在久場島、魚釣島建設管轄標椿之事，如另書甲號，由冲繩縣知事提出申訴。關係本件之另書乙號已於明治十八年時由鈞座及貴部（外務部）協議，並發下了指令，可是由於今昔情況已殊，因而（本人）懇望與鈞座取得協議而以另書提出內閣會議。此呈

外務大臣子爵　陸奧宗光

　　　　　　　　　　內務大臣子爵　野村靖謹呈

　　註：盼鈞座覆文部分以另書告知，庶能有所斟酌。

另書

　　　　閣議提出案

另書有關建設標椿之關係文件，（懇請）提出閣議

　　　　　　　　　　此呈

內閣總理大臣

　　　　　　　　　　內務大臣敬呈

　　×年×月×日

另書

　　　　位於冲繩縣轄下之八重山羣島之北西的久場島、魚釣島，自古以來卽爲無人島，近來由於有向該島作漁業試驗者，故需加以取締，並有劃歸冲繩縣設立標椿，俾加以管轄之必要，該縣知事已提出管轄右開島嶼之申請，我想允其所請，建設標椿，並提請內閣議決。

附記二

　　發文日期：明治二十八年（公元一八九五年）一月十一日

　　發　文　者：外務大臣　陸奧宗光

　　受　文　者：內務大臣　野村靖

　　在久場島、魚釣島設立管轄標樁文件

　　在久場島及魚釣島設立標樁之事，已由沖繩縣知事上書申訴，明治十八年時，已給該縣指令，去年十二月二十七日已再添上附秘別第一三三號，因鈞座照會與本件的旨意相符（卽無異議），故依照鈞座計劃行事可也。對於鈞座添附的附屬書，謹提出上述答覆。〔其他項目略去〕

Ⅱ、慈禧太后賜釣魚臺等三島給盛宣懷的詔書　（一八九三）之研究

丘　宏　達

甲、詔書及有關文件

※毓眞吾兒知悉余體衰多病此次得與汝濶別後重晤爲之一快事因汝當選國民大會代表彌慰老懷儒兒臺警無恙平安歸來更爲大幸吾家由盛而衰余所主持之漢冶萍公司恢復無望深覺愧對祖宗亦無以見諒於諸子姪也日本八幡公司昔年汝　祖父多予扶植戰後不知作何狀矣汝此次經日返美可順道往謁其老社長代余致候

汝姊弟能在臺置產余所樂聞因臺灣與吾盛氏淵源甚彌邵友濂姆丈爲臺灣巡撫汝姑及姊均嫁其子孫五姑母嬪於臺北林氏亦由邵丈作媒今五姑母已返臺汝宜常往問安

臺灣外海有三小島曰釣魚臺黃尾嶼赤嶼皆無人荒島見於出使琉球使者趙文楷介山公之記述趙公爲李相文忠公之太岳丈清末對日外交皆由李相主持汝曾祖旭人公爲李相同年汝祖杏蓀公爲李相入室弟子久參幕府自日本併吞琉球後趙氏李氏均大量刊印介山公之槎上存稿旭人公亦廣爲蒐集臺灣地理刊於皇朝經世文續編中此三小

島雖屬荒島然盛產藥草當年吾家全盛時在烟臺滬常三處設有廣仁
堂施診給藥遠近知名
皇上以此三島賜與汝　祖作爲採藥之用詔書猶在家中是吾家物也
家中並有圖說茲寄汝望汝能設法前往一看但如有危險則不可往
余病已彌非藥物所能治念汝遠離未必能再見留此信卽當遺囑
余家衰矣諸兒女中惟汝最幹練希能恢我舊業勉之
　　　　　　　澤臣手示　民國三十六年十二月五日
※盛毓眞爲盛宣懷之孫女，因過繼給徐叔希氏，故改名徐逸，曾任
　國大代表。

釣魚臺地理圖說

釣魚臺黃尾嶼赤嶼三小島位於臺灣基隆外海孤懸海中向無居民爲
臺灣北部漁民棲息之地雖歸我家亦僅採藥而未加經營清末我家曾就趙
介山公之副使李鼎元公之使琉球錄派人步測有圖稿藏於愚齋圖書館中
民國十六年忽認盛氏產業爲逆產上海租界外之財產全遭查封後雖獲啓

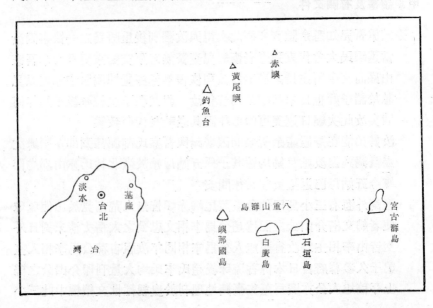

封經理人員悉已散盡矣愚齋圖書館存稿存書余已全部捐贈國立交通大
學卽　先父手創之南洋公學也此圖亦爲存件之一
　　　　　　　　　　　　澤臣盛恩頤註

慈禧太后詔書

皇太后慈諭太常寺正卿盛宣懷所進藥丸甚有效驗據奏原料藥材采自臺
灣海外釣魚臺小島靈藥產於海上功效殊乎中土知悉該卿家世設藥局施
診給藥救濟貧病殊堪嘉許卽將該釣魚臺黃尾嶼赤嶼三小島賞給盛宣懷
爲產業供采藥之用其深體
皇太后及
　皇上仁德普被之至意欽此
光緒十九年十月

乙、研判報告

　　一、德宗親政期間，慈禧是否曾就釣魚臺列嶼頒發詔書予盛宣懷
處理一事，以及詔書上慈禧用印之眞僞問題，本人曾提請中央研究院
近代史研究所所長梁敬錞先生鑑定，未獲斷論。旋由本人助理（臺大
政治學研究所學生）郭明山君再將本問題提請中山博物院劉家駒先生
等人研究。獲致結論如〔下〕。

　　（一）並無慈禧單獨頒發詔今之例證。

　　（二）關於詔書上慈禧用印之眞僞一節，經查證，凡詔書上所用之
印文，皆篆文及滿文同時具列（印框內右側爲篆文，　左側爲滿文）。
而此詔書之印文僅具篆文一種，故可推斷此印文實有問題。

　　（三）照中山博物院所存檔案，依例大印應蓋於書末年號處，未有
蓋在全紙正上方者。我國歷代官書、官方文件亦然。

　　二、詔文有數處與一般詔書內容未符：

　　（一）首文「皇太后慈諭太常寺正卿盛宣懷……」，及末文下詔時
間爲「光緒十九年十月」；按之愚齋存稿卷一奏疏一之十五；盛宣懷
於光緒二十二年始蒙補授「太常寺少卿」銜，故時間先後不符，此其

一。且詔書記之爲正卿（按少卿官階低於正卿），其不符者二。

（二）1.詔書上蓋慈禧之大印，應爲慈禧所頒之詔，然由詔文觀之，似非慈禧所頒，因慈禧在詔文上應無自稱「皇太后」之理。

2.若謂詔書由德宗所頒，亦應自稱爲「朕」，而不自稱「皇上」。

3.若詔書由第三者奉慈禧或德宗之命所下，則不能用「欽此」二字，蓋此句僅皇帝本人始有資格使用。

三、但上述論斷並不能當然否定本詔書的眞確性，因本人查閱清宮所藏書畫上所蓋皇帝之印，與本詔書之印甚爲類似，所以本詔書所用之印可能係慈禧私人大印，而非正式公文所用之印。並且，本件之有關文件均發現於釣魚臺列嶼糾紛之前，持有者似無僞造之必要。

清代皇帝常有賞賜臣子物品，此種行爲不蓋玉璽而只蓋皇帝私人大印之可能性似乎甚大，所以本件之眞確性似無疑問，但可斷言並非正式詔書。

Ⅲ、中日講和條約（卽中日馬關條約）（摘錄）

（一八九五年四月十七日簽字，五月八日互換批准書生效。）

（錄自「中外條約彙編」，臺北：文海出版社，民國五十三年初版，頁一五一。）

第二款

中國將管理下開地方之權併將該地方所有堡壘軍器工廠及一切屬公物件永遠讓與日本

⋯⋯⋯⋯⋯⋯⋯⋯⋯⋯⋯⋯⋯⋯⋯⋯⋯⋯⋯⋯⋯

二、臺灣全島及所有附屬各島嶼

三、澎湖列島卽英國格林尼次東經百十九度起至百二十度止及北緯二十三度起至二十四度之間諸島嶼。

IV、關於日本明治二十九年
(一八九六年) 第十三號勅令之研析

(外交部條約司民國五十九年十月一日編，註釋爲丘宏達所加。)

一、查日本與琉球政府以及日琉報紙指認釣魚臺列嶼應屬琉球羣島之主要歷史依據，卽所謂日本明治二十九年（一八九六年）之日皇勅令，聲稱該勅令曾將尖閣羣島（釣魚臺列嶼）劃歸冲繩縣八重山郡石垣村所屬[1]。

二、案據駐日大使館查報：在明治二十八年間有關冲繩縣轄區之勅令，卽明治天皇於二十九年（一八九六年）三月五日所頒布之第十三號勅令，該勅令全文僅三條並無附件，係由內閣總理大臣伊藤博文及內務大臣芳川顯正副署。其內容爲公布冲繩縣之轄區編制，將該縣劃爲那霸與首里兩區及下列五郡：（1）島尻郡（2）中頭郡（3）國頭郡（4）宮古郡（5）八重山郡。各郡轄區所屬島嶼均有規定，惟並無「尖閣羣島」或「魚釣島」等字樣。

三、附日本明治二十九年第十三號勅令之中譯文全文[2]。

附件：第十三號勅令之中譯文全文

朕茲核定冲繩縣之編制並公佈之。

明治二十九年三月五日（三月七日官報刊載）

御名御璽

內閣總理大臣侯爵　　　伊藤博文

內務大臣　　　　　　　芳川顯正

第一條：除那霸及首里兩區之區域外，冲繩縣劃爲下列五郡：

島尻郡 —— 島尻各村、久切久米島、慶良間諸島、渡名喜島、栗國島、伊平屋諸島、鳥島及大東島；

中頭郡 —— 中頭各村；

---

① 如，「讀賣新聞」，一九七〇年九月十八日，「今日之斷面」版所刊尖閣列島消息，惟該報將勅令誤爲四月一日。另外「冲繩季刊」第五十六號，「尖閣列島特集」（一九七一年三月出版）中也多次提到這個勅令，例如，見該書頁二五一年表。

② 「法令全書」（明治二十九年）甲，東京：內閣電報局印，勅令部，頁二十五。

國頭郡 —— 國頭各村及伊江島;

宮古郡 —— 宮古諸島;

八重山郡 —— 八重山諸島。

第二條: 各郡之界線或名稱如遇有變更之必要時由內務大臣決定之。

　　　附　　　則

第三條: 本勅令之施行日期由內務大臣定之。

V、開羅宣言（一九四三年十一月二十六日）

（外交部譯本）

羅斯福總統　蔣委員長邱吉爾首相偕同各該國軍事與外交顧問人員，在北非舉行會議已完畢。並發表概括之聲明如下:

三國軍事方面人員，關於今後對日作戰計畫，已獲得一致意見。我三大盟國決心以不鬆弛之壓力，從海陸空各方面加諸殘暴之敵人，此項壓力已經在增長之中。

我三大盟國此次進行戰爭之目的，在於制止及懲罰日本之侵略。三國決不爲自己圖利，亦無展拓領土之意思。三國之宗旨，在剝奪日本自從一九一四年第一次世界大戰開始後，在太平洋上所奪得或佔領之一切島嶼。在使日本所竊取於中國之領土，例如東北四省、臺灣、澎湖羣島等歸還中華民國。其他日本以武力或貪慾所奪取之土地，亦務將日本驅逐出境。我三大同盟國稔知朝鮮人民所受之奴役待遇，決定在相當時期使朝鮮自由與獨立。

根據以上所認定之各項目標，並與其他對日作戰之聯合國目標一致，我三大盟國將堅忍進行其重大而長期之戰爭，以獲得日本之無條件投降。

VI、波茨坦公告（一九四五年七月二十六日）

（譯文取自「日本投降與我國對日態度及對俄交涉」臺北：中華民國外交問題研究會，民國五五年出版，頁二─三）

一、余等美國總統、中國國民政府主席及英國首相，代表余等億萬國民，業經會商並同意，對日本應予以一機會，以結束此次戰爭。

二、美國英帝國及中國之龐大陸海空部隊，業已增強多倍，其由西方調來之軍隊及空軍，即將予日本以最後之打擊；此項武力，受所有聯合國之支持及鼓勵，對日作戰，不至其停止抵抗不止。

三、德國無效果及無意識抵抗全世界所有之自由人之力量，所得結果，彰彰在前，可爲日本人民之殷鑒。此種力量，當其對付抵抗之納粹時，不得不將德國人民之土地工業及其生活方式摧殘殆盡。但現在集中對付日本之力量，則更爲廣大，不可衡量。吾等之軍力，加以吾人堅決之意志爲後盾，若予以全部實施，必將使日本軍隊完全毀滅，無可逃避，而日本之本土，亦必終將全部摧毀。

四、現時業已到來，日本必須決定是否仍將繼續受其一意孤行、計算錯誤、使日本帝國已陷於完全毀滅之境之軍人統制，抑或走向理智之路。

五、以下爲吾人之條件，吾人決不更改，亦無其他另一方式，猶豫遲疑，更爲吾人所不容許。

六、欺騙及錯誤領導日本人民，使其妄欲征服世界之威權及勢力，必須永久剷除。蓋吾人堅持，非將負責之窮兵黷武主義驅出世界，則和平安全及正義新秩序，勢不可能。

七、新秩序成立時，及至日本製造戰爭之力量業已毀滅，有確實可信之證據時：日本領土經盟國之指定，必須佔領，俾吾人在此陳述之基本目的，得以完成。

八、開羅宣言之條件，必將實施；而日本之主權，必將限於本州、北海道、九州、四國及吾人所決定其他小島之內。

九、日本軍隊在完全解除武裝以後，將被允許返其家鄉，得有和平及生產生活之機會。

十、吾人無意奴役日本民族，或消滅其國家，但對於戰罪人民，

包括虐待吾人俘虜者在內，將施以法律之裁判。日本政府必須將阻止日本人民民主趨勢之復興及增強之所有障礙，予以消除。言論宗教及思想自由，以及對於基本人權之重視，必須成立。

十一、日本將被允許維持其經濟所必需及可以償付貨物賠款之工業，但可以使其重新武裝作戰之工業，不在其內。為此目的，可准其獲得原料，以別於統制原料。日本最後參加國際貿易關係，當可准許。

十二、上述目的之達到，及依據日本人民自由表示之意志，成立一傾向和平及負責之政府後，同盟國佔領軍隊當即撤退。

十三、吾人警告日本政府，立即宣佈所有日本武裝部隊無條件投降，並對此種行動有意實行予以適當之各項保證，除此一途，日本即將迅速完成毀滅!

Ⅶ、金山對日和約 (摘錄) (一九五一年九月八日簽字，一九五一年四月二十八日生效)

（譯文取自「金山和約與中日和約的關係」，臺北：中華民國外交問題研究會，民國五五年出版，頁九三—九五）

第二條

⋯⋯⋯⋯⋯⋯⋯⋯⋯⋯⋯⋯⋯⋯⋯⋯⋯⋯⋯⋯⋯⋯⋯⋯⋯⋯⋯⋯⋯⋯⋯⋯

乙、日本茲放棄其對於臺灣及澎湖羣島之一切權利, 權利名義與要求。

⋯⋯⋯⋯⋯⋯⋯⋯⋯⋯⋯⋯⋯⋯⋯⋯⋯⋯⋯⋯⋯⋯⋯⋯⋯⋯⋯⋯⋯⋯⋯⋯

第三條

日本對於美國向聯合國所作任何將北緯二十九度以南之南西羣島（包括琉球羣島，及大東羣島）孀婦岩以南之南方諸島（包括小笠原羣島，西之島及琉璜列島。）及冲之鳥島與南鳥島，置於託管制度之下，而以美國為其唯一管理當局之建議，將予同意。在提出此項建議並就此項建議採取確定性之行動以前，美國有權對此等島嶼之領土暨其居民，包括此等島嶼之領水，行使一切行政、立法、及管轄之權力。

Ⅷ、中日和平條約（摘錄）（一九五二年四月二十八日簽訂，八月五日生效。）

第二條

茲承認依照公曆一千九百五十一年九月八日在美利堅合衆國金山市簽訂之對日和平條約（以下簡稱金山和約）第二條，日本國業已放棄對於臺灣及澎湖羣島以及南沙羣島及西沙羣島之一切權利、權利名義與要求。

第四條

茲承認中國與日本國間在中華民國三十年卽公曆一千九百四十一年十二月九日以前所締結之一切條約、專約及協定，均因戰爭結果而歸無效。

第十二條

凡因本約之解釋或適用可能發生之任何爭執，應以磋商或其他和平方法解決之。

Ⅸ、中國與日本交涉文件（一九七〇年）

（譯文）　　　　　　　　　　　外　字　第　三　七　四　號
　　　　　　　　　　　　　　　中華民國五十九年七月十八日

節　略

　　日本國駐華大使館向中華民國外交部致意並聲述：茲基於本國政府訓令，陳述如下，相應略請查照爲荷。

　　關於中華民國於存在於中華民國與日本領土（含九州及尖閣諸島之南西諸島）之間之大陸棚設定石油開發區域事，日本國政府認爲中華民國政府對於該大陸棚之任何單方的權利之主張，在國際法上，作爲與日本國之間之大陸棚之境界加以劃定，非有效之舉，故斯項主

張，對於日本國對該大陸棚之權利，不發生任何影響。

節　略

　　外交部向日本國駐華大使館致意並聲述：大使館本（五十九）年七月十八日外字第三七四號節略業經閱悉。

　　外交部玆奉告大使館：（一）中華民國政府爲開發鄰接中華民國海岸之大陸礁層資源所採取之一切措施，均係依據現行國際法之原則及一九五八年聯合國海洋法會議在日內瓦所訂大陸礁層公約之規定；（二）來略中對於臺灣以北鄰接中華民國海岸之大陸礁層上突出海面之礁嶼所作領土之敍述及主張，中華民國政府不能同意，並認爲中華民國政府有在該海域探勘與開採之權，相應略復

查照爲荷。

中華民國五十九年八月十九日於臺北

節　略

　　外交部向日本國駐華大使館致意並聲述：關於中華民國記者在釣魚臺列嶼插旗事，大使本（五十九）年九月八日第四八四號節略業經閱悉。

　　外交部玆奉告大使館：關於中華民國政府對於臺灣以北鄰接中華民國海岸之大陸礁層突出海面礁嶼之立場，外交部業於本年八月十九日以外(59)條一字第一五一六三號節略通知使館。至於在釣魚臺列嶼插旗或其他類似行動，中華民國政府基於上述立場，認爲日本政府無權過問此項行動。

　　　　相應略復

查照爲荷。

中華民國五十九年十月十五日於臺北

節　略　　　　　　　　　　　　　　　外　字　第　五　九　〇　號
　　　　　　　　　　　　　　　　　　中華民國五十九年十月十五日

　　日本國駐華大使館向中華民國外交部致意並聲述：茲基於本國政府訓令，陳述如下，相應略請查照為荷。

　　對於存在於中華民國與日本國領土（九州及含尖閣諸島之南西諸島）之間之東中國海大陸礁層，中華民國前片面的設定「海域石油礦保留區域」並加以公布之事實，如一九七〇年七月十八日本駐華大使館之節略所闡明，日本國政府認為：中華民國對於該大陸礁層之任何片面的權利之主張，在國際法上，作為與日本國之間之大陸礁層之境界加以畫定，非有效之舉，此種主張，對於日本國對該大陸礁層之權利，不發生任何影響；茲重加以確認。

　　（譯文）　　　　　　　　　　　　外　字　第　五　九　一　號
　　　　　　　　　　　　　　　　　　中華民國五十九年十月二十四日

節　略

　　日本國駐華大使館向中華民國外交部致意並聲述：
茲基於本國政府訓令，對於外交部一九七〇年十月十五日外(69)條一──一八九七四號節略，陳述如下，相應略請查照為荷。

　　日本國政府，如一九七〇年九月二日日本國駐華大使館之節略所聲述，尖閣諸島係所謂南西諸島之一部，為日本國之領土，乃毫無議論餘地之事實；在九月八日日本國駐華大使館闡明之日本國政府之見解，即根據此一事實；上述十月十五日外交部之節略中，中華民國政府所舉之主張，乃全無根據之說。

Ⅹ、中國與美國交涉文件（一九七一年）

節　略

　　中國大使茲向國務卿致意並申述：關於本大使於一九七〇年九月十七日就釣魚臺列嶼（或稱尖閣羣島）之法律地位向主管東亞暨太平洋事務助理國務卿葛林面致口頭聲明事，本大使接奉政府訓令，願就此事尤其該列嶼與中華民國臺灣省之關係一節訂聲明如下：

(一)就歷史而言，釣魚臺列嶼中釣魚臺、黃尾嶼與赤尾嶼三島嶼之名，屢見於早自十五世紀以降明代冊封琉球王各使臣之航行誌紀。中國冊封使臣多由福州經臺灣及臺灣東北包括澎佳嶼、釣魚臺、黃尾嶼及赤尾嶼之各嶼前往琉球。釣魚臺列嶼是時被公認爲臺灣與琉球間之分界。

(二)就地理而言，釣魚臺列嶼之地質結構與臺灣之其他附屬嶼相似，釣魚臺列嶼與臺灣海岸鄰接但與琉球羣島距離達二百哩以上且隔有水深達二千公尺之琉球海溝。

(三)就使用而言，釣魚臺周圍素爲臺灣島漁民之作業漁區。事實上，臺灣之漁民以往爲避風及修補漁船漁具曾長期使用該列嶼。

(四)有關本案之法律觀點業於上述口頭聲明中予以詳細敍述。本大使在此僅欲說明日本政府在一八九四年之前從未將釣魚臺列嶼劃入沖繩縣屬，該列嶼之併入日本領土係中日甲午戰爭臺澎割讓日本後之結果。

自二次大戰結束以來，美國政府依照金山和約第三條對北緯二十九度以南島嶼行使軍事佔領；而釣魚臺列嶼亦經包括於美國佔領區域之內，基於區域安全之考慮，中華民國政府以往對美國在該區行使軍事佔領並未表示異議。但此不得被解釋爲係默認釣魚臺列嶼爲琉球羣島之一部分。且依照國際法之一般原則，對一地區之臨時性軍事佔領並不影響該區域主權之最後決定。

基於上述各理由並根據歷史、地理、使用及法律，中華民國政府認爲釣魚臺列嶼與臺灣有極端密切之關係。應被視爲臺灣之附屬島嶼。臺灣全島、澎湖羣島以及所有附屬各島嶼已於第二次大戰後交還中國，但釣魚臺列嶼則未在其內。鑒於美國政府將於一九七二年終止對琉球羣島行使佔領之事實，玆要求美利堅合衆國政府尊重中華民國對釣魚臺列嶼之主權，並於此項佔領終止時，將該列嶼交還中華民國政府。

中國大使玆順向國務卿重申最高之敬意。

一九七一年三月十五日於華府。

XI、中國外交部聲明（民國六十年六月十一日）

（取自「中央日報」，民國六十年六月十二日，頁一。）

中華民國政府近年來對於琉球羣島之地位問題，一向深爲關切，並一再將其對於此項問題之意見及其對於有關亞太區域安全問題之顧慮，促請關係國家政府注意。

茲獲悉美國政府與日本政府卽將簽署移交琉球羣島之正式文書，甚至將中華民國享有領土主權之釣魚臺列嶼亦包括在內，中華民國政府必須再度將其立場鄭重昭告於全世界：

（一）關於琉球羣島：中、美、英等主要盟國曾於一九四三年聯合發表開羅宣言，並於一九四五年發表波茨坦宣言規定開羅宣言之條款應予實施，而日本之主權應僅限於本州、北海道、九州、四國以及主要盟國所決定之其他小島。故琉球羣島之未來地位，顯然應由主要盟國予以決定。

一九五一年九月八日所簽訂之金山對日和約，卽係以上述兩宣言之內容要旨爲根據，依照該和約第三條之內容，對琉球之法律地位及其將來之處理已作明確之規定。中華民國對於琉球最後處置之一貫立場爲：應由有關盟國依照開羅宣言及波茨坦宣言予以協商決定。此項立場素爲美國政府所熟知，中華民國爲對日作戰主要盟國之一，自應參加該項協商。而美國未經此項協商，遽爾將琉球交還日本，中華民國至爲不滿。

（二）關於釣魚臺列嶼：中華民國政府對於美國擬將釣魚臺列嶼隨同琉球羣島一併移交之聲明，尤感驚愕。

該列嶼係附屬臺灣省，構成中華民國領土之一部分，基於地理地位、地質構造、歷史聯繫以及臺灣省居民長期繼續使用之理由，已與中華民國密切相連，中華民國政府根據其保衛國土之神聖義務在任何情形之下絕不能放棄尺寸領土之主權。因之，中華民國政府曾不斷通知美國政府及日本政府，認爲該列嶼基於歷史、地理、使用及法理之

理由，其爲中華民國之領土，不容置疑，故應於美國結束管理時交還中華民國。現美國逕將該列嶼之行政權與琉球羣島一併交予日本，中華民國政府認爲絕對不能接受，且認爲此項美日間之移轉絕不能影響中華民國對該列嶼之主權主張，故堅決加以反對，中華民國政府仍切盼關係國家尊重我對該列嶼之主權，應卽採取合理合法之措置，以免導致亞太地區嚴重之後果。

ⅩⅡ、中國政府宣佈將釣魚臺列嶼劃歸宜蘭縣令

（錄自「教育與文化通訊」，第二卷，第二期，民國六十一年一月十六日，頁二。）

教育部令

中華民國六十一年一月十日
臺（61）中字第○八一○號

臺灣省政府教育廳
臺北市政府教育局
受文者：部屬各機關學校
全國私立專科以上學校
國立編譯館
事　由：關於釣魚臺列嶼究應歸屬臺灣省何縣市乙節轉令知照由。

一、奉　行政院六十年十二月二日臺(60)內字第一一六七六號令復內政部副本：「一、該內政部六十年十月二十七日臺內民字第四四二五九八號呈爲釣魚臺列嶼係屬我國臺灣省之一部分，惟究應歸屬該省何縣市一節，經准該省政府先後來函明確主張宜隸屬宜蘭縣，擬從其議，報請核示一案。二、准照該內政部所議辦理除令復內政部並分行外希知照並飭屬知照」等因。分令外希知照並飭屬知照。

二、令希知照。

三、副本抄送國防部戰地政務局並發本部各單位。

部長　羅　雲　平

ⅩⅢ、日據時期有關尖閣列島漁場的記載選譯

（譯自民國四年一月十七日臺灣總督府殖產局編印之「臺灣水
產」第二號第七、一五頁）

一、北部漁場

（一）漁場之變遷及現況

北部漁場至宣統二年（日明治四十三年）爲止僅以基隆爲中心，北至彭佳嶼（三十七浬），東部至鼻頭角其範圍極爲狹小。至宣統三年（日明治四十四年）則因出海漁船數急增，勢必促進擴張漁場，乃擴張至以鼻頭角爲中心之三十浬圈內及自蘇澳起東方二十浬以北之範圍。至民國元年（日明治四十五年，大正元年）則因基隆海洋潮流常常不良，鯧魚之洄游不多，並且魚餌鰛之漁獲亦減少，故多出海至鼻頭角以東之海洋打漁，上年度之漁場至爲寂寥，幾乎未見出海之漁船。然而在民國二年度（日大正二年），則對原來之漁場範圍不滿足，有的更出海至沖繩縣下之尖閣列島及與那國島附近打漁。民國三年後（日大正三年），近海之漁況，自初期起卽比上年不好，因此都出海至尖閣列島及與那國島附近打漁，僅不堪從事前記遠航之小漁船，在近海漁場出海捕魚。關於此漁場之擴張及漁期之延長，則經常由凌海輪作必要之調查及試驗指導該業者。

二、尖閣列島漁場

本列島爲釣魚島、黃尾嶼、赤尾嶼、南小島、北小島等岩嶼之總稱，茲擬以釣魚島爲主加以記述。

本島位於鼻頭角東北東九十浬之海中，北緯二十五度四十五分三十秒，東經一百二十三度九分三十九秒，周圍約四哩，潮流經常良好

而向東北東急流。

　　鰹魚羣接近該島而多於其東南方及西方，東方則爲淺礁而未見其洄游。

　　漁期爲四月起至十月爲止。十一月以後則海上風浪高大不能出海打漁。盛產之漁期爲六、七、八等三個月。

　　該島爲光緒十年（日明治十七年）日本福岡縣人（後遷入沖繩縣籍）古賀氏所探險者，從光緒二十二年（日明治二十九年）起捕採海鳥及龜鱉類，並從事開墾，自光緒二十八年初建造鰹魚船，次設柴魚（卽鰹魚干）製造場，經營漁業及製造。

　　該島之沿岸浪高，漁船之進出頗爲困難，並且魚餌之供給亦不充分，但因有極其豐富魚羣之洄游，故獲利相當可觀。以臺灣爲根據地之鰹魚船來說，則爲其最重要遠海漁場之一。

ⅩⅣ、日據時期臺灣與琉球之新漁場紛爭事件始末

　　臺灣與琉球間之新漁場紛爭事件，發生於民國二十八年（日昭和十四年）九月下旬，嗣後經過雙方協商談判，終於民國二十九年（日昭和十五年）四月杪解決。茲依據當時之臺灣日日新報所載報導，將其概要節譯分述如後：

　　一、琉球與臺灣漁民間之新漁場紛爭地點在釣魚島南方之石垣島，西表島及與那國島之間，距西表島西南約八十浬，卽東經一百二十三度至一百二十四度，北緯二十四度至二十六度間之公海。

　　二、民國二十八年八月二十五日至二十七日，臺北州所屬之漁民在上項地區發現新漁場，嗣後卽出動大批漁船赴該地區開採珊瑚及捕魚。民國二十八年九月二十六日，臺灣漁船三十六艘在西表島西南八十浬和與那國島中間之新漁場作業時，琉球方面派警戒船保安號干涉臺灣漁船之作業，擬撞毀臺灣漁船，切斷漁網，打傷臺灣漁民，並將所採捕之珊瑚、魚投入海中。臺灣漁船受害後返臺，立刻報告基隆市政府、臺北州署及總督府。被害船主並於十月五日向臺北地方法院檢

察處提出刑事告訴，並要求賠償二萬日元。

　　三、事件發生後，臺灣方面即聲明該漁場係在公海而非在琉球行政區域內。十月二日復出動三十九艘漁船再度赴新漁場作業，此次只與琉球漁民相罵而未動武，是時臺、琉雙方政府均派船隻監視。

　　四、十月九日至十二日臺灣總督府派臺北州水產試驗場長大熊技正及珊瑚合作社理事主席田尻，赴與那國與冲繩縣淵上知事等會談交涉，表明該漁場比較接近臺灣，而與那國亦使用臺幣，表示關係密切，雙方應該合作。臺灣方面認為新漁場在公海，而琉球方面則認為新漁場在冲繩諸島之間，應屬該縣轄內。雙方糾紛無法解決，乃呈報日本中央政府農林、拓務兩省調停。

　　五、農林省認為該新漁場難認屬於琉球領海，而是在公海上，所以希望由臺、琉雙方業者合作開發資源。於是十一月十五日至十七日在拓務省召開協定會議，邀請農林省、臺灣總督府及琉球政府派代表參加。臺灣總督府派殖產局水產課平塚技正參加。會議結果雙方意見漸趨接近，認為應在合理之管制下由雙方出海採捕，但具體的意見未獲一致。為解決翌年之漁期，乃約定琉球政府於明年元月派主管官員來臺商洽暫行之措施。

　　六、民國二十九年一月杪，琉球對臺灣總督府提出照會，其基本條件擬以與那國暨臺灣之中間境界線東經一百二十二度為雙方許可權之區劃線，希望臺灣方面諒解妥協，合作開採，並說此為在東京由農林、拓務兩省會同調停之下所談妥者。此後冲繩縣淵上知事於二月杪來臺商談，同時臺灣總督府亦於三月底派平塚技正赴琉球協商，雙方均希望圓滿解決。

　　七、經協商後新漁場問題經於四月中解決，決定由雙方共同開採該漁場之海洋資源。基隆、蘇澳之漁船五十隻，為開採冲繩西表島新珊瑚漁場之資源，乃於五月一日起先後出海採捕，但協議後五月二十日出海採取珊瑚之臺灣漁船，仍有被八重山警察沒收珊瑚之情形，基隆漁會乃提出嚴重之抗議。

　　綜觀上列各項，紛爭地點係在與那國暨西表島之間，而非在釣魚

島附近。而經日本中央政府農林、拓務兩省調停並經雙方協商後，認爲新漁場係在公海上，應由臺灣琉球雙方共同開採該地區之資源。

乙、外蒙古問題資料彙編

丘宏達編輯

最近立法院在審議「兩岸人民關係條例」時，對於該條例是否適用到外蒙古一點，有所爭議。此外，民國八十年四月三十日李總統登輝先生的記者招待會中表示：

> 「關於外蒙古、西藏的問題，這是兩個不同的問題。外蒙古的問題是很早就已經獨立的，我們政府本身對於外蒙古的態度還沒有一致的看法。外蒙古是不是中國？這是剛才提出來的問題重點。在我所瞭解，我們的憲法制定以前，外蒙古已經獨立了，這個問題是整個政府對外蒙古如何來看？我們很希望行政方面做一個通盤的檢討研究，做一個非常明確的態度。目前西藏要獨立的問題，本人認為西藏本身是一個自治區，為什麼現在有發生這個問題？因為中共沒有給他自由、民主，只要中共給他自由、民主的一個自治的制度存在的話，我想不會去搞這個問題；問題所在就是中共要統一他，他又反對他，所以兩問題我想分別來談。」

因此將外蒙古問題的有關資料，整理出來，以供參考。

I、外蒙古「獨立」之經過

一、清末的外蒙古

(一)清季邊政腐敗，外蒙人民經濟困苦，而外蒙的統治階層「王公」及「喇嘛」冗費浮濫，漢地商人復重利盤剝更使蒙民生計艱困，此其一。

(二)清季在外蒙推行新政，名目繁多，其中駐兵移民二項，導致

外蒙之疑懼，而虛設機構，增添冗員，其經費又一律由外蒙人民負擔，使蒙民不堪其擾，反感極深，此其二。

（三）帝俄在清初早已垂涎外蒙，迨光緒末年，更勾結日本，締結密約，以圖瓜分滿蒙。帝俄既獲日本承認其在外蒙的特殊利益，圖謀外蒙逐更加積極。俟清末在外蒙推行新政失當，俄人乃乘機誘煽蒙古王公喇嘛，醞釀「獨立」。

二、民國元年外蒙古第一次「獨立」經過

（一）密謀階段

宣統三年六月，俄人暗慫哲布尊丹巴藉會盟為名，招集四部在庫倫密議「獨立」事，並決定乞援於俄，遂密遣杭達多爾濟等赴俄京。

（二）「獨立」經過

1. 宣統三年七月五日俄駐北京大使，即以「蒙人反對新政，派使請俄政府出兵援救」為名，強迫清廷立即停辦新政。

2. 清政府之處措

   (1) 電駐庫倫辦事大臣「三多」，從緩辦理新政。

   (2) 三多向哲布尊丹巴交涉，以「停辦新政，免治赴俄諸人之罪」為條件，做為交換，使哲布尊丹巴召還杭達多爾濟等，並發電阻止俄國派兵。

3. 俄國的態度

   杭達多爾濟等人於八月抵俄京，俄國認為機不可失，遂不理會哲布尊丹巴之電文，逕自發兵外蒙，又不准杭達多爾濟等人返外蒙。

4. 適逢辛亥革命，滿清政府無暇北顧，外蒙在俄國兵力的援助下，遂於民國元年十月三十日正式通牒庫倫辦事大臣衙門，聲明蒙古「將全土自行保護，定為大蒙古帝國」，限三多及所屬人員於三日內離境。

5. 民元年陰曆十二月廿八日外蒙宣佈「獨立」，年號「共戴」，

稱「大蒙古國」，設總理、副總理主持政務，分設內務、外
務、軍政、司法、財政五部。

三、民國元年至民國四年，外蒙古由「獨立」到自治

（一）俄國煽動並協助外蒙「獨立」之目的，主要係利用蒙古問
題，作爲向中國勒索權利之武器。

（二）俄國對華一向外交手法，就是先作地方性談判，造成事實，
再勒迫中央承認，於是元年十月有派廓索維慈庫倫之行。

廓氏抵達庫倫，在威迫利誘之下，終與外蒙在十一月三日簽定俄
蒙私約。

這個條約包括兩部分，一個是俄蒙協約，祇有四條，是原則性的
約定，一個是俄蒙商務專條，計十七條，詳細訂定俄人在外蒙古所享
特權。繼而又簽訂開礦條約、電線條約、鐵路條約，將外蒙各項專利
獲得，此時整個外蒙實已納入俄帝掌握之中，俄人所缺少者唯中國政
府的正式承認。

（三）民國二年十一月廿二日，中國與俄國簽定「聲明文件及另
件」，中國爭回對外蒙的宗主權，俄國則取得中國正式承認其在外蒙
特殊地位與權利。

（四）民國四年六月七日簽訂「中、俄、蒙恰克圖三方協約」

恰克圖協定共計二十二款，除所謂派官駐兵封等外，其要點略
爲：（一）外蒙古承認中俄聲明文件及另件，（二）外蒙古承認中國之宗
主權，中國俄國承認外蒙古自治，爲中國領土之一部分。（三）自治外
蒙無權與外國訂立政治及土地關係之國際條約，但有辦理一切內政並
與外國訂立關於工商事宜條約之權。（四）中國貨物運入外蒙須納內地
貨捐，洋貨由外蒙運入內地，照中俄陸路通商章程所訂辦理。（五）中
國屬民民刑案件由中國官員審理，蒙民與中國屬民民刑案件，由中國
官員會同蒙官審理，各按其律治罪。

自恰克圖中俄蒙三方協約締結之後，庫倫哲布尊丹巴卽於四年六
月九日宣告撤消獨立，外蒙遂進入自治時期。

四、民國四年至民國八年外蒙古自治期

這段期間北洋政府先後派陳籙、陳毅爲都護使，代表中國行使在外蒙古的宗主權。經陳籙和陳毅兩任都護使苦心經營外蒙，終於奠下外蒙古「撤治」之基礎。此期之重要成就有：

(一)增強中國在外蒙宗主權

1. 創設大成公司，改善中國到外蒙之交通。
2. 籌設中國銀行庫倫分行，增進中蒙商務。
3. 建議將阿爾泰改道歸併新疆，此點使阿爾泰至今仍爲中國（共）管轄之領土。

(二)增強外蒙向心，恢復中蒙情感

1. 民國五年七月八日冊封哲布尊丹巴，此爲象徵中國宗主權最重要的典禮。
2. 促使外蒙哲布尊丹巴於民國六年一月十日派司法部長赴北京報聘。中國政府做法；
   (1) 先期派隊至烏得以南迎候，護送北京。
   (2) 由蒙藏院優予接待。

此舉不僅增進了中、蒙情感，更在國際上明白宣示了中蒙的宗屬關係。

(三)中、蒙合力收復唐努烏梁海。

五、民國八年十一月外蒙古宣佈「撤消自治」

(一)陳毅都護使自民國七年起即開始與外蒙協商撤治事宜，至民國八年九月底已擬妥撤治條例六十三條，其內容顯示外蒙古的撤治是有條件的。

1. 撤治的定義：係指「外蒙自願撤消自治官府，恢復前清舊制」之簡稱。亦卽凡盟旗制度、土地所有權及各旗自治均照前清辦法而行。
2. 撤治之意義：

(1) 外蒙將外交及國防交由中國處理。

(2) 外蒙本身保有自治權。

(二)北洋軍閥徐樹錚為掠取「撤治」之成果，假西北籌邊使之職權，以武力為後盾，強迫外蒙古無條件撤治，改陳毅之六十三條為八條，迫令王公喇嘛簽字。

    1.王公喇嘛抵死不從，後由陳毅等出面調停，先由王公喇嘛申請撤治，然後派代表晉京擬議條例。

    2.十一月廿二日北京政府明令頒布外蒙撤治。

(三)撤治後之外蒙

    (1) 民國九年西北邊署遷庫倫辦公後，徐樹錚奪取外蒙一切自治權，全部接受自治官府，分設八廳。

    (2) 民國九年一月一日徐樹錚以專使身分冊封哲布尊丹巴時，又盛陳儀仗，強迫活佛先期齋戒，起立受封等，不重視哲佛在蒙古人心目中的神聖地位，使蒙古王公喇嘛認為身受無比的屈辱。

(四)徐樹錚迫令外蒙撤治之影響：使外蒙離心離德，終於導致外蒙淪亡之命運。

    (1) 使外蒙王公喇嘛覺得受中國之欺騙，對中國之信心動搖，認為親中國之結果，連自治權都喪失了。

    (2) 以武力為後盾，採強迫之手段，又侵犯了哲布尊丹巴的神聖地位，嚴重傷害了蒙古人的自尊心，破壞了多年來培養的中蒙情感。

    (3) 外蒙王公喇嘛趁直皖戰爭中，皖系崩潰之際，派代表到處求援，聯絡白黨、紅黨；甚至連一向心存戒心的日本人亦致電聯絡，求其助外蒙逐出中國勢力。遂有外蒙之第二次、第三次「獨立」。

六、民國十年三月二十一日外蒙宣佈第二次「獨立」

(一)白黨恩琴在日本勢力支持下，於民國十年二月間進攻庫倫。

(二)三月二日庫倫陷落。

(三)三月廿一日哲布尊丹巴二次登基。

七、民國十年七月六日外蒙宣佈第三次「獨立」

(一)蘇聯紅黨（共產黨）應蒙古人之乞援，於民國十年七月間出兵外蒙，佔領恰克圖及庫倫，以哲布尊丹巴爲元首，宣佈獨立。

(二)外蒙在紅黨及蒙古人民革命黨掌權下，制定了哲布尊丹巴出任元首的誓詞（約法）十六條，嚴格限制了哲布尊丹巴的權力，使哲布尊丹巴由民國元年、九年時專制的、全權的皇帝（君主），變成立憲的皇帝（君主）。

(三)民國十年十一月五日，蘇俄外蒙訂立友好條約，蘇俄承認蒙古人民革命政府爲蒙古唯一合法政府，俄人享有若干優先權利。

(四)其後共黨更將立憲皇帝的哲布尊丹巴改名爲人民委員會委員長。至民國十三年五月廿四日活佛圓寂。

八、民國十三年七月一日成立「蒙古人民共和國」。

(一)宣佈哲布尊丹巴不再轉世。

(二)頒佈憲法，改組政府，仿蘇聯體制成立「蒙古人民共和國」，成了蘇聯第一個附庸國。

(三)改「庫倫」爲烏蘭巴托（意即紅色英雄城）。

九、外蒙在蘇聯紅黨的支持下，宣佈第三次「獨立」後，中國的交涉

(一)民國十一年五月，中國聲明蒙古爲中國領土之一部分，同時否認俄蒙間所締結一切條約的效力。

(二)民國十三年五月三十一日，俄國公使加拉罕在北京與中國簽訂「中俄解決懸案大綱」，蘇聯承認外蒙古爲中國的一部分，尊重中國在外蒙的宗主權，並承諾短期內撤退駐蒙古軍隊。

十、民國三十四年二月十一日美、英、蘇達成雅爾達協定

二次大戰末期，美英兩國爲使蘇聯對日宣戰，於民國三十四年二

月四日美國總統羅斯福、蘇聯領袖史達林和英國首相邱吉爾三人集會
於黑海之濱的雅爾達；二月十一日達成對中國有關之秘密協議，即爲
後世所稱之「雅爾達協定」，其中第一條即爲「保持外蒙現狀」。羅斯
福並允諾史達林勸說中國方面接受。當時政府的估計爲，以雅爾達協
定的損失，如能換取國內眞正的統一及中蘇間十年以上的和平則可接
受，並且可一併解決中共與新疆問題，因此接受此一秘密協定，使成
了「中蘇友好同盟條約」的一部分。

十一、「中蘇友好同盟條約」的談判、簽字及內容中牽涉外蒙部分

（一）民國三十四年六月十三日蔣經國、宋子文抵莫斯科，七月二
日談判開始；宋子文表示願給外蒙高度自治權，並允蘇俄駐兵，史達
林堅持要獨立，七月六日國民政府蔣主席電宋子文：謂外蒙獨立問題
須在中國眞正統一，領土主權眞正無缺時方能考量，蘇俄如能保證東
三省領土完整，不支持中共之割據，不鼓勵新疆之叛亂，則中國願在
抗日勝利後，經外蒙公民投票，許其獨立。

美國彼時駐蘇俄大使哈里曼面告宋子文，如談判停頓，蘇俄仍將
對日作戰，進兵滿、蒙並可能伸入關內，而無所加以拘束，這對中國更
將不利。七月九日宋向史達林提出三款：一、蘇俄保證東三省領土、
行政、主權完整；二、中國對新疆叛亂以政治方式處理，蘇俄承諾不
以軍力接濟；三、蘇俄對中國之援助應以中央政府爲限。如此，則中
國願於擊敗日本及蘇俄接受三條件後，允許外蒙獨立，談判告一段落。

（二）宋子文不欲自己簽訂中蘇條約，回重慶後請辭外交部長職，
由王世杰繼任。同年八月七日二度談判開始，史達林要求外蒙應勘界
問題，美大使哈里曼勸宋子文不必多做讓步，國民政府蔣主席亦一再
電囑，如蘇俄不肯以中國地圖爲根據劃定外蒙界限，則不惜決裂；代
表團則回電蔣主席請授以全權。十三日夜間得覆電由宋子文、王世杰
全權處理；八月十四日「中蘇友好同盟條約」由王世杰與蘇俄外長莫
洛托夫正式簽字。

（三）「中蘇友好同盟條約」及其附件中，牽涉外蒙部分者：

1.「中蘇友好同盟條約計八條，如次：

中華民國蘇維埃社會主義共和國聯邦友好同盟條約

三十四年八月十四日簽訂
三十四年八月二十四日生效
本約及其有關文件經中國政府於
四十二年二月二十五日宣告廢止

中華民國國民政府主席蘇維埃社會主義共和國聯邦最高蘇維埃主席團願以同盟及戰後善鄰合作、加強蘇聯與中國素有之友好關係，又決於此次世界大戰抵抗聯合國敵人侵略之鬥爭中，彼此互助，及在共同對日作戰中，彼此合作，以迄日本無條件投降爲止，又爲兩國及一切愛好和平國家人民之利益，對於維持和平與安全之目的表示其堅定不移之合作志願，並根據一九四二年一月一日聯合國共同宣言，一九四三年十月三十日在莫斯科簽字之四國宣言及聯合國國際組織憲章所宣布之原則，決定簽訂本條約，各派全權代表如下：

中華民國國民政府主席特派外交部部長王世杰；

蘇維埃社會主義共和國聯邦最高蘇維埃主席團特派蘇維埃社會主義共和國聯邦外交人民委員部部長莫洛托夫；

兩全權代表業經互相校閱全權證書，認爲妥善，約定條款如左：

第 一 條

締約國擔任協同其他聯合國對日本作戰，直至獲得最後勝利爲止，締約國擔任在此次戰爭中彼此互給一切必要之軍事及其他援助與支持。

第 二 條

締約國擔任不與日本單獨談判，非經彼此同意不與現在日本政府或在日本成立而未明白放棄一切侵略企圖之任何其他政府或政權，締結停戰協定或和約。

第 三 條

　　締約國擔任在對日本作戰終止以後共同採取其力所能及之一切措施，使日本無再事侵略及破壞和平之可能。

　　締約國一方如被日本攻擊不得已而與之發生戰事時，締約國他方應立即盡其能力給予該作戰之締約國一切軍事及其他之援助與支持。

　　本條一直有效，以迄聯合國組織經締約國雙方之請求，對日本之再事侵略擔負防止責任時為止。

第 四 條

　　締約國之一方，擔任不締結反對對方之任何同盟，並不參加反對對方之任何集團。

第 五 條

　　締約國顧及彼此之安全及經濟發展之利益，同意在和平再建以後，依照彼此尊重主權及領土完整與不干涉對方內政之原則下，共同密切友好合作。

第 六 條

　　締約國為便利及加速兩國之復興及對世界繁榮有所貢獻起見，同意在戰後彼此給予一切可能之經濟援助。

第 七 條

　　締約國為聯合國組織會員之權利及義務，不得因本條約內所有各事項之解釋而受影響。

第 八 條

　　本條約應於最短可能時間批准，批准書應儘速在重慶互換。

　　本條約於批准後立即生效，有效期間為三十年。倘締約國任何一方不於期滿前一年通知願予廢止，則本條約無限期繼續生效；締約國任何一方得於一年前通知對方終止本條約之效力。

　　為此兩國全權代表將本條約署名蓋章，以昭信守。

中華民國三十四年八月十四日即一九四五年八月十四日訂於莫斯科，中文俄文各繕兩份，中文俄文有同等效力。

中華民國國民政府主席全權代表　　　王 世 杰（簽字）

蘇維埃社會主義共和國
聯邦最高蘇維埃主席團　全權代表　　莫洛托夫（簽字）

2.牽涉外蒙部分主要爲換文(二)

換　文

(二)

(甲)中華民國國民政府外交部王部長致蘇聯外交人民委員部莫洛
　　托夫部長照會

部長閣下：

　　茲因外蒙古人民一再表示其獨立之願望，中國政府聲明於日本戰
敗後，如外蒙古之公民投票證實此項願望，中國政府當承認外蒙古之
獨立，卽以其現在之邊界爲邊界。

　　上開之聲明，於民國三十四年八月十四日簽訂之中蘇友好同盟條
約批准後，發生拘束力。

　　本部長順向

貴部長表示崇高之敬意。

　　此照

蘇聯外交人民委員部莫洛托夫部長

中華民國三十四年
西曆一九四五年　八月十四日

　　　　　　　　　　　　　　王　世　杰（簽字）

(乙)蘇聯外交人民委員部莫洛托夫部長復中華民國國民政府外交
　　部王部長照會

部長閣下：

　　接准閣下照會內開：

　　『茲因外蒙古人民一再表示其獨立之願望，中國政府聲明於日本
戰敗後，如外蒙古之公民投票證實此項願望，中國政府當承認外蒙古
之獨立，卽以其現在之邊界爲邊界。

　　上開之聲明於民國三十四年八月十四日簽訂之中蘇友好同盟條約
批准後，發生拘束力。』

　　蘇聯政府對中華民國政府上項照會，業經奉悉，表示滿意，茲並

聲明蘇聯政府將尊重蒙古人民共和國(外蒙)之政治獨立與領土完整。
本部長順向
貴部長表示崇高之敬意。
此照
中華民國國民政府外交部王部長世杰
中華民國三十四年八月十四日
西曆一九四五年八月十四日

莫洛托夫（簽字）

十二、外蒙古公民投票經過

（一）庫倫政府接獲中蘇兩國的通知後，決定在民國三十四年（一九四五）十月二十日舉行公民投票，在外蒙十八個盟部和一個特別市，凡年滿十八歲以上之公民，參加者共四十八萬三千二百九十一人，佔全數百分之九十七‧八的人全投了贊成票，其餘百分之二‧二的公民棄權。但是，他們所投的票，是與民主原則正相反的記名票。

（二）其後，外蒙總理兼外交部長喬巴勒桑元帥，將小國會於十一月十二日通過有關獨立之決議，及有關獨立投票之文件。分別致送中蘇兩國政府。

十三、中國政府承認外蒙古獨立

（一）中國政府於民國三十五年一月五日，發佈承認外蒙古獨立的文告。其文告內容如次：

國民政府公告

外蒙古人民於民國三十四年十月二十日舉行公民投票，中央曾派內政部次長雷法章前往觀察。近據外蒙古主持投票事務人員之報告，公民投票結果已證實外蒙古人民贊成獨立。茲照國防最高委員會之審議決定，承認外蒙古之獨立。除由行政院轉飭內政部將此項決議正式通知外蒙古政府外，特此公告。
中華民國三十五年一月五日

(二)民國三十五年二月，外蒙古政府派內閣副總理蘇龍札布 (Sorongdjab) 等來中國的戰時首都重慶報聘，商討建立外交關係及互派代表等事；但未能獲得結論。

(三)民國三十五年六月二十四日外蒙古開始申請加入聯合國。八月由安全理事會討論之際，西方集團的國家爲防止聯合國內共產集團勢力的擴張予以拒絕；但中國代表則支持蒙古的加入。眼看中蒙兩國將成爲兄弟之邦，克里姆林宮的獨裁者就發動一個新的事件。翌年六月中蒙兩國於新疆與外蒙接壤的北塔山（Baiita-Bogda）發生國境爭執。兩國互相譴責「武裝侵略」，於是甫經樹立的中蒙邦交，遂告中絕。

十四、廢止「中蘇友好同盟條約」及附件之經過

(一)民國三十八年，蘇聯策動中共全面叛亂，並片面撕毀「中蘇友好同盟條約」，與中共另訂新約。

同年，我國在聯合國提出控蘇案。

(二)民國四十一年二月聯合國通過我國所提之控蘇案。

外交部葉部長公超之聲明

中華民國四十二年二月二十五日

蘇維埃社會主義共和國聯邦在實行其對中國之侵略計劃之過程中，已一再違反前於民國三十四年八月十四日在莫斯科簽署之中華民國蘇維埃社會主義共和國聯邦友好同盟條約及其他有關文件。

基於中華民國政府所提出之事實及證據，聯合國大會第六屆常會於四十一年二月一日通過決議案查悉：

「蘇維埃社會主義共和國聯邦自日本投降後對中國國民政府在東三省恢復中國主權之努力，始終橫加阻撓。並以軍事及經濟上之援助給予中國共產黨以反叛中國國民政府；」

並斷定：

「蘇維埃社會主義共和國聯邦就其日本投降後對中國之關係
而言，實未履行一九四五年八月十四日中國與蘇維埃社會主義共
和國聯邦所簽訂之友好同盟條約。」

蘇聯此種背信違約之舉，已使中國及中國人民受有嚴重之損害與
不堪言狀之痛苦。

查在中蘇外交關係斷絕之前，中華民國政府曾作多次努力，以期
將此項關係，置於與上述條約之文字及精神俱屬符合之基礎上，俾東
亞國際關係之穩定，得以確保，然雖有此項努力，蘇聯依然不顧其在
該約及聯合國憲章下之義務，繼續對中國進行侵奪敵對之行動，意圖
完全剝奪中國人民為一自由獨立民族之權利。蘇聯此種行動，迄尚在
進行之中，而其狂妄暴戾之程度與日俱增，從而嚴重威脅東亞及世界
之和平及安全。

在此種情形下，中華民國政府認為該約及其他有關文件既因蘇聯
之行動而歸於無效，中國自有權解除其所受該約及其他有關文件之約
束，爰正式宣告三十四年八月十四日之中華民國蘇維埃社會主義共和
國聯邦友好同盟條約及其他有關文件為無效。中華民國政府並保留中
國及其人民對於因蘇聯違反該約及其他有關文件所受之損害向蘇聯提
出要求之權。

(三)民國四十二年二月二十四日我國立法院決議撤銷「中蘇友好
同盟條約」及其附件，並經　總統明令公布，從此外蒙失去獨立之法
律依據。

廢止中華民國三十四年八月十四日在莫斯科
簽訂之中華民國蘇維埃社會主義共和國聯邦
友好同盟條約及其附件

中華民國四十二年二月二十四日第一屆立法院第十一會期第三次會議通過
中華民國四十二年二月二十五日總統令廢止

總統令　四十二年二月二十五日

　　立法院咨開:「案准行政院本年二月二十三日臺四十二（外）第一〇〇八號函，請審議宣告中蘇友好同盟條約及其附件爲無效，並保留我國及人民對於因蘇聯違反該約及其附件所受之損害向蘇聯提出要求之權，等由，經於本年二月二十四日本院第十一會期第三次會議提出討論，當經決議：中華民國三十四年八月十四日在莫斯科簽訂之中華民國蘇維埃社會主義共和國聯邦友好同盟條約及其附件，予以廢止，並保留我國及人民對於因蘇聯違反該約及其附件所受之損害向蘇聯提出要求之權」等由到府，查上項條約及其附件，由於蘇聯背信違約，應屬無效，著即予以廢止，並保留我國及人民對於因蘇聯違反該約及其附件所受之損害向蘇聯提出要求之權。此令。

（行政院蒙藏委員會編印，民國八十年）

Ⅱ、蔣經國先生記錄與蘇聯交涉外蒙問題的經過

蔣　經　國

對蘇交涉紀事節略

　　民國三十四年二月，美國因爲要蘇聯參戰，提早結束對日戰爭；羅斯福總統與史大林訂了雅爾達協定。我們當時爲著要打退壓境的強敵——日本，只好委曲求全，根據雅爾達協定，和蘇聯政府談判，簽訂中蘇條約。在談判的時候，美國方面有人主張：「要結束戰爭，必須蘇聯參加，要蘇聯參加，他當然要提出對他有利的條件，等到他提出之後，中國政府應該考慮給他好處。」到了今天，外蒙古、中東鐵路、旅順、大連的軍港，乃至整個大陸，蘇聯都攫取去了；然而他究竟用來對付誰呢?

　　民國三十四年，美國還沒有把雅爾達協定公佈以前，我們政府已經派員到莫斯科去進行中蘇談判，我也參加。這次的交涉，是由當時

的行政院長宋子文先生領導的。我們到了莫斯科，第一次和史大林見面，他的態度非常客氣；但是到了正式談判開始的時候，他的猙獰的面目就顯露出來了。我記得非常清楚，當時史大林拿一張紙向宋院長面前一擲，態度傲慢，舉動下流；隨着說：「你看過這個東西沒有？」宋院長一看，知道是雅爾達協定，回答說：「我只知道大概的內容。」史大林又強調說：「你談問題，是可以的，但只能拿這個東西做根據；這是羅斯福簽過字的。」我們既然來到莫斯科，就只好忍耐和他們談判了。談判中間，有兩點雙方爭執非常劇烈：第一、根據雅爾達協定，有所謂「租借」兩個字眼。父親給我們指示：「不能用這兩個字，這兩個字，是帝國主義侵略他人的一貫用語。」第二、我們認為，所有問題都可以逐步討論，但是必須顧到我們國家主權和領土的完整。後來，史大林同意不用「租借」兩字，對於中東鐵路、旅順、大連這些問題，也肯讓步；但關於外蒙古的獨立問題 —— 實際就是蘇聯吞併外蒙古的問題，他堅持決不退讓；這就是談判中的癥結所在。談判既沒有結果，而當時我們內外的環境又非常險惡。這時父親打電報給我們，不要我們正式同史大林談判；要我以個人資格去看史大林，轉告他為什麼我們不能讓外蒙古獨立的道理。我遂以私人資格去見史大林，史大林問我：

「你們對外蒙古為什麼堅持不讓他『獨立』？」

我說：

「你應當諒解，我們中國七年抗戰，就是為了要把失土收復回來，今天日本還沒有趕走，東北臺灣還沒有收回，一切失地，都在敵人手中；反而把這樣大的一塊土地割讓出去，豈不失卻了抗戰的本意？我們的國民一定不會原諒我們，會說我們『出賣了國土』；在這樣情形之下，國民一定會起來反對政府，那我們就無法支持抗戰；所以，我們不能同意外蒙古歸併給俄國。」

我說完了之後，史大林就接著說：

「你這段話很有道理，我不是不知道。不過，你要曉得，今天並不是我要你來幫忙，而是你要我來幫忙；倘使你本國有力量，自己可

以打日本，我自然不會提出要求。今天，你沒有這個力量，還要講這
些話，就等於廢話！」

說時態度非常倨傲，露骨地表現帝國主義者的眞面目。我也就開
門見山地問他說：

「你爲什麼一定要堅持外蒙古『獨立』？外蒙古地方雖大，但人
口很少，交通不便，也沒有什麼出產。」

他乾脆地說：

「老實告訴你，我之所以要外蒙古，完全是站在軍事的戰略觀點
而要這塊地方的。」

他並把地圖拿出來，指着說：

「倘使有一個軍事力量，從外蒙古向蘇聯進攻，西伯利亞鐵路一
被切斷，俄國就完了。」

我又對他說：

「現在你用不着再在軍事上有所憂慮，你如果參加對日作戰，日
本打敗之後，他不會再起來；他再也不會有力量佔領外蒙古，作爲侵
略蘇聯的根據地。你所顧慮從外蒙進攻蘇聯的，日本以外，只有一個
中國；但中國和你訂立「友好條約」，你說二十五年，我們再加五
年，則三十年內，中國也不會打你們；卽使中國要想攻擊你們，也還
沒有這個力量，你是很明白的。」

史大林立刻批評我的話說：

「你這話說得不對。第一、你說日本打敗後，就不會再來佔領外
蒙古打俄國，一時可能如此，但非永久如此。如果日本打敗了，日本
這個民族還是要起來的。」

我就追問他說：

「爲什麼呢？」

他答道：

「天下什麼力量都可以消滅，唯有『民族』的力量是不會消滅
的；尤其是像日本這個民族，更不會消滅。」

我又問他：

「德國投降了，你佔領了一部分；是不是德國還會起來？」

他說：

「當然也要起來的。」

我又接着說：

「日本卽使會起來，也不會這樣快；這幾年的時間你可以不必防備日本。」

他說：

「快也好，慢也好，終究總是會起來的；倘使將日本交由美國人管理，五年以後就會起來。」

我說：

「給美國人管，五年就會起來；倘使給你來管，又怎樣的呢？」

他說：

「我來管，最多也不過多管五年」。

後來他不耐煩了，直截地表示：

「非要把外蒙古拿過來不可！」

談話一直繼續下去，史大林又很正經地向我說：「我不把你當做一個外交人員來談話，我可以告訴你：條約是靠不住的。再則，你還有一個錯誤，你說，中國沒有力量侵略俄國，今天可以講這話；但是只要你們中國能夠統一，比任何國家的進步都要快。」這的確是史大林的「肺腑之言」，他所以要侵略我們，還是害怕我們強大起來；因此，只顧目的，不擇手段，用盡千方百計來壓迫、分化和離間我們。

接下去，他又說：「你說日本和中國都沒有力量佔領外蒙古來打俄國；但是，不能說就沒有『第三個力量』出來這樣做？」這個力量是誰？他先故意不說。我就反問他：「是不是美國？」他回答說：「當然！」我心裏暗暗地想，美國人訂下了雅爾達協定，給他這許多便宜和好處，而在史大林眼中，還忘不了美國是他的敵人！

最後，經過許多次的談判，「中蘇友好條約」終於簽訂了。不過，父親當時對於簽訂這個條約，有個原則上的指示：「外蒙古允許『獨立』，但一定要註明，必要經過公民投票：並且要根據三民主義的原

則來投票」。這原則，史大林總算是同意了。史大林說過：「條約是靠不住的。」我們絕不以人廢言，只要自己能奮發圖強，有了力量，反共抗俄能夠勝利，外蒙古還不是仍舊可以歸還到我們的版圖嗎？而且，「中蘇友好條約」，經俄帝徹底破壞之後，我們已經明白宣佈其「無效」；依理依法，外蒙古仍然是中華民國領土的一部份。

　　　（原載蔣經國著，**反共奮鬥三十年**，摘自秦孝儀主編，**中華民國重要史料初編——對日抗戰時期**，第七編，**戰後中國**，第一冊，臺北：中央文物供應社經銷，民國七十年出版，頁 698—702。）

Ⅲ、民國四十四年蔣總統中正與美國艾森豪總統有關外蒙古申請加入聯合國的來往信函

民國四十四年十一月二十五日

艾森豪總統閣下：

　　本月〔一九五五年十一月〕二十二日接奉由藍欽大使轉到尊電及杜勒斯國務卿另一電文，承就聯合國會員入會問題惠示尊見，曷勝感佩。閣下所言，此一問題對貴我兩國均極重要，貴我兩國不應顯示歧見，中正深具同感。敝國對聯合國向極擁護，敝國政府不僅對人民負有責任，且以聯合國忠實會員國之地位，對於憲章原則亦無不盡其維護之責任。關於外蒙入會問題，中正業將敝國立場詳告藍欽大使，請其轉達國務院，計邀臺詧，茲願再為閣下陳之。

　　外蒙本為中國之領土，其脫離中國版圖，乃為敝國忍痛接受貴國主張，同意簽訂中蘇友好條約之結果。是以無中蘇條約即無外蒙獨立，亦無今日所謂外蒙入會之問題矣。敝國當時所以同意外蒙獨立，乃在換取中蘇兩國間三十年之和平關係，俾可從事戰後之復興與建設。惟其後事實證明，蘇俄竟以外蒙為據點，對我新疆及東北各省，益肆侵略，且更助長匪共叛亂，僭據大陸，敝國人民每一憶及我當時

同意外蒙獨立之失策，深為痛心，至今猶對政府責難不已。一月以來，敝國朝野對所謂外蒙入會之議，一致反對，情緒激昂，倘敝國代表在安理會中對外蒙入會不加阻止，則全國人民及海外僑胞，不但對政府責難更甚，而對向所信賴之盟友，殆亦將深感失望。

自中蘇條約廢止後，敝國當時所以同意外蒙獨立之情勢，業已完全改變。關於外蒙問題，就敝國立場而言，尚有待將來另作處理，今如懍於外來壓力，遽准外蒙入會，不但自背正大立場，且不啻對外蒙予以國際承認，並確定其現在地位，而絕我將來可能處理之途徑與機會，敝國本於切身利害，斷難接受，此與敝國政府之不願放棄大陸主權，事同一理。

外蒙為蘇俄一手製造之傀儡，無論內政外交均受蘇俄嚴厲控制，其本身絕不具備憲章所規定之會員條件，此為閣下所深知。數年以來，蘇俄屢次強挾匪共入會，賴貴國態度堅定，領導自由國家合力抗拒，幸未得逞。今蘇俄乃改變方式，先掖外蒙入會，實即為匪共入會開路，其後果如何可想而知。敝國深知，外蒙倘因敝國阻止不克入會，對敝國在聯合國之地位可能發生不利影響，但敝國對外蒙入會，倘不嚴加反對，並施用憲章所賦予之權利予以阻止，其後果更為嚴重，是不啻承認侵略之成果，致喪失我本身基本立場。而聯合國若竟不顧憲章原則，容許此等傀儡政權入會，更足以貶損其本身之尊嚴。

此次敝國對新會員入會問題，為顧念貴國亟求解決入會問題之苦衷，以及各自由國家申請入會願望，已本容忍妥協之精神，不惜作最大之讓步，即對東歐四共產附庸國之入會亦將不予反對，至申請入會之十三自由國家中，雖有若干國家業已承認匪共，敝國亦不復再表異議。以敝國今日處境之苦，而仍甘願作此重大犧牲，其委曲求全之苦心，當為閣下所洞察。

集體入會辦法，違反憲章，並與國際法院諮詢意見不符。貴我兩國一向堅決反對。今貴國為顧全大局，予以接受，敝國雖不能不深表遺憾，但念及友邦動機，不忍深責。惟此事關鍵全在蘇俄，查敝國所欲阻止入會者，不過外蒙一傀儡政權，而蘇俄竟妄稱，除非准許外蒙

入會，卽將以否決權阻止所有自由國家入會，以爲恫嚇，是濫用否決權者爲蘇俄，而非敝國。貴國以自由國家領袖之地位，並鑒於對聯合國之重大責任，理應聯合各國對蘇俄行使壓力，使其不堅持外蒙入會，方爲正辦。否則敝國爲維護國家利益，並尊重人民願望，迫不獲已，最後唯有安理會行使憲章所賦予之權力，以達到阻止外蒙入會之目的。

中正一向珍視中美友誼，值玆患難之秋，中美兩國尤須衷誠合作。中正前曾屢向杜卿表明，敝國對一切國際問題，凡於貴國有利，而對敝國並無重大切身利害者，莫不樂從貴國之後，有時甚至不惜犧牲本身利益與主張，遷就貴國意見，以求雙方立場一致，對貴國勸告無不竭誠接受。遠之如中蘇友好條約之締結，近之如大陳諸島之撤守，以及其他若干國際問題，皆爲明證。惟此次外蒙入會問題，與敝國重大切身利害直接攸關，事實上無可再事忍讓，務盼貴國設身處地，諒其苦衷，勿再強我所難，掬誠奉復，敬祈惠詧，順頌政祺。蔣中正。

民國四十四年十一月二十八日

總統閣下：

十一月二十六日由貴國大使館轉來閣下本人二十二日電文之覆電，業經奉悉。本人對於閣下否定外蒙現政權之獨立性，所作強有力之論據，獲有深刻之印象。本人同意吾人應十分明瞭，貴我兩國，並無任何一方，承認現時外蒙較諸白俄羅斯、烏克蘭或阿爾巴尼亞具有更高之獨立程度，亦無任何一方，應承認外蒙之強制脫離中國版圖係屬合法與正當。

本人以爲，貴我兩國可能並理應將吾人對外蒙之態度，予以闡明，但其中心問題，並不在有無良好論據反對外蒙，而在能否獲得良好論據在安全理事會中行使否決權，此種高度人爲性之投票程序，可使五常任理事國之任何一國阻撓大多數會員國之意願。

美國從不相信：此種否決權應在安全理事會中使用，以阻止已獲

大會三分之二多數及安全理事會十一理事國中七理事國贊成之國家之入會。在此情形下，吾人從未使用否決權，其他四常任理事國中之三國，即法國、英國及蘇俄，雖各認爲所擬准許入會之十八國中有若干國家，並非所喜，惟均各認爲應順從世界輿情，並接受聯合國大多數會員國及其他申請入會之十三自由國家所企求之結果。

本人深盼閣下將決定在貴國採取行動時，可發表一項明確之聲明，以維護閣下所剖述之法律及道義立場，用以代替高度技術性之投票權之使用。蓋此項投票權之使用，將使絕大多數會員國通盤解決入會問題之願望，歸於失敗。吾人亦將採取相同之步驟。

閣下當能憶及：當年五常任理事國曾在金山同意對否決權應予愼重使用，而不得濫用。閣下既能以一項適時之聲明，以表明閣下所述之法理立場，本人深恐貴國政府倘在此種情形下使用否決權，將被吾人所需珍視與尊重之世界輿情，認係『濫用』。

因此，本人願基於吾人之友誼及貴我兩國之邦交，切勸閣下參照本人所坦率陳述之觀點，惠就此事，重予考慮。艾森豪一九五五年十一月二十八日。

民國四十四年？月？日（日期未能查出）

艾森豪總統閣下：

閣下對中正十一月二十六日電文之復電，已於十一月二十九日由貴國大使轉到，承示貴國對於外蒙之被強制脫離中國版圖，亦採與我一致立場，不承認其爲合法，彼此立場一致，至深佩慰。此項立場對於敝國政府與人民，實屬極關重要。

中正自接奉閣下來電後，經再就前電所陳敝國立場愼重檢討，深信解決外蒙申請入會之最妥辦法，當爲避免迫使我方行使否決權。此點閣下諒有同感，甚盼貴我兩國駐聯合國代表猶能就地設法摒除外蒙之申請，或在技術方面延緩其討論。一如中正前電所陳，倘外蒙能予摒除，或將外蒙入會之申請另案辦理，則縱令十七新會員國之入會對於敝國地位將有不利之影響，但爲達成貴我兩國合作之願望計，中正

亦寧願作此犧牲。蓋以敝國今日處境之艱難，尤以鑒於閣下屢次勸告之殷切，吾人之不願行使否決權固不遜於貴國也。

中正深知就他國政府而言，外蒙亦不過係另一蘇俄之附庸，惟對於敝國若准許外蒙進入聯合國，則其惡劣影響之所及，有不堪想像者，已於前電詳述矣。此不僅不利於中國，抑對於聯合國本身之威望及貴國之領導與道義地位，損害亦極重大，此次蘇俄企圖以整批交易之手段，迫使吾人容許外蒙入會，其目的在藉此開一先例，使不具備會員資格並曾犯有侵略罪行之傀儡政權，亦可入會，俾爲匪共混入聯合國開路，吾人明知其爲有計劃之勒索行爲，而若干國家竟甘爲其奔走，且更圖以敝國在聯合國之地位問題，壓迫敝國讓步，實屬有失公允，並亦有損於聯合國之尊嚴，蓋若聯合國果竟如此，將不復成其爲具有道義之國際組織，而將淪爲被蘇俄侵略者所操縱與挾制之工具。貴國對於以外蒙入會爲他國入會條件之辦法，似應積極反對，全力阻止。貴國爲世界民主國家之領袖，不但義所應爲，抑且當仁不讓。至於敝國代表對外蒙申請入會所採之行動，若僅限於發表一項聲明，實亦無異放棄我之基本立場及我對聯合國所應盡之義務也。

因此中正謹以摯友資格，懇向閣下再度呼籲，切盼貴國駐聯合國代表盡力覓致可能之解決方案，務使新會員入會問題，不受外蒙申請入會之牽累，實所企盼，順頌痊祺。

　　　　（張群與黃少谷編著，**蔣總統爲自由正義與和平而奮鬥述略**，臺
　　北：中央文物供應社經銷，民國五十七年出版，頁497-502。）

Ⅳ、外蒙古現況

「蒙古人民共和國」自成立以來，無論在內政、外交或經濟上均受到蘇聯的嚴密控制與操縱；直至前（民國七十八）年因受到蘇聯戈巴契夫開放政策及東歐民主改革浪潮的影響，而有了具體的轉變。

㈠外蒙古民主改革之經過

自民國七十八年十二月起，外蒙古在「蒙古民主聯盟」領導策劃

下舉行了多次反對蒙共專制箝制，追求民主自由的大規模示威集會活
動。因其訴求重點很快地獲得外蒙各階層人士的熱烈廻響，致使反對
「蒙古人民革命黨」執政的民間團體如雨後春筍般地成長茁壯並於七
十九年二、三月間紛紛成立政黨，在組織的運作聯繫下，最大的三個
反對黨成員已迅速遍及全外蒙。據估計外蒙十八省三市中至少有七萬
人支持「蒙古民主黨」；一萬人以上支持「社會民主黨」及「民主進
步黨」；這個數目與擁有九萬三千名黨員的外蒙執政黨 ── 「蒙古人
民革命黨」的實力相去不遠。

　　然而外蒙反對團體與執政黨在勢力相匹的情況下，卻能不發生流
血的暴力事件，而能以和平理性收場；分析其原因乃是民族意識的覺
醒與反共產情緒的熾烈；由於外蒙長期受蘇聯的控制，與壓榨剝削，
使得民族自尊心受挫，致使反蘇的情緒普遍存在蒙古人心中，此次反
對團體訴求的「結束共黨專政」，無疑的就是要求擺脫蘇聯箝制的同
義詞，這點可以說是蒙古人心之所同，因此很容易獲得各階層普遍的
支持，而化解了衝突與對立。

　　(二)外蒙古民主改革之具體成效

　　1.結束共黨專政，放棄馬列思想

　　由於外蒙反對黨派及社團組織之強大壓力，已迫使外蒙「國會」
於七十九年三月二十三日通過「修憲案」，刪除了「憲法」中保障蒙
古人民革命黨「領導地位」的條款，重新規定「蒙古人民有權參加其
政綱反映人民的眞正利益，以建立人道的、民主的和社會主義的政
黨」，正式結束了六十多年來的共黨專政。另外，四月十二日蒙古人
民革命黨特別大會中更正式宣佈將「共產主義」自黨綱中廢除。至八
十年二月二十五日蒙古人民革命黨召開二十屆代表大會時更正式宣示
放棄馬列主義。

　　可見執政的蒙古人民革命黨亦對「共產主義」、「馬列思想」這
個背了近七十年的沉重包袱，已有如鯁在喉，必去之而後快的決心與
作爲了。

　　2.組成多黨體制之政府

　　由於改革已成爲外蒙各階層的殷切期望，因此外蒙執政當局對反對黨派的成立及訴求重點，多抱持著同情與包容的態度，而予以協助，以最大的三個反對黨來說，蒙古民主黨致力於加速社會與政治制度改革的步伐，社會民主黨致力於建立一個全新的政治經濟結構，民主進步黨則要求卽刻將蒙古的中央計畫式經濟變爲市場經濟；而蒙古人民革命黨主導的政府當局均容許其公開宣揚黨綱；並於七十九年五月六日與反對團體共同成立諮商委員會，賦予草擬法案及向小呼拉爾（類似立法機構）提出建議案之權。同時於七十九年七月間並舉行了「大呼拉爾」（類似國民大會）代表選舉，由各政黨公平競爭，以民意爲施政之依據，其選舉結果，「大人民呼拉爾」四三〇席次中，「蒙古人民革命黨」獲得三五七席，約占八成；而「大人民呼拉爾」休會期間掌實權的「小呼拉爾」五十三個席次中，「蒙古人民革命黨」僅得三十二席，約占六成。國會選舉後籌組之新政府中，有四個政黨代表入閣擔任部長。其「副總統」「小呼拉爾」主席爲蒙古社會民主黨領袖；其第一副總理爲民主進步黨主席，副總理之一爲蒙古民主運動聯盟領袖，故目前外蒙已是多黨體制之政府，且新政府成立後並立卽成立「新憲法修改起草委員會」，其委員除「蒙古人民革命黨」主席外，還延攬了其他五個政黨領袖參加。

　　3.重建民族的自尊與自信

　　由於外蒙人民相當憎恨蘇聯的文化霸權，因此自民主改革浪潮興起後，反對蘇聯思想箝制，恢復民族自尊自信已成爲朝野的共識。除消極的拆除史達林銅像，肅清其思想遺毒外，更積極地重新評價蒙古民族英雄成吉思汗，發行成吉思汗紀念郵票，放寬學術界對成吉思汗的研究及有關成吉思汗書籍的出版。

　　另外，目前外蒙雖然仍採用俄文字母拼寫的新蒙文，但已向內蒙地區徵聘了四百位蒙文教師赴外蒙教導子弟學習老蒙文，努力恢復傳統蒙古文字的使用來擺脫蘇聯對外蒙思想文化上的影響。

　　又，外蒙當局爲回應高漲的民族意識，除了修改「國歌」的歌詞，採用原有的詞句而不再提及「蘇聯」外；並且還賦予過去被共黨

清算鬥爭的受害人，有要求平反和給予補償的權利，因此在可以預見的未來，蒙古民族主義的巨流，必定會沖毀蘇聯所加於蒙古人的一切枷鎖，帶領外蒙走出一條屬於自己的寬廣大道。

(三)外蒙古現行體制

1.「國家」體制：外蒙古自民主改革後，在「國家」體制上已有很大改變，目前外蒙係採總統制，其國會有二，一為「大呼拉爾」，一為「小呼拉爾」，其行政部門則設有「總理」、「副總理」及各「部會首長」，其司法機構為「最高法院」和各級「地方法院」行使審判權。「檢察署」及各級「地方檢察署」分別行使法律的最高檢察權和地方檢察權。

2.「外交」：目前外蒙當局所採的外交策略是一方面繼續與中共及蘇聯雙方保持友好關係，以等距離外交的態勢，預留廻旋空間，另方面則積極開拓對外關係，加強與美國、歐洲及亞洲國家及地區的接觸及貿易往來，並擺脫以往政治意識為主的外交關係，故於去年將「外交部」更名為「對外關係部」。截至目前已有一○七個國家承認外蒙古，外蒙駐外使館有十八處，而派有使節常駐外蒙者，除了十四個共產國家以外，並有印度、日本、英國、美國及南韓等五個國家。

(行政院蒙藏委員會編印，民國八十年出版，頁3-6。)

柒、官方文件與資料

甲、國際條約與文件

雙 邊 條 約

一九八九年四月七日中史（瓦濟蘭）
手工藝技術合作協定

中華民國與史瓦濟蘭王國間手工藝技術合作協定

中華民國政府與史瓦濟蘭王國政府咸欲繼續兩國間之手工藝技術合作，爰經雙方代表議定下列條款：

第 一 條

中華民國政府承諾在史瓦濟蘭王國派駐手工藝技術團（以下簡稱「該團」）以協助促進「史瓦濟蘭國家手工藝訓練發展中心」（以下簡稱「該中心」）手工藝人員之訓練。

第 二 條

中華民國政府承諾：

一、負擔該團人員至史瓦濟蘭王國往返旅費；

二、負擔該團人員依照本協定服務間之薪津；

三、提供在本協定期限內第一年四名學員及第二年二名學員至中華民國接受為期一個月之訓練課程及觀摩之一切費用。

本協定如予延續，本項規定可增至每年四名學員，為期二年，惟學員之來回機票費應由史瓦濟蘭王國負擔。

第 三 條

該中心之管理與行政應由史瓦濟蘭王國政府商工暨觀光部（以下

簡稱「該部」）或其他部門或其指定之機構負責。

第 四 條

　　史瓦濟蘭王國政府承諾免費提供該團人員備有傢具及水電之適當住屋。

第 五 條

　　史瓦濟蘭王國政府對該團人員應：

一、豁免其薪津之稅捐；

二、比照史瓦濟蘭王國政府之公務人員給予同等醫療待遇；

三、豁免渠等首次入境時所携帶私人家庭用品之一切進口稅，關稅及其他稅捐；

四、給予不低於依一般技術合作協定在史瓦濟蘭王國服務之第三國工作團隊人員所享有之其他權利。

第 六 條

　　中華民國與史瓦濟蘭王國於一九八六年七月一日所簽之手工藝技術合作協定應於本協定生效之日終止。

第 七 條

一、本協定追溯自一九八八年七月一日起生效，效期二年。

二、本協定得由任何一方於三個月前以書面通知他方予以終止。

　　爲此，締約雙方代表爰於本協定簽字，以昭信守。

　　本協定以中文及英文各繕兩份，兩種文字約本同一作準。

　　中華民國七十八年四月七日卽公元一九八九年四月七日於史瓦濟蘭王國首都墨巴本。

　　　　　　　　　　　　　中華民國政府代表
　　　　　　　　　　　　　特命全權大使章德惠
　　　　　　　　　　　　　史瓦濟蘭王國政府代表
　　　　　　　　　　　　　代理外交部長狄瓦尼

一九八九年七月十三日中聖（克里斯多福）修訂農業技術合作協定換文

中華民國駐聖克里斯多福大使館代辦段培龍一九八九年七月十三日致聖克里斯多福總理兼外交部部長賽孟茲照會

敬啓者：

關於聖克里斯多福與中華民國所簽訂之農業技術合作協定，本人玆建議修訂如下，提請考慮：

第八條：本協定自簽字之日起生效，效期兩年，除非任何一方政府期滿前六個月以書面通知他方政府終止本協定，本協定將於期滿後自動延長，每次爲期兩年。

上述建議如獲　閣下同意，並證實爲貴國政府所接受，則本照會及　閣下之復照卽構成　貴我兩國政府間之一項協定，並溯自一九八九年四月六日起生效。

順向閣下重申最崇高之敬意。

中華民國大使館代辦　段培龍（簽字）

一九八九年七月十三日

聖克里斯多福外交部一九八九年七月十三日復中華民國駐聖克里斯多福大使館照會

聖克里斯多福外交部玆向中華民國大使館致意並提及中華民國大使館一九八九年七月十三日致聖克里斯多福總理照會建議修訂聖克里

斯多福與中華民國所簽訂之農業技術合作協定。

外交部玆聲述中華民國政府建議修訂前述協定如下:

「第八條: 本協定自簽字之日起生效, 效期兩年, 除非任何一方政府在期滿前六個月以書面通知他方政府終止本協定, 本協定將於期滿後自動延長, 每次為期兩年。」

外交部玆奉告: 聖克里斯多福政府業經考慮並完全接受所建議之修訂, 並同意前述之中華民國大使館照會及本復照卽構成　貴我兩國政府間之一項協定, 並溯自一九八九年四月六日起生效。

一九八九年八月二十二日中宏（都拉斯）漁業技術合作協定續約及增訂條款換文

宏都拉斯共和國外交部次長卡西瑞茲致中華民國駐宏都拉斯共和國大使黃傳禮照會中譯文

照會第二三四—DTTL 號　　日期一九八九年八日廿一日

大使閣下：

本人謹向　閣下聲述：應天然資源部之要求敬請將宏都拉斯政府與中華民國政府於一九七四年四月六日簽訂之漁業技術合作協定自一九八八年十一月一日起延長五年，同時附加三條款其內容如下：

（甲）宏都拉斯共和國政府將給予技術團人員以宏國社會保險局提供之健康保險。

（乙）宏都拉斯共和國政府將每月提供技術團人員生活補助費，其最低額宏幣六百元，最高額宏幣一千元。

（丙）宏都拉斯共和國政府給予在宏國服務之技術團人員以駐宏外交團人員相同之特權及豁免。

此項建議倘荷中華民國政府同意，本照會及　閣下述明　貴國政府同意之復照即構成兩國政府間之協議。

本人順向　閣下申致最崇高之敬意。

外交部次長

吉耶爾莫・卡西瑞茲・彼內達（簽字）

中華民國駐宏都拉斯大使黃傳禮致宏都拉斯共和國外交部長羅培斯照會中譯文

照會第七八——二五三號　　　　日期一九八九年八月廿二日

部長閣下:

接准　貴部次長卡西瑞兹閣下一九八九年八月廿一日第二三四—DTTL 號照會, 內開:

「大使閣下: 本人謹向　閣下聲述: 應天然資源部之要求敬請將宏都拉斯政府與中華民國政府於一九七四年四月六日簽訂之漁業技術合作協定自一九八八年十一月一日起延長五年, 同時附加三條款其內容如下: (甲)宏都拉斯共和國政府將給予技術團人員以宏國社會保險局提供之健康保險。(乙)宏都拉斯共和國政府將每月提供技術人員生活補助費, 其最低額宏幣六百元, 最高額宏幣一千元。(丙)宏都拉斯共和國政府給予在宏國服務之技術團人員以駐宏外交團人員相同之特權及豁免。此項建議倘荷中華民國政府同意本照會及閣下述明　貴國政府同意之復照即構成兩國政府間之協議。本人順向　閣下申致最崇高之敬意。外交部次長吉耶爾莫・卡西瑞兹・彼內達 (簽字)。」

本大使謹復告　閣下, 中華民國政府欣然同意將中華民國政府與宏都拉斯共和國政府間之漁業技術合作協定之效期自一九八八年十一月一日起延長五年, 並適用已訂之各條款及前述之三項新條款, 本人之復照及上述　貴部次長卡西瑞兹閣下之二三四—DTTL照會即構成兩國政府間之協議。

本大使順向　閣下重申最崇高之敬意。

大使　黃傳禮 (簽字)

一九八九年八月二十四日中美北太平洋公海流網漁捕作業協定換文（含附件）

中美北太平洋公海流網漁捕作業協定換函中譯文

一、一九八九年七月十三日美國在臺協會理事主席羅大爲致北美事務協調委員會駐美國代表處代表丁懋時函

丁代表閣下：

本人謹提議美國在臺協會（以下簡稱「本會」）與北美事務協調委員會（以下簡稱「貴會」）簽署一項有關監督、執行與規範北太平洋流網漁捕作業之合作計劃協定。此合作計畫之細節，明列於所附附件。倘 貴會接受附件所列條款，則本函暨附件，併同 閣下之覆函卽構成本會與 貴會間之一項協定。本協定於 閣下函覆時卽生效迄至一九九〇年十二月卅一日止。

我方深盼能獲 貴會承諾 貴會所代表之一方將擴大並履行一九九〇年之觀察員及執行計畫，我方並對 貴會所允 貴會代表之一方將採取各種步驟以限制其流網船隊規模之承諾甚爲重視，當本會所代表之一方檢討及評估本協定之執行效果時，上述各項努力之成效將被列入考慮。

本會重申下述立場：本會所代表之一方對於在本會所代表領土之河流及沿海水域產卵之溯河性魚類擁有管轄權，並保留依國際法及國際習例所享有之權利與優例。本協定不得被視爲係對一般公海流網漁捕行爲或來自 貴會所代表領土漁船行爲之一項寬恕。

美國在臺協會理事主席 羅大爲 敬啓

附件：

北美事務協調委員會（CCNAA）與美國在臺協會（AIT）有關

北太平洋公海流網漁捕換函

第一條　漁　場

　　CCNAA 所代表之一方（以下簡稱中方）應確保中方所代表領之所有流網漁船在二〇〇浬專屬經濟區以外北太平洋海域作業應依照下列漁場。每艘流網船之作業，一切其他活動及移動必需限制於西經一四五度以西及按月份在以下最北緯度以南之範圍：

　　(A) 東經一七〇度以西之地區：

一月至四月	北緯36度
五月	北緯38度
六月	北緯40度
七月	北緯42度
八月	北緯44度
九月	北緯46度
十月	北緯44度
十一月	北緯42度
十二月	北緯40度

　　(B) 東經一七〇度與西經一四五度之間地區：

一月至四月	北緯20度
五月	北緯34度（僅限大目流網）
六月	北緯40度
七月	北緯42度
八月	北緯44度
九月	北緯46度
十月	北緯44度
十一月	北緯42度
十二月	北緯40度

第二條　發報器

　　(A) 中方將於一九八九年漁季在10％之北太平洋流網漁船上裝設即時自動衛星定位設備 —— 在此稱之爲發報器（Transmitters）——

作為試驗。除非中美雙方在諮商後同意發報器對監報船隻之位置並無效果，一九九○年一月一日以後將不准許未裝有發報器可讓中美雙方作卽時監報船位及識別之流網漁船往北太平洋作業。

(B) 中方將負責購置暨操作發報器及發送資訊之費用。如AIT所代表之一方（以下簡稱美方）可獲得任何費用上之節省，美方將確保中方獲得此項利益。美方將協助中方採購發報器。

(C) 每一艘流網船必〔須〕確實紀錄漁獲之時間、地點及漁獲努力，包括自動航海系統船位之使用，並將此等資料向中方有關機關報告。

(D) 美方了解中方裝設此項設備之努力需中方國防部、交通部及農業委員會等單位之協調。美方將考慮履行此條款之實務及法律上之困難。

第三條　作業程序

(A) 流網漁船不得捕撈溯河性魚種。

(B) 在流網作業中意外捕獲之任何溯河性魚種，應立卽放回水中，並紀錄在第三條(I)所列明之漁獲紀錄中。

(C) 每艘擬往北太平洋作業之流網船應持有中方有關機關所核發之執照。

(D) 中方流網船所捕獲之任何海洋資源，除鮪魚裝運至美屬薩摩亞及波多黎各外，必須運抵中方境內港口，至於裝運至泰國之鮪魚應作徹底檢查。為有效執行起見，在簽署協議後，中方將迅速採取以下指施：

(1) 所有在北太平洋作業之鮪魚及魷魚運搬船應裝設發報器，使中美雙方可作船位及船隻識別之自動、卽時監視。

(2) 美方將立卽協助中方採購發報器。一旦發報器可獲得時，中方運搬船未裝有發報器〔者〕，不得離港往北太平洋作業。

(3) 中方將向美方提供一份運搬船之名冊。

(4) 魷魚運搬船僅限在北太平洋作業海域與中方港口間之航行。

(5) 所有在北太平洋捕獲之魷魚祇可轉載至中方之運搬船，並

在中方港口卸魚。

　　(6) 當一艘鮪魚或魷魚運搬船出港從事海上轉載，必須預先向中方主管單位取得許可。中方將迅速把此項資料轉達指定之美方官員。

　　(7) 所有魷魚運搬船進行魚貨轉載應作詳細之紀錄，包括交貨之漁船船名及魷魚數量。在運搬船返回中方港口時應立即向中方之主管機關報備作檢查。

　　中方有關機關將設立一項港口檢查計畫，在中方所有有關港口作流網船卸貨監視。

　　倘若在六個月內以上措施未能達到所希望之結果，中方有關機關將立即向立法單位提出一項法案，禁止在北太平洋之魷魚轉載作業。

　　(E) 中方有關機關應儘速向立法單位提出一項法案，禁止船隻同時載有大網目漁具（網目 18 公分或以上者）及小網目漁具（網目小於18公分者）。

　　(F) 每艘流網船將有一國際通信呼號，該通信呼號以明顯之顏色用最少一公尺高度之英文大寫及阿拉伯數字書於船上駕駛室或船體兩旁及在露天之甲板上。

　　(G) 每艘流網船將在網具上每50公尺間隔永久標示船名及通信呼號，俾對其使用之流網漁具作識別。每船亦〔須〕避免在海上拋棄使用過或損壞之流網及有關漁具。凡此漁具必須存放於船上，作業航次完成返港後再作適當之處置，並且應向中方有關機關報告遺失漁具之地點、日期及數量。

　　(H) 中方應向美方提供一份領有執照之流網漁船名冊，包括船名、國際通信呼號、漁船統一編號及順位。

　　(I) 中方應向美方提供流網船隊之總漁獲量及漁撈努力，按月累積及在一九八九年漁季每五個經緯度範圍內之紀錄，在一九九〇年漁季每一個經緯度範圍內之紀錄。作業資料應包括目標魚種之漁獲量溯河性魚種、海洋哺乳動物、海鳥及其他海洋生物之意外捕獲紀錄。此項資料將最遲於次年六月卅日向美方提供。

第四條　執　行

（A）中方有關機關應確保中方人員對流網漁船進行執法性登船，包括碼頭邊及在海上於中方核准之作業區以內及以外。

（B）中美雙方可交換執法觀察員以便於對流網漁業之執法活動。此項交換可包括：

（1）美方執法觀察員參與中方進行之執法巡航。

（2）中方執法觀察員參與美方進行之執法巡邏。

（C）中方應確保中方有關機關在涉及違規捕魚之行政或司法起訴案件中，視美方提供或透過美方提供之證據如同中方執法機關所提供之證據同樣方式處理。美方了解按照中方之司法制度，倘若所謂違規事件成為法院訴訟案件，對接受由美方提供或透過美方提供之證據與中方執法機關提供之證據未必有約束力。

第五條　訪問與證實

美方執法單位可照下列方式訪問中方之船隻，目的為證實違規捕魚事件：

（A）在中方核准之捕魚區域以外 —— 倘若流網船經偵測發現在核准捕魚區域外，在預先通知中方後，美方人員可訪問中方之流網船。

（B）在中方核准之捕魚區域以內 —— 在以下任何一項事件之發生，經預先通知中方後，美方人員可訪問中方之流網船：

（1）發現甲板上有禁捕魚種；

（2）發現正在進行有魚貨轉載，同時有理由相信所轉載之魚貨物為溯河性魚種；

（3）船隻之識別以任何方式遮蔽；

（4）發報器不運作；

（5）該船未列在中方提供之已核准作業漁船名冊中；

（6）該船在躲避偵測或在逃脫中。

（C）在預先通知中方後，美方人員可訪問中方之運搬船。

（D）在發現有違規捕魚事件後，美方與中方將諮商有關處理該船隻之進一步步驟。

（E）美方之執法單位將採取一切合理之措施確保對中方漁船合法

作業之最低干擾。美方之執法單位將依照國際法及國際習例所適用之規定進行其作業，並對中方漁船船長及船員表達必要之禮貌。

　　以上係基於一般普通承認之相互原則。

第六條　巡邏船之部署

　　(A) 美方完全了解中方目前可運用作爲巡邏北太平洋之船隻有限。然而，在一九八九年漁季之剩餘時間內中方將派遣兩艘專用之巡邏船往北太平洋作二〇〇個船日之巡邏，以確保在整個漁季內作業漁場附近有持續性之執法行動。

　　(B) 一九九〇年漁季，專用巡邏船之船數最少增爲三艘，爲確保於整個漁季內在作業漁場附近有持續性之執法行動，總巡邏日數將爲三一〇船日。

　　(C) 中方在漁季開始前將提供美方旣訂執法活動計畫。在每漁季結束後中方將向美方就執法官員對執行巡邏、登船、經發現之違規案例及處分情形，提供年度資訊。

第七條　監督計畫

　　中方將與美方實施一項合作監督計劃，此計劃爲部署中美雙方科學觀察員於北太平洋之中方流網船上。雙方將各自負擔其科學觀察員之僱用經費。

　　中方將向美方提供適航性及設備足供保障參與一九八九年及一九九〇年度監督計劃科學觀察員健康及安全之足夠船隻名册。

　　(A) 在一九八九年漁季之監督：中方將接受美方一位科學觀察員上一艘流網船，觀察員應有觀察約卅次流網起網之機會。

　　(B) 在一九九〇年漁季之監督： 一九九〇年及以後經同意之年度，中方同意與美方實施一項合作性監督計劃，其目的爲對中方在北太平洋所有流網漁業之目標魚種及非目標魚種獲得可靠之漁獲統計資料。此項計劃包括：

　　(1) 部署中美雙方之觀察員於中方商業性流網漁船， 最少卅天，觀察每一艘起網卅次以上；

　　(2) 安置中美雙方之觀察員於漁季之三個夏季月份中， 在一艘

中方人員船隻上，該船將在流網船隊之間穿梭，使觀察員能以該船爲跳板至一連串之流網船上觀察每船之起網情形。

一九九○年之前，中方代表將與美方代表共同訂定一九九○年漁季觀察員合作計劃，並於一九九○年二月廿八日止決定計劃之細節。

第八條　流網漁船隊之管理

在本協定期間，中方將採取步驟限制中方流網船數量，並就此事與美方作進一步之諮商。中方有關機關將儘早提出管理及管制流網漁業之必要法令，立法時將考慮到有關之生物與社會經濟性因素。中方將通知美方有關此方面努力之結果。

第九條　協定之運作

協定之雙方將定期諮商以檢討本協定之運作與實施情形，俾確保隨時日之消逝及情況之改變，本協議之目的可有效維持。雙方對以後年度之執行及監督協議應作諮商。

儘管中方在協議下之承諾及對美方之復函，中方重申在國際法及國際習例下中方所享有之權利及優例。

二、丁代表懋時一九八九年八月廿四日覆羅理事主席函

羅理事主席閣下：

閣下一九八九年七月十三日來函敬悉，該函載明：

「丁代表閣下：

本人謹提議美國在臺協會（以下簡稱「本會」）與北美事務協調委員會（以下簡稱「貴會」）簽署一項有關監督、執行與規範北太平洋流網漁捕作業之合作計畫協定。此合作計畫之細節，明列於所附附件。倘　貴會接受附件所列條款，則本函暨附件，併同　閣下之覆函即構成本會與　貴會間之一項協定。本協定於　閣下函覆時即生效迄至一九九○年十二月卅一日止。

我方深盼能獲　貴會承諾　貴會所代表之一方將擴大並履行一九九○年之觀察員及執行計畫，我方並對　貴會所允　貴會代表之一方將採取各種步驟以限制其流網船隊規模之承諾甚爲重視，當本會所代

表之一方檢討及評估本協定之執行效果時，上述各項努力之成效將被
列入考慮。

　　本會重申下述立場：本會所代表之一方對於在本會所代表領土之
河流及沿海水域產卵之溯河性魚類擁有管轄權，並保留依國際法及國
際習例所享有之權利與優例。本協定不得被視為係對一般公海流網漁
捕行為或來自　貴會所代表領土漁船行為之一項寬恕

　　　　　　　　　美國在臺協會理事主席　羅大為　敬啓」

　　貴函所提之協定除最後一段外本會均可接受。本會所代表之一方
主張，　來自本會所代表領土之國民及船隻在公海上之漁捕及其他權
利，應由可適用之國際法與習例之法則所規範。本會與　貴會達致此
協議之主要目的係在於保存及利用漁業資源。

　　本人願進一步告知　閣下，　貴會所代表領土之當局倘依一九八
七年流網法對來自本會所代表領土之海產或其他產品實施貿易限制，
本協定立即失效。

　　本會雖承諾本協定所允諾各節，惟本會所代表之一方重申其依國
際法及國際習例所應享之權利與優例。

　　北美事務協調委員會駐美國代表處代表　丁懋時　敬啓

一九八九年八月廿四日北美事務協調委員會駐美國代表處代表丁懋時致美國在臺協會理事主席羅大為函

羅理事主席閣下：

　　本人謹引述有關貴我雙方監督、執行與規範北太平洋流網漁捕作
業之合作計劃協定之閣下一九八九年七月十三日來函暨本人於同年八
月廿四日之覆函。

　　誠如本人曾向閣下口頭說明，本人奉總部指示，通知閣下我方至
盼以換函方式將一項仲裁條款納入協定中；倘此換函獲採行，則併同
閣下一九八九年七月十三日之來函暨附件以及本人覆函將構成貴我雙
方之一項完整之協定。我國政府有關當局認為此一仲裁條款係解決貴
我雙方因解釋及執行協定時可能產生糾紛之必要工具，可藉以避免雙

方不必要之摩擦並維繫雙方誠摯之合作關係。

本人謹檢附我國總部提議之仲裁條款全文，倘於閣下將之提請貴方優予考慮，本人將甚為感激。

感謝閣下鼎力協助，並盼儘早惠覆。

北美事務協調委員會駐美國代表處代表　丁懋時　敬啓

糾紛之解決

a 因解釋及執行本協定所生之爭端，倘於第一回合正式諮商後六十日內仍未能獲致解決，則除非兩造同意採行其他程序可由兩造之任一方依據下述程序交付仲裁。

b 仲裁應由三人組成之仲裁庭為之。爭端雙方接獲交付仲裁之請求後三十日內應各提名一仲裁人。上述二名仲裁人應於獲提名後之六十日內協議指定將擔任仲裁庭主席之第三位仲裁人。

c 除非另有協議，否則仲裁庭將依本協定決定其管轄範圍並制定裁判程序。在接獲仲裁庭之指示或兩造一方之請求時，仲裁庭應於組成後之一段合理時間內召開會議決定交付仲裁之確實爭議及應遵循之明確程序。

d 除非另有協議，爭端雙方均應於法庭完全組成後六十日內提出一份備忘錄；提出後六十日內對方即應答辯。仲裁庭應在任一方提出要求時或根據其自行裁量，在應提出答辯之期限終止後三十日內（或儘早），舉行一場聽證會。

e 仲裁庭應在聽證會結束後或倘未舉辦聽證會而在應提出答辯之期限終止後兩者間之較早日期作成書面裁決。仲裁庭採多數決。

f 雙方均可於仲裁庭裁決後三十日內要求法庭就裁決說明，而任何說明均應於要求提出後三十日內通知雙方。

g 任何一方均應盡力確保仲裁庭之任何裁決依據該國法律產生效力。

h 仲裁庭之費用，包括仲裁人之一〔切〕費用，均由雙方共同分攤。

一九八九年九月二十八日中沙（烏地阿拉伯）印製技術合作續約

回曆一四一〇年二月二十八日卽西元一九八九年
九月二十八日

一、── 沙烏地阿拉伯王國財政暨國家經濟部所屬政府文件印製
廠，以下簡稱甲方，經財政暨國家經濟部長授權，由中央管理部次長
Ibrahim Altassan 閣下爲代表。

二、── 中華民國中央印製廠，以下簡稱乙方，經中央銀行總裁
授權，由中央印製廠總經理吳紹起博士爲代表。

雙方經協議後約定如下：

前　言

爲符合沙烏地阿拉伯王國及中華民國兩國政府邦交敦睦及密切合
作之精神，沙烏地財政暨國家經濟部所屬政府文件印製廠及中華民國
中央印製廠決定就政府文件印製廠之發展、操作及維護進行技術合
作。沙烏地財政暨國家經濟部長已同意次長所請自回曆一四一〇年二
月二十八日卽西元一九八九年九月二十八日起續約兩年。

雙方同意：

第　一　條

一‧一　乙方應派遣有效率之專家及技術人員以操作及維護甲方位於
　　　　利雅德之 GSPP。上述人員共計四十六名，包括：
　　　　1. 一名業務經理。
　　　　2. 二名機械工程師。

      3.二名電機工程師。

      4.一名電子工程師。

      5.二名設計師人員。

      6.二名修整人員。

      7.一名凹版製版人員。

      8.一名拼版人員。

      9.一名電腦程式設計師。

     10.三名支票印碼機操作人員。

     11.十二名印刷領機。

     12.十一名印刷上手。

     13.五名裝訂人員。

     14.一名會計。

     15.一名翻譯。

     以上共計四十六名。

一‧二 乙方工作人員應於回曆一四一○年二月二十八日卽西元一九八九年九月二十八日合約開始之日前到達工作崗位，在上述日期之後抵達之工作人員薪給應自抵達之日起算。

一‧三 乙方應保證其所派遣工作人員之資格及經驗符合附件二〔略去〕所列各項工作之需要。

一‧四 乙方應提供其派遣至 GSPP 之操作及維護人員之姓名、資格、經驗等資料供甲方認證之用。甲方應協助乙方工作人員申請赴沙簽證。

一‧五 甲方對乙方工作人員如發現有基於安全顧慮或資格不符或不適任者時有權要求乙方更換。乙方根據甲方之要求應自費更換合於附件二所述資料、經驗之人員前往。

一‧六 乙方所派遣之工作人員應於GSPP工作場所內就其既有之設備及於本合約年限內新裝置之設備執行操作及維護之任務。

一‧七 乙方之工作人員及相關人士應遵守沙烏地阿拉伯王國之法律、規定、習慣及傳統。

一・八　乙方應為 GSPP 訓練與其工作人員同數之沙烏地人員，包
　　　　括操作 GSPP 廠內各種印刷設備之印製技術。乙方應依甲
　　　　方建議之人數於中央印製廠內訓練沙方人員。甲方應負擔受
　　　　訓人員受訓期間之一切費用。

一・九　乙方應保證有高技術水準之工作成效，其工作人員之工作應
　　　　受 GSPP 長官之監督同時不論係單獨作業、整體作業或機
　　　　組作業均應符合要求。計劃經理應就其工作人員操作及維護
　　　　工作之協調與 GSPP 廠長取得協議。

第 二 條

二・一　本合約有效期間二年，自回曆一四一〇年二月二十八日卽西
　　　　元一九八九年九月二十八日起，乙方應安排其工作人員赴沙
　　　　國工作俾便屆時執行操作及維護之任務。

第 三 條

三・一　甲方應依附件一〔略去〕之規定支付本合約第一條所列乙方
　　　　工作人員之薪資。

三・二　甲方應支付乙方本合約附件一總金額之15％費用做為乙方招
　　　　募技術人員考選、面試以及其他相關行政事務之用。

三・三　乙方工作人員中如有人未到或遲到時，其薪資應自總額中扣
　　　　除並於抵達之日起算。乙方對未到達沙烏地阿拉伯王國者不
　　　　應付予薪資。

三・四　乙方工作人員每年享有卅天之有薪休假，如因工作需要，經
　　　　由甲方 GSPP 廠長之決定及乙方之同意放棄休假者，應由
　　　　甲方於其薪資之外另行給予補償。

三・五　乙方工作人員之休假及假日應事前安排以保障 GSPP 之操
　　　　作及維護工作不虞間斷。乙方對其休假人員之工作應指派代
　　　　理人。任何乙方工作人員未得 GSPP 廠長之同意前不得休
　　　　假。

三・六　甲方應支付乙方相當於工作人員三個月薪資之年度房租津貼
　　　　予乙方，甲方並應支付乙方工作人員赴沙、返國及休假之機

票。

三‧七 乙方工作人員於 GSPP 廠長同意之情況下超時工作時，甲方應付給乙方工作人員其超時工作時數之正常薪資及百分之五十加給。

三‧八 乙方工作人員不另付給交通津貼。本合約附件一中所規定之薪資內已包含在沙烏地阿拉伯王國內之交通費用。

三‧九 乙方工作人員應享受沙烏地本國工作人員同樣之醫療照顧，卽乙方工作人員可在利雅德中央醫院或其他利雅德市內沙國衛生部所屬診療所內接受醫療。

三‧十 乙方工作人員之薪資於本合約有效期限內依本合約附件一所列數額給予。在本合約有效期限內乙方不得要求增加其工作人員之薪給。但，如果甲方同意續約，且加薪之幅度合理時，附件一所列薪資表可考慮予以調整。

三‧十一 根據本合約附件一所列薪資表計算，本合約之全部金額爲沙幣一一、七一九、〇四五‧一〇元。（沙幣一千一百七十一萬九千零四十五元一角）

第 四 條

四‧一 本約所有之各項金額應由甲方半年一次預付乙方，意卽每六個月預付一次。

第 五 條

五‧一 甲方應於 GSPP 內提供一足夠空間之辦公室予乙方，俾便乙方之業務經理及其行政人員，卽會計及翻譯人員於廠內處理公務之用。

第 六 條

六‧一 中華民國中央印製廠在本合約內除協助沙烏地阿拉伯王國政府操作及維護 GSPP 外無意尋求利潤，本合約應免課任何稅收。如有任何稅捐發生，得檢據請求甲方賠償。

第 七 條

七‧一 甲方有權增加百分之十或減少百分之廿之本合約之人數，卽

要求增加百分之十或減少百分之廿之人員。在此情況下，本
合約之金額應隨甲方之決定調整。附件一所列乙方工作人員
薪資亦應隨之調整。

七・二　如兩國政府就沙境中華民國公民之統一俸給達成協議時，雙
方有權要求比照此協議辦理。

第 八 條

八・一　乙方工作人員應儘可能搭乘沙航班機抵沙，返國及休假，如
沙航未開闢乙方首都至利雅德之航線時，應於兩國間之旅程
內換搭沙航班機。

本合約共繕正本六份，其中一份交由乙方據以執行。

甲方（簽字）

乙方　吳紹起（簽字）

一九八九年十月九日中巴（拉圭）
農牧示範村計畫協定

中華民國與巴拉圭共和國有關在巴推行農牧示範村計畫協定

中華民國政府與巴拉圭共和國政府自一九八六年起在巴國聖艾斯坦尼斯勞地區之卡貝爾尼設置第一個農牧示範村，實施三年來業使農民收入增加、生活品質獲得改善，成效備受肯定，乃於一九八九年在巴拉瓜尼地區之薩布凱設置第二個農牧示範村，因有第一個農牧示範村之經驗，該村實施為時雖僅半年，亦已獲致令人滿意之成果。

巴拉圭共和國新政府成立後對土地改革計畫極為重視，為保證該項改革之成功實需一項長久之技術援助。鑑於第一個農牧示範村成功之實例，實可依此模式推廣現有及未來擬設置之農牧示範村。

中華民國政府及巴拉圭共和國政府願基於兩國既存友好關係加強合作，藉以協助巴國農業發展。一九八九年八月九日中華民國外交部政務次長金樹基於晉見羅德里格斯總統時表示中華民國政府願繼續協助巴〔國〕政府推行農牧示範村計畫。

為使農牧示範村計畫有效執行，兩國政府爰同意下述條款：

第 一 條

巴拉圭政府選定急待增加生產，改善農民生活之農村作為本項計畫實施之對象。為使本計畫有效執行，上述農村必須具有執行有關目標之最低必備條件。

第 二 條

本計畫以分年進行為原則，依實際配合條件調配進度，而以設置

一百個村爲總目標。

第 三 條

　　每一示範村以一百戶至一百二十戶爲原則，可視實際情形酌予調整。

第 四 條

　　本計畫由巴拉圭農牧部與中華民國大使館監督實施，由農牧部農牧推廣司與中華民國農技團負責執行。農牧部於每村指派推廣人員二人；中方於前五村每村派遣技師一人，負責指導。自第六村起得於每一村指派具有六年以上經驗並受農技團及農牧推廣司訓練之合格巴籍人員一名駐村工作。巴籍駐村人員之薪資由中華民國政府負擔，並由中華民國農技團派員巡廻督導有關工作。

第 五 條

　　每一示範村設置服務站一座，除供辦公室外，亦作爲訓練農家青年及農民之場所，並另設置農機具存放庫一座，上述建築費用由中華民國政府負擔。

第 六 條

　　每一示範村設置二公頃之示範田，供建築及示範田使用之土地均由巴拉圭政府提供。

第 七 條

　　每一示範村設一農機具中心以供農民使用，其中係中華民國產製之農機具由中華民國政府提供，非中華民國產製之農機具則由巴拉圭政府提供。

第 八 條

　　每一示範村設置農貸基金，該項基金由中華民國政府提供並由巴拉圭農牧部與中華民國大使館交由巴國國家開發銀行控存。

第 九 條

　　每一示範村所需之交通工具均由巴拉圭政府提供。

第 十 條

　　農村之基本設施如道路、衞生、敎育、水電等均由巴拉圭共和國

之主管單位負責。

第十一條

　　每一示範村計畫以施行五年為原則，惟視實際需要，得續由中華民國農技團派員協助指導。

　　本協定分別以中文及西班牙文繕寫同一作準，並自締約雙方簽署之日起生效。本協定得在締約之一方以書面通知他方終止效期後一年失效。

　　中華民國七十八年十月九日卽公曆一九八九年十月九日簽署於臺北市

　　　　　　中華民國外交部部長　連戰（簽字）

　　　　　　巴拉圭共和國工商部部長　　（簽字）

一九八九年十一月十二日中巴（拿馬）技術合作協定續約換文

巴拿馬外長甘雷翁納德一九八九年十一月六日致本館宋大使照會譯文

大使閣下：

　　茲奉告，一九六九年十一月十二日簽訂之中巴技術合作協定，經由一九七一年八月五日與十二日換文、一九七三年十一月七日簽署之議定書、一九七五年九月十一日與十六日換文、一九七七年十一月九日簽署之議定書、一九七九年十一月八日簽署之議定書、一九八一年十一月九日換文、一九八三年十一月九日換文、一九八五年十一月七日與十二日換文、及一九八七年十月廿七日與十一月十二日換文予以延長，其效期至一九八九年十一月十二日屆滿。

　　鑒於中華民國農技團所執行農業計畫續效卓著，巴拿馬共和國政府爲擴大該項合作以加惠巴國農民起見，盼該協定再度自一九八九年十一月十二日起延續二年。

　　基於上述，本人爰建議，本照會及閣下所復經　貴國政府同意之照會卽構成一項協定，其效期自一九八九年十一月十二日起至一九九一年十一月十二日止。

　　本人順向
閣下重申最崇高之敬意

　　　　　外交部長甘雷翁納德（簽字）

駐巴拿馬宋大使七十八年十一月九日復巴拿馬外交部長甘雷翁納德照會譯文

部長閣下：

接准

閣下一九八九年十一月六日第 DGOICT/DT/151 號照會內開：

「大使閣下：

茲奉告，一九六九年十一月十二日簽訂之中巴技術合作協定，經由一九七一年八月五日與十二日換文、一九七三年十一月七日簽署之議定書、一九七五年九月十一日與十六日換文、一九七七年十一月九日簽署之議定書、一九七九年十一月八日簽署之議定書、一九八一年十一月九日換文、一九八三年十一月九日換文、一九八五年十一月七日與十二日換文、及一九八七年十月廿七日與十一月十二日換文予以延長，其效期至一九八九年十一月十二日屆滿。

鑒於中華民國農技團所執行農業計畫績效卓著，巴拿馬共和國政府為擴大該項合作以加惠巴國農民起見，盼該協定再度自一九八九年十一月十二日起延續二年。

基於上述，本人爰建議，本照會及閣下所復經　貴國政府同意之照會即構成一項協定，其效期自一九八九年十一月十二日起至一九九一年十一月十二日止。

本人順向

閣下重申最崇高之敬意。」

本人茲復告

中華民國政府亦願進一步加強　貴我兩國間既存之睦誼，同意將該技術合作協定再度延長效期二年。

本人並願證實本復照及前述　閣下來照構成　貴我兩國間之一項協定，自一九八九年十一月十二日起生效。

本人順向

閣下重申最崇高之敬意　　　　中華民國大使　宋長志（簽字）

一九八九年十二月八日中多（明尼加）
農牧技術合作協定續約換文

多明尼加共和國外交部長李嘉鐸一九八九年
十一月卅日致駐多明尼加王大使孟顯第DEJ
三二九九八號照會譯文

敬啓者：

　　茲奉告　閣下，本部長謹代表本國政府建議，將現對多明尼加共
和國農業部從事顧問工作之中華民國農業技術團服務期限延長兩年，
此項延長包括下列各點：

　　一、中華民國政府派遣一農牧技術團至多明尼加共和國從事農牧
方面之顧問工作，並對農牧業方面作改善之努力。

　　二、中華民國農牧技術團（以下簡稱技術團）包括農牧方面專家
十二人，此項人數得視多明尼加共和國之需要而增減。

　　三、中華民國政府負責遴派專家至技術團工作，在本補充協議有
效期間，如某一專家由於任何原因顯示無力執行其任務時，中華民國
政府應將其調回並另行派人接替。

　　四、技術團至多明尼加共和國服務期間，應就需行策劃或執行之
顧問工作對多明尼加共和國負責。中華民國駐多明尼加共和國大使館
爲該技術團與多明尼加共和國間之聯絡機構。

　　五、多明尼加共和國政府支付專家來回（卽臺北至聖多明各及聖
多明各至臺北）二等機票，並負擔其在多明尼加共和國工作期間之生
活費，每人每月美金三百五十元，以及購買雙方認爲必需之器材與物

料。

六、中華民國政府支付專家薪金，及由臺灣運至多明尼加共和國有助於技術團團員業務良好發展之器材與物料。

七、多明尼加共和國政府於本補充協議有效期間，提供工作推行所必需之傳譯人員，技術團團員在多明尼加共和國國內之交通，以及醫藥費〔用〕與住院費用。

八、多明尼加共和國政府免除技術團專家在其境內之中央或地方政府所課徵之所得稅，暨專家抵達多明尼加共和國及抵達後六個月內所必需之行李及自用物品之關稅。

此外，技術團各團員在合約有效期間內，如有團員必須離開多國返回其本國，再度前來多明尼加共和國時，免除其携帶自用物品之關稅。

專家得免稅進口其私用汽車，每人以乙輛爲限。但如在四年免稅期前在多明尼加共和國國內出讓，則需繳納有關進口稅。免稅車輛屆滿四年後，該專家可再度獲得免稅。同時，依照一九六九年四月一日第四二三號法或任何其他替代該法有關之條例，專家得免繳機票稅。

九、本補充協議自簽字之日起生效，效期兩年，除非任何一方政府在期滿前六個月以書面通知他方政府終止本補充協議，本補充協議將於期滿後自動延長，每次爲期兩年。

上述條款如荷中華民國政府接受，本照會及　閣下復照即構成兩國間之一項協定，自　閣下復照之日起生效。

本部長順向

閣下重申最崇高之敬意

此致

中華民國大使王孟顯閣下

　　　　多明尼加共和國外交部長李嘉鐸（簽字）

一九八九年十一月卅日於聖多明各

駐多明尼加王大使孟顯覆多明尼加共和國外
交部部長李嘉鐸一九八九年十二月八日第一
二二八一七四九號照會譯文

敬啓者: 接准
貴部長一九八九年十一月卅日第 DEJ 三二九九八號照會內開:
　　「敬啓者: 玆奉告　閣下, 本部長謹代表本國政府建議, 將現對
多明尼加共和國農業部從事顧問工作之中華民國農業技術團服務期限
延長兩年, 此項延長包括下列各點:
　　一、中華民國政府派遣一農牧技術團至多明尼加共和國從事農牧
方面之顧問工作, 並對農牧業方面作改善之努力。
　　二、中華民國農牧技術團（以下簡稱技術團）包括農牧方面專家
十二人, 此項人數得視多明尼加共和國之需要而增減。
　　三、中華民國政府負責遴派專家至技術團工作, 在本補充協議有
效期間, 如某一專家由於任何原因顯示無力執行其任務時, 中華民國
政府應將其調回並另行派人接替。
　　四、技術團在多明尼加共和國服務期間, 應就需行策劃或執行之
顧問工作對多明尼加共和國負責。中華民國駐多明尼加共和國大使館
爲該技術團與多明尼加共和國間之聯絡機構。
　　五、多明尼加共和國政府支付專家來回（卽臺北至聖多明各及聖
多明各至臺北）二等機票, 並負擔其在多明尼加共和國工作期間之生
活費, 每人每月美金三百五十元, 以及購買雙方認爲必需之器材與物
料。
　　六、中華民國政府支〔付〕專家薪金, 及由臺灣運至多明尼加共
和國有助於技術團團員業務良好發展之器材與物料。
　　七、多明尼加共和國政府於本補充協議有效期間, 提供工作推行
所必需之傳譯人員, 技術團團員在多明尼加共和國國內之交通, 以及

醫藥費用與住院費用。

　　八、多明尼加共和國政府免除技術團專家在其境內之中央或地方政府所課徵之所得稅暨專家抵達多明尼加共和國及抵達後六個月內所必需之行李及自用物品之關稅。

　　此外，技術團各團員在合約有效期間內，如有團員必須離開多國返回其本國，再度前來多明尼加共和國時，免除其攜帶自用物品之關稅。

　　專家得免稅進口其私用汽車，每人以乙輛爲限。但如在四年免稅期前在多明尼加共和國國內出讓，則需繳納有關進口稅。免稅車輛屆滿四年後，該專家可再度獲得免稅。同時，依照一九六九年四月一日第四二三號法或任何其他替代該法有關之條例，專家得免繳機票稅。

　　九、本補充協議自簽字之日起生效，效期兩年，除非任何一方政府在期滿前六個月以書面通知他方政府終止本補充協議，本補充協議將於期滿後自動延長，每次爲期兩年。

　　上述條款如荷中華民國政府接受，本照會及閣下復照卽構成兩國間之一項協定，自　閣下復照之日起生效。

　　本部長順向
閣下重申最崇高之敬意。」

　　本大使玆奉告
貴部長，中華民國政府對於上列條文表示接受，並證實貴部長來照與本覆照卽構成　貴我兩國政府間之一項協定，自本日起生效。

　　本大使順向
貴部長重申最崇高之敬意

　　此致
多明尼加外交部部長李嘉鐸閣下

　　　　　　　中華民國大使　王孟顯（簽字）
一九八九年十二月八日於聖多明各

一九八九年十二月十八日中宏（都拉斯）農牧技術合作協定

中華民國與宏都拉斯共和國間農牧技術合作協定

中華民國政府與宏都拉斯共和國政府，鑒於兩國間前簽之各項協定所獲致之利益，並爲進一步加強農牧技術合作與兩國人民間友好團結關係，爰經雙方各指派代表，依照下列條件簽署中華民國與宏都拉斯共和國間新訂農牧合作協定。

第 一 條

中華民國政府同意派遣一農牧技術團（以下簡稱「技術團」）至宏都拉斯共和國，由團長一人及經雙方同意並由宏國政府依個人之專長及宏國政府之需要提出請求之技術人員組成，俾對優先考慮之農牧項目進行示範、技術協助及合作，以改善全國糧食生產指標及增加上述所提各農牧項目之生產力。

第 二 條

中華民國政府負擔技術團全體人員往返宏都拉斯共和國之旅費，並支付上述人員在宏都拉斯二年服務期間之薪金，服務期間可依便利及雙方協議延長之。

第 三 條

中華民國政府將供給技術團必須自中華民國購置之農牧及其他必要器材，此項器材應豁免關稅及任何其他稅賦及附加稅。

第 四 條

宏都拉斯共和國政府承允提供技術團辦公處所以及團長及團員宿舍，團長宿舍得與辦公處所合併，並承允依照相關行政程序於彼等前

往其指定之工作區域以外之地區出差時，發給差旅費。此外，宏都拉斯政府並承允每月提供技術團人員生活補助費最低額宏幣六百元及最高額宏幣一千元。

第 五 條

宏都拉斯共和國政府將提供技術團工作所需非為中華民國所出產之器材，以及勞工、車輛（包括油料、修理、保養及意外保險）；並承允供應執行其計畫及工作所需之種子、肥料、除草劑及殺蟲劑。

第 六 條

宏都拉斯共和國政府應指派聯絡員一名，以協調並協助技術團執行其各項工作，並得指派其他宏國技術人員參與，其人數由雙方同意決定之。

第 七 條

宏都拉斯共和國政府承允經由宏國社會保險局提供技術團人員在宏都拉斯服務期間之醫療及住院保險。

第 八 條

宏都拉斯共和國政府依據一九八三年十月十八日第一六四八三號法令給與在宏國服務之技術團人員以聯合國特權及豁免公約暨專門機構特權及豁免公約等所賦予專家之特權與豁免。

第 九 條

宏都拉斯共和國政府承允取得及整理協議示範之地區，並建造或整修必要之灌溉系統，技術團得使用示範區內土地，收〔穫〕之農牧產品，除保留合理部分供技術團本身消費及作為樣品與種子之用外，均應交予宏都拉斯政府。

第 十 條

本協定經簽字後，溯自一九八八年三月一日起生效，效期五年，並得經雙方同意循外交途徑予以終止、延長或修訂。

本協定以中文及西班牙文各繕兩份，兩種文字約本同一作準。

為此，締約兩國政府之代表爰簽字於本協定，以昭信守。

中華民國七十八年十二月十八日即公曆一九八九年十二月十八日簽訂

於德古斯加巴市。

　　　　　　中華民國政府代表　黃傳禮（簽字）

　　　　　　宏都拉斯共和國政府代表（簽字）

一九九○年二月十二日中厄（瓜多）漁業技術合作協定

中華民國行政院農業委員會與厄瓜多共和國
國防部間漁業技術合作協定

第 一 條

本協定簽約之一方，厄瓜多共和國國防部，由經一九八九年五月二十五日第八九○-一七四-MJ-四號命令授權之陸軍總司令陸易士中將依法代表（以下簡稱國防部），與另一方，中華民國行政院農業委員會（以下簡稱農委會），由經其本國政府以構成本協定一部分之文件授權中華民國駐厄瓜多共和國商務處代表周君依法代表，爰經議定本協定。

第 二 條

(一)爲加強兩國友好合作關係之目的並鑒於國防部願意獲得有關漁業發展俾供加工之技術協助，以嘉惠厄陸軍總部農工暨養蝦署，中華民國行政院農業委員會與厄瓜多共和國國防部爰於一九八七年八月十一日簽定漁業技術合作協定。

(二)依據上述協定第二條規定，該協定自一九八七年八月十一日起效期兩年，並得經雙方事先書面同意予以延長。

(三)國防部與農委會以自由及志願方式並基於彼此利益，同意續延一九八七年八月十一日簽定之現行技術合作協定。

第 三 條

農委會承允提供國防部適合於厄瓜多安地斯山地區及沿海地區孵化、養殖及魚類資源開發之知識與經驗以供加工之用，爲此目的，將

派遣一由團長一人及團員五人組成之漁業技術團（以下簡稱漁技團）前往厄瓜多共和國，在陸軍總部農工暨養蝦署所屬之 CAYANCAS 養蝦場提供技術服務；另應該署其他生產單位之請求，農委會將另調派相關技術人員短期前往作技術指導，以提高上述生產單位之產量。

第 四 條

漁技團人員往返厄瓜多之旅費包括機票費用在內及在本協定效期內之工作薪金由農委會負擔。

第 五 條

本協定自簽署之日起生效，效期兩年，除非締約一方於效期屆滿至少三個月前以書面通知對方予以廢止，本協定期滿後將自動延長，每次爲期兩年。

第 六 條

爲實施本協定及將開展之有關計畫，國防部應自行或透過參與之商業公司支付實施計畫所需之下列費用：指派相對之技術、行政及服務人員、提供具有適當設備之辦公室、土地及執行計畫所需而中華民國政府未能提供之機器、設備暨物料；並提供漁技團人員在厄瓜多期間之住宿、生活津貼及車輛乙部，包括油料、養護及保險。

農委會應供應漁技團爲執行國防部爲實施本協定所進行之計畫所需，且爲中華民國具有或產製之機器、設備及物料；上述物品之進口應免繳厄瓜多關稅及其他稅捐。本協定終止後，農委會應將上述設備及物料無償致贈國防部轉發陸軍總部農工暨養蝦署。

第 七 條

國防部及執行特定計畫之公司應支付漁技團人員在厄瓜多期間之醫療費用，並於必要時提供翻譯及傳譯服務。

第 八 條

漁技團人員之薪金免課所得稅，其所攜帶進口之自用物品免課關稅。

第 九 條

農委會所派遣之漁技團應同時履行農委會與厄瓜多國防部及工商

漁業部分別所簽漁業技術合作協定所規定之義務。

第 十 條

中華民國政府擴大在厄國及中華民國就本協定之項目培訓由國防部遴薦之人員。培訓人數由國防部及農委會事先商定。

第十一條

中華民國政府將提供有關吳郭魚、CHAME 魚及其他魚類生產暨飼餵之技術協助。

為證實接受上述各項條款，茲簽署本協定十份，計西文本八份，中文本兩份，兩種文字之約本同一作準。

公曆一九九〇年二月十二日訂於基多

中華民國行政院農業委員會代表
中華民國駐厄瓜多共和國商務處代表　　周　君（簽字）

厄瓜多共和國國防部代表
國 防 部 陸 軍 總 司 令　　　　　　（簽字）

一九九〇年二月二十二日中秘（魯）合作協定

中華民國監察院審計部
秘魯共和國審計部 合作協定

中華民國監察院審計部審計長蘇振平閣下、秘魯共和國審計長賽恩絲閣下，於一九九〇年二月二十二日在利瑪市會晤，基於兩國最高審計機關之利益以加強彼此合作與完善，爰同意下述條款：

第 一 條

中華民國監察院審計部，與秘魯共和國審計部同意推動相互合作、研究及交換有關審計之經驗與資訊。

第 二 條

在合作方面，本協定締約雙方之審計機關承諾擬定研究及訓練計畫，以便雙方機關之技術人員共同研析有關審計機關職權之不同事項。

第 三 條

在資訊方面，中華民國監察院審計部，與秘魯共和國審計部，同意實行一項永久性制度，交換雙方均認爲有助於審計業務完善所需有關經濟、法律、會計、行政、技術，以及一般性之資訊。

第 四 條

在研究方面，締約雙方同意進行共同研究計畫，以利觀摩、發展及推廣稽核技術，俾使審計學理益臻完善。

第 五 條

締約雙方將共同向其國內或國際機構取得經費，俾供支付訓練活動、技術會議、技術援助、出版及參加活動人員之實習等費用。

第 六 條

締約雙方之最高審計機關承諾由其各自之宣傳機構，發佈有關本協定活動之訊息。

第 七 條

為推展本協定內各項活動，締約雙方將於每年下半年會商次年度之活動計畫及預算。

該項會商之時間及地點，將由雙方直接或經由兩國之外交代表磋商決定之。

第 八 條

締約各方承諾提供行政及作業上必要之支援，俾在其國內正常舉行本協定之活動，同時負責接洽其國內有關機關配合辦理。

第 九 條

本協定各項活動所需經費，將視每一方之經濟能力及年度計畫所規定之方式與條件，由雙方公平分攤。

第 十 條

本協定第一年內，締約雙方同意舉辦下述活動：

1. 交換技師與專家進行研究下述項目：
   (甲)公共工程管制。　(乙)稽核制度暨稅捐審計。
2. 共同調查下述項目：
   (甲)行政、管理及管制。　(乙)政府管制計畫。

第十一條

本協定無特定效期，倘締約一方決定終止本協定，應於至少六個月前通知另一方，並協商辦法結束尚未完成之活動，且盡可能使活動依原計畫結束。

第十二條

締約雙方承諾協調兩國間各項技術合作協定中與其有關之活動。

雙方最高審計機關首長簽署本協定，以昭信守。

中華民國七十九年即公曆一九九〇年二月二十二日簽署於利瑪市

中華民國監察院審計部審計長　蘇振平（簽字）

秘 魯 共 和 國 審 計 長　　　　（簽字）

一九九〇年三月六日中巴（哈馬）農技合作協定

中華民國政府與巴哈馬政府農業技術合作協定

中華民國與巴哈馬政府為增進兩國間既存之友好關係並促進技術合作，經雙方各指派代表，爰議定條款如下：

第 一 條

本技術合作之目的在於設立研究及發展示範機構，分別執行下列事項：

(一)引進新蔬菜及水果作物之新品種，在示範農場上栽培以及研究作物生產多樣化經營。

(二)提供技術協助漁業發展，尤其與龍蝦、蝦、鱸魚（石斑魚）及吳郭魚有關之淡水及海產養殖。

(三)加強農民合作社組織及漁業合作社組織。

(四)研究生產裝飾用園藝之可能地區。

上述第(一)至(四)款之主要目的在於降低進口並增加出口。

第 二 條

本計畫之實施包括：

(一)研究：

　　(甲)測定在全年生產作業方式下，本計畫研究及示範農場之氣候、土壤及雨量條件應如何有效利用，方可產生最佳之效果。

　　(乙)使用精選之各品種並不斷改進。

　　(丙)建立本計畫農場及農民普遍適用之紀錄及農業生產分析

　　　　方式。
　(二)訓練:
　　　　(甲)中華民國及巴哈馬專家應以生產專業商品所使用之新技
　　　　　　術，訓練參與本機構之農民、漁民及各合作社組織。
　　　　(乙)合作編製教材。
　　　　(丙)訓練有效運用推廣技術、加強農、漁業組織。
　　　　(丁)中華民國政府同意提供獎學金及（或）在職訓練機會予
　　　　　　巴哈馬農業、貿易暨工業部之農業、漁業及合作社人員
　　　　　　施以雙方所同意之農業、園藝（包括裝飾用園藝）以及
　　　　　　漁業方面之訓練。
　(三)報告及評估:
　　　　(甲)報告及評估應按季或另依約定提出，任何資料在未獲地
　　　　　　主國同意前不得發表。
　　　　(乙)投資及生產之完整紀錄應予保持，以瞭解全部作業之經
　　　　　　濟能力。

第 三 條

　　(一)中華民國政府同意派遣一至少由專家八人所組成之農業技術
團（以下簡稱農技團）至巴哈馬服務以執行第一條所訂之目標。此外
如有實際需要，中華民國可派遣短期顧問協助農技團工作。
　　(二)上述專家如有繼續不能執行任務時，卽由中華民國政府將其
調回，並另派專家接替。
　　(三)中華民國政府應負擔農技團人員往返巴哈馬之旅費及在巴哈
馬服務期間之薪金。
　　(四)巴哈馬政府應豁免上述薪金之一切居留稅及地方稅包括所得
稅及農技團人員入境時所帶私人及家庭用具之一切進口稅、關稅及其
他稅捐，並給予農技團人員及其眷屬在巴哈馬服務期間出入境及居留
之便利。

第 四 條

　　(一)中華民國政府供給並運送農技團〔須〕由中華民國購運前往

巴哈馬之農具及其他必〔須〕輸入之物品。

　　（二）上項農具及其他必〔須〕輸入之物品運抵巴哈馬港口後，巴哈馬政府應豁免其關稅及其他稅捐，支付其倉租、碼頭規費及其他有關費用並負責將其運抵本計畫所在地。

　　（三）農技團在巴哈馬服務終止後，上述農具應贈予巴哈馬政府。

第　五　條

　　巴哈馬政府應提供農技團合適之農、漁地區，以進行第三條所訂之工作； 並提供勞工、非中華民國所生產之必〔須〕器具及其他必〔須〕商品、肥料、農藥，備有家具之農技人員住宅、公務用之交通工具，辦公處所暨服務以及提供農技團人員普通之醫療檢查及治療費用。

第　六　條

　　農技團收穫之產品，除保留合理部分以供該團本身消費或作種籽及樣品之用外，均應交予巴哈馬政府。

第　七　條

　　巴哈馬政府應派聯絡員一人予農技團各種必要之協助。

第　八　條

　　本協定自簽字之日起生效，效期兩年，除非任何一方政府在期滿前三個月以書面通知他方政府終止本協定，本協定將於期滿後自動延長，每次為期兩年。

第　九　條

　　本協定用中文及英文各繕兩份， 兩種文字之約本同一作準。 為此，締約雙方代表爰於本協定簽字，以昭信守。

中華民國七十九年三月六日即公曆一九九〇年三月六日於拿索

　　　　　　中華民國政府代表　張炳南（簽字）

　　　　　　巴哈馬政府代表　　　　（簽字）

一九九○年三月九日中多（明尼加）開發小水力發電計畫技術合作協定及修正議定書延期換文

多明尼加共和國外交部一九九○年二月廿八日致駐多明尼加共和國大使館第 DEJ 五五五七號節略譯文

外交部玆向中華民國大使館致意並提及有關中華民國與多明尼加共和國於一九八一年八月十四日所簽訂之開發小水力發電計畫技術合作協定及一九八七年十一月十日修正該協定事。

由於該協定對多國裨益殊多，且爲完成對於多國發展小水力發電具有高度利益之 Nizao-Najayo 水力發電計畫及規畫研究 Boba 水力發電計畫，外交部玆請中華民國大使館轉報貴國政府考慮將該協定及其修正續延二年。

外交部對於上述請求，謹先申謝並順向中華民國大使館重申最崇高之敬意。

一九九○年二月二十八日於聖多明各

駐多明尼加王大使孟顯覆多明尼加共和國外交部部長李嘉鐸一九九○年三月九日第○五八一一三八號照會譯文

敬啓者：接准

貴部一九九○年二月二十八日第 DEJ 五五五七號節略內開：

「外交部茲向中華民國大使館致意並提及有關中華民國與多明尼加共和國於一九八一年八月十四日所簽訂之開發小水力發電計畫技術合作協定及一九八七年十一月十日修正該協定事。

由於該協定對多國裨益殊多，且為完成對於多國發展小水力發電具有高度利益之 Nizao-Najayo 水力發電計畫及規畫研究 Boba 水力發電計畫，外交部茲請中華民國大使館轉報貴國政府考慮將該協定及其修正續延二年。」

本大使茲奉告
貴部長，中華民國政府同意將該協定及其修正續延二年，並證實　貴部來略與本覆照即構成貴我兩國之一項協定，自本日起生效。

本大使順向
貴部長重申最崇高之敬意。

此致
多明尼加共和國外交部部長李嘉鐸閣下

　　　　　　　　　　　　中華民國大使王孟顯（簽字）

一九九〇年三月九日於聖多明各

一九九〇年三月十日中瓜（地馬拉）礦業技術合作協定續約換文

瓜地馬拉共和國外交部次長馬丁尼一九九〇年三月十四日致駐瓜地馬拉陸大使以正照會中譯文

大使閣下:

　　本人茲向　閣下致意並聲述，瓜地馬拉政府擬向　貴國政府提議，將　貴我兩國政府間一九八五年十二月十八日簽訂，一九八六年二月十三日生效，復於一九八八年八月十二日及十三日延期換文經敝國總統同年九月十四日批准生效之礦業技術合作協定，再予延期乙年。俾　貴國礦業技術團得能與敝國能源礦業部繼續合作，裨益瓜國礦業經濟發展。

　　貴我兩國政府間之礦業技術合作協定倘荷　貴國政府同意敝國政府之延期提議，則本照會及　閣下復照即構成兩國政府間之正式協定，並確認將一九八五年十二月十八日所簽訂礦業技術合作協定自本年二月十三日起延期至一九九一年二月十二日為止。

　　本人深盼本項提議能邀中華民國政府同意，順向　閣下重申最崇高之敬意。此致
中華民國大使陸以正閣下

外交部次長　馬丁尼

駐瓜地馬拉陸大使以正一九九〇年三月十五
日復瓜地馬拉外交部次長馬丁尼照會中譯文

次長閣下:

　　本人茲向　閣下致意並聲述，接准　閣下本年三月十四日第〇三六六八號照會內開，

「大使閣下:

　　本人茲向　閣下致意並聲述，瓜地馬拉政府擬向　貴國政府提議，將　貴我兩國政府間一九八五年十二月十八日簽訂，一九八六年二月十三日生效，復於一九八八年八月十二日及十三日延期換文經敝國總統同年九月十四日批准生效之礦業技術合作協定，再予延期乙年。俾　貴國礦業技術團得能與敝國能源礦業部繼續合作，裨益瓜國礦業經濟發展。

　　貴我兩國政府間之礦業技術合作協定倘荷　貴國政府同意敝國政府之延期提議，則本照會及　閣下復照卽構成兩國政府間之正式協定，並確認將一九八五年十二月十八日所簽訂礦業技術合作協定自本年二月十三日起延期至一九九一年二月十二日爲止。

　　本人深盼本項提議能邀中華民國政府同意，順向　閣下重申最崇高之敬意。

外交部次長　馬丁尼」

　　本人茲欣復　閣下，中華民國政府完全接受上述照會所提建議，確認將一九八五年十二月十八日所簽訂礦業技術合作協定自本年二月十三日起延期至一九九一年二月十二日爲止。因此，　閣下照會及本項復照卽構成　貴我兩國政府間乙項正式協定並自卽日起生效。

　　順向　閣下重申最崇高之敬意。

　　　　此致
瓜地馬拉共和國外交部次長馬丁尼閣下

中華民國大使　陸以正

一九九〇年四月九日中新（加坡）
促進和保護投資協定

臺北投資業務處和新加坡經濟發展局關於促進和保護投資協定

一、臺北投資業務處（投資處）和新加坡經濟發展局（發展局）（以下各稱「締約一方」）；

二、為擴大經濟合作在平等互利原則上創造良好的投資條件；

三、認識到鼓勵和相互保護投資將有助於激勵商業活動和增進繁榮；

達成協議如下：

第一條　定　義

本協定內：

「有關地」意謂投資處和發展局所指定的運作地方：

「居民」謂就任一有關地方面，為該有關地之居民；

「公司」謂就任一有關地方面，為於該有關地適當的設立或組成之公司或其他法人；

「投資」意謂由有關地合法許可之各種資產，包括，但不限於：

(一)動產和不動產；

(二)金錢或具有經濟價值的任何契約的所有權；和

(三)智慧財產權；

「收益」意謂資本利得、利潤、利息、公司股利、權利金或任何其他金錢收益；

「不能結滙」意謂居民和公司因有關地當局之外滙管制，預防，

〔277〕

或限制而不能於六十天內兌換爲外滙滙回其原始的投資或收益；或因有關地當局採取滙率的歧視待遇，居民和公司滙回其原始投資或收益遭受損失。

第二條　協定的適用

一、本協定只適用於任何一方有關地之居民和公司在另一有關地經由締約一方或其指定的任何代理機構、機關、法定組織或公司核准的投資，並於此條件下，視情形指認爲合適的投資。

二、本條款適用於本協定生效前和生效後在有關地的所有投資。

第三條　促進和保護投資

一、投資處和發展局應鼓勵和在符合其總體經濟政策下爲居民和公司在有關地創造良好的投資條件。

二、根據第二條核准的投資應依照本協定給與公正和公平的待遇和保護。

第四條　非歧視條款

除第五、六條外，締約任何一方給與根據第二條規定核准投資的待遇不應低於其給與有關地以外之居民和公司（以下各稱「其他外國居民或公司」）的投資或收益。

第五條　例　外

一、本協定關於給與不低於其他外國居民或公司的待遇，不應解釋爲投資處和發展局有義務擴張給與居民和公司在有關地因地區性或多邊性協議所產生的任何有利待遇、優惠、或特權。

二、本協定的規定不適用在有關地的稅收事項。

第六條　徵　收

一、徵收意謂有關地的有關當局強制取得或沒收居民和公司的投資或徵收財產未適當補償而致居民和公司遭受損害，或因有關地的有關當局或代理機構或媒介武斷的扣押任何財產或任何行動剝奪居民和公司有關其投資的權利。

二、任何措施對於根據第二條規定核准之居民和公司投資的徵收，其應爲法律所許可的目的，在非歧視的基礎上，且伴有補償，該

補償應能有效的實現並應不得藉故延遲。該補償費應爲徵收卽刻前的價值。補償應可自由兌換和轉移。

第七條　損失補償

對於根據第二條規定核准之居民和公司的投資由於戰爭、武裝衝突、國家緊急狀態、暴亂、起義或騷亂所受的損失，給與有關恢復原狀、賠償、補償或其他的淸償，不應低於有關地給與其他外國居民或公司的優惠條件。

第八條　滙出

一、任何一方有關地的居民和公司應在非歧視基礎上，與予自由移轉其在另一有關地的資本、利潤、和得自任何投資和資產的收益。

二、倘若在任一有關地發生不能結滙的情事，另一有關地的居民和公司得有權請求結滙，並得將其受封鎖的地方貨幣撥入締約一方在另一有關地之戶頭或其指定之戶頭而請求該締約一方補償其損害。該締約一方得以該地方貨幣提請另一締約一方以可結滙之外幣形式結滙償付之。

第九條　代位

一、任何一方投資處或發展局（或其指定的任何代理機構、機關、法定組織或公司）依據本協定有關的請求權賠償有關地的居民和公司有關投資之全部或部分支付後，投資處或發展局承認發展局或投資處（或其指定的任何代理機構、機關、法定組織或公司）有權代位行使和主張各自在有關地的居民和公司的請求權。代位權或請求不應超過該投資者原始的權利或請求。

二、投資處和發展局（或其指定的任何代理機構、機關、法定組織或公司）所爲的任何支付不應影響該居民和公司根據第十條各自向投資處和發展局提出異議請求的權利。

第十條　投資爭議

任何爭議——

(一)居民或公司和投資處或發展局之間關於根據第二條核准的投資；或

（二）締約雙方之間關於本協定的解釋或適用；

應儘可能由爭議當事者友好商議解決，未能解決時在當事者同意的條件和情形下應提交仲裁。

第十一條　生效，效期和終止

一、本協定應自簽署之日起生效。本協定有效期間爲十年並應繼續有效，除非本協定在最初九年屆滿之後，締約一方書面通知締約另一方終止本協定。終止通知書應在締約另一方接到滿一年後方生效。

二、關於在終止本協定通知生效前所爲的投資，第一條至第十條的規定應從終止生效之日起繼續有效十年。

玆證明於末尾簽署的代表係經投資業務處和經濟發展局正式授權簽署本協定。

本協定於一九九〇年四月九日在　　　　　簽訂。

投資業務處
代　　　表：

經濟發展局
代　　　表：

一九九〇年四月二十五日中菲（律賓）氣象及天文科技合作協定

正文（中文譯本）

中華民國交通部中央氣象局
菲律賓大氣、地球物理暨天文管理局 科技合作協定

　　鑒於中、菲雙方氣象局之意願，為加強對颱風之偵測、預報及其他有關氣象科技之交流；並為預定雙方鄰近與重疊範圍內颱風預警之責任起見，同意約定如次：

一、熱帶氣旋之加強觀測合作

　　(一)涵蓋區域：

　　　　觀測範圍為北緯十至廿八度，東經一一七至一二八度。

　　(二)加強觀測之類型及步驟：

　　　　1.地面觀測：

　　　　　當擾動中心位於測站三〇〇公里以內時，每小時觀測一次。

　　　　2.高空觀測：

　　　　　當擾動中心位於測站五〇〇公里以內時，視財力而定，每小時觀測二至四次。

　　　　3.氣象雷達觀測：

　　　　　當擾動中心位於雷達涵蓋範圍以內時，每小時觀測一次。

二、氣象資料交換：包括觀測資料、分析、預報及警報。

　　前述資料交換應就現有氣象通信設備利用之，必要時得設立專用

氣象通信頻道。

三、技術合作

(一)訪員之交換及雙方會議之舉行應各視己方之財力而定。

(二)中、菲氣象局同意合作訓練雙方人員及交換資訊。

(三)中、菲氣象局應合作致力於氣象、地震及其他有關共同性之研究工作，並交換技術性出版物。

四、本協定並不排除包含第三者參與之可能性。

五、任何一方如欲終止此協定，必須在對方收到通知前六個月以書面為之。

　　　茲證明本件係經雙方首長簽字於臺北

　　　　　中華民國交通部中央氣象局局長　蔡淸彥

　　　　　菲律賓大氣、地球物理及天文管理局局長　羅曼・金坦納

中華民國七十九年四月二十五日

附錄 （中文譯本）

中華民國交通部中央氣象局
菲律賓　大氣、地球物理暨天文管理局 二年合作計畫

一、技術協助：爲提升及維護天氣偵測能力所必需。

(一)蒐集基本氣象資料及其他電子資料所必需之維護訓練。

(二)氣象雷達維護及校正之訓練。

(三)雷達測試及通信之協助。

(四)加強觀測時所消耗之高空觀測器材補助。

(五)爲了氣象資料之交換，中、菲氣象局終將建立衞星通信網，以取代租用之電傳頻道。

二、颱風及季風之合作研究

(一)颱風路徑之預報。

(二)地形對颱風結構及其強度變化之影響。

(三)降雨之定量預報。

(四)季風之研究。

三、資訊交換及技術合作

(一)觀測系統之熟悉及比較。

(二)研究結果之規劃與討論付諸於研討會。

(三)資訊交換。

一九九〇年六月十九日中巴（拉圭）
科技教育合作協定

中 華 民 國
巴拉圭共和國　科技教育合作協定

　　中華民國政府與巴拉圭共和國政府基於兩國間固有睦誼及合作關係，並鑒於藉由促進科技教育之發展以增進兩國人民福祉爲雙方共同之願望，以及在此方面進行密切合作之效益，爰協議如下：

第 一 條

　　爲協助巴拉圭共和國提昇科技教育，培養科技人才，中華民國政府同意每年提供獎學金三名，俾由巴拉圭教育部愼重考選品學兼優之高中畢業學生來華先在國立臺灣師範大學國語敎學中心接受一年之中文訓練後，再行攻讀四年之大學科技課程。

第 二 條

　　巴國留學生之入學手續應由各生自行申辦，其科系之選擇應符合巴國當前經濟發展之需要。

第 三 條

　　中華民國政府核給獎學金以一次核給一學年爲原則，期滿如欲續領，須逐年依規定重新提出申請，經審核同意後核給，其獲同意續領者應列入下年度之名額。

第 四 條

　　依照本協定規定來華之巴國留學生於畢業後須卽返回巴國服務。

第 五 條

　　依前條規定赴華之巴國學生之往返機票費用由中華民國政府負

擔，惟如該生在校成績不及格或無故中途輟學，則返回巴國機票應由
該生或其監護人自理。

第 六 條

中華民國政府爲協助巴國提昇科技教育水準，願考慮遴派績優科
技教師赴巴國協助巴方編譯自小學至高中之數學、物理及化學等基礎
科學教材，同時訓練其師資。巴方得自行擬訂計畫，先以少數學校作
示範敎學，然後再擴及全國。

第 七 條

中華民國政府考慮酌對巴國大學中設有經濟發展之相關科系者提
供若干師資。上述教師除薪津及往返機票由中華民國政府負擔外，其
在巴國工作期間之食宿交通費用由巴國政府負擔。

第 八 條

本協定自雙方簽署之日起生效，效期五年，並將自動延長五年。
除非締約之一方將其終止或修正之意願通知他方，在此情形下，本協
定之終止或修正應自一方接到彼方以外交途徑通知後一年起生效。

第 九 條

本協定於中華民國七十九年卽西曆一九九〇年六月十九日於中華
民國臺灣省臺北市簽訂，係以中西兩種文字繕製約本，兩種文字之約本
同一作準。

中 華 民 國 教 育 部 部 長　毛高文（簽字）
巴拉圭共和國 外 交 部 部 長　　　　（簽字）

一九九〇年六月二十七日中賴（索托）農技合作協定

中華民國政府與賴索托王國政府農業技術合作協定

中華民國政府與賴索托王國政府於一九九〇年四月五日復交後，為促進及加強兩國間友好關係，雙方同意恢復兩國農技合作，以增加賴索托之農業生產，爰經雙方代表獲致協議如下：

第 一 條

中華民國政府承允派遣農業技術團協助賴索托王國發展玉米及其他農作物之栽培，以利達成賴索托玉米生產自給自足之目標。

第 二 條

中華民國政府承允：

一、派遣十八名農技人員擔任該團人員，包括農藝專家、水利技師等，赴賴索托工作；

二、由該團在下列五處從事玉米栽培：

(1) 布達布德省

(2) 黎力貝省

(3) 貝利亞省

(4) 馬塞魯省

(5) 馬斐登省

並將該團團部設在首都馬塞魯，及在上述地點設置分團；

三、對下列地區灌溉計畫之實施提供技術指導：哈賴索利、哈蘇阿拉尼、利佐寧、馬布佐、美加美達拉那、北加、塔巴帕沼、塔斯利地馬；

　　四、該團藉提供貸款及農技協助予上述地點遴選之農民，從事推廣計畫，俾賴索托王國增加玉米及其他農作物之生產，而達成賴國糧食自給自足計畫。有關貸放款機構與上述遴選農民間之補充協定另訂之；

　　五、負擔該團人員在賴索托王國服務期間之各項薪給及往返旅費；

　　六、提供該團工作所必需之交通工具。

第　三　條

賴索托王國政府承諾：

　　一、豁免為執行在本協定項下之計畫所進口或在就地取得之資材、設備、車輛及勞務之關稅及營業稅。所有此等資材、設備、交通工具及勞務均託由賴國配合實施單位，農業、合作暨行銷管理部收轉；

　　二、提供該團依本計畫所需工作車輛之燃料、汽油料及潤滑油；

　　三、提供該團人員在上述每個工作地點備有傢具及水電等基本設施之適宜居所；

　　四、給予該團人員充分之保護，及依一般技術合作協定在賴索托王國服務之任何第三國工作團隊所享之禮遇；

　　五、豁免該團人員及其眷屬得自賴國境外收入之所得稅；

　　六、依據一九六九年十二月十一日修訂之關稅聯盟協定，凡該團人員及其眷屬抵任後六個月內進口或購自賴國而確實為自用之個人及家庭用品應豁免其關稅及營業稅。

　　上述所提之家庭用品，每一個家庭得包括：一輛汽車、傢具及床單毛巾、廚房用具、一台電視機、一台電唱機、一台冰箱、一台冷凍箱、一台洗衣機、一台冷暖氣機、一組音響及一台錄音機。

　　依此協定進口之貨物，於進口後二年內得不經財稅首長之同意出售或轉讓予同享此等特權者；在此期間內，如出售或轉讓予未享有此等特權者，則應依賴國國內法之相關條文規定繳稅。

第 四 條

　　中華民國政府與賴索托王國政府並進一步議定: 中華民國依本協定提供之協助期滿後，原用於本計畫之所有設備、生產投資及供應物品仍將繼續供作本計畫延續之用。

第 五 條

　　本協定自雙方簽字之日起生效，效期三年。除非締約一方於六個月前以書面通知他方終止本協定， 本協定將自動延期， 每次爲期三年。

第 六 條

　　本協定得經兩國政府之相互同意，以換文方式修訂之。

　　本協定以中文及英文各繕兩份，兩種文字約本同一作準。

　　爲此，雙方各經其政府授權之代表於本協定簽字，以昭信守。

中華民國七十九年六月廿七日卽公元一九九〇年六月廿七日訂於賴京馬塞魯

　　　　　　　　　中華民國政府代表　　劉　洋　海（簽字）
　　　　　　　　　駐賴索托大使館代辦

　　　　　　　　　賴索托王國政府代表　塔　巴　尼（簽字）
　　　　　　　　　外　交　部　長

一九九〇年八月三日中多（米尼克）文化協定

中華民國與多米尼克文化協定

中華民國政府與多米尼克政府，鑒於兩國間之親密友誼及相互了解，咸欲加強既存之文化及技術關係，促進教育、文化及科學方面之合作，爰議定條款如下：

第 一 條

雙方爲擴大兩國歷史及文化之了解起見，將鼓勵並發展兩國間文化、技術及科學上之合作。

第 二 條

雙方對於教育、學習、科學、技術及藝術各方面經驗及成就之交流，應予鼓勵。

第 三 條

雙方將交換兩國間關於文學、文化、技術及科學之著作，並依各自國家之法律規章，出版及翻譯此等著作。

第 四 條

雙方將鼓勵兩國國民在對方國家內從事研究及參加訓練科目，並交換兩國間之獎學金及科學經驗。

第 五 條

雙方將建立科學、社會及體育等機構間之合作，並從事此等機構人員之互訪。

第 六 條

雙方將鼓勵技術、科學及文化上之合作，並交換影片、書籍及教育、文化、歷史及科學性文件及刊物。

第 七 條

雙方將致力於鼓勵兩國間之相互訪問，並依締約國各方法律規章，便利雙方國民在對方境內自由旅行。

第 八 條

雙方將儘可能在其學校課程內，列入足使學生明瞭對方國家之知識或資料，尤其是能眞實說明對方國家文化及歷史之史地知識。

第 九 條

雙方將視情況需要，召開一項由兩國代表組成之委員會，商討推動實現本協定目標之方法，及闡釋本協定各條文之內容。

第 十 條

本協定之各條文將依各締約國本國法律規章予以實施。

第十一條

本協定有效期限五年，自交換簽署文件之日生效。除締約一方在期滿前六個月以終止效期之意通知締約他方外，本協定將自動延展。

本協定以中文及英文分繕，兩種約文同一作準。遇有解釋疑義時，應以英文本爲準。

締約雙方全權代表爲證實上述本協定之條文，爰簽署本協定。

中華民國七十九年八月三日卽公曆一九九〇年八月三日訂於羅梭市。

中　華　民　國　政　府　代　表
駐　多　米　尼　克　大　使　　　　劉伯倫（簽字）

多　米　尼　克　政　府　代　表
社區發展及社會事務部部長　　　　　（簽字）

一九九〇年九月四日中日國際海空運事業所得互免稅捐協定

亞東關係協會與財團法人交流協會關於雙方國際海空運事業所得互免稅捐協定

一、亞東關係協會與財團法人交流協會（以下簡稱「交流協會」）基於一九七二年十二月二十六日簽訂之「亞東關係協會與財團法人交流協會互設駐外辦事處協定」第三項（十二）之規定，雙方協議互相合作獲致其有關當局之同意，以實施左列事項：

1.亞東關係協會應建議其有關當局，基於互惠原則，同意豁免對方之事業以船舶或航空器從事國際運輸業務所取得之所得或收入應繳納之所得稅。

2.交流協會應建議其有關當局，基於互惠原則，同意豁免對方之事業以船舶或航空器從事國際運輸業務所取得之所得或收入應繳納之所得稅、法人稅、住民稅（均等割不包括在內）及事業稅。

3.上述第1.項及第2.項所稱「對方之事業」，謂依對方之課稅目的係屬居住於對方之任何個人，或總機構或主事務所設在對方之任何法人或其他事業。

4.上述第1.項及第2.項有關豁免稅捐之規定，應適用於自一九八九年一月一日起國際海空運事業取得有關之所得或收入。

二、1.本協定自一九九〇年九月四日起生效，協定之一方如於以後年度之六月三十日以前以書面通知另一方擬終止本協定時，本協定應於次一年度之一月一日起終止適用。

2.一九八〇年六月九日亞東關係協會與財團法人交流協會在臺

北所簽署之關於雙方國際空運事業互免稅捐協定，自本協定之生效日
起終止適用。

　　本協定以中、日兩國文字分繕（中文本及日文本同一作準），雙
方代表於公曆一九九〇年九月四日在臺北簽署，以昭信守。

　　　　　　亞東關係協會代表　馬　樹　禮（簽字）
　　　　　　財團法人交流協會代表　長谷川閭重（簽字）

一九九〇年九月十九日中巴（布亞紐幾內亞）農技合作協定

中華民國與巴布亞紐幾內亞政府間農技合作協定中譯文

第 一 條

中華民國農業委員會同意派遣由十五人組成之農技團（以下簡稱「該團」）協助巴布亞紐幾內亞之農業發展，該團成員：其中包括團長一人、副團長一人、農藝專家五人、水利技師一人、農業機械技師四人及園藝專家三人，主要就稻作發展提供技術服務。

第 二 條

巴布亞紐幾內亞農業部提供該團三十五公頃之適當土地以建立示範農場。

第 三 條

所有示範農場產品，除農技團消費所需或留供種苗及樣品外，應悉數交由巴布亞紐幾內亞農業部處理。

第 四 條

中華民國農業委員會同意:

一、支付該團全體人員往還巴紐旅費及渠等在巴紐工作期間之薪津及地區加給。

二、除本協定另有規定者外，支付該團全部行政費用。

三、負擔該團全體人員之國際技術合作人員綜合保險。

四、供應該團為履行本協定示範農場所需之種籽、肥料、國產農耕機具及灌漑設施。

五、支付農耕機具及設備之操作及維修費用。

六、支付巴紐農牧部第五條第一款之規定提供該團之發電機所需燃料及潤滑油料之費用。

七、依照巴布亞紐幾內亞所定之工資標準支付該團所僱工人之工資。

第　五　條

巴布亞紐幾內亞農牧部同意:

一、供應農技團暨其人員具有傢俱與水電設備之合適辦公廳舍及提供農技團人員暨其眷屬具有水電設備之宿舍, 並負擔例行維修費用。

二、准許免稅進口第四條第四款所載之各項物品, 並負擔將上述物品由港口或機場運至目的地。

三、提供該團進口前述第四條第四款所列各項物品為檢疫目的所必需之協助。

四、依據兩國政府議定之計畫方案, 供應農技團於農業示範區所需之其他器材。

五、採取各項措施, 促使其有關人員參加農技團工作, 其人數由雙方政府同意決定; 及

六、指派連絡官乙員以提供必要之協助。

第　六　條

對於農技團全體人員暨其眷屬巴紐農牧部承允:

一、提供在巴紐政府境內之醫療服務。

二、保證渠等在巴紐國任職期間, 免稅進口家庭及個人物品, 惟上述免稅進口之物品, 在其服務終止以前, 不得出售或以其他方式處理。

三、免除得自中華民國政府之薪津、福利及加給之一切稅捐。

四、安排當地法令所規定之簽證、居留證及工作證。

五、本條未規定事項, 應以巴紐政府同等階級與年資公務人員通常享有之優遇畀予該團人員。

六、給予在巴布亞紐幾內亞境內商業銀行開設「非居民外幣帳戶」之權利；以儲存由中華民國政府給付之所有薪俸、酬金及津貼，並給予隨時得將該帳戶存款轉至巴布亞紐幾內亞以外任何國家之權利。

七、保證於國際危機時享有與比照類似機構待遇運送返國之相同便利。

第 七 條

巴布亞紐幾內亞農牧部應負責處理第三者向中華民國政府、其行政當局及該團人員所提出與本計畫之實施有關之任何損害賠償請求及承擔所有風險，並使中華民國農業委員會、其行政當局及該團人員免受損害。但雙方同意該損害賠償請求係由於該團之重大疏忽或故意之不當行為所造成者，不在此限。

第 八 條

農技團人員如因故不適宜再繼續執行任務時，中華民國農業委員會有權將其調回，另派員接替，並負擔其旅費。

第 九 條

農技團人員不得從事與本協定第一條所定農技團任務不相符之活動。

第 十 條

本協定自簽署之日起生效，並自農技團人員抵達巴紐工作之日起算效期二年。

本協定得由任何一方以書面通知對方政府之九十天後予以終止。

第十一條

為此，經雙方合法授權之代表爰簽字於本協定，以昭信守。

本協定以英文各繕兩份。

中華民國七十九年九月十九日即公曆一九九〇年九月十九日訂於摩爾斯貝港

中華民國農業委員會代表　林享能
巴布亞紐幾內亞農牧部代表　索瑪利

一九九〇年九月二十八日中史（瓦濟蘭）農業技術合作協定續約換文

中華民國與史瓦濟蘭王國關於延長農業技術合作協定效期換文

一、史瓦濟蘭王國外交部部長孟巴〔於〕七十九年九月二十八日致中華民國駐史瓦濟蘭大使章德惠閣下照會譯文：

逕啓者：

關於一九八四年四月三十日簽訂並經一九八七年五月十九日換文續約三年而於一九九〇年四月三十日期滿之史瓦濟蘭王國與中華民國間之農業技術合作協定。

本人謹提議：

1.前述協定應予延長效期三年，並溯自一九九〇年四月三十日起生效。

2.前述協定各條款及各條件應維持不變。

本人謹代表史瓦濟蘭王國政府聲述，本照會及　閣下確認上述瞭解之復照，將構成延長一九八四年所簽史瓦濟蘭與中華民國間農業技術合作協定效期之協定。

本人順向

閣下重申最崇高之敬意。

此致

中華民國駐史瓦濟蘭王國大使章德惠閣下

外交部長　孟巴（簽字）

公曆一九九〇年九月二十八日於墨巴本

二、中華民國駐史瓦濟蘭大使章德惠七十九年十月八日復史瓦濟蘭王國外交部長孟巴閣下照會譯文:

逕復者:

接准 閣下一九九〇年九月二十八日 DFA.400/CHI/1 號照會內開:

「關於一九八四年四月三十日簽訂並經一九八七年五月十九日換文續約三年而於一九九〇年四月三十日期滿之史瓦濟蘭王國與中華民國間之農業技術合作協定,

本人謹提議:

1.前述協定應予延長效期三年, 並溯自一九九〇年四月三十日起生效。

2.前述協定各條款及各條件應維持不變。

本人謹代表史瓦濟蘭王國政府聲述, 本照會及 閣下確認上述瞭解之復照, 將構成延長一九八四年所簽史瓦濟蘭與中華民國間農業技術合作協定效期之協定。

本人順向

閣下重申最崇高之敬意」等由。

本人謹代表中華民國政府敬復同意本協定依照 閣下來照提議及本復照即構成延長效期之協定。

本人順向

閣下重申最崇高之敬意

此致

史瓦濟蘭王國外交部長孟巴閣下

中華民國駐史瓦濟蘭王國特命全權大使章德惠 (簽字)

公曆一九九〇年十月八日於墨巴本

一九九〇年十月十二日中幾（內亞比索）經濟暨科技合作總協定

中華民國政府與幾內亞比索共和國政府經濟
暨科技合作總協定

中華民國政府與幾內亞比索共和國政府爲加強兩國人民間之旣存友好關係，並體認雙方經濟暨科技更密切之合作，可使兩國受益，爰議定條款如下：

第 一 條

中華民國政府與幾內亞比索共和國政府（以下稱締約雙方）將竭盡所能，俾發展雙方經濟合作關係，特別是鼓勵投資及交換技術人員與技術。

第 二 條

締約雙方在本協定範圍內，承認在彼此境內依締約各方現行法律規章之規定接受對方國民或法人之投資並盡量鼓勵之。

第 三 條

締約各方確保對方國民或法人在其境內之投資，享有公平及平等之待遇。

第 四 條

締約雙方同意進行科學、技術及經貿方面之合作。有關合作之目標、執行步驟及義務，包括締約雙方之財務，另以補充協約規定之。

第 五 條

兩國政府爲加強今後合作關係，同意視當前合作計畫之進展情況及需要於適當時期成立合作混合委員會，負責監督本協定之執行，並

提交雙方政府有關加強兩國間合作之任何建議。該委員會將輪流在比索及臺北定期召開。

第 六 條

本協定自締約雙方相互通知並完成必要手續之日開始生效。

第 七 條

本協定有效期限五年，如雙方不表意見，可延長相同效期，除非締約一方在三個月前預先以書面通知另一方有意終止本協定。本協定宣佈終止之日，其條款對已獲協議而尚未執行完畢之各項計畫仍續有效。

雙方政府正式授權之簽約代表爰於本協定簽字，以昭信守。本協定以中文、葡文及法文分繕兩份，同一作準。

中華民國七十九年十月十二日即西曆一九九〇年十月十二日於臺北簽署。

中 華 民 國 外 交 部 長　錢　復（簽字）

幾內亞比索共和國外交部長　薩曼多（簽字）

一九九○年十月十五日中貝（里斯）農技合作協定

中華民國政府與貝里斯政府農業技術合作協定

中華民國政府與貝里斯政府爲增進兩國間旣存之友好關係並促進技術合作，經雙方各指派代表，議定下列條款:

第 一 條

中華民國政府與貝里斯政府同意就稻作栽培與改良、飼料作物研究與推廣、蔬菜作物研究與示範及海蝦繁養殖等方面進行技術合作計畫。

第 二 條

一、中華民國政府同意派遣一由數人組成之農業技術團（以下簡稱「農技團」）至貝里斯服務以執行前述之計畫。

二、中華民國政府應負擔農技團人員往返貝里斯之旅費及在貝里斯服務期間之薪金。

三、貝里斯政府應豁免上述薪金之一切居留稅及地方稅包括所得稅，以及農技團人員入境時所帶私人及家庭用具之一切進口稅、關稅及其他稅捐，並給予農技團人員及其眷屬在貝里斯服務期間出入境及居留之便利，以及提供農技團人員一般醫療檢查及治療費用。

第 三 條

一、中華民國政府供給並運送農技團所需由中華民國生產之農具及種籽至貝里斯。

二、上項農具及種籽抵貝里斯港口後，貝里斯政府應豁免其關稅及其他稅捐，支付其倉租、碼頭規費及其他有關費用，並負責將之運

抵本計畫所在地。

　　三、農技團在貝里斯服務期限屆滿後，上述農具應贈予貝里斯政
府。

<h3 style="text-align:center">第 四 條</h3>

　　貝里斯政府應提供農技團合適之農場，以進行第一條所訂之計畫
並提供勞工，非中華民國生產之必要農具及種籽、肥料、農藥，備有
家具之農技團人員住宅，公務用交通工具，以及辦公處所暨服務。

<h3 style="text-align:center">第 五 條</h3>

　　農技團收穫之農產品，除保留合理部分以供該團本身消費，或作
種籽及樣品之用外，均應交予貝里斯政府。

<h3 style="text-align:center">第 六 條</h3>

　　貝里斯政府應派聯絡員一名對農技團提供各種必要之協助。

<h3 style="text-align:center">第 七 條</h3>

　　中華民國政府同意於中華民國境內指定之機構提供獎學金及(或)
名額，就雙方同意之農業、園藝、漁業等項目訓練貝里斯農漁業部之
農業人員。

<h3 style="text-align:center">第 八 條</h3>

　　本協定應自簽署之日起生效，其有效期限爲二年。二年屆滿後本
協定將自動續延二年，除非另一方政府在協定屆滿前六個月以書面通
知對方終止之。

<h3 style="text-align:center">第 九 條</h3>

　　本協定用中文及英文各繕兩份，兩種文字約本同一作準。爲此，
締約雙方代表爰於本協定簽字，以昭信守。

　　中華民國七十九年十月十五日卽公曆一九九〇年十月十五日簽署
於中華民國臺北市

　　　　　　　中華民國外交部部長　　錢　復（簽字）
　　　　　　　貝里斯農漁部部長　○　○（簽字）

一九九○年十月十六日中多（明尼加）
引渡條約

中華民國與多明尼加共和國間引渡條約

中華民國與多明尼加共和國，咸欲增進兩國間更有效之合作以制止犯罪，爰經協議如下：

第 一 條

締約一方承允，依照本條約所規定之情形及條件，將曾在締約他方領域內或雙方領域外，犯本條約第二條所規定之罪行而受追訴或判決定罪，且現在其領域內之人，解交與他方。

前項在締約雙方領域外發生之犯罪，僅限於依照締約雙方法律，均應處罰者，即得引渡。

第 二 條

依照締約雙方法律規定均應處罰，且其法定最重本刑為一年以上有期徒刑之罪行，為得予引渡之罪行。

第 三 條

本條約所稱締約一方之「領域」，應包括：

一、在其管轄下之領土、領空及領海。
二、屬於締約一方之軍事或公用之船、艦及航空器。
三、在締約一方登記或其國民、公司或法人團體所有之船舶及航空器。

第 四 條

締約雙方，不得以任何理由同意引渡其本國國民，但如請求國提出要求，而被控之罪行違反被請求國之法律且不在其法律明定例外之列者，被請求國得將該案移送主管當局就被請求引渡之人被控之罪行

進行追訴。

被請求引渡之人，如係在犯罪後始取得被請求國國籍者，且經被請求國主管當局認定其獲取國籍係蓄意逃避適當管轄權者。被請求國不得拒絕引渡。

第 五 條

引渡請求所涉及之罪行具有政治性質者，得拒絕引渡。

引渡請求所涉及之罪行，無論既遂或未遂，係屬故意殺害國家元首或其家屬或政府要員之行為，或從事叛亂活動者，不得視為前項所稱之政治性罪行。

第 六 條

請求引渡之罪行，其追訴權時效或行刑權時效，依締約一方法律之規定為已消滅者，不得准予引渡。

第 七 條

締約一方所請求引渡之人，其被請求引渡之罪行如在他方已經不起訴、判決無罪、免刑、免訴，不受理、或已判處罪行、或已宣告緩刑、或已赦免、或已在法院審理中者，他方得拒絕引渡。

締約一方所請求引渡之人，因另犯他罪，已繫屬締約他方法院者，其引渡應於訴訟程序終結後或刑罰執行完畢後為之。

第 八 條

被請求國於接獲數國對同一人就同一罪行或互異之數罪行請求引渡時，應優先解交予依據引渡條約請求引渡之國家。

倘數請求國與被請求國間均訂有引渡條約或均未訂有引渡條約時，被請求國於同一人犯同一罪行之情形，應考慮犯罪行為地、被請求引渡之人之國籍及請求之先後；於同一人犯不同罪行之情形，應考慮犯罪之嚴重性、被請求引渡之人之國籍及請求之先後，以決定解交之順序。

第 九 條

請求引渡之締約一方，非經締約他方之同意，不得對被請求引渡之人追訴或處罰引渡請求書所載以外之罪行；亦不得將其再引渡予第

三國；　但被請求引渡之人在請求國之訴訟程序終結或刑罰執行 完 畢後，自願在請求國居留達九十日以上者，不在此限。

第 十 條

循外交途徑向被請求國提出之引渡請求書，應記載左列事項並檢附經合法認證之有關文件：

一、被請求引渡之人之姓名、性別、出生年月日、國籍、職業、住所或居所以及其他作爲確定其身分，包括照片或特徵或配合確認其身分細節之文件副本；

二、足供證明被請求引渡之人犯罪證據副本；

三、至被請求引渡時之訴訟進行情形副本；

四、被請求引渡之人倘其罪行已由司法機關簽發有罪判決書、拘票或通緝書或具有作爲司法制裁相同法律效力之文書副本；

五、請求國請求解交及指控被引渡之人犯罪情節所依據之刑事法律條文及其他裁決副本；

六、對被請求引渡之人所犯罪行之追訴權時效或失效之條件及期限之法律規定副本；

七、請求國對該罪行具有管轄權之理由。

前項引渡請求書及所附文件，應附具經主管官員驗證及駐在請求國之被請求國領事官員合法認證，以被請求國文字作成之譯本。

第十一條

締約一方遇有緊急情況時，得循外交途徑並經由其派駐被請求國之外交人員請求締約他方拘提羈押所擬引渡之人，但該項請求應載明前條第一項所列事項。

前項情形，倘請求國自接獲羈押人犯通知之日起六十日內未能提出正式引渡請求書時，該被請求引渡之人應卽釋放，該請求國不得再就同一案件請求引渡；因暫時羈押而發生之責任，應由請求國完全負擔

第十二條

被請求國對於被請求引渡之人之財物文件與犯罪有關，且經依請求而予扣押者，應記載其品名數量並妥爲保管，於准予引渡時，與被

請求引渡之人一併移交，但第三人所有或依締約雙方之法律不得扣押者，不在此限。

第十三條

締約一方於收到引渡請求書後，應依其本國法律，決定應否准許引渡。其經拒絕引渡者，締約他方不得再就同一案件請求引渡。

第十四條

被請求國准許引渡時，應循外交途徑將准許引渡之事由，通知請求引渡國政府，並請其指派人員於六十日內，在被請求國領域內適當之地點，接受被引渡之人。

請求國如未於前項期限內指派人員接受被請求引渡之人並押離被請求國領域者，該被請求引渡之人應即釋放。請求國不得再就同一案件請求引渡。

第十五條

有關引渡之費用，迄至被請求引渡之人移交為止，由被請求國負擔，移交後之費用，由請求國負擔。

第十六條

在本條約生效前之罪行，亦適用本條約之規定。

第十七條

關於本條約之解釋與適用，遇有爭議時，由締約雙方經由外交途徑協商解決之。

第十八條

本條約自互換批准書之日生效，並於締約一方預先通知他方廢止本條約一年後終止。

本條約以中文及西班牙文各繕正本兩份，中文及西班牙文本同一作準。

為此，經締約雙方正式授權之代表爰於本條約簽字，以昭信守。

中華民國七十九年十月十六日即公曆一九九〇年十月十六日訂於臺北

中　華　民　國　代　表　錢　復（簽字）

多明尼加共和國代表　　　　　（簽字）

多邊條約與文件

修正一九六九年國際油污損害民事責任公約的一九八四年議定書*

（一九八四年五月二十五日簽署）

本議定書各當事國

考慮到爲改進適用範圍和提高賠償限額，需要對 1969 年 11 月 29 日訂於布魯塞爾的國際油污損害民事責任公約進行修正，認識到爲在 1971年設立國際油污賠償基金國際公約中作出相應修改，需要制訂若干特殊條款，

玆協議如下：

第 一 條

本議定書各條所修正的公約是 1969 年國際油污損害民事責任公約，以下稱爲「1969年責任公約」。對於1969年責任公約1976年議定書的當事國而言，這種提法應被認爲包括經該議定書所修正的1969年責任公約。

第 二 條

1969年責任公約第一條修正如下：

（一）用下列文字代替第 1 款：

1. 「船舶」是指爲運輸散裝貨油而建造或改建的任何類型的海船和海上運輸工具，但是，一般能夠運輸油類和其他貨物的船舶，僅在其實際運載散裝貨油時，以及在進行這種運輸之後的任何航次，方能被視爲一艘船舶，但能證明船上已不再裝有散裝油類的殘餘物者除外。

---

* 中共政府於一九八六年九月二十九日向國際海事組織秘書長交存加入書

(二)用下列文字代替第 5 款:

5.「油類」是指任何持久性烴類礦物油，例如原油、燃油、重柴油和潤滑油， 不論是作爲貨物裝運於船上， 或是作爲這類船舶的燃料。

(三)用下列文字代替第 6 款:

6.「油污損害」是指

(1) 由於船舶溢出或排放油類（不管這種溢出或排放發生於何處）而在船舶之外因污染而造成的損失或損害，但是，對環境損害的賠償，除這種損害所造成的盈利損失外，應限於已實際採取或行將採取的合理復原措施的費用;

(2) 預防措施的費用和因預防措施而造成的進一步損失或損害。

(四)用下列文字代替第 8 款:

8.「事件」是指造成油污損害或產生會導致這種損害的嚴重而緊迫的危險的任何事故，或由同一原因所引起的一系列事故。

(五)用下列文字代替第 9 款:

9.「本組織」是指國際海事組織。

(六)在第 9 款之後加列新的一款，其內容如下:

10.「1969年責任公約」是指1969年國際油污損害民事責任公約，對於該公約1976年議定書的當事國而言，則應被認爲包括經該議定書修正的1969年責任公約。

第 三 條

用下列文字代替1969年責任公約第二條:

本公約專門適用於:

(1) 在下列區域內造成的油污損害:

①締約國的領土，包括領海，以及，

②締約國根據國際法設立的專屬經濟區，如果締約國尚未設立這種區域，則爲該國根據國際法所確定的超出並與其領海毗連的區域，而自該國測量其領海寬度的基線算起，外延不超過 200 海里;

(2) 爲預防或減輕這種損害而在任何地方採取的預防措施。

第 四 條

1969年責任公約第三條修正如下：

(一)用下列文字代替第1款：

1.除本條第2款和第3款另有規定外，在事件發生時，或如該事件包括一系列事故，則在其第一次事故發生時，船舶所有人應對該船因此事件所造成的任何油污損害負責賠償。

(二)用下列文字代替第4款：

4.除按本公約規定外，不得對船舶所有人提出油污損害賠償要求。除根據本條第5款外，不論根據本公約與否，不得對下列人等提出油污損害賠償要求：

(1) 船舶所有人的雇佣人員或代理人，或船員；

(2) 引航員或為船舶提供服務的非屬船員的任何其他人；

(3) 任何承租人（任何類型的承租人，包括光船承租人），船舶經理人或營運人；

(4) 經船舶所有人同意或根據有關主管當局的指令進行救助作業的任何人；

(5) 採取預防措施的任何人；

(6) 第 (3)、(4)、(5) 項中提及的所有〔雇〕佣人員或代理人；除非損害是由於他們本人有意造成這種損害，或是明知可能造成這種損害而毫不在意的行為或不〔作〕為所引起。

第 五 條

用下列文字代替1969年責任公約第四條：

當發生涉及兩艘或兩艘以上船舶的事件並造成油污損害時，所有有關船舶的所有人，除按第三條獲得豁免者外，應對所有無法合理分開的這類損害負連帶責任。

第 六 條

1969年責任公約第五條修改如下：

(一)用下列文字代替第1款：

1.船舶所有人有權按本公約將其對任一事件的賠償責任限於按下

列方法算出的總額:

(1) 不超過5,000噸位單位的船舶為300萬計算單位;

(2) 超過此噸位的船舶，除第 (1) 項所述的數額外，每增加一噸位單位，增加420計算單位;

但是，此總額在任何情況下不得超過5,970萬計算單位。

(二)用下列文字代替第2款:

2.如經證明油污損害是由於船舶所有人本人有意造成這種損害或是明知可能造成這種損害而毫不在意的行為或不為所引起，船舶所有人便無權按照本公約限制其責任。

(三)用下列文字代替第3款:

3.為取得本條第1款所規定的責任限制權利，船舶所有人應在按第九條提起訴訟的任何一個締約國的法院或其他主管當局設立相當於其責任限額總數的基金; 如未提起訴訟，則應在可以按第九條提起訴訟的任何一個締約國的任何一個法院或其他主管當局設立此項基金。設立此項基金時可將其總數存入銀行，或提供基金設立國的法律可以接受，法院或其它主管當局認為合適的銀行擔保或其他擔保。

(四)用下列文字代替第9款:

9 (1)．本條第1款所述的「計算單位」為國際貨幣基金組織所規定的特別提款權。第1款中所述的數額，應根據本條第3款所述基金設立之日，該國貨幣與特別提款權相比的價值折算成該國貨幣。凡屬國際貨幣基金組織成員國的締約國，其按特別提款權折算的該國貨幣的價值，應按國際貨幣基金組織於上述日期在其經營和交易中適用的現行定值辦法計算。非屬國際貨幣基金組織成員國的締約國，其按特別提款權折算的該國貨幣的價值，應按該國確定的辦法計算。

9 (2)．但是，非屬國際貨幣基金組織成員國的締約國，而其法律又不允許執行第9款第 (1) 項的規定時，可以在批准、接受、認可或加入本公約時，或在其後的任何時間，聲明第9款第 (1) 項所述計算單位相當於15金法郎。本項所述金法郎相當於純度為900‰的黃金65.5毫克，金法郎折算為國家貨幣時，應按該國的法律辦理。

9(3)．第9款第(1)項末句中所述的計算和第9款第(2)項中所述的折算，應使以該締約國貨幣所表示的第1款的數額盡可能地與按第9款第(1)項前三句中所定辦法而獲得的結果具有同一實際價值。締約國在交存批准、接受、認可或加入本公約的文件時，以及上述計算或折算發生變動時，應視情況將其按第9款第(1)項進行計算的辦法，或按第9款第(2)項進行折算的結果通知保管人。

(五)用下列文字代替第10款:

10.在本條中，船舶噸位應爲按照1969年國際船舶噸位丈量公約附則Ⅰ中的噸位丈量規則計算的總噸。

(六)用下列文字代替第11款的第2句:

卽使在按照第2款規定船舶所有人無權限制其賠償責任的情況之下，仍可設立此項基金; 但在這種情況下，基金的設立不得影響任何索賠人要求船舶所有人賠償的權利。

第 七 條

1969年責任公約第七條修正如下:

(一)用下列文字代替第2款的前兩句

締約國的主管當局在確信第1款的要求已經得到滿足之後，應向每艘船舶頒發一項證書，證明保險或其他財務擔保根據本公約的規定乃屬有效。對於在締約國登記的船舶，這種證書應由船舶登記國的主管當局頒發或簽證; 對於未在締約國登記的船舶，證書可由任何一個締約國的主管當局頒發或簽證。

(二)用下列文字代替第4款:

4.證書應存於船上，其副本一份應交由保存該船登記〔紀〕錄的主管當局收存，如該船未在締約國登記，則應交由頒發或簽證此證書的國家主管當局收存。

(三)用下列文字代替第7款第1句:

一締約國主管當局按照第2款頒發或簽證的證書，卽使是尚未在締約國登記的船舶所頒發或簽證的證書，就本公約而言，亦應爲其他締約國所接受，並應被其他締約國視爲與其本國頒發或簽證的證書具

有同等效力。

(四)在第 7 款第 2 句中，用「頒發或簽證國」代替「船舶登記國」。

(五)用下列文字代替第 8 款第 2 句：

在這種情況下，即使按照第五條第 2 款船舶所有人無權限制其賠償責任，被告人仍可援用第五條第 1 款規定的責任限制。

第 八 條

1969年責任公約第九條修正如下：

用下列文字代替第 1 款：

1.當某一事件在一個或若干個締約國的領土包括領海或第二條所述的區域中造成了油污損害，或已在上述領土包括領海或區域中採取了防止或減輕油污損害的預防措施時，索賠訴訟僅可在上述任何一個締約國或若干個締約國的法院提起。任何上述訴訟的合理通知均應送交被告人。

第 九 條

在1969年責任公約第十二條之後，增列兩項新的條款如下：

第十二條 之二

過 渡 條 款

下列過渡條款，應適用於在事件發生時既是本公約的又是1969年責任公約的締約國：

(1) 如果一次事件已造成本公約範圍內的油污損害，而如該事件也在1969年責任公約範圍之內，在此限度內的本公約的賠償責任則應視為已被解除；

(2) 如果一次事件已造成本公約範圍內的油污損害，而且該國又是本公約和1971年設立國際油污損害賠償基金國際公約的締約國，則在適用本條第 (1) 項後按本公約尚需承擔的賠償責任，僅應限於適用上述1971年公約之後仍未獲得賠償的油污損害範圍之內。

(3) 在適用本公約第三條第 4 款時，「本公約」一詞應視情況被解釋為本公約或 1969 年責任公約；

(4) 在適用本公約第五條第 3 款時設立的基金總額，應減去按本

條第(1)項已視爲被解除的賠償責任的數額。

第十二條 之三

本公約的最後條款應爲1969年責任公約1984年議定書的第十二至十九條。本公約所指的締約國，應被視爲該議定書的締約國。

第 十 條

1969年責任公約所附的證書樣本，應被本議定書所附的證書樣本所代替。

第十一條

1.在本議定書的當事國之間，1969年責任公約和本議定書應作爲一個整體文件來理解和解釋。

2.經本議定書修正的1969年責任公約的第一條至第十二條之三，包括證書樣本，應被稱爲1984年國際油污損害民事責任公約（1984年責任公約）。

最 後 條 款

第十二條 簽字、批准等

1.本議定書自1984年12月1日起至1985年11月30日止在倫敦開放，以供各國簽字。

2.除按第4款規定外，任何一個國家均可按下列方式成爲本議定書的締約國:

(1) 簽字而有待批准，接受或認可，隨後予以批准，接受或認可，或

(2) 加入。

3.批准、接受、認可或加入本議定書應在向本組織秘書長交存有關的正式文件後生效。

4.凡屬1971年設立國際油污損害賠償基金國際公約（以下稱爲1971年基金公約）的締約國，僅在其同時批准、接受、認可或加入該公約的1984年議定書時，方可批准、接受、認可或加入本議定書，除非該國退出1971年基金公約，而且退出應在本議定書對該國生效之日生效。

5.凡屬本議定書的當事國，但非屬1969年責任公約的當事國的國家，對本議定書的其他締約國而言，應受經本議定書修訂的1969年責任公約規定的約束，但對1969年責任公約的締約國而言，應不受1969年責任公約的規定的約束。

6.在經本議定書修正的1969年責任公約的一項修正案生效之後交存的任何批准、接受、認可或加入文件，應被視爲適用於按此項修正案修改的修正後的本公約。

第十三條　生　效

1.本公約應自包括六個各擁有不少於 100 萬油輪總噸單位的國家在內的十個國家向本組織秘書長交存批准、接受、認可或加入文件之日起12個月後生效。

2.但是，凡屬1971年基金公約的締約國，可在其交存本議定書的批准、接受、認可或加入文件時，聲明：在1971年基金公約1984年議定書第三十一條所規定的 6 個月期限終止之前，就本條而言，該文件應屬無效。非屬 1971 年基金公約的締約國，但交存 1971 年基金公約1984年議定書的批准、接受、認可或加入文件的國家，也可同時按本款規定發表聲明。

3.凡按上一款發表聲明的國家，可在任何時候通過向本組織秘書長發出通知的方式將其聲明撤回。任何這種撤回應在通知收到之日起生效，但是，這一個國家應被視爲已於該日交存了本議定書的批准、接受、認可或加入文件。

4.對於在第一款規定的生效條件已獲滿足後批准、接受、認可或加入本議定書的國家，本議定書應自該國交存適當文件之日起12個月後生效。

第十四條　修訂與修正

1.修訂或修正1984年責任公約的會議，可由本組織召開。

2.經不少於 1/3 的締約國要求，本組織應召開修訂或修正1984年責任公約的締約國會議。

第十五條　對限額的修正

1. 經不少於1/4的締約國要求，對於經本議定書修正的本公約第五條第1款中規定的責任限額的任何修正提案，應由秘書長散發給本組織的所有成員國和所有締約國。

2. 按上述提出並散發的任何修正案，應在散發之日起至少6個月之後交由本組織法律委員會審議。

3. 經本議定書修正的本公約的所有締約國，不論是否爲本組織的成員國，均有權參加法律委員會審議和通過修正案的活動。

4. 修正案應在按第3款規定擴大的法律委員會上，經出席並投票的締約國的2/3多數通過，但投票時至少應有締約國的半數出席會議。

5. 就修正限額的提案採取行動時，法律委員會應考慮事件的經過，特別是事件所造成的損害金額、幣值的變化以及所提修正案對保險費用的影響。委員會還應考慮經本議定書修正的本公約第五條第1款的限額與1984年設立國際油污損害賠償基金國際公約第四條第4款的限額之間的關係。

6. (1) 根據本條提出的對限額的任何修正案，不得在本議定書開放簽字之日起5年之內，或按本條作出的前一修正案生效之日起5年之內予以審議。根據本條提出的任何修改案，不得在本議定書生效之前予以審議。

(2) 任何限額的增長，均不得超過按照經本議定書修正的本公約所規定的限額，從本議定書開放簽字之日起以每年遞增百分之六計算而達到的數額。

(3) 任何限額的增長，均不得超過經本議定書修正的本公約所規定限額的3倍。

7. 根據第4款通過的任何修正案，應由本組織通知所有締約國。該修正案在通知之日起經過18個月，就應被視爲已獲接受，除非在此期間內，有不少於1/4的在委員會通過該修正案時的締約國通知本組織拒絕接受該修正案，在此情況下，該修正案即被拒絕，並屬無效。

8. 根據第7款已被視爲獲得接受的修正案，應在獲得接受後18個

月生效。

9.所有締約國均應受該修正案的約束，除非它們根據第十六條第1款和第2款，在修正案生效之前至少6個月退出本議定書。而此種退出，應在修正案生效時生效。

10.當一項修正案已被委員會通過，但18個月的接受期限尚未屆滿時，如該修正案已生效，則在此期間成為締約國的國家應受其約束。在此期間之後成為締約國的國家，應受根據第7款獲得接受的修正案的約束。在本款所指的情況下，締約國應在修正案生效時，或在本議定書對該國生效時（如發生在後），即受該修正案的約束。

第十六條　退　出

1.任何締約國在本議定書對其生效之日以後，可隨時退出本議定書。

2.退出本議定書，應向本組織秘書長交存一份文件之後方為有效。

3.退出本議定書應在向本組織秘書長交存文件12個月之後，或在退出文件中載明的更長的期限之後生效。

4.在本議定書各當事國之間，任何一方根據1969年責任公約第十六條退出1969年責任公約，均不得被解釋為退出經本議定書修正的1969年責任公約。

5.仍為1971年基金公約當事國的國家，退出1971年基金公約1984年議定書，應被視為退出本議定書。這種退出應在按1971年基金公約1984年議定書第三十二條的規定，退出該議定書生效之日生效。

第十七條　保　管

1.本議定書和按第十五條獲得接受的任何修正案，應交本組織秘書長保管。

2.本組織秘書長應：

（1）通知所有已簽署或加入本議定書的國家：

　①每一新的簽署或新的文件的交存及其日期；

　②根據第十三條提交的每一聲明和通知，以及按照1984年責任公約第五條第9款發表的每一聲明和通知；

③本議定書的生效日期；

④根據第十五條第 1 款提出的任何修正賠償責任限制的提案；

⑤根據第十五條第 4 款獲得通過的任何修正案；

⑥根據第十五條第 7 款被視爲已獲得接受的任何修正案，連同按照該條第 8 款和第 9 款規定的該修正案應生效的日期；

⑦交存退出本議定書的任何文件，連同交存日期及其生效日期；

⑧按照第十六條第 5 款被視爲已提出的任何退出；

⑨本議定書任何條款所要求的通告。

(2) 將本議定書核正無誤的副本分送所有簽字國和所有加入本議定書的國家。

3.本議定書一經生效，本組織秘書長應按照聯合國憲章第一百零二條的規定將本議定書的文本送交聯合國秘書處，以供登記和公布。

第十八條　文　字

本議定書正本一份用阿拉伯文、中文、英文、法文、俄文和西班牙文寫成，各種文本具有同等效力。

1984年 5 月25日訂於倫敦。

爲此而經各國政府正式授權的下列具名者已簽署本議定書，以昭信守。

（譯註：各國代表簽名從略）

聯合國大會通過的加强在國際關係上不使用武力或進行武力威脅原則的效力宣言

（一九八七年十一月十八日）

大會，

同顧各國在其國家關係上不得進行武力威脅或使用武力，或以與聯合國宗旨不符的任何其他方法，侵犯任何國家的領土完整或政治獨立的原則，

同顧這項原則載於《聯合國憲章》第二條第四款，並經若干國際文書重申，

重申《關於各國依照聯合國憲章建立友好關係和合作的國際法原則宣言》①、《侵略定義》② 和《馬尼拉和平解決國際爭端宣言》③，

重申遵照《聯合國憲章》的宗旨維持國際和平與安全的義務，

深爲關切繼續存在衝突和緊張局勢；不斷違反不得進行武力威脅或使用武力的原則對維持國際和平與安全的影響，以及受影響國家遭受生命喪失和財產損害，使其發展可能受到挫折，

希望促使國際的氣氛從對抗變爲和平關係和合作，並採取其他適當措施加强國際和平與安全，以消除各國間發生新的武裝衝突的危險，

深信在存在核武器的當前世界局勢下，除維持國家間和平關係外，別無合理的替代辦法。

---

① 第2625（XXV）號決議，附件。
② 第3314（XXIV）號決議，附件。
③ 第37/10號決議，附件。

充分意識到全面徹底裁軍問題是最重要的問題，而和平、安全、基本自由與經濟和社會發展是不可分割的，

關切地注意到恐怖主義對國際關係的有害影響，

強調所有國家必須避免採取旨在剝奪各國人民的自決、自由和獨立權利的任何強制行動，

重申各國以和平方式解決其國際爭端的義務，

意識到加強聯合國集體安全體系的重要性，

銘記人權和基本自由作爲國際和平與安全的基本因素的普遍意義，

深信促進穩定和公平的世界經濟環境作爲世界和平的必要基礎符合各國的共同利益，爲此，各國應加強促進發展的國際合作，並努力實現新的國際經濟秩序，

重申各國對國家主權平等的基本原則的支持，

重申每一國家均有不受別國任何形式的干涉，選擇其政治、經濟、社會及文化制度的不可剝奪權利。

回顧各國有義務不以任何理由直接或間接干涉別國的內政或外交事務，

重申各國有義務在其國際關係上不對任何國家進行旨在危害其政治獨立或領土完整的軍事、政治、經濟或任何其他形式的脅迫，

重申《憲章》所載的各國人民享有平等權利和自決的原則，

重申各國應認眞履行國際法規定的一切義務，

認識到迫切需要加強各國不得進行武力威脅或使用武力原則的效力，以便有助於建立所有國家的持久和平與安全。

莊嚴宣告：

一

1. 每個國家都有義務在其國際關係上不得進行武力威脅或使用武力，或以與聯合國宗旨不符的任何其他方法侵犯任何國家的領土完整或政治獨立。這種武力威脅或使用武力構成對國際法和《聯合國憲

章》的違反，應承擔國際責任。

2.在國際關係上不得進行武力威脅或使用武力的原則，不論各國有何政治、經濟、社會或文化制度或結盟關係，一律適用並有約束力。

3.任何性質的考慮都不得作爲違反《聯合國憲章》進行武力威脅或使用武力的理由。

4.各國有義務不慫恿、鼓勵或協助別國違反《聯合國憲章》進行武力威脅或使用武力。

5.遵照《聯合國憲章》所載平等權利和自決原則，各國人民均有權不受外來干涉自由地決定其政治地位，追求其經濟、社會和文化發展，而各國均有義務按照《憲章》規定尊重此項權利。

6.各國應履行國際法規定的義務，不得在別國組織、煽動、協助或參加準軍事、恐怖主義或顚覆活動，其中包括雇佣軍行爲在內，或默許在本國境內進行以從事此等行爲爲目的的組織活動。

7.各國有義務不武裝干涉和不以任何其他形式干預或企圖威脅國家的個性或其政治、經濟和文化要素。

8.任何國家不得使用或鼓勵使用經濟、政治或任何其他措施脅迫別國，使其放棄行使主權和佔取該國任何利益。

9.按照聯合國的宗旨和原則，各國均有義務不進行侵略戰爭的宣傳。

10.凡進行武力威脅或使用武力而取得的領土，或違反國際法進行武力威脅或使用武力而佔領的領土，均不得承認其爲合法的取得或佔領。

11.凡違反《聯合國憲章》所體現的國際法原則以進行武力威脅或使用武力而締結的條約均屬無效。

12.依照《聯合國憲章》和《關於各國依照聯合國憲章建立友好關係和合作的國際法原則宣言》內有關條款，各國應認眞履行其一切國際義務。

13.依《聯合國憲章》規定，各國受武裝攻擊時有單獨或集體自衛

的固有權利。

二

14.各國應竭力在互相諒解、信任、尊重和在一切領域內進行合作的基礎上建立其國際關係。

15.各國也應促進雙邊和區域合作，作為加強在國際關係上不得進行武力威脅或使用武力原則的效力的重要方法之一。

16.各國應遵守其對和平解決爭端原則的承諾，此一原則與在國際關係上不進行武力威脅或使用武力原則是不可分的。

17.國際爭端當事國應完全以和平方法解決其爭端，以免危害國際和平與安全以及正義，為此目的，各當事國應採用談判、調查、調停、和解、仲裁、司法解決、訴諸區域機構或區域安排等方法，或包括幹旋在內的其他自行選擇的和平方法。

18.各國應採取某些範圍和性質的切實措施，作為推動最後實現在嚴格有效國際監督下全面徹底裁軍的步驟。

19.各國應採取切實措施防止包括可能使用核武器的武裝衝突在內的任何武裝衝突的危險，防止外層空間的軍備競賽，制止和扭轉地球上的軍備競賽，降低軍事對抗的水平和增進全球穩定。

20.各國應協力作出積極努力，以求確保緩和國際緊張局勢，鞏固國際法律秩序，尊重《聯合國憲章》建立的國際安全體系。

21.各國應制定建立信任的適當措施，以防止和減少緊張局勢，創造各國間更為良好的氣氛。

22.各國重申，尊重一切人權和基本自由的切實行使及對這種人權和自由的保護，是促進國際和平與安全和正義，以及發展一切國家間友好關係和合作的基本因素。因此，各國應促進和鼓勵不分種族、性別、語言或宗教，尊重所有人的人權和基本自由，為此，除其他外，應嚴格遵守國際義務，並酌情考慮成為這一領域內主要國際文書的締結國。

23.各國應在雙邊、區域和國際一〔起〕進行合作，以：

（a）防止和打擊國際恐怖主義，

（b）積極促進消除國際恐怖主義的根本原因。

24.各國應盡力採取具體措施，促進國際經濟環境中的有利條件，以實現國際和平、安全與正義；各國應顧及到所有國家的利益，尤其是全世界發展中國家的利益，縮小經濟發展水平的差異。

三

25.聯合國各主管機關應充分利用《聯合國憲章》有關維持國際和平與安全的條款，以期加強在國際關係上不進行武力威脅或使用武力的原則的效力。

26.各國應與聯合國各機關充分合作，支持其根據《聯合國憲章》採取的有關維持國際和平與安全及和平解決國際爭端的行動。各國特別應加強安全理事會的作用，使它能充分和有效地履行職責。根據《憲章》規定，安全理事會常任理事國對此負有特別的責任。

27.各國應通過有效執行《憲章》的條款，特別是安全理事會在此方面特別責任的條款，努力加強集體安全體系的效力。各國應充分履行其義務，支持聯合國根據《憲章》決定的維持和平行動。各國應按照《憲章》規定接受和執行安全理事會的決定。

28.各國應對安全理事會為公正解決危急局勢和區域衝突而採取的所有行動提供一切可能的援助。有些爭端和情勢如果繼續存在，可能危及維持國際和平與安全。各國應加強安全理事會在防止這種爭端和情勢方面所能發揮的作用。各國應便利安理會執行任務，盡早審查對國際和平與安全有潛在危險的情勢。

29.應按照《憲章》規定，在視臨時需要，加強安全理事會的事實調查能力。

30.各國應充分發揮《憲章》授予大會的在和平解決爭端和維持國際和平與安全方面的重要作用。

31.各國應鼓勵秘書長按照《憲章》的規定，包括第98和第99條的規定，充分履行有關維持國際和平與安全及和平解決爭端的職能，並

在這方面與他〔國〕充分合作。

32.各國應考慮到法律爭端通常應由有關各方根據《國際法院規約》的條款提交國際法院，這是加強國際和平與安全的一項重要因素。大會和安全理事會應考慮使用《憲章》的規定，可否要求國際法院就任何法律問題提供諮詢意見。

33.區域安排或區域機構的參加國，應考慮依據《憲章》第五十二條更多利用這種安排和機構處理同維持國際和平與安全有關的事項。

宣布本宣言的任何內容均不得解釋爲:

(a) 對《憲章》中關於合法使用武力情形的規定範圍有任何擴大或縮小;

(b) 以任何方式妨害《憲章》的有關規定、或《憲章》規定的會員國權利和義務或聯合國各機關的職權範圍，特別是有關不進行武力威脅或使用武力的規定;

宣布本《宣言》的任何內容絕不得妨礙被強行剝奪自決、自由和獨立權利的人民，特別是在殖民和種族主義政權或其他形式外國統治下的人民行使這一權利。這一權利係由《憲章》所規定，又在《關於各國依照聯合國憲章建立友好關係和合作的國際法原則宣言》中加以申明。也不得妨礙這些人民按照《憲章》的各項原則和上述《宣言》的規定，爲此目的而進行鬥爭並尋求和接受支援的權利，

確認依《憲章》第一○三條的規定，聯合國會員國在《聯合國憲章》下的義務與其依任何其他國際協定所負的義務有衝突時，其在《憲章》下的義務應居優先。

乙、涉外法律與行政規則

未成年（二十歲以下）雙籍華僑以依親爲由申請「入境簽證」處理原則

（經聯繫會報聯繫小組第20暨21次會議決議通過）

(一)其父在臺原有戶籍：

　　1.父已取得外籍，其未成年子女准以外人身分申請「入境簽證」，憑以申辦外僑居留證。

　　2.父未取得外籍，其未成年子女不得以外人身分申請入境簽證，藉以申辦外僑居留證，而應以國人身分辦理設籍居留。

　　3.父無外籍，但母有外籍，其未成年子女仍不准以外僑身分在華居留。但若父已死亡或父母已離異，子女歸母撫養者，准其子女以外人身分申請「入境簽證」。

　　4.父母均歿，其未成年子女可否以外人身分申請「入境簽證」應以其父死時之有無外籍身分作爲辦理之準據。

(二)其父在臺原無戶籍：

　　1.父已取得外籍，其未成年子女得以外人身分申請「入境簽證」。

　　2.父未取得外籍，其未成年子女仍得以外人身分申請「入境簽證」。（按：許多忠貞華僑長年僑居國外，卻不願歸化他國，其持外照之未成年子女雖有中國血統，但與「外國人」無異。）

　　3.父已亡，依據本項前述一、二款之推演，其未成年子女均得以外人身分申請「入境簽證」。

(三)父持港澳政府所發英葡護照（在現行有關法令未改變前）

1. 其父在臺原有戶籍，其未成年子女應以國人身分在臺設籍居留。（蓋其父雖持外照，我仍以國人視之。）
2. 其父在臺原無戶籍，其未成年子女仍不得援用前述第二項第二款（（二）2.）之規定，主張以外人身分申請「入境簽證」，而應視同「國人」辦理在臺居留手續。

外國人申請多次入境之居留簽證及停留簽證審查要點（核定本）

外交部七十七年七月二十七日外(77)領二字第7731835號函
行政院(77)年 6 月 16 日臺(77)外字第 15831 號函核定

一、為便利外國人來華辦理有關業務或事務，訂定本審查要點（以下簡稱本要點）。 凡外國人因辦理業務或事務，確有經常入出境之必要而申請多次入境之居留簽證或停留簽證者，依本要點辦理。

二、〔下〕列外國人或法人指定之代表人得申請一年效期多次入境之居留簽證：

　　1.經核准在我國境內投資且於各該投資事業已實行之股本投資額達十萬美元者。此項股本投資額每增五十萬美元者，得申請增發一人，但以增發四人為限。

　　2.外國公司經核准認許在我國境內營業所用資金達十萬美元者其派在我國境內之負責人。此項營業所用資金達五十萬美元者得申請增發其分公司經理人一人。

　　3.外國金融、交通事業在我國之分支機構主管級人員。

　　4.經我中央或省（直轄市）級政府機關核准前來我國從事與各該機關有關事務者。

　　5.依前列各款之規定申請一年效期多次入境之居留簽證者，其配偶及未成年子女亦得申請之。

三、〔下〕列外國人或法人指定之代表人得申請一年效期多次入境之停留簽證：

　　1.經核准在我國境內投資且於各該投資事業已實行之股本投資額達十萬美元者。此項股本投資額每增五十萬美元者，得申請增

發一人，但以增發四人爲限。

2. 對我國所鼓勵之事業有意投資或技術合作者。

3. 未在我國設立分支機構之外國銀行，其資產在自由世界排名五百名內，且與我國內企業或銀行交往頻繁者之本行職員。

4. 與我銀行業務有關之其他外國金融從業人員。

5. 外國廠商於申請時之前一年度或前十二個月向我進出口總額達六十萬美元者。此項進出口總額每增六十萬美元者，得申請增發一人，但以增發四人爲限。

6. 對我工商業務之推展有具體貢獻者。

7. 經我中央或省（直轄市）級政府機關核准前來我國從事與各該機關有關事務者。

　　前項第五款之外國廠商於申請時之前一年度或前十二個月向我進出口總額達三十萬美元者，得申請發給一人六個月效期多次入境之停留簽證；達十萬美元者，得申請發給一人三個月效期多次入境之停留簽證。

四、外國人或法人指定之代表人依本要點之規定申請多次入境居留簽證或停留簽證者，須檢齊有關文件以書面向中央或省（直轄市）級主管機關提出申請，經審查合格後，由該主管機關函請外交部核發。第三點第一項第二款之申請人須另提供投資或技術合作計畫書。

　　第三點第一項第六款之申請人須經我國駐當地或鄰近使領館、外交部授權機構（包括經濟商務單位），或經由中央有關主管機關函請外交部核發。

五、依本要點取得簽證之外國人，如有「外國護照簽證辦法」第十五條規定情事之一者，主管機關應函請外交部撤銷其簽證並由外交部通知內政部警政署。

修正我國對社會主義國家貿易規定

法務部函 中華民國七十八年九月十八日
法(七八)律字第一六一八二號

受文者: 本部直屬各機關

副　本
收受者: 本部各單位

主　旨: 關於我國對社會主義國家貿易規定，業經修正如說明。請查照。

說　明: 一、依經濟部七十八年九月九日經⒄貿字第○四五七四○號函辦理。

二、關於我國對社會主義國家貿易規定修正如下:

(一)今後我國對社會主義國家之貿易規定，除對蘇聯、阿爾巴尼亞、北韓為間接貿易，及古巴採間接進口外，對其他社會主義國家均得為直接貿易。

(二)我國企業或工商團體赴社會主義國家訪問，參展、會議、投資設廠、設分公司或辦事處，比照對一般自由貿易國家規定辦理。但工商團體組團赴間接貿易社會主義國家從事上述商務活動者，應先向經濟部國際貿易局或其他有關機關申請核准。

(三)可直接貿易社會主義國家企業或工商團體來我國訪問、參展、會議、投資設廠、設分公司或辦事處，比照對一般自由貿易國家規定辦理。但間接貿易社會主義國家企業或工商團體來我國從事上述商務活動者，應先向經濟部國際貿易局或其他有關機關申請核准。

部　長　蕭天讚

法務部公報，第一一九期（民國七十九年五月三十一日），頁99。

現階段國際會議或活動涉及大陸
有關問題作業要點

中華民國七十九年三月二十六日
行政院大陸工作會報

甲、會議或活動在大陸地區舉辦者

一、凡由國際組織舉辦之國際會議或活動，邀請我學術機構、民間團體或個人出席或參與者，該機構、團體或個人得申請前往參加；邀請我政府機關派員出席或參與者，得以個案處理。

二、凡非由國際組織舉辦之國際會議或活動，邀請我政府機關、學術機構、民間團體人員或個人出席或參與者，得以個案處理；但由中共單獨發起或主辦者，我政府機關人員不得參加。

三、上述國際會議或活動如由大陸有關法人、團體或機構單獨舉辦或其與國際組織聯合舉辦者，我受邀機關、團體或個人均不得參與發起或主（協）辦。

四、我參加會議或活動人員在大陸地區停留期間，以參加會議活動日程所定之節目為限。

五、我參加會議或活動人員之言行，不得違反我國法令或妨害我國家安全與利益。

六、我參加會議或活動人員自大陸地區攜回之物品，應於入境時依照有關法令向主管機關申請核准。

七、我參加會議或活動人員倘遇名稱、旗、歌或權利義務問題時，均應依照主辦單位既有規定或一般國際慣例及公平原則辦理，不得接受中共或主辦單位任何單獨對我不利之安排。

乙、會議或活動在第三地區舉行者

八、我學術機構、民間團體或個人得在第三地區出席或參加中共亦
　　參與之國際會議或活動。惟會議或活動由中共單獨主（協）辦
　　者，得以個案處理，並不得與中共在第三地區聯合主（協）辦
　　任何會議或活動。
　　前項會議或活動如需政府機關人員參與時，得以個案處理。
　　我參加前二項會議或活動人員應享有與其他地位相同參與者同
　　等之權益，並盡量爭取使用國號、國旗、國徽及國歌。

丙、執行
九、本要點各項規定之執行，由各會議或活動性質之主管機關審核
　　並副知外交部；惟會議或活動涉有會籍、名稱、旗歌及其他權
　　益問題者，各該主管機關應先會商外交部後核定。

丁、附則
十、本要點於奉行政院核定後實施。修正時亦同。

　　法務部公報，第一一九期（一九九〇年五月三十一日），頁88。

外國人及華僑醫師執業管理辦法

中華民國七十九年四月十三日
行政院衛生署發布

第 一 條

本辦法依醫師法第八條之二第二項規定訂定之。

第 二 條

外國人或華僑領有中華民國醫師證書者，得在中華民國充任醫師，執行醫療業務。

第 三 條

前條執行醫療業務，包括〔下〕列三種情形：

一、取得中華民國醫師證書及執業執照後，在醫療機構執行醫療業務。

二、取得中華民國醫師證書及執業執照後，在教學醫院接受住院醫師訓練。

三、接受前款住院醫師訓練後，在醫療機構執行醫療業務。

第 四 條

外國人或華僑醫師在中華民國執行前條第一款或第三款醫療業務之處所，以山地、離島或偏僻地區之醫療機構爲限。但具有中華民國專科醫師資格者，得在教學醫院或醫療法第十一條所稱之其他醫療機構執行醫療業務。

第 五 條

外國人或華僑醫師如係中華民國醫學院畢業者，應於畢業後離開中華民國或返回僑居地二年以上，始得回中華民國執行第三條第一款或第二款之醫療業務。其經第三條第二款住院醫師訓練期滿後，應返回本國或僑居地六年以上，始得回中華民國執行第三條第三款之醫療

業務。

第 六 條

華僑醫師因僑居地陷於長期戰亂或僑居地政府因故註銷其居留證或其他不可抗力之事由， 致無法返回僑居地者， 不受前條期間之限制。

第 七 條

外國人或華僑現任外國醫學院教授、副教授或醫學院附設教學醫院之主治醫師者，得受邀在中華民國從事短期臨床教學。

前項邀請機構以醫學院附設醫院或教學醫院爲限。其教學涉及醫療業務者，應由邀請機構另指派醫師負責。

第 八 條

醫療機構聘僱外國人或華僑醫師在中華民國執行第三條第一款或第三款之醫療業務，應敍明應聘者姓名、國籍、聘僱職稱、期間及執業科別，並檢具〔下〕列文件，申請中央衞生主管機關許可。

一、身分證明文件影本。

二、畢業證書影本。

三、中華民國醫師證書影本。

四、由教學醫院或醫療法第十一條所稱之其他醫療機構聘僱者，其專科醫師之證明文件。

五、自中華民國醫學院畢業或曾在中華民國接受第三條第二款住院醫師訓練者， 其離開中華民國、 返回本國或僑居地之期間證明文件。

第 九 條

外國人或華僑醫師在中華民國接受第三條第二款住院醫師訓練者， 應敍明受訓者姓名、 國籍、 訓練科別及期間， 並檢具〔下〕列文件，申請中央衞生主管機關許可。

一、身分證明文件影本。

二、畢業證書影本。

三、中華民國醫師證書影本。

四、受訓者爲外國人時，其本國政府保證受訓期滿返回本國服務
　　之證明文件。

五、受訓者爲中華民國醫學院畢業者，其畢業後離開中華民國或
　　返回僑居地二年之證明文件。

前項住院醫師訓練之期間，最長不得超過六年。

第 十 條

醫療機構邀請外國人或華僑在中華民國從事短期臨床教學，應敍
明被邀人姓名、國籍、教學處所、期間及項目，並檢具〔下〕列文件，
申請中央衞生主管機關許可。

一、身分證明文件影本。

二、外國醫師證書影本。

三、服務機構現任職務證明文件。

前項從事短期臨床教學之期間，以三個月爲限。但經中央衞生主
管機關許可者，得酌予延長，其延長期間最長不得逾三個月。

第十一條

依前三條規定申請許可時應檢具之文件，其爲華僑身分證明文件
者，應由僑務委員會、駐外使領館或外交部指定機關或機構出具。其
爲外國證明文件者，應經駐外使領館或外交部指定機關或機構驗證。
必要時，並須檢附經上開機關或機構驗證之中文譯本。

第十二條

中央衞生主管機關對於依第八條至第十條規定之申請事件，核與
規定相符者，應發給許可之證明文件，並副知各有關機關。

前項證明文件，應載明許可在中華民國執行醫療業務或從事短期
臨床教學之期間。

第十三條

外國人或華僑醫師經核准在中華民國執行第三條之醫療業務者，
應依醫師執業之有關規定辦理。

第十四條

本辦法施行前，經中央衞生主管機關許可在中華民國執行醫療業

務或從事臨床教學之外國人及華僑醫師，於許可期間屆滿時，擬繼續在中華民國執行醫療業務或從事短期臨床教學者，應依本辦法規定重行申請。

第十五條

外國人依其本國法不許中華民國醫師在該國執行醫療業務者。不得在中華民國執行醫療業務或從事短期臨床教學。但為加強國際合作、促進學術交流或實施交換學生計畫，經中央衛生主管機關許可者，不在此限。

第十六條

本辦法自發布日施行。

法務部公報第一一九期（民國七十九年五月三十一日，頁一五～一六。）

修正「受理外國文書驗證程序」

外交部函 　　　　　　　中華民國七十九年九月十八日
　　　　　　　　　　外⑺領三字第七九三二三六二八號

受文者: 法務部

正　本: 駐外各館處

副本: 中央及省市各有關機關（如附表）〔略〕
　　　　本部各單位

主　旨: 本部茲修正受理外國文書驗證程序如說明，請　查照辦理。

說　明: 一、凡在我國領域以外所作成之文件，原則上須先送經我有
　　　　　　權管轄之駐外使領館或本部授權機構驗證後，本部始予
　　　　　　受理覆驗。惟該等文件倘先經其本國外交部驗證後，再
　　　　　　經該國駐華使領館或機構驗證者，本部亦予受理。

　　　　二、請利用適當管道將前述規定通知駐在國僑民及有關人
　　　　　　士。

　　　　　　　　　　　　　　部　長　錢　復

法務部公報，第一二五期（民國七十九年十一月三十日），頁七一。

對大陸地區間接輸出貨品管理辦法

中華民國七十九年九月二十四日
經　濟　部　發　布

第　一　條

廠商申請對大陸地區間接輸出貨品，依本辦法之規定辦理，本辦法未規定者，適用其他有關規定。

第　二　條

廠商對大陸地區間接輸出貨品，應依〔下〕列規定:

一、其輸出方式應經由國外地區為之。

二、其買方應為大陸地區以外且經政府列為准許直接出口之國家或地區之廠商。但不得為大陸地區法人、團體或其他機構之分支機構。

第　三　條

廠商對大陸地區間接輸出貨品，應依一般貨品之出口簽審規定辦理。但原屬免除簽發許可證貨品者，仍應向授權出口簽證銀行辦理簽證；加工出口區內廠商逕向各該加工出口區管理處申請；科學工業園區內廠商逕向其管理局申請。

廠商申請對大陸地區間接輸出高科技產品，並應依有關出口管制規定辦理。

第　四　條

對大陸地區間接輸出貨品，其出口文件所載之目的地應明列「大陸 (CHINESE MAINLAND)」字樣。

第　五　條

對大陸地區間接輸出之貨品，其有影響國家安全或經濟發展者，

〔335〕

經濟部國際貿易局得報請經濟部公告停止該項貨品之輸出。

第 六 條

廠商對大陸地區間接輸出貨品，違反本辦法者，國際貿易局得停止該廠商一年以下輸出入之申請。

第 七 條

非廠商申請對大陸地區間接輸出貨品者，應向國際貿易局申請，並準用本辦法關於廠商之規定。

第 八 條

本辦法自發布日施行。

法務部公報，第一二五期（民國七十九年十一月三十日），頁二二。

對大陸地區從事間接投資或技術合作管理辦法

中華民國七十九年十月六日
經 濟 部 發 布

第 一 條

臺灣地區人民、法人、團體或其他機構對大陸地區投資或從事技術合作者，除法律另有規定外，依本辦法之規定辦理。本辦法未規定者，適用其他規定。

第 二 條

本辦法之主管機關爲經濟部，以經濟部投資審議委員會（以下簡稱投審會）爲執行單位。

第 三 條

臺灣地區人民、法人、團體或其他機構不得直接在大陸地區投資或從事技術合作，其間接之投資或技術合作，應經主管機關許可。

第 四 條

前條所稱臺灣地區人民、法人、團體或其他機構對大陸地區間接之投資，應經由其在第三地區投資設立之公司、事業，依〔下〕列方式爲之：

一、在大陸地區單獨或聯合出資，或與大陸地區人民、法人、團體或其他機構共同投資在當地創設新事業，或增加資本擴展原有在當地事業或對於當地事業股份之購買或其他方式之出資。

二、在大陸地區設置或擴展分公司或其他營業場所。

三、在第三地區與大陸地區人民、法人、團體或其他機構在國外投資設立之公司、事業聯合出資創設新事業，或增加資本擴展原有事業或對於當地事業股份之購買或其他方式之出資。

前條所稱臺灣地區人民、法人、團體或其他機構對大陸地區間接之技術合作，應經由其在第三地區投資設立之公司、事業，依〔下〕列方式爲之：

一、提供專門技術、專利權、商標專用權或著作權與大陸地區人民、法人、團體或其他機構約定不作爲股本而取得一定報酬金之合作。

二、提供專門技術、專利權、商標專用權或著作權與大陸地區人民、法人、團體或其他機構在國外投資設立之公司、事業約定不作爲股本而取得一定報酬金之合作。

第 五 條

臺灣地區人民、法人、團體或其他機構依前條規定對大陸地區從事間接之投資或技術合作之產業、產品或技術合作項目，以不影響國家安全及經濟發展者爲限，由主管機關會商目的事業主管機關訂定公告之，其增刪亦同。

第 六 條

臺灣地區人民、法人、團體或其他機構依前二條規定對大陸地區投資或從事技術合作者，應先塡具申請書向投審會申請核准。但以外滙作爲股本投資，每案投資金額在一百萬美元以下者，得於開始實行投資後六個月內申請核備，

臺灣地區人民、法人、團體或其他機構於本辦法施行前已在大陸地區投資或從事技術合作符合前二條規定者，應於本辦法施行之日起六個月內申請核備。

第 七 條

依本辦法規定申請核准或核備之投資及技術合作案件，得由主管機關協調有關機關（機構）或相關公會提供輔導措施。

第 八 條

依第六條規定申請核准或核備之案件，有虛僞記載者，得由主管機關撤銷之。

第 九 條

　　違反本辦法規定投資或從事技術合作者，由主管機關洽請相關機關依有關法令辦理。

第 十 條

　　本辦法自發布日施行。

法務部公報第一二五期（民國七十九年十一月三十日），頁二二。

國內學校與外國學校建立合作關係實施辦法[*]

中華民國七十九年十月十二日
教育部發布

第 一 條

教育部為加強輔導國內學校與外國學校建立合作關係（包括姊妹關係），以促進教育學術交流，特訂定本辦法。

第 二 條

國內公立或已立案之私立各級學校（以下簡稱申請學校），申請與外國學校議訂合作契約，除法令另有規定外，依本辦法辦理。

第 三 條

申請議訂合作之外國約定學校，須為與我有外交關係或關係友好國家之學校，且須以與申請學校同級者為原則。

第 四 條

申請學校與外國約定學校議訂合作契約，其簽約人為申請學校之校（院）長或經校（院）長授權同意之學校行政單位主管或學術單位主管。

第 五 條

申請學校與外國約定學校議訂合作契約時應基於提昇學術水準及平等互惠之原則，其書面內容得包括下列事項：

一、雙方教師、學生互訪交流。

二、圖書資料之交換。

三、舉辦學術研討會。

四、進行共同研究計畫。

五、其他有關事宜。

---

[*] 原「國內學校與外國學校建立合作關係處理辦法」修正為：「國內學校與外國學校建立合作關係實施辦法」。

〔340〕

第 六 條

申請學校與外國約定學校議訂合作契約，不得包括下列事項：

一、為外國約定學校招生或招收本國學生在國內研讀以取得該校
學歷或學分。

二、其他法令禁止事項。

第 七 條

各項合作契約之執行應不得妨礙國內之正常教學活動。出國訪
問、研習以於寒暑假期間辦理為原則。交換學生出國研究進修，須以
服完兵役或無兵役義務者為限。

第 八 條

申請學校應檢附與外國約定學校議訂之合作契約草案及中譯本報
請主管教育行政機關核定。國立學校及私立專科以上學校報由教育部
核定，省（市）立學校及私立高中（職）報由省（市）教育廳（局）核定，
縣（市）立學校及私立國民中小學報由直轄市或縣（市）教育局核定。

經核定之草案正式簽署後，應影送原核定機關備查。

第 九 條

為確實履行合作契約之活動，申請學校應編列相關經費支應，並
指定相關單位或人員承辦國際合作業務。

第 十 條

主管教育行政機關得洽請所屬學校代表與外國約定學校簽約，以
進行學術合作事宜。

第十一條

主管教育行政機關對所屬學校辦理國際教育學術合作應隨時輔導
考核，對辦理成效良好者，應予獎勵，對辦理方式不當或績效不彰
者，應督導改善，必要時得勒令停辦。

第十二條

本辦法自發布日施行。

法務部公報，第一二五期（民國七十九年十一月三十日），頁四四。

丙、行政或司法機關涉外法令解釋

外交部函准協議離婚亦可適用
「涉外民事法律適用法」

中華民國七十七年十月七日
外⑺領三字第七七三二四八五五號

受文者：駐外各單位、中琉文經協會駐琉球辦事處。

副　本
收受者：內政部、法務部、司法院秘書長、本部條約法律司

主　旨：協議離婚之兩造倘均爲旅外國人，其離婚方式亦可適用「涉外民事法律適用法」第五條第一項但書「依行爲地法所定之方式者亦爲有效」之規定。請　查照。

說　明：一、相關文號：本部本（七十七）年七月十一日外⑺領三字第七七三一六六九二號函。

　　二、頃洽准內政部本（七十七）年九月二日臺⑺內戶字第六二九三一八號函略稱，協議離婚之兩造倘均爲旅外國人，其離婚可適用「涉外民事法律適用法」第五條第一項但書「依行爲地法所定之方式者亦爲有效」之規定。

　　三、茲將駐外單位驗證旅外國人離婚協議書之規定綜述如下：

　　㈠協議離婚之兩造或其中一造爲旅外國人，其離婚倘依我國民法所定方式爲之，則其離婚協議書除應由當事人兩造簽名外，尚應有二人以上證人之簽名，駐外單位始得予以驗證。倘當事人在國內設有戶

〔342〕

籍，其離婚須經國內戶政機關登記後，始生效力；但當事人在國內倘未設戶籍，則其離婚經駐外單位自行造册登記後即生效力。（請參閱本部七十四年十月卅日外74條二字第二七二四七號函）。

(二)協議離婚之兩造或其中一造爲旅外國人，其離婚倘依行爲地法所定之方式爲之，在我國亦屬有效，又其離婚生效日期應依該行爲地法所規定者爲準，而非以國內戶政機關完成登記之日期爲準。故駐外單位驗證是類離婚協議書時，應加註「符合行爲地法」字樣，俾利國內戶政機關辨識，並憑以辦理登記事宜。

　　　　　　　　　　部長　連　　戰

北美事務協調委員會函轉美國在臺協會說明有關美國法院審理涉及我國人民離婚案件之法律文書送達

中華民國七十七年十月十七日
⒄勛發（行）字第一四七四號

受文者: 外交部

副　本
收受者: 司法院秘書長、法務部、內政部

主　旨: 函轉美國在臺協會說明有關送達美國法院審理涉及我國人民之離婚案法律文書事，復請　查照。

說　明: 一、復　鈞部本年七月二日外⒄條二字第七七三一五七三二號函。

二、該協會來函略以：美國境內離婚法律係由各州自行立法，聯邦政府不予干涉。因此各州之離婚法律不盡相同，離婚案法律文書之送達，原則上應予當事人合理之通知時間及答辯機會，至於以何種方式（包括專人送達、掛號信、或公告等方式）並無硬性規定。雖然聯邦政府未以法律規範各州對離婚案件法律文書之送達方式，該協會於處理涉及我國人民之離婚案時，一向要求美方當事人以委託書將法律訴訟文書經由我國法院轉達我方當事人，以期法律文書在我國亦具法律效力等語。

三、檢附來函影本一份，敬請　參考。

主任委員　胡　世　勳

〔344〕

AMERICAN INSTITUTE IN TAIWAN
TAIPEI
7, LANE 134, HSIN YI ROAD, SEC 3, TAIPEI, TAIWAN
TELEPHONE:709-2000 CABLE:AITAIWAN TAIPEI

美國在台協會台北辦事處
台北市信義路三段134巷7號
電話:709-2000

October 4, 1988

B-692

Mr. John Feng
Chief, Administrative Division
Coordination Council for North American Affairs
133, Po-Ai Road, Taipei

Dear Mr. Feng:

The American Institute in Taiwan refers the Coordination
Council for North American Affairs to the Council's letter of
July 6, 1988, regarding service of process in divorce actions
pending in the United States against defendants in Taiwan. The
Coordination Council requested that courts in the United States
be advised that service on defendants in Taiwan should be
effected in accordance with the laws of Taiwan governing
extension of assistance to foreign courts pursuant to a letter
rogatory.

In the United States of America, divorce is a matter
governed by the laws of the individual states and territories and
therefore the federal government does not dictate the method by
which process is to be served. Consequently, each state or other
jurisdiction enacts its own laws governing divorce, including
requirements for service upon a party to the action. Such
methods of service may include, but are not limited to, personal
service, service by registered mail, and service by publication.
Principles of due process require that the method for service of
process must provide notice reasonably calculated to apprise the
defendant of the pendency of the action and afford an opportunity
to defend.

While the federal government cannot insist that a litigant
in a divorce action employ a certain method of service, for
several years it has been our practice to caution inquirers that,
if enforcement of a judgment in Taiwan is anticipated, service in
Taiwan should be effected by means of letters rogatory, rather
than by registered mail or agent, since these latter methods may
not be acceptable under Taiwan law. In our experience, those who
use letters rogatory do so in the expectation that it may be
necessary to file a subsequent enforcement action in Taiwan.

Many others, including those involved in divorce actions, never
inquire of us because any property which is part of the dispute
is solely in the United States and they perceive no need to
enforce a judgment in Taiwan. Such persons are concerned only
that their divorce be valid in the United States. Such divorces
are, of course, valid in the United States provided local rules
in that jurisdiction concerning service upon the defendant are
satisfied.

We will be pleased, in response to your recent
communications, to reissue and emphasize our advice to inquirers
that, if enforcement of a judgment in Taiwan is anticipated,
service in Taiwan should be effected in accordance with letters
rogatory.

                              Sincerely,

                              Thomas R. Hutson
                              Chief, Travel Services

司法院函覆外交部有關日本法院離婚
判決是否有效疑義

外交部請司法院解釋有關日本法院離婚判決是否有效疑義函

中華民國七十七年十一月廿一日
外(77)領(三)七七三二八八三二號

受文者: 司法院

副　本
收受者: 亞東關係協會東京辦事處

主　旨: 旅日僑民許瑞光君頃持日本東京高等法院離婚判決書向亞東
關係協會東京辦事處申辦離婚登記，該判決書在我國是否有
效，擬請確認並惠復。

說　明: 一、准亞東關係協會東京辦事處本（七十七）年十月五日亞
證(77)字第五八二一號函略稱，旅日僑民許瑞光君（在日
出生，在臺未曾設籍）因與其妻陳瑞敏女士（在臺出生，
現居日本）性格不合，乃向日法院訴請離婚，經於上
（七十六）年七月十五日獲日本東京高等法院判決離
婚，因女方不服又上訴日本最高法院，於本（七十七）
年六月七日由日本最高法院判決確定，維持原判決。現
許君持該判決書單獨向該處申辦離婚登記並修改護照內
之婚姻狀況為離婚，可否辦理擬請裁復等語。

二、檢附該處來函暨所附日本最高法院、東京高等法院判決
書、日方離婚受理證明書影本各乙份，請　查參。

司法院覆外交部函　　　　　　中華民國七十七年十二月三日
　　　　　　　　　　　　　　(77)秘臺廳(一)字第〇二一八三號

受文者: 外交部

副　本
收受者: 本院秘三科

主　旨: 關於旅日僑民許瑞光君持日本東京高等法院離婚判決書申辦
　　　　離婚登記，該判決書在我國是否有效一案，復如說明，請查
　　　　照參考。

說　明: 一、復　貴部七十七年十一月廿一日外(77)領三字第七七三二
　　　　　八八三二號函。

　　　　二、按外國法院之確定判決，原則上與我國法院之確定判決
　　　　　有同一之效力，僅於有民事訴訟法第四百零二條所列各
　　　　　款情形之一者，始不認其效力，此觀上揭法條規定甚明
　　　　　（外國法院確定判決之強制執行，並請參照強制執行法
　　　　　第四十三條）。如當事人對於外國法院確定判決之效力
　　　　　有所爭執因而涉訟者，應由受訴法院依法審認有無民事
　　　　　訴訟法上揭規定前所列各款情形之一，並就所涉訟事件
　　　　　予以判決。在當事人對此未有爭執涉訟，並經我國法
　　　　　院判決確定不認其效力以前，似難否認該外國判決之效
　　　　　力。

　　　　　　　　　　　　　秘書長　王　甲　乙

司法院函覆關於華僑及外國人投資疑義

司法院秘書長函　　　　　中華民國七十八年十一月十日
　　　　　　　　　　　　　　(78)秘臺廳㈠字第〇二一三二號

受文者：法務部

正　本：經濟部

副　本：法務部、本院秘三科

主　旨：關於華僑及外國人回國或來華投資等疑義乙案，復如說明，
　　　　請　查照參考。

說　明：一、復　貴部七十八年十月九日經(78)資字第〇五二一五七號
　　　　　　　函。

　　　　二、按華僑回國投資條例第五條與外國人投資條例第五條於
　　　　　　　民國七十八年五月二十六日修正時，均採行負面表列方
　　　　　　　式，卽分列將原規定華僑及外國人之投資範圍修正，分
　　　　　　　為禁止類與限制類事業，予以規範，其禁止或限制僑外
　　　　　　　人投資之立法意旨，在保護國家公益。貴　部來函所
　　　　　　　稱，經核准之僑外投資事業，其以聯合出資成立公司之
　　　　　　　方式投資者，如擬轉投資時，雖其公司係依照我國公司
　　　　　　　法之規定核准設立，屬於國內法人之一種，然其若利用
　　　　　　　轉投資者為手段，以公司名義轉投資於上開條例第五條
　　　　　　　所定禁止僑外人投資之事業，亦卽行政院依該等條例第
　　　　　　　五條第三項所定業別，不啻以迂廻曲折之方法達到規避
　　　　　　　法律禁止或限制之目的，似與立法意旨有悖。

　　　　三、又土地法第十七條規定：「左列土地不得移轉、設定負
　　　　　　　擔或租賃於外國人：一、農地。二、林地。三、漁地。

四、牧地。五、狩獵地。六、鹽地。七、鑛地。八、水源地。九、要塞軍備區域及領域邊境之土地。」旨在避免影響國計民生與國防安全。外國人投資條例第十九條第二項規定投資人或所投資之事業，經行政院專案核准後，不受土地法第十七條第七款鑛地之限制，並未將上開土地法第十七條第七款以外各款排除在外，似不能因外國人投資條例第二十條規定「投資人所投資之事業，除本條例規定者外與中華民國國民所經營之同類事業受同等待遇」，而認定亦得不受土地法第十七條第七款以外其餘各款之限制。至外人投資事業，如係以成立公司方式為之，並依我國公司法之規定，核准設立，其公司在法律上雖為國內法人之一種，但其實際仍為外國人所投資之事業，應否受土地法第十七條之限制，宜由主管機關依有關法令斟酌決定之。

　　　　　　　　　　　　　　　秘書長　王　甲　乙

法務部公報，第一一九期（民國七十九年五月三十一日），頁一〇二。

法務部函覆誤認著作權法平等互惠原則適用於香港地區法人之著作是否應撤銷該著作權疑義

法務部函

中華民國七十九年二月五日
法（七九）律字第一四八八號

受文者: 內政部

副　本
收受者: 本部法律事務司

主　旨: 關於香港地區法人之著作已依我國著作權法註冊後，始發現香港政府〔對〕我國人之著作並未予相同之保護，則已准予註冊之案件，其效力如何等疑義乙案，復如說明二。請　查照參考。

說　明: 一、復　貴部七十八年十一月十四日臺⑺內著字第七四〇二七四號函。

二、本案經轉准司法院秘書長七十九年一月二十三日（七九）秘臺廳㈡字第〇一〇九七號函略以：「外國人之著作在我國註冊以取得著作權之條件，依現行著作權法第十七條之規定，係採平等互惠原則，即依條約或該外國人之本國法令、慣例，我國人民之著作得在該國享有同等權利為限，該外國人之著作始受我國著作權法之保障。苟主管機關於受理外國人之著作註冊聲請時，因誤認該外國人之本國法律亦賦予我國人之著作平等互惠之保護，而准予註冊確定時，該准予註冊之違法授益行政處分，是否得由原主管機關依職權撤銷，學說上及實務

〔351〕

上之見解尚非一致，…宜由原主管機關本於其職權，自行決定之。又關於侵害外國人著作權之民、刑事案件，經法院判決確定後，如為判決基礎之著作權註冊被註銷時，當事人得依民事訴訟法第四百九十六條第一項第十一款之規定，提起再審之訴。對於訴訟程序進行中之案件，如著作權之註冊被撤銷時，法院自宜審酌此一事實而為判決。」

部長　呂　有　文

法務部公報，第一一九期（民國七十九年五月三十一日），頁九一。

法務部函覆大陸人民作品完成於著作權法修正施行前是否得於著作權註冊登記疑義

法務部函

中華民國七十九年三月二十一日
法（七九）律字第三五四一號

受文者: 內政部

副　本
收受者: 本部法律事務司

主　旨: 關於卜乃夫先生著「塔裏的女人」一書得否申請著作權註冊
　　　　乙案，本部意見如說明二、三。請　查照參考。

說　明: 一、復　貴部七十九年二月二十四日臺⑺內著字第七六四九
　　　　　　七七號函。

　　　　二、按著作權法第五十條之一第二項規定：「完成於中華民
　　　　　　國七十四年七月十日本法修正施行前未經註冊取得著作
　　　　　　權之著作，其發行未滿二十年者，於中華民國七十四年
　　　　　　七月十日本法修正施行後適用本法之規定。」上開法條
　　　　　　所稱「發行未滿二十年」，揆其意旨，係指自首次發行
　　　　　　之日起，未滿二十年之意，而「首次發行」參酌該法施
　　　　　　行細則第十一條規定，似宜解為係指首次將著作原件重
　　　　　　製並予公開散布而言。而有關上開規定二十年期間之計
　　　　　　算，著作權法及其施行細則並未有特別訂定，依照民
　　　　　　法第一百十九條規定，應適用民法總則第五章期間之規
　　　　　　定；又該期間性質上並非消滅時效，並無中斷或不完成
　　　　　　之問題。且法律關於遲誤此種不變期間，又無得聲請回
　　　　　　復原狀之規定，著作人縱因不可歸責於己之事由，致未

〔353〕

於上開期間內申請著作權註册，似亦無從主張於其原因
消滅後補請註册。

三、本件「塔裏的女人」一書作者卜乃夫先生身陷大陸且著
作遭中共查禁之客觀事由，宜否予以特別考量，因涉及
具體案件事實之認定，及著作權實務運作，請本於職權
卓酌辦理之。

部長　呂　有　文

法務部函覆驅逐外人出境旅費負擔疑義

法務部函　　　　　　　　　　　中華民國七十九年七月六日
　　　　　　　　　　　　　　　　法（七九）檢字第九五七〇號

受文者: 臺灣高等法院檢察署

副　本
收受者: 本部會計處、檢察司

主　旨: 關於受驅逐出境處分之外國人所需旅費，如其本人無力負擔時，應由指揮執行之檢察署或受指揮執行之警察機關負擔擬義一案，復如說明二。請查照。

說　明: 一、復貴處七十九年六月廿日檢彥執(一)字第一五三四八號函。

　　　　二、按受驅逐出境處分之外國人所需旅費，應由其本人負擔，如確屬赤貧無力負擔時，執行機關應另請專款辦理之，保安處分執行法第八十七條定有明文。該條所謂之執行機關，依同法第八十二條「受驅逐出境處分之外國人，由檢察官交由司法警察機關執行之」之規定，應指司法警察機關而言，故受驅逐出境處分之外國人所需旅費，如其本人無力負擔時，應由執行之司法警察機關依首開規定，另請專款辦理之。

　　　　　　　　　　　　　　　部長　呂　有　文

法務部公報，第一二二期（民國七十九年八月三十一日），頁一二〇～一二一。

司法院釋字第二六五號解釋關於入境限制疑義

司法院大法官會議解釋

中華民國七十九年十月五日

司法院釋字第二六五號解釋

解釋文

　　動員戡亂時期國家安全法第三條第二項第二款關於入境限制之規定，乃為維持社會秩序所必要，與憲法並無牴觸。至該法施行細則第十二條第六款前段，關於未在自由地區居住一定期間，得不予許可入境之規定，係對主管機關執行上述法律時，提供認定事實之準則，以為行使裁量權之參考，與該法確保國家安全、維護社會安定之立法意旨尚屬相符。惟上述細則應斟酌該法第三條第二項第二款規定之意旨，隨情勢發展之需要，檢討修正。

解釋理由書

　　人民有居住及遷徙之自由，固為憲法第十條所規定，但為防止妨礙他人自由、避免緊急危難、維持社會秩序或增進公共利益所必要者，仍得以法律限制之，此觀憲法第二十三條規定甚明。動員戡亂時期國家安全法第一條明示該法係動員戡亂時期為確保國家安全、維護社會安定而制定。其中第三條第二項第二款關於有事實足認為有妨害國家安全或社會安定之重大嫌疑者，得不予許可入出境之規定，即係對於人民遷徙自由所為之限制。就入境之限制而言，當國家遭遇重大變故，社會秩序之維持與人民遷徙之自由發生衝突時，採取此種入境限制，既為維持社會秩序所必要，與憲法並無牴觸。

　　至該法施行細則第十二條第六款前段在中華民國七十七年十一月

十八日行政院修正發布前，關於「離開淪陷區後，未在自由地區連續
住滿五年（已修正爲四年）」者，得不予許可入境之規定，係對主管
機關執行上述法律規定時，提供認定事實之一種準則，以爲行使行政
裁量權之參考，並非凡有此情形，一律不予許可入境。故其條文定爲
「得」不予許可，而非「應」不予許可，與該法確保國家安全、維護
社會安定之立法意旨尚屬相符。惟上述細則應斟酌該法第三條第二項
第二款規定之意旨，隨情勢發展之需要，檢討修正。

大法官會議主 席 林 洋 港

大法官 翁 岳 生

翟 紹 先

楊 與 齡

李 鐘 聲

楊 建 華

楊 日 然

馬 漢 寶

劉 鐵 錚

鄭 健 才

吳 庚

史 錫 恩

陳 瑞 堂

張 承 韜

張 特 生

李 志 鵬

抄葉海聲請書

受文者：司法院大法官會議

主　旨：國安法第三條第二項及同法施行細則第十二條第六款，違背
　　　　憲法第七條及第十條之精神，敬請解釋。

說　明：一、聲請人髮妻劉素霞，於七十六年二月十日由大陸到達香
　　　　　　港，並於同年二月十七日申請入境來臺定居。經內政部

警政署入出境管理局，認爲與規定不合，未予准許。聲
請人乃向行政院陳情，請准髮妻來臺定居，經由移內政
部發交內政部警政署入出境管理局以七十六年九月十日
⑺勇局字第一七四六四號函答復略以：「劉素霞擬來臺
定居，申請入境一案，因其離開淪陷區未在自由地區連
續住滿五年，依國家安全法施行細則第十二條第六款規
定，不予許可。」聲請人不服，向內政部及行政院提起
訴願，再訴願皆遭駁回，復提起行政訴訟，行政法院以
七十七年度判字第八八〇號判決主文原告之訴駁回，聲
請人不服，依法向　鈞院大法官會議提出法律解釋案，
敬請解釋。

二、內政部警政署引用國安法第三條第二項及同法施行細則
第十二條第六款規定批駁髮妻入境，惟查憲法第七條規
定：中華民國人民無分男女、宗教、種族、階級、黨派
在法律上一律平等。國安法既然規定大陸同胞離開淪陷
區，必須在自由地區連續住滿五年，卽應人人遵守，何以年滿七十以上大陸同胞，未在
自由地區連續住滿五年，已獲准入臺定居者不下萬千。
此爲盡人皆知事實，顯然違背憲法第七條中華民國人民
在法律上一律平等之精神。又憲法第十條規定有居住及
遷徙之自由。在憲法保護下及法統認知上，政府一再承
認居住大陸同胞亦爲我中華民國人民，聲請人配偶冒險
脫離大陸，反而不准入境，顯然與憲法保障人民遷徙自
由之精神不合。

三、憲法前言有云:「中華民國國民大會受全體國民之託付，
依據孫中山先生創立中華民國之遺教，爲鞏固國權，保
障民權，奠定社會安寧，增進人民福利，制定本憲法，
頒行全國，永矢咸遵」根據前言所述憲法爲施行愛民保
民之仁愛政治，國家雖處於危難中，果無安全顧慮，髮

妻已年逾花甲爲我守寡四十年，何況解嚴後，基於人道
臺胞皆可回大陸探親，以表現政府德澤，夫妻乃人倫之
大本，髮妻迢迢千里來臺夫妻團圓不准入境，與憲法基
本人道精神不符，只有怨嘆，夫復何言。

聲請人：葉　海

附行政法院判決書影本乙件

行政法院判決　　　　　　　　七十七年度判字第八八〇號

　　原　　告　葉　海　　住臺灣省臺中縣沙鹿鎭竹林里七賢路一〇
　　　　　　　　二號

　　被告機關　內政部警政署入出境管理局

〔上〕原告因入境事件，不服行政院中華民國七十七年三月十五日臺七
十七訴字第六三七七號再訴願決定，提起行政訴訟，本院判決如〔下〕：

　　主　文

原告之訴駁回。

　　事　實

緣原告之配偶劉素霞，於七十六年二月十日由大陸到達香港，並於同
年二月十七日申請入境，來臺定居，經被告機關審核，認爲與規定不
合，未予准許。原告乃向行政院陳情，請求准其配偶來臺定居，經移
由內政部發交被告機關以七十六年九月十日⑺勇局字第一七四六四號
函復原告略以：劉素霞擬來臺定居，申請入境一案，因其離開淪陷區
未在自由地區連續住滿五年，依國家安全法施行細則第十二條第六款
規定，不予許可。原告不服，向內政部及行政院提起訴願、再訴願，
遞遭決定駁回後，復提起行政訴訟，玆摘敍原被告訴辯意旨如次：

原告起訴意旨略謂：被告機關引用國安法第三條第二項及同法施行細
則第十二條第六款規定批駁不准原告之配偶入境，惟查憲法第七條規
定：中華民國人民無分男女、宗教、種族、階級、黨派，在法律上一

律平等。國安法既然規定大陸同胞離開淪陷區，必須在自由地區住滿五年，方可申請來臺定居，即應人人遵守，何以年滿七十以上大陸同胞，未在自由地區連續住滿五年，已獲准入臺定居者不下千萬，顯然違背憲法第七條中華民國人民在法律上一律平等之精神。又憲法第十條規定人民有居住及遷徙之自由。在憲法保護下及法統認知上，政府一再承認居住大陸同胞亦為我中華民國人民，原告配偶冒險脫離大陸，反而不准其入境，顯然與憲法保障人民遷徙自由之精神不合。基於普通法律與憲法有所違背時，普通法無效之規定，以及人道精神，請將原處分及一再訴願決定均予撤銷，准原告配偶來臺定居等語。

被告機關答辯意旨略謂：依據國家安全法施行細則第十二條第六款規定，由淪陷區到達自由地區，必須在自由地區連續住滿五年，始得申請來臺，原告之配偶劉素霞係七十六年二月十日由大陸抵香港，請求入境與上項規定不合，被告機關依規定辦理，並無不當，請駁回原告之訴等語。

　　理　由

查人民有居住及遷徙之自由，固為憲法第十條所規定，但為防止妨礙他人自由、避免緊急危難、維持社會秩序或增進公共利益所必要者，得以法律限制人民之自由權利，此觀同法第二十三條之規定即明。動員戡亂時期，政府為確保國家安全，維護社會安定，制定動員戡亂時期國家安全法，對於人民之自由權利加以適當之限制，殊難謂為違背憲法之規定，而指為無效。依該法第三條第二項第二款及同法施行細則第十二條第六款之規定，離開淪陷區未在自由地區連續住滿五年，或已住滿五年未取得當地居留權或在臺灣地區無直系血親者，得不予許可入境。本件原告之配偶劉素霞於七十六年二月十日由大陸抵達香港，同年月十七日申請入境，有其提出之入境申請書附被告機關原處分卷內可稽。被告機關審核結果，認與上述規定不合，函復不准，經原告向行政院陳情，請求准其妻入境來臺定居，案經發交被告機關提請「內政部人民申請入出境未經許可案件審查委員會」審查決議仍維持原處分。被告機關乃以七十六年九月十日(76)勇局字第一七四六四號

函復原告不准其入境之申請，經核並無違誤。訴願及再訴願決定遞予維持，均無不合，原告起訴意旨，難謂爲有理由，應予駁回。

據上論結，本件原告之訴爲無理由，爰依行政訴訟法第二十六條後段，判決如主文。

中華民國七十七年五月二十六日

中華民國七十九年十月五日

法務部公報，第一二五期(民國七十九年十一月三十日)，頁八四～八六。

法務部函覆關於父爲外國籍母爲我國籍之子女於其父母離婚後歸化取得我國國籍者可否從母性疑義

中華民國八十年一月二十一日
法務部法（八十）律字第○一○九九號

主　旨：關於父爲外國籍，母爲我國籍之子女，於其父母離婚後歸化取得我國國籍者，可否從母姓疑義乙案，復如說明二。請查照參考。

說　明：一、復　貴部七十九年十二月十日臺（七九）內戶字第八七九六○五號函。

二、按涉外民事法律適用法第十九條規定：「父母子女間之法律關係，依父之本國法」，其所稱「……本國法」參酌該法名稱有「法律」二字，似指「……本國法律」而言。故有關父母子女之法律關係，卽應依該子女之父所屬國法律定之。本件所述子女之父爲新加坡人，徵諸上開規定，應依新加坡法律定其父母子女之關係，不問新加坡法律規定如何以及當事人間是否另有約定，並無我國民法第一千零五十九條所示：「子女從父姓，但母無兄弟，約定其子女從母姓者，從其約定」規定之適用。至於該子女於父母離婚後歸化爲我國國籍，於申請歸化時應否變更其姓名，可參照　貴部四十六年五月十五日臺（四六）內戶字第一一七五一二號函及四十六年五月十五日臺（四六)內戶字第八七六號函，由權責機關就實

際情況依有關規定辦理。

法令月刊，第四十二卷第七期（八十年七月一日），頁四六。

法務部函覆懲治走私條例第二條法律疑義

法務部檢察司法(79)檢(二)字第〇二四八號函

懲治走私條例第二條

法律問題：洋煙酒自七十六年一月一日業經開放進口，如自美國私運萬寶路洋煙（起岸價格逾十萬元）進口，是否仍有懲治走私條例之適用？

討論意見：甲說：（肯定說）：

洋煙酒雖經開放進口，然懲治走私條例係處罰私運達一定數額之行爲，於法律未修正前，應仍有適用。

乙說：（否定說）：

洋煙酒既已開放進口，已非「管制進口物品（不屬中華民國進出口物品分類表一〇一、一一一項）」，如有私運行爲，應依海關緝私條例處理。

結論：一、採肯定說。

二、建議：請法務部函請財政部呈報行政院，建議修改懲治走私條例公告管制物品項目及其數額。

臺高檢處研究意見：同意原結論。

法務部檢察司研究意見：同意原研討結論一，以肯定說爲當。

發文字號：法務部檢察司法(79)檢(二)字第〇二四八號函復臺高檢。

座談機關：基隆地檢（七十八年五月份法律座談會）

法務部公報，第一一九期（民國七十九年五月三十一日），頁一一八。

法務部函覆藥物藥商管理法第七十三條疑義

法務部檢察司法(79)檢(二)字第○二六五號函

藥物藥商管理法第七十三條

法律問題: 漁民從大陸地區運回匪製酒類（其中部分為藥酒，即為偽藥），意圖分贈其親友，惟甫至我港口即被查獲，且該批匪製酒類其完稅價格未滿新臺幣（下同）十萬元，則應如何論罪？

討論意見: 甲說: 參酌懲治走私條例公告管制物品項目及其數額丁項之意旨，及漁民既自淪陷區未經核准擅自輸入偽藥至我自由地區，自應論以藥物藥商管理法第七十二條第一項之輸入偽藥罪。

乙說: 按中華民國之領土，依其固有之疆域，大陸地區及領海均屬中華民國領域，故題示情形與由國外運至臺灣之「輸入」情形有別，應僅成立運送偽藥罪。

丙說: 按藥物藥商管理法第七十三條第一項之運送偽藥罪，以所運送者係他人之物，始能構成，若為己有之物，應僅屬持有，故題示情形應論以轉讓偽藥未遂罪。

丁說: 從大陸購買匪製藥酒，既非意圖營利且未達到轉讓之程度，應不為罪。

結論: 採丁說。

臺高檢處研究意見: 同意原結論。

法務部檢察司研究意見: 同意原研討結論，以丁說為當。

〔365〕

發文字號：法務部檢察司法⑺檢㈡字第〇二六五號函復臺高檢。

座談機關：屏東地檢（七十八年四月份法律座談會）

法務部公報，第一一九期（民國七十九年五月三十一日），頁一一八。

丁、我國法院涉外判決

臺灣臺北地方法院關於確認美國大英百科全書公司著作權之判決

（中華民國七十八年五月二十二日）

臺灣臺北地方法院民事判決

七十七年度訴字第七〇八九號

原　　　　告　丹青圖書有限公司　設臺北市信義路五段一五
　　　　　　　　　　　　　　　　　〇巷三九七號一樓
兼〔上〕法定代理人　杜潔祥　住同〔上〕
原　　　　告　張玉屏　住臺北市北投區大度路三段三〇一巷
　　　　　　　　　　　十四號四樓
　　　　　　　張玉珍　住臺北市基隆路一段三八〇巷五號四
　　　　　　　　　　　樓
共同訴訟代理人　董安丹律師
複訴訟代理人　李進勇律師
被　　　　告　美商大英百科全書公司（ENCYCLOPAEDIA
　　　　　　　BRITANNICA INC.)
　　　　　　　設美利堅合眾共和國伊利諾州芝加哥市南密西
　　　　　　　根大道三一〇號
法定代理人　威廉・丁・波威（WILLIAM J. BOWE）住
　　　　　　　同〔上〕
訴訟代理人　王　健律師

呂　　翔律師

謝樹藝律師

被　　　　　告　臺灣中華書局股份有限公司

　　　　　　　　設臺北市重慶南路一段九十四號

法 定 代 理 人　熊　杰　住同〔上〕

訴 訟 代 理 人　聶開國律師

複訴 訟 代 理 人　謝天仁律師

〔上〕當事人間確認著作權不存在事件，本院判決如〔下〕:

主　文

確認被告美商大英百科全書公司就中文版「簡明不列顚百科全書」第壹册至第拾册之著作權不存在。

確認被告臺灣中華書局股份有限公司就中文版「簡明不列顚百科全書」第壹册至第拾册之重製權不存在。

訴訟費用由被告負擔。

事　實

甲、原告方面:

一、聲明: 如主文所示。

二、陳述:

（一）原告丹靑圖書有限公司 （以下簡稱丹靑公司） 於民國 （下同） 七十六年間自香港購入中文版「簡明不列顚百科全書」一套，經修正並譯成繁體字中文版「大不列顚百科全書」於臺灣地區銷售。嗣被告美商大英百科全書 （以下簡稱大英公司） 竟主張其對中文版「簡明不列顚百科全書」有著作權，被告臺灣中華書局股份有限公司 （以下簡稱中華書局） 則主張對該書有印製、出版之權利，並聯名提出刑事告訴，指訴原告等有違反著作權法之罪嫌，非僅使原告等受有刑事訴追之危險，抑且如認被告等所主張對訟爭書籍確有著作權，重製權等，勢將使原告等不能發售所作之繁體字「大不列顚百科全書」並對被告等負有民事損害賠償債務之危險，致原告

私法上之地位不安，故乃提起本訴，以除去其不安。

(二)被告大英公司主張其對訟爭書籍有著作權，無非係以：1.
依據中美友好通商航海條約之規定，賦予美利堅合眾共和國
（以下簡稱美國）之國民在我國有關著作權之保護，與我國
國民享有同等之待遇，故被告大英公司對於訟爭書籍著作權
之取得，依著作權法第四條第一項之規定，於著作完成時享
有著作權，即採創作主義。2.訟爭書籍係中共「中國大百科
全書出版社」與被告大英公司合作而替大英公司所作之「受
聘之作」，有該社社長梅益七十七年三月二十八日之書面
聲明及被告大英公司執有美國著作權局核發之著作權執照為
證。惟查：中美兩國於六十七年斷交，中美間所有條約包括
「中美友好通商航海條約」均告失效，臺灣關係法為美國國
會通過之美國法律，與我國無涉，非我國所簽訂之條約，且
我國無任何法律延續「中美友好通商航海條約」之效力，故
被告大英公司欲在我國享有著作權，不能依該條約為據，而
應依著作權法第十七條第一項之規定，須在我國註冊始得享
有著作權，而本件被告大英公司就訟爭書籍未在我國註冊，
故無著作權。〔3.〕縱認「中美友好通商航海條約」迄今仍有
效，然該條約非自動履行條款，因之不能以該條約第九條之規
定取代與之有相左規定之著作權法第十七條第一項之規定，
且著作權法為新法，效力優於前條約，因而被告大英公司仍
應依著作權法第十七條第一項規定註冊，始對訟爭書籍有著
作權。〔4.〕退一步言，如該條約為自動履行條約且效力優
於著作權新法，因該條約第九條規定意旨係給予「美國人民
在中國領土上依中國法律享有與中國人民同等之待遇」，美
國人民即不適用著作權法第十七條第一項註冊限制而依創作
主義定其著作權之取得，但被告大英公司仍應舉證證明訟爭
書籍為其「聘僱著作」著作權歸其享有。惟被告大英公司上
述證明，並不足以證明訟爭書籍為其「聘僱著作」其理由：

1.梅盆之書面聲明，其作成未經我國駐外單位之認證，已顯有瑕疵，抑且有違證人之陳述不得以書面代之之法則，而不得採作證據。 2.被告大英公司雖就訟爭書籍取得美國著作權局之著作權執照，然美國著作權法並無域外效力，自不得依此而認定執有美國著作權執照即於我國亦當然享有著作權；且被告大英公司所執之美國著作權執照，其上雖載有「WORK FOR HIRE」（即「聘僱著作」）之語，惟依該國著作權法第四百零九條之規定，有關「聘僱著作」，僅須附有申請人之陳述書即足，無須其他任何證明其爲聘僱著作之文件，故亦無從證明訟爭書籍爲被告大英公司出資聘人完成之著作，被告大英公司欲證明上開聘僱著作之事實，應提出其與中共「中國大百科全書出版社」之合約爲據。 3.訟爭書籍中文序言明示由被告大英公司提供英文資料，由中共翻譯創作，故無從證明被告大英公司有著作權。 4.訟爭書籍係以簡體字發行之「大陸出版品」，原書中多有宣揚中共共產主義之文，依著作權法第四、六條之規定，在我國根本無法擁有著作權，且簡體字版之著作亦係違反公序良俗之著作，當無著作權可言。 5.訟爭書籍版權頁英文部分雖記載：「所有權利係依據泛美及世界著作權公約由大英百科全書公司保留」，係指英文版之大英百科全書而言，而非訟爭書籍之中文版「簡明大不列顛百科全書」，此可由訟爭書籍版權頁中文部分未爲相同記載，及上開版權頁記載「自（西元）一九一一年至一九八四年」，即可證明，因中共「簡明大不列顛百科全書」中文版係一九八五年以後方屬完成，一九八四年以前尚未有中文版，何有權利由大英公司保留之可言。且我國迄今未參加任何著作權公約，版權頁英文記載部分係指依泛美公約及世界著作權公約所爲權利之保留，對我國並無拘束力，中共迄今亦未加入泛美公約及世界著作權公約，該二公約對中共亦無拘束力。

(三)被告大英公司對訟爭書籍既無著作權，則被告中華書局亦無
從由其授權而取得對訟爭書籍之重製權，從而被告中華書局
對訟爭書籍之重製權亦屬不存在。

三、證據：中文版「簡明大不列顛百科全書」版權頁、檢察官起訴
書、刑事判決影本各一份。

乙、被告方面：

一、聲明：原告之訴駁回。

二、陳述：

(一)原告等未經合法授權，擅自仿製被告等擁有著作權及重製經
銷權之訟爭書籍，其等涉嫌違反著作權法之刑事責任部分，業
經鈞院刑事庭於七十七年九月間以七十七年度易字第二五七
四號判決有罪在案（張玉珍除外），現該案繫屬臺灣高等法院
中，請依民事訴訟法第一百八十三條停止本件之訴訟程序。

(二)原告等對訟爭書籍在私法上並未擁有任何權利，其「私法上
之地位」無所謂「不安」存在，自無以確認判決除去其不安
之可能，故原告等無即受確認判決之法律上利益，提起本件
訴訟顯無法律上之理由。

(三)被告大英公司就訟爭書籍擁有著作權之證據如下：

　　1. 經我國外交部簽證之美國著作權執照影本一套。按原告所提
之美國著作權執照影本業經我國外交部簽證，自可證明其為
真正之文書，依美國著作權法第四一〇條(C)款規定，關於
美國著作權執照之證據力，有表面證據之效力，故應由原告
就被告大英公司對訟爭書籍無著作權之事實負舉證責任。

　　2. 中共「中國大百科全書出版社」社長兼總編輯梅益所出具之
書面聲明影本一份。此一文書雖未經我國駐外單位簽證，唯
仍可作為私文書，具備為書證之能力。由此聲明可知，訟爭
書籍係中共「中國大百科全書出版社」與被告大英公司合作
而替大英公司所作之「受聘之作」，故該書之唯一的合法著
作權人為大英公司。

3.訟爭書籍版權頁中英文部分及前言部分，訟爭書籍版權頁英文部分載明：「所有權利是依據泛美及世界著作權公約由大英百科全書公司保留。」此版權頁之所以附著於簡體字中文版中，卽爲表明該簡體字中文版之著作權由被告大英公司保留。至其上半部所標明之「（C）一九一一以迄（C）一九八四」，係爲強調大英公司對各種版本之大英百科全書，均將如同其對簡明不列顚百科全書一般，保有著作權。其次由英文版權頁次頁之中文部分以及前言之(一)及(三)可知，中共「中國大百科全書出版社」與美國大英公司合作編譯出版訟爭書籍，約定由美方提供大英百科全書第十五版之最新修訂稿及圖片，中共擔任翻譯、編輯、印刷、出版等工作並成立聯合編審委員會負責編審。由此可證被告大英公司確如美國著作權執照所顯示，爲著作人之一。而「中國大百科全書出版社」所擔任之工作是爲大英公司的「受聘之作」，是故該書之著作權屬於被告大英公司。

(四)中美友好通商航海條約係「自動履行條款」，此由該條約第三十條第二項規定該條約自互換批准之日起生效可知，且該條約中並無任何條款要求須經國內立法程序始可使該條約生效。又條約之效力優於國內法，兩者法位階不同，自無「後法優於前法」原則之適用，從而依該條約第九條之規定，美國人民在中華民國就著作權之取得，卽與中華民國人民享受同等待遇，而採創作主義，故被告大英公司對訟爭書籍自享有著作權。

(五)被告大英公司對訟爭書籍於我國旣享有著作權，則被告中華書局經由大英公司之授權賦予對訟爭書籍之重製權利，自亦有訟爭書籍之重製權。

三、證據：

(一)「簡明不列顚百科全書」美國著作權執照影本一件。

(二)中共「大百科全書出版社」社長梅益出具之聲明書影本一件。

(三)美國著作權法第四一○條(C)款原文影本一份。

理　由

甲、程序方面:

一、本件被告大英公司爲美國籍公司，故本件爲涉外民事事件。兩造雖未合意本件訴訟由本國法院管轄，惟被告大英公司未抗辯本國法院有無管轄權而爲本案之言詞辯論，及共同被告中華書局爲本國法人，且訟爭標的係被告大英公司及中華書局在我國對中文版「簡明不列顚百科全書」有無著作權及重製權之問題，由本國法院管轄，亦符合當事人利益之原則，故本國法院應有管轄權，合先敍明。

二、本件訟爭之標的係被告大英公司，中華書局對上開書籍於我國有無著作權及重製權，其性質應屬著作權、重製權是否存在之確認，而著作權爲無體財產權之一種，係以權利爲標的之物權，依涉外民事法律適用法第十條第二項之規定其準據法爲權利之成立地法，卽我國法。

三、再被告以原告非法仿製，銷售上開書籍，業據其提出刑事告訴，刻在臺灣高等法院審理中爲由，聲請本院停止本件訴訟程序，以防裁判抵觸云云。經查民事訴訟法第一百八十三條規定訴訟中有犯罪嫌疑牽涉其裁判者，法院得在刑事訴訟終結前，以裁定停止訴訟程序，係指該犯罪嫌疑，確有影響於民事訴訟之裁判，非俟刑事訴訟解決，其民事訴訟卽無由或難於判斷者而言（最高法院十九年抗字第五六○號，四十三年臺抗字第九五號判例參照）。按本件原告訴請確認被告大英公司及中華書局對訟爭書籍之著作權及重製權不存在，固與上開被告告訴原告違反著作權法刑責部分之案件有關，惟被告大英公司有無著作權係被告中華書局能否取得訟爭書籍重製權及原告有無違反著作權法之前提要件，且屬民事爭執事項，本件訴訟自非須俟上開刑事訴訟確定後始能判斷。又刑事訴訟所調查之證據及刑事訴訟判決所認定之事實，非當然有拘束民事訴訟判決之效力（最高法院四十四年臺上字第九八八

號判例，六十九年臺抗字第四六號裁定參照）從而被告聲請停止本件訴訟程序，尚無必要，不予准許。

四、按民事訴訟法第二百四十七條所謂即受確認判決之法律上利益，係指因法律關係之存否不明確，致原告在私法上之地位有受侵害之危險，而此項危險得以對於被告之確認判決除去者而言，故確認法律關係成立或不成立之訴，苟具備前開要件，即得謂有即受確認判決之法律上利益，縱其所求確認者為他人間之法律關係，亦非不得提起（最高法院四十二年臺上字第一〇三一號判例參照）本件原告以被告大英公司及中華書局主張對訟爭書籍有著作權及重製權，致其受有刑事追訴及負民事損害賠償責任之危險，使其私法上之地位不安，而提起本件訴訟，依上所述，並無不合。被告以原告無不安之地位可除去，欠缺即受確認判決之法律上利益，認原告之訴不符合民事訴訟法第二百四十七條確認之訴之要件，自屬誤會。

乙、得心證之理由：

一、按兩國斷交，未必使兩國在斷交前所訂之條約失效，此觀西元一九六九年維也納條約法公約第五編第二節有關條約失效之規定自明，另查中美友好通商航海條約係於三十五年十一月四日在南京簽訂，同月九日經立法院審議通過，同月十一日由國民政府主席批准，三十七年十一月三十日在南京互換批准書，並於同日生效。案經總統於三十七年十二月十一日以統(一)字第二四二號令公布，並刊登於同月十七日之總統府公報。雖中美兩國於六十八年一月一日終止外交關係，但據雙方達成之協議，兩國間當然仍然有效之條約暨協定，除因期限屆滿或依法終止者外，仍繼續有效。此項協議已經美方訂入為臺灣關係法第四條（丙）之內容。中美友好通商航海條約迄未經締約國依據該條約第三十條第三款之規定，予以終止，自應繼續有效（最高法院七十三年臺非字第六九號判決參照）。本件原告主張中美兩國斷交，中美間所有條約包括中美友好通商航海條約均告失效，尚嫌臆測，不足採信。

二、條約在我國是否有國內法之效力，法無明文，惟由憲法第五十八條第二項，第六十三條、第五十七條第三款之規定觀之，其審查程序殆與內國一般法律相同，應認其具有國內法之同等效力，法院自應予以適用（最高法院七十二年臺上字第一四一二號判決參照）。另依憲法第一百四十一條「尊重條約」之規定，條約之效力應優於內國一般法律（最高法院二十三年上字第一〇七四號判例參照）而居於特別規定之地位，故條約與內國一般法律抵觸時，依特別法優於普通法之原則，自應優先適用條約之規定。又特別法優於普通法之原則，於特別法為舊法（即前法）普通法為新法（即後法）之情形亦然，此觀中央法規標準法第十六條「法規對其他法規所規定之同一事項而為特別之規定者，應優先適用之。其他法規修正後，仍應優先適用」之規定自明。是以本件原告主張中美友好通商航海條約係於三十五年簽訂，著作權法則於七十四年修正，依「後法優於前法」之原則，自應優先適用著作權法之規定，而認被告大英公司應依該法第十七條第一項規定，就訟爭書籍在我國申請著作權註冊，始能取得著作權云云，依據上述，即無可採。另按有關著作權之規定，關於一國文化與學術發展至鉅，依國際慣例，有關著作權之條約，均視為「非自動履行條款」，須俟國內立法機關制定法律加以特別規定後，始對法院有拘束力，故中美友好通商航海條約第九條關於著作權，中美兩國人民互享有與其本國人民同等待遇之規定，應屬「非自動履行條款」對本院無拘束力，惟本院認依上揭憲法第一百四十一條尊重條約之精神，在基於兩國互惠原則下，仍有適用之必要。從而原告主張中美友好通商航海條約第九條為非自動履行條款，雖非無據，但認被告大英公司不能援引該條，主張與我國人民就著作權享有創作主義之同等待遇，依據上述，亦不足採。

三、查當事人主張有利於己之事實者，就其事實有舉證之責任，民事訴訟法第二百七十七條定有明文。又主張積極事實者，就其事實應負舉證責任，主張消極事實者，則不負舉證責任；即確認法律

關係不成立或不存在之訴，原告如僅否認被告於訴訟前所主張法
律關係成立或存在原因之事實，以求法律關係不成立或不存在之
確認，應由被告就法律關係成立或存在原因之事實，負舉證之責
（最高法院二十年上字第七〇九號判例參照）。本件原告起訴請
求確認被告大英公司及中華書局對訟爭書籍之著作權及重製權不
存在，為消極確認之訴，自應由被告大英公司及中華書局對訟爭
書籍有著作權及重製權之事實負舉證之責。從而被告大英公司主
張其對訟爭書籍之著作權係聘僱中共「中國大百科全書出版社」
編譯之「聘僱之作」依著作權法第十條享有著作權，應就聘僱中
共「中國大百科全書出版社」編譯訟爭書籍之事實，負舉證責
任。次按被告大英公司就上揭聘僱事實所舉證據為：（一）美國著
作權執照，（二）中共「中國大百科全書出版社」社長梅益之書面
聲明，（三）訟爭書籍版權頁之記載。惟查：（一）於美國有關「聘
僱著作」著作權執照之取得，僅須附有申請人出具之僱傭聲明書
即足，毋庸附具足資證明僱傭著作事實之文件（美國著作權法第
四〇九條參照），自難執此證明訟爭書籍為被告大英公司聘僱中
共「中國大百科全書出版社」編譯之事實。又被告大英公司所
舉上開美國著作權執照僅為其主張對訟爭書籍有著作權之證據方
法，至其證據價值或證據力自應依我國民事訴訟法之規定判斷，
美國法律尚難越俎代庖，被告大英公司抗辯依美國著作權法第四
〇一條C款之規定，該項美國著作權執照有表面證據之效力，而
認應轉由原告就大英公司無上開聘僱中共「中國大百科全書出版
社」之事實負舉證責任，自有未合，委無可採。（二）本件被告大
英公司是否聘僱中共「中國大百科全書出版社」編譯訟爭書籍之
事實，僅須提出其與中共「中國大百科全書出版社」之合作契約
即能有效證明，並為原告所要求，惟被告大英公司拒不提出，卻
以上開出版社社長梅益之書面聲明及訟爭書籍版權頁之記載主張
有上揭聘僱之事實。但查梅益之書面聲明固非不可為本院得心證
之資料，然該書面聲明，僅屬私文書之性質，而依民事訴訟法第

三百五十七條規定，私文書應由舉證人證其眞正，本件原告否認該聲明之眞正，而被告並未能舉證證其眞正，且依該聲明書第二項雖敍明「中國大百科全書出版社進行的這些活動是爲不列顚百科全書公司（卽被告大英公司）的受聘之作」，但其第三項則特別聲明「不列顚百科全書公司是由中國大百科全書出版社出版的中文版簡明不列顚百科全書的美國版權的眞正的以及合法和唯一的所有者」等語以觀，則被告大英公司與中共「中國大百科全書出版社」就訟爭書籍著作權之約定，究僅指美國地區由大英公司享有，亦或包括其他國家地區（含我國）在內，仍難明瞭。則梅益之該項聲明，並無可探。

再依訟爭書籍前言第三項之說明「（西元）一九八〇年八月十二日，雙方簽訂合作編譯出版中文版簡明不列顚百科全書的協議書。該協議規定由美方向中方提供第十五版的最新修訂稿及其自有的圖片，中方承擔翻譯、編輯、印刷、出版等任務，並負責撰寫純屬中國的條目（包括配圖）；成立中美聯合編審委員會負責編審工作並協商解決編譯中出現的問題」暨中英文版權頁記載之內容，亦無從查知被告大英公司聘僱中共「中國大百科全書出版社」編譯訟爭書籍之事實(三)綜合上述，被告大英公司之舉證尙有不足，無法證明其聘僱中共「中國大百科全書出版社」編譯訟爭書籍之事實。從而本件原告請求確認被告大英公司對訟爭書籍之著作權不存在，卽無不合，應予准許。

四、被告大英公司對訟爭書籍之著作權旣不存在，則被告中華書局經由其所授權賦予對訟爭書籍之重製權卽無所附麗，故原告請求確認被告中華書局對訟爭書籍之重製權不存在，亦無不合，應予准許。

五、至兩造其餘攻擊及防禦之方法，因已無礙於本院前開之認定，玆不復逐一論究，併此敍明。

丙、結論：本件原告之訴爲有理由，並依民事訴訟法第七十八條、第八十五條第一項判決如主文。

中華民國七十八年五月二十二日

　　　　　　　　　　　民事第二庭　推事　陳　憲　智

〔上〕爲正本係照原本作成

如對本判決上訴須於判決送達後二十日內向本院提出上訴狀

中華民國七十八年五月二十四日

　　　　　　　　　　　　　　　書記官　翁　恒　忠

臺灣臺北地方法院板橋分院關於違反
專屬管轄之離婚判決

（中華民國七十八年十月二十六日）

臺灣板橋地方法院公示送達公告

中華民國七十九年十月二十二日板元民良婚字第三四七號

　　主旨：公示送達張其勇之判決正本一件。依據：民事訴訟法第一百四十九條第一項三款及第一百五十一條第一、二項。公告事項：一、本案是七十八年度婚字第三四七號離婚事件。二、應送達之判決正本，現由本書記官保管，被告得隨時來院領取。三、裁判繕本如附件。法院書記官　孫志滔

臺灣臺北地方法院板橋分院民事判決

七十八年度婚字第三四七號

原　告　沈麗雲　住臺北縣中和市興南路二段三十四巷二十八弄
　　　　　　　　四號三樓
被　告　張其勇　住 36 Colonial Way, San Francisco, CA
　　　　　　　　94112, U.S.A.

〔上〕當事人間離婚事件，本院判決如〔下〕：

　　主　文

准原告與被告離婚。

訴訟費用由被告負擔。

〔379〕

事　實

甲、原告方面：

一、聲明：求爲判決如主文所示。

二、陳述：

(一)緣原告與被告於民國六十九年七月十八日在臺灣臺北地方法
院公證結婚，婚後被告卽返回美國住所未再來中華民國，原
告則一直居住中華民國境內，迄至七十六年原告見被告旣無
結合之意，故向原告提議協議離婚，始知被告早於七十二年
未經通知原告卽向美國舊金山郡法院以「詐欺方式締結婚姻」
爲由，請求缺席判決婚姻無效在案，並拒絕再辦理協議離婚
因而延宕至今。按被告雖居美國，仍係中華民國國民，兩造
婚姻之效力及離婚，均應適用中華民國法律。被告雖曾訴請
美國法院判決婚姻無效，惟兩造間婚姻無效之訴訟依民事訴
訟法第五百六十八條規定，應專屬中華民國法院管轄，美國
法院無管轄權，該判決復非依中華民國法律所爲，且其訴訟
亦未經合法通知原告應訴而爲缺席判決，依民事訴訟法第四
百零二條規定該美國判決應不認其效力，兩造婚姻關係仍存
在。

(二)又兩造結婚後，被告卽長期居住美國，從未來華與原告共同
生活，亦無支付原告任何生活費用，婚後不久復向美國法院
私自提起婚姻無效訴訟，足見被告早無意共同生活及負擔生
活費用，其爲惡意遺棄原告在繼續狀態中至爲明確，且此婚
姻顯難再予維持，爰依民法第一千零五十二條第一項第五款
及同條第二項規定，訴請判決離婚。

(三)證據：提(1)結婚公證書（中、英文）(2)美國法院判決（
含中譯文）及被告聲請缺席判決文（含中譯文）(3)戶籍謄
本等影本各乙份爲證。

乙、被告方面：被告未於言詞辯論期日到場，亦未提出書狀作何聲明
或陳述。

理　由

甲、程序方面：

一、本件被告經合法通知，未於言詞辯論期日到場，查無民事訴訟法第三百八十六條所列各款情事，應准原告之聲請，由其一造辯論而爲判決，合先敍明。

二、按配偶之一方爲中華民國國民者，離婚之準據法卽應依中華民國法律，涉外民事法律適用法第十四條定有明文。而本件訴訟之兩造均爲中華民國國民，依民事訴訟法第五百六十八條規定，應專屬夫妻住所地之法院管轄，而訴之原因事實發生於夫或妻之居所地者，亦得由各居所地法院管轄，且依我國法律認定有無離婚之原因以爲判決，故被告縱曾訴請美國法院判決婚姻無效，依民事訴訟法第四百零二條規定應不認其效力，本院就本件訴訟自仍有管轄權。

乙、得心證之理由：

一、本件原告起訴主張之事實，業據其提出結婚證書、美國法院判決及戶籍謄本各乙份爲證，被告既合法通知，不於言詞辯論期日到場爭執，復不提出書狀答辯以供本院斟酌，本院審酌原告所提出之證據等，自堪認原告之主張爲眞正。

二、按夫妻之一方以惡意遺棄他方在繼續狀態中者，他方得向法院請求離婚，民法第一千零五十二條第一項第五款定有明文，本件被告係原告之夫，惟婚後卽返回美國未與原告履行同居義務，復於七十二年間向美國法院請求判決兩造之間婚姻無效在案，至今接獲原告提起本件訴訟之法院開庭通知，亦未返臺出庭說明，則綜上情節觀之，被告主觀上有拒絕履行同居之情事至明，顯已構成惡意遺棄他方之程度，從而原告據此訴請離婚，於法自屬有據，應予准許。

三、據上論斷，本件原告之訴爲有理由，依民事訴訟法第三百八十五條第一項前段、第七十八條，判決如主文。

中華民國七十八年十月二十六日

臺灣臺北地方法院板橋分院民事第二庭推事程萬全

〔上〕爲正本係照原本作成，如對本判決上訴，應於送達後二十日內向
本院提出上訴狀。

中華民國七十八年十月二十八日書記官沈佩琪

聯合報，航空版，（民國七十九年十月廿八日），頁三。

臺灣臺北地方法院關於國家賠償事件判決

（中華民國七十九年二月二十八日）

臺灣臺北地方法院民事判決

七十八年度國字第〇一三號

原　　　告　郭鑫生　住臺北市復興北〔路〕一五〇號十二樓
被　　　告　外交部　設臺北市介壽路二號
法定代理人　連　戰　住同〔上〕
訴訟代理人　陳長文律師
　　　　　　李念祖律師
　　　　　　范　鮫律師

〔上〕當事人間請求國家賠償事件，本院判決如〔下〕：

　　主　文

原告之訴駁回。

訴訟費用由原告負擔。

　　事　實

甲、原告方面：

一、聲明：被告應給付原告新臺幣（下同）三十一萬一千五百四十六元及自民國（下同）七十八年十月起至清償日止，按年息百分之五計算之利息。

二、陳述：

（一）原告於七十八年四月三日依外國護照簽證辦法（以下簡稱：簽證辦法）第九條「居留簽證適用於持普通護照或其他旅行證件，因依親、就學、應聘、投資就醫、傳教或〔從〕事其他業務，而擬在中華民國境內作六個月以上居留之人士。」及

〔 383 〕

申請中華民國停留簽證須知(以下簡稱: 簽證須知)「(一)簽
證申請表一份，(二)來華目的證明文件。(三)照片二張等規
定，向被告申請從「停留簽證」改爲「居留簽證」。 其中有
關來華目的證明文件。係以原告在美國京城華盛頓特區，持
美國護照向中華民國協調會辦事處填交之簽證申請表之證明
原告來華之目的係在恢復臺北律師業務」。因該表中十一項
「訪華目的」，原告係填寫 「恢復臺北律師業務」。 同時，
原告又附上臺北地方法院 七十八 年三月 二十四 日核准原告
登錄臺北地方法院執行律師職務函，以證明原告可以在華工
作。

(二)前項簽證辦法第十五條有〔下〕列之規定:

　　「簽證持有人有〔下〕列各款情形之

一、外交部得撤銷其簽證並通知持有人:

二、對申請來華目的作虛僞之陳述或隱瞞重要之事實者。

三、未經有關主管機關書面之許可，在華從事任何有酬勞工
　　作或從事與原簽證目的不符之活動者」

　　是以證諸原告申請「居留簽證」所附之文件不但符合簽證須
　　知之規定， 更符合　前揭簽證辦法第九條及第 十五 條之規
　　定。

(三)詎被告收到原告申請表及文件後，第一位承辦科科長黃清雄
　　竟違法故意刁難原告，在未結案前，黃君奉調國外工作。而
　　新接辦之科長、司長及次長，不但對業務不熟，且對法令不
　　尊重及不清楚。 茲將被告違法之事實經過陳述如後:

　　1.首先被告否認美國京城中華民國協調會辦事處之簽證申請
　　　表得作爲來華目的證明文件，亦否認　鈞院核准原告登錄
　　　執行律師職務函得作證明來華目的文件。

　　2.嗣被告之承辦人員對原告稱: 因爲從來未受理過如此「居
　　　留簽證」之申請案所以本案爲第一個案例，須研究後再通
　　　知原告。

由於被告告知原告不承認原告所提出之來華目的證明文件，故原告又申請臺北地方法院給予證明書，證明原告確已「在本院轄區內執行律師業務」。不意被告仍不予以核准「居留簽證」，反質問原告爲何不用中華民國護照回臺北恢復律師業務？

嗣黃君電話通知原告往法務部檢察司洽談。由於法務部檢察司李科長及陳司長均畢業於大學法律系，故一經原告陳明申請由「停留簽證」改爲「居留簽證」之理由，係因臺北地方法院已核准原告登錄恢復臺北律師業務，原告有必要申請「居留簽證」。同時原告並將〔下〕列文件交李科長檢視：

(1) 美國護照。

(2) 美京華盛頓京城協調會之簽證申請表影印本。

(3) 五十七年十二月二十日考試院高等考試律師及格證書。

(4) 五十七年十〔二〕月司法部律師證書。

(5) 七十八年三月二十四日臺北地方法院核准登錄函。

(6) 七十八年四月十一日臺北地方法院證明書。

因此，李科長認爲原告申請書由「停留簽證」改爲「居留簽證」與法務部無關，而申請登錄恢復律師業務亦完全合法。原告遂將前往法務部會晤之經過及結果告知被告之黃君。不意黃君後來又來電話囑原告具一書面文件交他核辦，因此原告於七十八年四月二十五日又補具一書面原告致外交部、法務部函交黃君及法務部。

法務部檢察司收到原告之書面後，於同年五月一日函覆原告云：「臺端申請『停留簽證』改『居留簽證』乙案屬外交部職掌，既已向該部提出申請，請候該部依法核辦」。由此答覆更證明原告向被告申請「居留簽證」與法務部無關。然被告卻遲至同年月十五日始函覆原告稱：「二、關

於臺端以『恢復在臺北執行律師業務』爲由申請居留簽證
乙事，依據律師法第十條規定，法務部係律師業務之目的
事業主管機關。臺端以外國人在華執行律師業務爲由申請
居留簽證，依規定須檢具該部核准公文洽向本部申請。」
從該函可以證明被告：

(1) 違反簽證辦法第九條及簽證須知應備表件資料之規
　　定。

(2) 信口開河毫無法治觀念，因爲該函中之「依規定」，
　　指「何規定」？係律師法第十條規定抑或其他規定？

(3) 中文程度太差，連律師法第十條均讀不懂，其曲解其
　　規定。

蓋律師法第十條原文如左：

「律師公會之主管機關在中央爲內政部；在地方爲省
（市）縣（市）社會行政主管機關。但其目的事業，
應受法務部及所在地地方法院檢察處之指揮監督。」
被告何能將「律師公會」曲爲「律師業務」？被告何
能根據該條要原告申請「居留簽證」先檢具法務部洽
准公文洽向被告申請？尤其是法務部早已於七十八年
五月一日函知原告稱，申請「居留簽證」屬外交部職
掌。

3. 同年六月三十日接任黃君職位之新任羅科長承辦本案，並
以外交部外 (78) 領二字第七八三一五六二○號函簽覆原
告如〔下〕云：

「二、關於臺端以『恢復在臺執行律師』爲由申請居留簽
證乙事，經洽准法務部函復略稱：以外國人身分領有中國
律師證書，在中國執行律師職務，依律師法第四十七條第
二項、第三項規定，須經該部許可，縱其已經臺灣臺北地
方法院核准登錄，如未經核部許可，仍得依律師登錄規則
第六條第一項第四款規定，註銷其登錄等語。故臺端倘擬

以外國人在華執行律師業務爲由申請居留簽證，請檢具法務部核准臺端得〔在〕華執行律師業務公文暨臺端中英文姓名屬同一人之身分證明文件洽向本部申辦。」

從該函之內容，正足以證明：

(1) 被告辦理公務，毫無遵守法令之習慣及原則，蓋依簽證辦法及簽證須知之規定，申請居留簽證僅須提出「來華目的證明文件」，玆原告已繳「來華目的證明文件」，當然的符合該規定。

(2) 根據何項規定，原告申請居留簽證須先向法務部核准？

(3) 「法務部函復略稱：以外國人身分領有中國律師證書……註銷其登錄。」一節，係被告員工平日多注重外文，辦洋務卻疏忽中文，又不詳研案件。蓋法務部根據律師法第四十七條規定函覆被告，稱「外國人身分領有中國律師證書」，自須經法務部許可。可是原告是以「江西省南昌市」身分領有中國律師證書，自然的不屬律師法第四十七條規定之情形。不幸被告中文程度太差，法律知識全無，不知半解的徒以「法務部」之函可信。

4. 由於被告在前兩次函覆原告時，均係間接在其公函中引述法務部之函，後來經原告兩次指出其錯誤後，被告於同年八月二十一日直接引用法務部公文之原文答覆原告如〔下〕：

「二、本案前經轉洽法務部於本（七十八）年五月二十二日以法（78）檢九六七四號函復略稱：『依律師法第十條規定，本部係律師業務之目的事業主管機關。本案郭君如係以外國人身分領有中國律師證書，在中國執行職務，依律師法第四十七條第二項、第三項規定，須經本部許可。縱其已經臺灣臺北地方法院核准登錄，如未經本部許可，仍得依律師法登錄規則第六條第一項第四款規定註銷其登

錄，倘係以國人身分在中國執行律師職務，即不生上開許
可問題。』」

前函所稱：「本案郭君如係以外國人身分領有中國律師證
書……」乙節言，其重要點在「以外國人身分領有中國律
師證書」。茲原告不是以外國人身分領有中國律師證書，
係以以中國人身分領有中國律師證書「在中國執行律師職
務，即不生上開許可問題。」不幸被告不求甚解，徒然以
法務部函作為憑藉，置簽證辦法簽證須知之規定於不顧，
殊不足取。若法務部不完全了解原告個人情形，且若原告
未曾遵被告之電話囑咐與法務部商洽，使法務部檢察司陳
司長與李科長明白原告申請「居留簽證」之關鍵，在被告
刁難原告之「來華目的證明文件」，法務部早已註銷原告
之登錄。

5. 同年九月五日下午五時許，原告與被告之承辦人通電話，
得知被告已於當日開會決定對原告之申請維持原決定，且
諮詢過兩位律師。因原告之護照上停留期限至同年月六日
屆滿，原告乃不得不於翌日出境，飛往香港以免違反簽證
辦法之規定。

6. 七十八年九月六日，被告派專人送達（78）領簽第一四〇
號函至原告事務所，函中除一再引用前述法務部之函外，
並云：「依據法務部前函意見，顯須先經該部核准」。按
原告在美京華盛頓協調會所填之簽證申請表，以及原告所
填之申請表，其上印有中文「本人茲聲明以上所填均屬實
情，且本人在臺期間將遵守中華民國法律暨規章……」，及
英文「AND I WILL ABIDE BY THE LAWS AND
REGULATIONS……」，絕無原告必須遵守一機關之「意
見」之字樣。

7. 同年十月六日，原告根據國家賠償法第二條、第十五條及
國家賠償法施行細則第十七條等規定，向被告提出損害賠

償請求，蓋被告故意違反法令，使原告無法於七十八年七
月六日前根據「外國人入出國境及居留停留規則」申辦外
僑居留證，所以原告必須於同年九月六日及同年月七日來
往香港及臺灣，以符合護照上簽證之規定。因此次來往
香港及臺北之旅、雜費用，以及因前往被告辦公處所交涉
之計程車資應由被告負擔。又因被告拒絕核准原告更改爲
居留簽證，使原告無法展開業務，例如開立銀行戶頭、裝
設電話，參與臺北外僑之團體及社交。故業務之損失，以
每月至少減接辦一案件計，其每月損失即爲五萬元，自民
國七十八年四月三日起至七十八年十月二日止，合計六個
月，計損失三十萬元。合計共損失三十一萬一千五百四十
六元，爰依民法第二百十六條之規定，請求被告賠償原告所
失之利益。被告自知違法、理虧，故七十八年十月六日收到
原告賠償請求書後，並未依國家賠償法之規定答覆原告，
茲已逾三十日，原告不得不以美國公民之資格提起訴訟。

(四)原告於七十八年三月七日持美國護照第一次在桃園中正機場
入境臺灣，同年月二十二日向臺北地方法院聲請律師登錄，
同日深夜十一時，即有原告臺大校友介紹原告承辦報紙刊登
涉及被告之次長章孝嚴外放沙國之風波誹謗案。由此可證原
告在律師界之聲譽，同時並了解被告機關中之一切反常情
形。然而，原告本著深愛這個國家及被告之胸懷，所以代表
當事人與報紙之總編輯商談平息糾紛，更正報導，在七十八
年三月二十七日自立早報第二版刊出如〔下〕之來函云：

「基於國家多艱之秋，不願國家形象再遭損害，縱然個人名
義已受嚴重傷害，亦不欲多費文辭在本報辯解及揭露眞相，
以維國家利益。」

從此函之草擬，　鈞院及被告，可推知原告愛護這個國家、
被告、及兩造當事人。茲被告在其職掌之業務中，如此處理
原告之申請，其違法刁難、目無中美護照簽證互惠辦法之原

　　　則與精神，實在心寒！　爲此迫不得已，　爰以美國公民之資
　　　格，提起本訴。

（五）被告主張之事實上陳述：

　　　1.被告雖辯稱：國家基於其〔主〕權，　仍可加以拒絕，　縱
　　　　使國家已核發簽給外國人，仍可拒絕其入境，並無須透露
　　　　拒絕理由云云，然被告在拒絕核發原告居留簽證之公函事
　　　　中，已表示其違法之理由，與被告所辯之情形並不相同。

　　　2.國家賠償法第十五條雖採相互保證之互〔惠〕主義，惟美
　　　　國採平等主義，任何人無論有無國籍、有無外交承認，均
　　　　得在美國境爲享有美國人同等之權利，是原告以美國公民
　　　　之資格提起本訴，自屬合法。

三、證據：提出

　（1）原證一：簽證辦法。

　（2）原證二：簽證須知。

　（3）原證三：簽證申請表。

　（4）原證四：　鈞院函。

　（5）原證五：　鈞院證明書。

　（6）原證六：原告致外交部函。

　（7）原證七：法務部致原告函。

　（8）原證八：七十八年六月十五日外交部書函。

　（9）原證九：七十八年六月三十日外交部函。

　（10）原證十：七十八年八月二十日外交部函。

　（11）原證十一：七十八年九月六日外交部函。

　（12）原證十二：施啓揚函。

　（13）原證十三：賠償請求書。

　（14）原證十四：自立早報。

　（15）原證十五：七十九年二月十二日外交部函。

　（16）原證十六：七十九年二月十三日原告致外交部長函。

(17)原證十七： 七十九年二月十六日原告致警政署長函。

(18)原證十八： 臺北律師公會會員錄。

(19)原證十九： 旅行社代支費用明細表。

乙、被告方面：

一、聲明： 駁回原告之訴。

二、陳述：

(一)按國家賠償法第二條第二項明文規定：「公務員於執行職務，
行使公權力時，因故意或過失不法侵害人民自由或權利者，
國家應負損害賠償責任。公務員怠於執行職務，致人民自由
或權利遭受損害者亦同。」是人民請求國家賠償，必須具備
二要件，即請求者之「自由權利」受有侵害，及其自由權利
之被侵害係由於公務員「不法」之行為所致。本案原告損害
賠償請求權之行使，並不符合上述二要件：

　1.原告並無任何自由權利受到侵害：

　　依憲法第一百四十一條：「中華民國之外交，應本獨立自
主之精神、平等互惠之原則，敦睦邦交，尊重條約及聯合
國憲章，以保護僑民權益，促進國際合作，提倡國際正
義，確保世界和平」之規定，足見國際法在其國內法秩序
內，亦有其拘束力。外國人之入境與居留，依國際法一般
原則，應聽內國主權之裁量，非屬基本人權項目，自無國
家賠償法之適用，此從世界人權宣言第十三條規定：「一、
人人在一國境內有自由遷徙及擇居之權。二、人人有權離
去任何國家，連其本國在內，並有權歸返其本國」之反面
解釋，可知人人雖有〔權〕離去任何國家，但並無權利任
意進入或擇居其本國以外之國家。因此，被告縱無任何理
由拒絕核發居留簽證予原告，原告亦無任何自由、權利受
到侵害。且原告亦始終未能說明，究竟何項權利、自由受
不法侵害？自不符合請求國家賠償之要件。

　2.被告拒絕核發居留簽證予原告，並未違法：

　　按國際法一般原則，外國人之入境與居留，應聽內國主權
之裁量，卽使申請簽證之外國人檢具所需文件，國家基於
其主權之行使，仍可加以拒絕，且無須給予理由，因此被
告基於國家外交權之行使，不予原告居留簽證，並無違
法，原告自無請求國家賠償之餘地。

(二)依互惠主義原則，本案情形，中華民國人民於美國不能請求
國家賠償，故原告自亦無請求被告賠償之餘地。

　　按國家賠償法第十五條規定：「本法於外國人爲被害人時，
以依條約或其本國法令或慣例，中華民國人民得在該國與該
國人享受同等權利者爲限，適用之。」。原告所提出之證據，
僅屬傳聞證據，並不具備足夠之〔證〕明力，且該文所謂「美
國法採取平等主義，任何人，無論國籍，有無外交承認，
其本國國家賠償法或其他保〔護〕國人之法律，均得在美利
堅合衆國領域內享有美國〔人民〕同等權利」等語，並未引
證任何根據資料以實其說。事實上，依美國聯邦法典第一百
七十章侵權賠償程序第二六八〇條（a）項規定政府機關或公
務員自由裁量權之行使，致人民自由權利受損害時，並不適
用上法典第一百七十一章侵權行爲請求程序及同法典第八十
五章第一三四六條(b)項之規定。（按第一三四六條（b）項係
規定法院就美國政府因公務員執行職務，故意或過失侵害人
民之權利而爲被告時，有專屬管轄權）。由此可知，美國人民
之自由權利因政府機關或公務員自由裁量權之行使，而有侵
害時，不僅不得向國家請求損害賠償，卽其若向法院提起訴
訟，繫屬法院亦將以無本案〔管〕轄權而加以駁回。故知在本
案情形，中華民國人民依美國法律不能請求國家賠償，蓋外國
人之入境與居留之准否，係屬國家外交機關裁量權行使之事
項，中國人民申請美國〔居〕留權被拒，卽使因而受有損害，
依上開法律規定，亦不得向美國政府請求國家賠償；本於國
家賠償法第十五條互惠原則的立法主義，本案原告美國人身

　　　　分申請被告核發居留簽證被拒，自亦不得向被告請求賠償。

三、再者，原告所提出之損失證明，不能證明原告確有損失：

　1.關於原告主張所受損害部分：

　　查原告所提出旅行社費用及計程車車資之證明單據，並無客觀
　　上可資確認之依據，被告否認該數額爲眞正。又查原告持觀光
　　簽證入境，簽證縱已逾期，惟留境爭執外交部拒絕發給居留簽
　　證之合法性仍屬可能，事實上原告於驅逐出境通知前，實無離
　　境之必要，本案並無驅逐出境通知之發布，是原告香港之行及
　　所生一切旅途花費包括機票費用，車資等，與被告之不核發居
　　留簽證並無客觀上因果存在，自不得執以索賠。

　2.關於原告主張所失利益之部分：

　　按所失利益依民法第二百一十六條規定係以「依通常情形，
　　或依已定之計畫、設備或其他特別情事，可得預期之利益」爲
　　限，原告主張受有業務上預期損失，卻並未舉證何以每月至少
　　可接案一件？每件酬金均爲五萬元？且連續六個月均可如此？
　　此外，關於執業律師之執業成本如何，亦未見說明。既無事實
　　或具體計畫足資證明其所失利益，自不容其空言主張。

　(三)依國際法一般原則，國家有絕對之主權裁量是否准許外國人
　　　入境及居留，卽使申請簽證之外國人檢具所需文件，國家基
　　　於其主權之行使，仍可加以拒絕，且無須說明理由。被告於
　　　其所印製之簽證申請表第十八條亦明確規定「……本人亦了
　　　解，中華民國政府有權不透露拒發簽證之原因」卽係承前述
　　　原則而來。被告於七十八年六月十五日及六月三十日致原告
　　　函中謂原告倘擬以外國人身分〔在〕華執行律師業務爲由，
　　　申請居留簽證，應檢具法務部核准原告得在華執業公文洽辦
　　　等語，僅係向原告說明原告於申請時應補具之文件，非謂原
　　　告補具前述法務部公文後被告卽有義務必須核發簽證。此見
　　　諸前述國際法上之原則甚明。

　　　1.被告依簽證辦法第二十五條授權公布之簽證須知，明白規

定居留簽證適用範圍爲擬在中華民國居留六個月以上，從事合法業務者。 按律師乃受國家法令管制之專門職業人員，原告以美國人身分以恢復臺北律師業務爲由申請被告核發居留簽證，被告依法自得先確認原告是否得合法在華執行律師業務，以爲准駁之參考。再者，外交部組織法第一條謂：「外交部主管外交及有關涉外事務。」同法第九條謂：「領事事務司掌理〔下〕列事項：一、關於護照之簽發及簽證事項。」被告依上述法律之授權，乃制定簽證辦法並經行政院核定通過，該辦法亦規定「本辦法未規定事項，由外交部另定之。」，可見基於憲法及國家之法律命令，被告有全權處理外國護照之簽證事宜。被告自得就個案認定所需要件或准駁與否，若謂被告須先設想各種狀況，制定相關準則，方能據以作業，不但嚴重自限〔國〕家主權之行使，日後更將導致我國無法妥善控制外國人之流入，使我國門戶大開。

2. 按律師法第四條規定，律師證書由法務部核發。同法第四十七條第二項謂：「前項考試及格領有律師證書之外國人，在中國執行律師職務應經法務部之許可。」同法第四十八條謂：「外國人經許可在中國執行律師職務者，應遵守中國關於律師之一切法令及律師公會章程。違反前項規定者，除依法令懲處外，法務部得撤銷其許可，並將所領律師證書註銷。」律師法施行細則第十七條並規定：「外國人在中國執行律師職務時，應依本法第四十七條繳驗所領律師證書，並聲明擬執行職務之區域，請求法務部發給許可證。」足見法務部爲外國人在華執行律師業務之主管、監督機關。是被告爲確定原告是否得在華合法執行律師業務，以免誤發居留簽證，自得要求原告檢具主管監督機關法務部許可原告在華執業之證明。此對照「簽證須知」於外國人來華從事應聘投資活動，亦規定須檢具主管機關核准公文，卽

可推論得之。

3. 律師法第四十七條規定「凡外國人依其法律准許中國人充任律師者，其人民得依中國法律應律師考試。前項考試及格領有律師證書之外國人，在中國執行律師職務，應經法務部之許可。」本條揭示之原則為外國人在華任律師須符合互惠主義，亦即須以該外國依其法律准許中國人充任律師為前提。

而依本條意旨，認定是否符合互惠主義之機關應係法務部而非被告。且依外交權行使之裁量，外交部亦得基於尊重法務部意見之理由，請求法務部表示意見後始予決定，原告主張外交部違法，誠不知根據何在。實則律師法第四十七條第二項文中之「前項考試」係指律師考試而言，而本項著眼點非考試時之國籍，而係執行職務時之國籍。蓋互惠原則之適用，但問執行職務時之國籍，而與考試時之國籍無關，道理甚明。

4. 律師法第四十八條規定「外國人經許可在中國執行律師職務者，應遵守中國關於律師之一切法令及律師公會章程之義務」，該條之適用自以外國人經法務部許可在中國執行律師職務為前提，蓋律師乃司法之一翼，外國人參與中華民國司法權行使之程序，應先受主管機關審查，以確知外國人執行中華民國律師職務是否能善盡忠於中華民國法律體制之義務。法務部既為律師之主管機關，自應由法務部本此目的加以審查，而外國人在華擔任律師時須經法務部之許可，亦所以確保其執業品質。凡此，皆為確保公共利益所必需。原告既基於美國人身分，以在華執業為由，申請居留簽證，自應與其他外國人一視同仁，先取得法務部許可。

(五)原告於言詞辯論中主張其未向中華民國內政部聲明放棄中華民國國籍而具有中、美雙重國籍，業經被告當庭爭執，原告

應舉證證明其仍具有中華民國國籍。實則，各國之歸化制度，恆多要求歸化者放棄原有國籍。原告當庭承認在取得美國國籍時須宣誓對美國效忠，並放棄原有國籍，若原告所言未放棄中華民國國籍屬實，則原告豈非係對美國政府為虛偽之誓言，其能否有效取得美國國籍不無疑問，退一步言，原告苟以中華民國國籍身分主入境權利，則本案爭執根本不致發生，蓋我國國民人民入境，僅須依法向內政部領取入境證即可，無須向外交部申請入境居留簽證。今者原告既向〔外交部〕申請將入境觀光簽證轉為入境居留簽證，並因被拒而請求國家賠償，自無復行以中華民國國民身分引為主張權利基礎之餘地，否則外交部每遇外國人申請入境，豈非必須先行詢問是否具有雙重國籍以決定是否由內政部辦理？外交部依據法令並無此項義〔務〕，而申請入境者究外國人或本國人，端視申請者自行選擇之程序而定，原告既以外國人身分請求入境，被告自可基於主權之行使，予以准許或拒絕。

(六)總之，本案所涉及者，為外國人有無以來華工作為由強行入境居留之問題，其關鍵不在原告個案之准駁，而在於被拒絕之外國人可否主張我國外交機關有無違法之問題。若每一被拒入境之外國人均有權利依據國家賠償法主張權利，則無異承認外國人原則上均有以來華工作為由要求入境居留之基本人權，此實為全世界各國未聞之權利，誠恐如此將使我國門戶洞開，而外交單位亦將不勝其〔煩〕。而外國人誠無進入中華民國國境之基本人權，國家賠償法即無適用之餘地，原告既選擇以外國國民身分入境，自應聽外交部之裁量，不得異議，若起初係以中華民國國民身分入境，則自始不發生本案爭執問題，原告咎由自〔取〕，焉能主張國家賠償。

(三)證據：提出

1.被證一：七十八年〔五〕月二十二日法務部函。

2.被證二：被告致法務部函。

　　　　3.聲請傳訊法務部及美國在臺協會主管人員作證。

丙、本院依職權訊問證人游啓忠。

　　理　由

一、本件原告起訴前，曾以書面向賠償機關之被告請求，惟被告自原
　　告提出請求之日起逾三十日不開始協議，有原證十三賠償請求書
　　在卷足憑，核與國家賠償法第十條第一項、十一條第一項前段之
　　規定相符，合先敍明。

二、本件原告主張伊係具備我國及美國雙重國籍之人，於七十八年四
　　月三日，以恢復臺北律師業務爲由，向被告申請將「停留簽證」
　　改爲「居留簽證」，爲被告以法務部函覆「依律師法第十條規定，
　　本部係律師業務之目的事業主管機關，本案郭君如係以外國人身
　　分領有中國律師證書，在中國執行律師職務，依律師法第四十七
　　條第二項、第三項規定，須經本部許可，……倘係以國人身分在
　　中國執行律師職務，卽不生上開許可問題。」爲由，認原告擬以
　　外國人之身分在華執行律師職務，卽須先經法務部許可，而駁回
　　原告之申請，原告以美國公民之資格，請求國家賠償，有原證十
　　一外交部書函、原證六原告申請書、原證三簽證申請表、被證一
　　法務部書函各一件附卷可稽，且爲被告所自認，自堪信爲眞實。

三、按公務員於執行職務行使公權力時，因故意或過失不法侵害人民
　　自由或權利時，國家固應依國家賠償法第二條第二項前段負損害
　　賠償責任，此項規定於外國人爲被害人時，依條約或其本國法令
　　或慣例，中華民國人民得在該國與該國人享受同等權利者，亦適
　　用之（同法第十五條參照）。然必以公務有故意或過失不法侵害
　　該外國人之自由或權利時，始足當之。

四、查美國聯邦侵權賠償法對於外國人爲被害人時，並不採我國相互
　　保證之互惠主義，而係採平等主義，凡在美國境內之外國人，不
　　論該國是否有依條約或其本國法令或慣例，美國人得在該國與該
　　國人民享受同等權利之規定，只需聯邦政府人員執行職務行爲所
　　引起之損害，皆得依該法之規定請求賠償，蓋該法並未明定該法

之利益僅限於美國公民始得享有，則外國人亦得依其規定，享受
與美國人同等之待遇（王和雄先生著「赴日本、美國研究國家賠
償報告」第六十六、第六十八頁參照）因此，原告以美國公民之
資格提起本訴，即與國家賠償法第十五條之規定相符。

五、次查簽證辦法第九條規定：「居留簽證適用於持普通護照或其他
　　旅行證件，因依親、就學、應聘、投資、就醫、任教或從事其他
　　業務，而擬在中華民國境內作六個月以上居留之人士，前項簽證，
　　須經外交部核准後簽發。」同辦法第二十五條規定：「本辦法未規
　　定事項，由外交部另定。」被告即據以另定簽證須知，規定：申
　　請人以應聘及投資為由，申請居留簽證，應提出主管機關核准公
　　〔文〕以作為來華目的之證明文件，其他以依親、就學、長期住
　　院就醫、任教申請居留簽證者，亦應提出相關證明文件。本件原
　　告以「恢復臺北律師業務」為申請「居留簽證」之理由，係屬簽
　　證須知所指之「其他合法業務」，惟因簽證須知對以從事「其他
　　合法業務」為由，申請居留簽證，應提出何種「來華目的證明文
　　件」，並未規定，適用上即滋疑問。又律師法第十條規定：「律師
　　公會之主管機關：在中央為內政部，……但其目的事業，應受法
　　務部及所在地方法院檢察處之指揮監督。」同法第四十七條第
　　二項、第四十八條第二項並規定法務部得許可及撤銷許可外國人
　　在我國執行律師職務，足見法務部為律師業務之目的事業主管機
　　關，要屬無疑。由於各行政機關依其組織條例或組織規程和各有
　　其職掌事項，其他機關非得逾越職管範圍擅作法令之解釋，因
　　此，行政機關處理職管範圍之事項，而涉及其他機關職管之法
　　令，自宜函請該管機關明確釋復，以為處理之依據。

六、本件原告以美國公民之資格，本於在取得公民資格前所領得之律
　　師證書，擬在我國執行律師職務，是否有律師法第四十七條第二
　　項規定：「前項考試及格領有律師證書之外國人，在中國執行律
　　師職務，應經法務部許可。」之適用，非無疑義，被告以事涉法
　　務部主管事項之適用，而函請法務部釋明，揆諸上開說明，並無

不當。法務部於七十八年五月二十二日以法(78)檢九六七四號函覆「本案郭君（即原告）如係以外國人身分領有中國律師證書，在中國執行律師職務，依律師法第四十七條第二項、第三項規定，須經本部許可，縱其已經臺灣臺北地方法院核准登錄，如未經本部許可，仍得依律師登錄規則第六條第一項第四款規定，註銷其登錄；倘係以國人身分在中國執行律師職務，即不生上開許可問題。」對於以外國人身分在我國執行律師職務，無得法務部之許可之情形，並未區分其取得我國律師證書時，係本國人或外國人而有不同，被告乃參酌上開函釋之內容，本其確信之見解，認為原告：「擬以外國人身分在華居留，則應依外國護照簽證辦法第九條有關規定申辦居留簽證，該條對申請居留之理由僅限於『依親、就學、應聘、投資、就醫、傳教或從事其他業務』。倘臺端擬以『從事其他業務』為由申辦居留簽證，於此之『其他業務』自係指合法業務而言。現臺端既欲以外國人身分在華執行律師職務，依據法務部前函意見，顯須先經該部核准。臺端既尚未向法務部申請核准以外國人身分在華執行律師職務，本部依法礙難同意臺端以此為由申辦居留簽證。」而駁回原告之申請，其所為之行政處分即難謂有何不當。次查依簽證須知之規定，將申請簽證之事由區分為七項，依次為(一)依親；(二)就學；(三)應聘；(四)投資設廠；(五)長期住院就醫；(六)任教；(七)其他合法業務，其中(一)至(六)項均應分別提出來華目的證明文件，至於(七)其他合法業務，該須知則未規定，惟漏未規定，並非即表示申請人以該項事由申請居留簽證，即不必提出來華目的之文件，而應視該等事由之性質如何，分別類推(一)至(六)項之事由，以決定應提出何種來華目的之證明文件。本件原告係以在我國執行律師職務為申請居留簽證之事由，即屬前開「其他合法業務」之範圍，其性質與(三)應聘及(四)投資設廠相似，即應提出主管機關核准公文以為來華目的之證明文件。因此，被告認原告應提出主管機關法務部許可原告在我國執行律師職務之公文，

　　其處理亦難謂有何不當。

七、綜上所述，被告之承辦人員審酌法務部之意見及律師法第四十七
　　條第二項、第三項、簽證須知等有關規定，就原告申請居留簽證
　　未提出法務部許可執行律師職務之公文，認爲於法不合，予以駁
　　回，卽無故意或過失不法侵害原告之自由或權利可言，與國家賠
　　償法規定之要件不符，其提起本件訴訟，於法不合，應予駁回。

八、本件至此已足判斷，兩造其餘攻擊防禦方法卽無審究之必要，併
　　予敍明。

據上論結，本件原告之訴爲無理由，依民事訴訟法第七十八條，判決
如主文。

中華民國七十九年二月二十八日

　　　　　　　　　　　　民事第四庭法官　李　昆　曄

〔上〕爲正本係照原本作成

如不服本判決，應於判決送達後二十日內向本院提出上訴狀

中華民國七十九年三月九日

　　　　　　　　　　　　　　書記官　鄭　美　雲

臺灣最高法院關於外國民用航空器在
我國領域內之刑事管轄權判決

(中華民國七十九年十二月二十八日)

最 高 法 院 刑 事 判 決

七十九年度臺非字第二七七號

上 訴 人　最高法院檢察署檢察總長

被　　告　沈鎮南　男　公元一九五二年七月二十六日生　香港人

護照號碼九五五四八九　業空服員

住香港洛克道三〇九號十樓

〔上〕上訴人因被告妨害自由案件，對於臺灣高等法院中華民國七十九年一月十八日第二審確定判決（七十八年度上易字第五九五七號），認為違法，提起非常上訴，本院判決如〔下〕:

主　文

原判決關於違背法令部分撤銷。

理　由

非常上訴理由稱: 按不受理之判決，固屬程序上判決，但其判決有違背法令之情形，非不得提起非常上訴，以資救濟。此觀諸刑事訴訟法第四百四十七條第二項之規定自明。且有司法院二十五年院字第一六〇三號解釋，貴院二十四年非字第一一九號、二十九年非字第七一號判例可供參考，合先敍明。

本件原判決撤銷第一審法院之實體判決，改為諭知自訴不受理之判決，並所持之理由，無非以自訴人曹天民之自訴被告沈鎮南涉犯刑法第三百零五條恐嚇罪嫌之犯罪事實，係在國泰航空公司之班機內，當

時該班機雖停留在我國松山機場內，無論國泰航空公司係屬何一國家之航空機，其非本國之航空機，則堪認定，既為別國之航空機，依國際法通例，即係他國領土之延伸，即非我國刑法效力所及。則無論其行為或結果，均難認其係在本國領域內犯罪，被告所犯又為最重本刑為二年以下有期徒刑之刑法第三百零五條之妨害自由罪，依刑法第五條、第六條及第七條之規定，均無適用本國刑法予以處罰之餘地，應認對被告無審判權，將原判決撤銷，諭知不受理之判決，惟查我國刑法第三條前段規定，在中華民國領域內犯罪，適用之。依原判決記載之被告犯罪地，在臺北市之松山機場乃係我國領域，自屬我國刑法適用範圍。至原判決理由所指之別國航空機，依國際法通例，即係他國領土之延伸。未見說明其依據。而「依國際法上領域管轄原則，國家對在它領域內之人、物或發生的事件，除國際法或條約另有規定外，原則上享有排他的管轄權。因此，本案該外國民用航空器降落於我國機場後，我國法院對機上發生之刑案，應享有管轄權。（請參見附送之外交部本年六月二十七日外⑺條二字第七九三一六二三二號函影本）又國泰航空公司為香港商，（見附送之臺北地方法院檢察署七十八年偵字第一〇三二號第八頁所附之該公司臺北分公司致該署函）其飛航於臺北、香港間之班機，係屬一般之民用飛機。我國與香港之間之雙邊空運協定，並未就刑事案件之管轄，訂有特別規定。縱認依國際法慣例，外籍航空器為各國領土之延伸，但在機上發生刑案，依國際法慣例，原則上航空器登記國有刑事管轄權，但有例外，非該航空登記國亦有管轄權，我國政府已簽署及批准之東京、海牙及蒙特婁三公約中，均有規定。（請參見附送之交通部民用航空局本年六月二日企法⑺字第〇〇五〇一一號函影本，東京公約第四條乙款，海牙公約第四條、第七條。蒙特婁公約第五條均見附送之中譯本影本），則本件被告之犯罪行為，依我國刑法、國際慣例及我國政府所簽訂之公約，我國法院對之均有審判權與管轄權。原判決竟諭知不受理之判決，自有不當，應屬刑事訴訟法第三百七十九條第五款之判決違背法令。（參照貴院四十年三月十九日民刑庭總會決議（二））。又縱如原判

決理由所載，被告之行為發生於他國領土延伸之外國民航機上為我國刑法效力所不及。亦屬實體法上行為不罰之範圍，卽其所為，應依刑事訴訟法第三百零一條第一項為無罪之判決，亦不能依刑事訴訟法之規定，諭知不受理之判決，其判決亦有適用法則不當之違背法令。案經確定，應依刑事訴訟法第四百四十一條、第四百四十三條提起非常上訴，以資救濟等語。

本院按，依國際法上領域管轄原則，國家對在其領域內之人、物或發生之事件，除國際法或條約另有規定外，原則上享有排他的管轄權；卽就航空器所關之犯罪言，依我國已簽署及批准之一九六三年九月十四日東京公約（航空器上所犯罪行及若干其他行為公約）第三條第一項規定，航空器登記國固有管轄該航空器上所犯罪行及行為之權；然依同條第三項規定，此一公約並不排除依本國法而行使之刑事管轄權。另其第四條甲、乙款，對犯罪行為係實行於該締約國領域以內、或係對於該締約國之國民所為者，非航空器登記國之締約國，仍得干涉在飛航中之航空器，以行使其對該航空器上所犯罪行之刑事管轄權。因此，外國民用航空器降落於我國機場後，我國法院對其上發生之犯罪行為，享有刑事管轄權，殆屬無可置疑。本件香港商國泰航空公司自香港飛航臺北之民用航空機，其航空器之登記國雖不屬於我國；但我國國民曹天民自訴沈鎮南，旣係指沈某於該飛機降落於我國松山機場後，在機上對之犯刑法第三百零五條之恐嚇危害安全罪；而我國與香港間之雙邊空運協定，對此類之案件，復未有刑事管轄權之規定，此有交通部民用航空局七十九年六月二日企法⑺字第〇〇五〇一一號函可稽，從而依上開之說明，我國法院對之自有刑事管轄權。乃原審不察，竟以該航空機為別國之航空機，依國際法通例，卽係他國領土之延伸，非我國刑法效力所及，無論其行為或結果均難認其係在本國領域內犯罪等由，予以撤銷第一審無罪之判決（實體判決），改判諭知自訴不受理，顯屬違背法令。非常上訴意旨，執以指摘，洵有理由。惟本件旣係應為實體上之判決而誤為不受理之判決，其將來是否再行起訴（自訴）以及應為實體判決之結果如何，尚不可知，而

諭知不受理後，本件訴訟卽因而終結，自難斷定違誤之不受理判決係不利於被告，是本院僅將其違法部分撤銷，其效力不及於被告，以資斜正。

據上論結，應依刑事訴訟法第四百四十七條第一項第一款前段，判決如主文。

中華民國七十九年十二月二十八日

最高法院刑事第三庭

審判長法官　張　祥　麟

法官　施　文　仁

法官　林　永　謀

法官　李　星　石

法官　柯　慶　賢

〔上〕正本證明與原本無異

書記官

中華民國八十年一月五日

臺灣高等法院關於確認大英百科全書公司
著 作 權 之 判 決

臺灣高等法院民事判決

七十九年度上更㈠字第一二八號

上　訴　人	美商大英百科全書公司 (ENCYCLOPAEDIA BRITANNICA INC.)
	設美利堅合衆共和國伊利諾州芝加哥市南密西根大道三一〇號 (310 SOUTH MICHIGAN AVENUE, CHICAGO, ILL, U.S.A.)
法定代理人	威廉 J・波威 (WILLIAM J. BOWE) 住同〔上〕
訴訟代理人	王健律師
	呂翔律師
	謝樹藝律師
上　訴　人	臺灣中華書局股份有限公司
	設臺北市重慶南路一段九十四號
法定代理人	熊杰　　住同〔上〕
訴訟代理人	聶開國律師
複代理人	謝天仁律師
被上訴人	丹青圖書有限公司
	設臺北市大安路一段一五七巷九號一樓
兼法定代理人	杜潔祥　住同〔上〕
被上訴人	張玉屛
	住臺北市北投區大度路三段三〇一巷十四號四樓

　　　　　張玉珍

　　　　　住臺北市基隆路一段三八〇巷五號四樓

共　　　同
訴訟代理人　董安丹律師

〔上〕當事人間確認著作權不存在事件，上訴人對於中華民國七十八年五月二十二日臺灣臺北地方法院七十七年度訴字第七〇八九號第一審判決提起上訴，經最高法院發回更審，本院判決如〔下〕：

　　主　文

原判決廢棄。

被上訴人在第一審之訴駁回。

第一、二審及發回前第三審訴訟費用由被上訴人負擔。

　　事　　實

甲、上訴人方面：

一、聲明：如主文所示。

二、陳述：其陳述除與第一審判決記載相同者予以引用外，補稱：

　　(一)被上訴人無「即受確認判決之法律上利益」：

　　　　(1) 被上訴人謂其就印製之仿製書籍紙張有「所有權」，因受上訴人另案刑事追訴，故提起本訴云云，毫無道理。蓋民事訴訟法第二四七條規定之「法律上利益」必須爲合法之利益。

　　　　　　系爭書籍既非公共所有（著作權法第二十六條、第五條、第四條第一項第五款及第十一條參照），而被上訴人之書籍又係盜印版，則中華民國法院（刑事庭）自可本於上訴人之告訴而將該盜印版宣告沒收。是以被上訴人所提確認之訴，根本不能除去彼等所謂「私法上之不安地位」，即無民事訴訟法第二百四十七條「即受確認判決之法律上利益」。況且「紙張所有權」與本案「系爭書籍之著作權」，係毫不相關之訴訟標的，不得混爲一談。否則所有商標、專利、著作權之仿冒者將可於判

刑確定後，基於其對仿冒品「原料之所有權」提起確認商標、專利、著作權不存在之訴，迫使合法的智慧財產權人耗費精神、財力、時間在永無止境的濫訴中，此豈是保護智慧財產權之正途。

(2) 上訴人一再強調依照「一事不再理」之基本原則，被上訴人不得提起本件訴訟。蓋刑事案件事關人民生命及身體自由……等重大權利，認定事實調查證據所要求之心證程度遠高於一般民事案件，本案系爭訴訟標的既經刑事庭判決，而此項有罪判決已確認上訴人為系爭書籍之著作權人且已繫屬上訴法院，即不應准許另提民事確認之訴。然而，被上訴人於本案一再強調地院刑庭判決關於上訴人對系爭書籍有著作權之認定，不能拘束同院之民事庭，故仍可另提民事確認之訴。若果係如此，則刑事庭將可不受民庭確認判決之拘束，如此本案確認判決根本不能除去被上訴人所謂「私法上不安地位」，即不符合民事訴訟法第二四七條之要件。

(二)系爭著作之性質：

(1) 被上訴人妄指系爭書籍為翻譯著作，並謂上訴人美商大英百科全書公司（下稱大英公司）僅提供第十五版英文本「大英百科全書」，而大陸上數百名參與翻譯之學者專家方為系爭書籍之著作人云云，顯係故意曲解。理由如下：

(A) 系爭書籍雖然主要係以大英公司擁有著作權的第十五版英文「大英百科全書」中之「百科簡編」為基礎，但並非「百科簡編」之單純的中譯本。蓋「百科簡編」有 124200 條目，而系爭書籍僅有 71000 條目，此外，該等條目在英文版中順序與在系爭書籍中順序不同，由此可知，系爭書籍之製作過程中雖涉及部分翻譯行為，但因其係利用文字著作，翻

譯、地圖、圖表、攝影著作等，經整理、組合、編排而產生整體創意之新著作，故爲編輯著作，而非翻譯著作。

(B) 大英公司與上訴人臺灣中華書局股份有限公司（下稱中華書局）合作編輯了一套正體字中文版的「簡明大英百科全書」。由於此套書籍所依據之英文資料較新，其內容較爲豐富新穎，不但涵蓋了系爭書籍的內容，並另增編近數年來的最新資料。大英公司就此套正體字中文版的「簡明大英百科全書」共二十冊皆已取得中華民國內政部核發之著作權執照。該等執照皆明白記載著作類別爲編輯著作。由於系爭書籍與正體字中文版著作性質相同，可知依據中華民國法律，系爭書籍確實爲編輯著作。

(C) 由大英公司所提出之各項書證及人證可知，大英公司自始至終均直接從事系爭書籍之稿件與圖表、地圖、照片之蒐集、選擇、整理、增刪、編輯、審稿、修稿、定稿之工作，其爲系爭書籍之共同著作人，毫無疑問。又由編輯著作之定義可知，編輯著作人毋須爲所有各該文字著作、翻譯、圖表、照片之著作人，其理甚明。因此縱然系爭書籍部分條目係由「中共大百科全書出版社」或該社所聘請之學者、專家、翻譯者所翻譯、草擬，此對大英公司爲系爭書籍之著作人以及著作權人，毫無影響。

(三)大英公司擁有系爭書籍之著作權，乃基於(一)大英公司係系爭書籍之共同編輯著作人之一；(二)中共大百科全書出版社關於共同編輯部分係受聘大英公司等事實：

(1) 關於大英公司爲系爭書籍之共同編輯著作人部分：

(A) 百科全書出版社合作編輯系爭著作物，則大英公司亦係共同著作人之一，享有該著作物之著作權。本

件依系爭書籍版權頁之前言謂「……（雙方）成立中美聯合編輯委員會，負責編審工作並協商解決編輯中出現之問題……」，在在顯示系爭著作乃由大英公司與中共百科全書出版社合作編輯而成。因此，大英公司確係共同著作人之一，依法對系爭書籍當享有著作權。

(B) 本件系爭著作，大英公司除本身之人員以及在美國所聘精通中、英文之學者、專家就系爭書籍實際從事系爭書籍翻譯稿之修改、增加新之條目，及編排，此觀大英公司所庭呈之上證十六至上證二十四等學者、專家之聲明書事證，大英公司為證明該等事實，並請證人張建德、張旭成及何得樂，遠從美國到庭作證。證人張旭成並謂係受大英公司之聘僱，從事系爭書籍編輯工作。又 FIGGE 之聲明謂：「該著作係一就中文條目所為之編輯著作。某些條目係基於英文版之條目所為翻譯。該等條目在英文版中順序與中文版順序不同，係基於所預期之中國人的興趣而選入該著作而撰寫。此等新條目中部分由大英公司全部重寫，其餘亦由大百科全書出版社於大英公司編輯上之建議而重寫……」當不難明瞭本件大英公司確實自己出資聘人撰寫為數不少之條目，並修改部分之翻譯稿。顯見大英公司非但確實參與系爭書籍之編輯工作，且於其對系爭書籍增加新條目觀之，大英公司顯有編輯主權。被上訴人謂大英公司僅作校稿工作，顯與事實不符。

(2) 中共大百科全書出版社共同參與編輯翻譯之工作係受聘於大英公司，該受聘編輯部分之著作權，依法亦應歸屬大英公司：

中共大百科全書出版社係受聘於大英公司從事系爭書籍

之翻譯、編輯等工作，並由大英公司付給報酬，此經證人何得樂到庭證明在案。印證大英公司之執行副總裁及財務主任 F. H. Figge JR. 之聲明書載明: 大陸「大百科全書出版社」曾於一九八三年三月二十一日就大英公司付給之其中之一筆款項簽發收據函乙紙，承認收到大英公司給付之美金十五萬元，並謂其中美金十萬元用於支付給參與編輯系爭書籍之翻譯者及編輯人員……，及中共大百科全書出版社社長梅益多次聲明，亦在在顯示中共方面確係受聘於大英公司。顯見中共大百科全書出版社從事之翻譯及編輯行為，均係受僱於大英公司，已可確定。被上訴人援引報紙報導諸多臆測、爭執，因報紙報導之真實性，上訴人加以否認，被上訴人未提供合法證據以實其說，顯係空言爭執，不值採信。

(四)準據法問題:

(1) 被上訴人引述外國學者意見，主張「智慧財產權」不適用法律衝突原則 (即國際私原則)，而應依公約或條約解決。此項見解顯然違反中華民國法律。蓋中華民國有「涉外民事法律適用法」，故涉外案件當然應適用該法之規定。

(2) 由於著作權為無體財產權之一種，係以權利為標的之物權，故依涉外民事法律適用法第十條第二項，其準據法為「權利之成立地法」。縱認著作權並非法定物權，亦因其具專屬性，得排除他人之侵害，而應認其為「準物權」。則依同法第三十條法理適用之結果，亦應以「權利之成立地法」為準據法。被上訴人謂如果著作權適用「權利成立地法」，則同為無體財產權之商標權及專利權亦可依同一法理適用該原則，如此在外國取得商標及專利權者，在我國不待註冊即可享有該權利云云，實為故意曲解。蓋著作權與商標、專利權不同，目前各先進

國家之著作權法皆採「創作保護主義」，但對商標、專利權則採「註冊保護主義」，因此商標、專利權，必須在請求保護之各該國家註冊始可認為權利成立。反之，著作權於著作完成時即為成立。是以有關商標、專利權之「權利成立地法」為請求保護之各該國家法律，但著作權之「權利成立地法」則應為著作人之本國法或住所地法。在本案即為美國法。

(3) 被上訴人引述伯恩公約作為有關著作權之法理，唯其對伯恩公約之規定顯有重大曲解。伯恩公約一九七一年巴黎修正條款第三條第一項（A）款規定：「如著作人係本公約任何一個同盟國之國民，則不論其著作是否已經發行，本公約所賦予之保護適用於其著作」。

依照上開公約第二條第五款規定：「文學或美術著作之選擇，例如百科全書……將受保護」。同條第六款規定：「本條所規定之著作在各同盟國均可受到保護。此種保護將為著作人及其繼受人之利益而存在」。由此可知，依照伯恩公約之規定，倘使著作人為該公約任一同盟國之國民，則其著作在各個同盟國均可受到保護。此外，此種著作權之保護於著作完成時立即賦予著作人或其他依法取得著作權之人，不須經過其他任何登記之形式手續。至於保護範圍（例如保護期間）及救濟方法（例如民刑事救濟）等細節規定，則除非該公約另有規定外，依被要求保護之同盟國法令之規定。此由上開公約第五條第一及二項規定自明：「依本公約人保護之著作物的著作人，在著作物之本國以外同盟國，享有該國法令現在所賦與或將來所可能賦與其國民之權利，以及本公約特別所賦予之權利（第一項）；第一項權利之享用及行使，無須履行任何形式手續；其享有及行使獨立於著作物之本國之保護規定。因此，除本公約規定外，

著作人權利保護之範圍及救濟之方法，專依被要求保護之同盟國法令的規定（第二項）」。

我國非伯恩公約之締約國，無法直接適用該公約之規定，唯依該公約所宣示之原則（法理），除另有規定或約定外，著作人於著作完成時，不須經註冊手續，即可取得世界各國之著作權，只是有關保護範圍及救濟方法等細節規定，須依各該被要求保護國之法令而已。依此原則，則大英公司在我國就系爭書籍究竟享有多少年之著作權，以及被上訴人侵害大英公司之著作權應負何種民刑事責任，固應依我國法律之規定，但大英公司就系爭書籍（百科全書）之著作權，則依該公約之規定，於著作完成時，不須經註冊，即已取得世界各國之著作權。

(五)中美友好通商航海條約之效力及適用：

(1) 被上訴人謂關於著作權之取得並不適用「內國國民待遇原則」云云，顯與中美友好通商航海條約第九條規定不符。該條明白規定：「……締約此方之國民、法人及團體，在締約彼方全部領土內，依照依法組成之官廳現在或將來所施行關於登記及其他手續之有關法律規章（倘有此項法律規章時），在不低於現在或將來所給予締約彼方之國民、法人及團體之條件下，應享有關於版權、專利權、商標、商號及其他文學、藝術作品及工業品所有權之任何性質之一切權利及優例……」此條規定就著作權之保護，給予締約他方國民以同等之國民待遇，明確無疑。

(2) 蓋條約有「自動履行條款」與「非自動履行條款」二種，「自動履行條款」即指條約全部或一部毋須再經國內立法程序，即直接影響締約國人民之權利義務，此亦為被上訴人所不否認。倘如被上訴人所主張條約僅為國

家制定法律之指導原則，則所有條約無異均爲「非自動
履行條款」，此與條約性質顯然不符。

(3) 被上訴人又謂如依憲法第一百四十一條「尊重條約」之
規定認爲條約之效力優於國內法，則我們亦應尊重聯合
國憲章而承認中共及外蒙古云云，實爲無稽之至。顯示
被上訴人不斷以不存在之憲法或政治論爭來混淆本件單
純之法律訴訟。

事實上，由中華民國憲法第五十八條第二項、第六十三
條以及第五十七條第三款規定可知，條約審查程序與國
內一般法律相同，故條約至少有與國內法同等之效力。
而條約之效力優於國內法，不但與憲法第一百四十一條
「尊重條約」之規定相符，亦爲最高法院二十三年上字
第一〇七四號及上字第一八一三號二判例以及最高法院
七十三年臺非字第六九號判決所確認。依司法院大法官
會議釋字第一七四號解釋，最高法院判例在未變更前，
有其拘束力，可爲各級法院裁判之依據。前引二判例迄
今仍然有效，自得爲各級法院所引用。

(4) 被上訴人另稱中華民國對美國人之著作採「創作保護主
義」，是行政機關「軟弱無能、節節退讓」的表現云
云，再次顯示被上訴人企圖以偏激不實的言論來混淆法
律案件。

事實上，依據中美友好通商航海條約第九條及中華民國
著作權法第四條第一項對美國人著作採取「創作保護主
義」，是中華民國履行條約義務的表現。臺灣高等法院
七十六年度上易字第五六七二號判決，七十七年度上字
第一三七四號判決，以及最高法院七十八年度臺上字第
一〇三九號判決皆一再確認此項「創作保護主義」之原
則。美國法院亦遵守前述條約，對中華民國國民之著
作，給予與美國國民同等待遇之著作權保護。此外，被

　　　　　上訴人所一再引述爲有關著作權之法理的伯恩公約亦明
　　　　　白宣示「著作人於著作完成時，不須經註册手續，卽可
　　　　　取得世界各國之著作權」的原則。而中華民國爲符合國
　　　　　際潮流，已在著作權法修正草案中廢除外國人註册主義
　　　　　之規定，對本國人與外國人一律改採「創作保護主義」。
　　　　　綜上所述，大英公司於系爭書籍完成時卽取得著作權，
　　　　　毋須經過註册手續。

三、證據: 如附表（一）所示。

乙、被上訴人方面:

一、聲明:

　　(一)上訴駁回。

　　(二)第一、二審及發回前第三審訴訟費用由上訴人負擔。

二、陳述: 其陳述除與第一審判決記載相同者予以引用外，補稱:

　　(一)訴訟利益問題:

　　　　(1) 被上訴人丹靑圖書有限公司（下稱丹靑公司）爲一擁有
　　　　　　合法出版公司執照之公司，其印行之書籍，不問有無著
　　　　　　作權，亦不問有無侵害他人之著作權，就丹靑公司印行
　　　　　　書籍之複製品，丹靑公司應享有對該書籍之「所有權」
　　　　　　蓋該書籍之複製品係丹靑公司購紙加工所得，其自得享
　　　　　　有複製品之所有權。丹靑公司旣享有複製品之所有權，
　　　　　　依民法第七百六十五條，自得本於所有權之作用而使
　　　　　　用、收益、處分，並排除他人干涉，除非該書籍之著作
　　　　　　權人本於其著作權，方有限制丹靑公司行使處分書籍複
　　　　　　製品所有權之權限 —— 卽本於著作權而禁止被上訴人書
　　　　　　籍複製品之銷售。然而大英公司僭稱係「簡明大不列顚
　　　　　　百科全書」中文版之著作權人，不僅在刑事訴訟程序中
　　　　　　查扣被上訴人之書籍，在附帶民事訴訟中並依著作權法
　　　　　　第三十三條請求損害賠償及禁止被上訴人就系爭書籍爲
　　　　　　銷售。惟丹靑公司旣有書籍複製品之「所有權」，則基

於該所有權，丹青公司自有民法第七百六十五條「處分」之權能，其現因上訴人之行為而處於不安之狀態，被上訴人豈無「私法上之地位」及「受侵害之危險」，因之，被上訴人自有以確認之訴除去該不安之必要。被上訴人提起本件確認之訴，於法並無不合。

(2) 大英公司一再強調本件訴訟依民、刑分立原則，對刑庭無拘束力，因而不符合民事訴訟法第二百四十七條之要件。殊不知本件訴訟係以大英公司著作權之有無，為決定被上訴人有無民刑事責任之前提。退步言之。縱然本件訴訟對刑庭無絕對拘束力，但對除去被上訴人民事上之不安確有其利益存在。故上訴人以民刑分立原則推論被上訴人提起本件訴訟無訴訟利益，殊不足採。

(二)編輯著作部分：

(1) 大英公司提出諸多原始稿件之校正資料，主張其就系爭著作有「編輯著作」之著作權。然依大英公司所提美國著作權執照中所載，系爭著作係由中共大百科全書出版社擔任「英譯中及編輯工作」，足徵編輯工作亦係由中共大百科全書出版社所為。大英公司主張其參與「編輯工作」，但依其提出之美國之著作權執照卻明文記載中共大百科全書出版社擔任「編輯」工作。其主張與所提證據相互矛盾，自不足採信。

(2) 再依我國著作權法第三條第十款規定「編輯著作」之定義而言，所謂「編輯著作」應係指利用二種以上之文字、語言著述或其翻譯，經整理、增刪、組合或編排產生整體創意之新著作。本件縱認大英公司曾參與修改原稿之工作，但綜觀其所提之原稿修改文件，均係片斷、零散之文字修正，諸如將外國人名修正為正確之譯名（如將「洛姆」改為「羅姆」)或將中共所用之名詞改為自由世界所用之名詞，（如將「私生活保密權」改為「隱

私權」等），抑且修正之部分與全文相較僅微小之部分。
由整體觀之，絕不致於中共翻譯之原文外，另產生面貌
不同而具新創意之著作，故實無「產生整體創意之新著
作」之部分。大英公司所爲僅在審校翻譯是否正確，以
保持英譯中之正確精準品質而已，此爲原文作者要求翻
譯者之品質而提供意見，並無二致。且與任何出版社及
報社審校作者書籍及文章是否通順及有無不妥、錯誤之
處相同。出版社及報社對審校作者之書籍及文章，從未
聞有主張有著作權者，大英公司此項主張，非僅與著作
權法「編輯著作」之法理不合，亦有違出版界之常例。

(3) 依大英公司所提出系爭書籍之美國著作權執照上所載，
其中「簡短說明著作權人如何取得著作權」一欄上塡載
「經由契約」，可見「契約」方爲本件著作權爭執關鍵
所在。蓋「經由契約」之結果，「編輯行爲」，可能出於
中共大百科全書出版社。大英公司於註册時並未提供此
一契約（依美國著作權法第四百零九條第四項規定，僅
須陳述卽可，亦毋須附契約書）。故本件之爭執關鍵點
仍在其著作權執照上所指之「契約」上，大英公司傳訊
之證人，不僅未能證明系爭爭點，縱能證明大英公司有
些許「編輯行爲」，亦非本件關鍵所在。

(三)出資聘人完成著作部分：

(1) 按大英公司主張其就系爭著作爲聘僱中共大百科全書出
版社所作，故有著作權，其所提之證據爲美國著作權
局所發之著作權執照。唯觀該著作權執照上之記載卻反
是。

(2) 大英公司於訴訟中關於美國著作權執照記載之陳述，有
故意混淆之嫌。蓋以：

(A) 大英公司首則將執照中第二欄A項之大英公司之著
作名稱中所塡「TEXT」譯爲中文之「本文」而非

「原文」，有誤導或使字意不明顯之嫌。

(B) 依美國著作權執照第六欄所載：

「6、衍出著作或編輯著作物（若爲衍出著作請填6A及6B兩欄，若爲編輯著作物請只填6B欄）」。查大英公司於各冊美國之著作權執照中，或填載6A、B二欄，或僅填6A欄，惟遍查各冊著作權執照中並無僅填載6B欄一欄之情形。

綜上所述，大英公司主張就系爭著作爲聘僱著作，尚難以上開美國著作權執照之記載得以證明。其可證明者，厥爲系爭著作序言及美國著作權執照上所記載之「契約」。

(3) 大英公司主張其提供十五萬元美金予中國大百科全書出版社，以爲出資聘人完成著作之證據。惟查：

(A) 此十五萬元美金究係購買卡車、影印機抑或交付五百多位翻譯人員不明，且上訴人並未舉證證明。又縱認係給予翻譯人員金額，但此一金額係屬「聘僱酬勞」或「贈與」（如慰勞金）亦屬不明確。上訴人對此亦未舉證證明。

(B) 如以十五萬元美金卽可證明大英公司擁有著作權，則中共大百科全書出版社何以支付上訴人大英公司「諮詢費」。如僅以支付費用卽可認有著作權，則此亦可同樣證明中共大百科全書出版社擁有系爭著作著作權。

(C) 查系爭書籍一套十冊，而翻譯一冊之稿費及編輯成本卽不止十五萬元美金，更遑論翻譯十冊。

(D) 系爭書籍中共大百科全書出版社及大英公司均有發行，大英公司給付十五萬元美金究係向中共大百科全書出版社購買著作權之費用，抑或是向中共大百科全書出版社購書之費用，實令人難以明瞭，大英

公司對此亦未善盡舉證責任。依此可見，該十五萬美金究係屬何種性質，其關鍵亦在「契約」上，鈞院命大英公司提出「契約」， 大英公司始終不遵命提出， 反爭執細枝末節之問題，所提證據均爲不能直接證明本件著作權歸屬之證據，依經驗法則大英公司應可認定非本件系爭著作之著作權人。

(四)上訴人主張系爭書籍係「編輯著作」而非翻譯著作。然查依大英公司提供之美國著作權執照上所記載，上述書籍大英公司並無編輯行爲，反明載中共大百科全書出版社有「英譯中及編輯行爲」。

(五)準據法問題：

　(1) 著作權係「無體財產權」，亦稱「智能財產權」，本身並無位置觀念， 並不適用法律衝突之原則， 尤無適用涉外民事法律適用法第十條第二項之問題，而應依公約或條約以解決此一問題。按伯恩公約及世界著作權公約之「內國國民待遇原則」爲世界各國著作權法適用之大原則，中美友好通商航海條約第九條亦揭櫫此一原則， 故被上訴人援引伯恩公約，於法理上自屬允當。此外遍查我國國際私法學者著述，亦無舉例承認著作權適用涉外民事法律適用法第十條第二項者。蓋如著作權適用涉外民事適用法第十條第二項規定，則同爲無體財產權之商標專用權及專利權，亦可依同一法理適用該項規定，如是在外國取得專利權者， 在我國必承認其有專利權，在外國取得商標專用權者，在我國亦必承認有商標專用權。依此，在外國取得專利權或商標專用權者，於我國卽不待註冊卽可享有該權利，則我國中央標準局實不須審查外國人之專利、商標註冊。可見著作權之成立係依法庭地之內國法決定之，如此始符合無體財產權之屬地主義精神。

(六)中美友好通商航海條約第九條之效力問題：

(1) 依國際著作權原則，所謂「內國國民待遇」，係指實體法上適用「內國國民待遇」，亦卽著作權人所享有著作權之內容與內國國民有同等待遇。然世界各國著作權法均未有連取得及享有著作權之規定亦適用「內國國民待遇原則」之解釋，故伯恩公約除第五條第一項規定「內國國民待遇原則」，第二項尚須規定著作權保護之非形式主義。世界著作權公約除第二條規定「內國國民待遇原則」，第三條尚須規定著作權取得之要件。由此足明關於著作權之取得並不適用「內國國民待遇原則」。同理，中美友好通商航海條約第九條曾三度提及「關於登記及其他手續之有關法律規章（倘有此項法律規章時）」，第九條第三句並將「登記」及「內國國民待遇原則」並列，卽在強調「內國國民待遇原則」僅適用於實體權利享有之內容，與權利之取得及享有之條件無關，此與伯恩公約及世界著作權公約所承認「內國國民待遇原則」，僅限於實體權利之解釋相同。乃上訴人曲解中美友好通商航海條約之原意，竟主張抽象之中美友好通商航海條約第九條第三句後段之「內國國民待遇原則」，不僅可以否定前段「登記」取得著作權之前提要件，甚至可否定修正在後（民國七十四年修正）明確且具體之著作權法第十七條之規定，誠屬不可思議。

(2) 憲法第一四一條規定：「中華民國之外交，應本獨立自主之精神，平等互惠之原則，敦睦邦交，尊重條約及聯合國憲章……」，可見「尊重條約」係外交之指導原則，與司法無關。憲法第八十條規定，法官須超出黨派以外，依據「法律」獨立審判，不受任何干涉。可見法官僅得依「法律」審判，而不得依「條約」審判，法官審判具體案件尤不得認「條約」之位階可在「法律」之

上，否則即屬違憲。蓋「條約」僅為國家制定法律之指導原則，在憲法上法官無直接適用條約之義務。

如將憲法第一百四十一條「尊重條約」之規定解釋為「條約」之效力可高於「法律」，則憲法第一百四十一條「尊重聯合國憲章」之規定當亦可高於國內法。依此而論，外蒙古及中共事實均已加入聯合國，依憲法第一百四十一條「尊重聯合國憲章」之結果，中共及外蒙古均已為「獨立國家」。由此可見憲法第一百四十一條規定，僅為施政之理想，但不能直接據之審判。

七十四年底之中美著作權談判，我國行政機關承諾對美國人之著作採創作主義，至盼司法機關於本件堅守正義最後一道防線，以維國家法律之尊嚴。

三、證據：如附表（二）所示。

理　由

一、被上訴人主張：被上訴人丹青公司於七十六年間自香港購入中文版「簡明不列顛百科全書」一套，經修改並譯成正體字中文版「大不列顛百科全書」，在臺灣地區銷售。大英公司竟主張其對中文版「簡明不列顛百科全書」有著作權，中華書局則主張對該書有印製、出版之權利，並聯名提出刑事告訴，指控伊等違反著作權法，非僅使伊等有受刑事訴追之危險，抑且如認上訴人對中文版「簡明不列顛百科全書」有著作權、重製權，將使伊等不能發售所複製之正體字「大不列顛百科全書」，並對上訴人負民事損害賠償債務之危險。伊等私法上地位之不安狀態，非提起確認之訴，無法除去等情。求為確認大英公司就中文版「簡明不列顛百科全書」第一册至第十册之著作權不存在；中華書局就中文版「簡明不列顛百科全書」第一册至第十册之重製權不存在之判決。

二、上訴人則以：（一）被上訴人對於中文版「簡明不列顛百科全書」並無著作權或其他私法上之權利，則其私法上之地位，並無所謂

不安狀態之存在，即無以確認判決除去其不安狀態之可能，自無
即受確認判決之法律上利益；(二)伊等業經刑事判決認定有著作
權或重製權，依一事不再理之原則，被上訴人提起本件確認之
訴，即非適法；(三)大英公司就系爭之中文版「簡明不列顛百科
全書」爲共同編輯著作人之一。另一共同編輯著作人中共大百科
全書出版社係受聘於大英公司，故大英公司對於該書有編輯及聘
僱著作權；(四)中華書局經大英公司之授權賦與對上開系爭書籍
有重製權利，自享有該書之重製權；(五)著作權採創作保護主
義，其準據法爲權利之成立地法，即美國法。而依美國法，大
英公司對系爭書籍有著作權，復依中美友好通商航海條約規定，
大英公司與我國人民就著作權享有創作保護主義之同等待遇，故
系爭書籍在我國雖未爲著作權登記，大英公司在我國仍享有著作
權；中華書局則享有重製權，被上訴人訴請確認伊等無著作權或
重製權存在，即非有據云云，資爲抗辯。

三、按確認法律關係成立或不成立之訴，非原告有即受確認判決之法
律上利益，不得提起，固爲民事訴訟法第二百四十七條所明定。
惟所謂確認判決之法律上利益，並非概指權利而言。凡在私法上
得有效取得之利益，亦屬之。例如無人享有著作權之著作物，人
人皆有重製或銷售之利益。查被上訴人提起本件訴訟，係請求
確認上訴人就中文版「簡明不列顛百科全書」第一册至第十册之
著作權或重製權不存在，核其目的，係指如上訴人就前開書籍之
著作權或重製權不存在，被上訴人即享有在臺灣地區重製或銷售
繁體字「大不列顛百科全書」之利益。從而，即難謂被上訴人提
起本件消極確認之訴，並無即受確認判決之法律上利益。上訴人
謂被上訴人對於系爭書籍無著作權，即無即受確認判決之法律上
利益，應非可採。

四、按民事訴訟法上所謂一事不再理之原則，乃指同一事件已有確定
之終局判決者而言。其所謂同一事件，必同一當事人就同一法律
關係而爲同一之請求，若此三者有一不同，即不得謂爲同一事

件，自不受確定判決之拘束。又所謂就同一訴訟標的提起新訴或反訴，係指前後兩訴係就同一訴訟標的求爲相同或相反之判決而言。此所指之確定之終局判決，前訴或反訴，均係指民事訴訟事件而言，刑事訴訟案件不在其內。蓋刑事訴訟之判決結果，並不足以拘束獨立之民事訴訟。是上訴人所謂在刑事訴訟中（臺灣臺北地方法院七十七年易字第二五七四號刑事判決），被上訴人業經判處罪刑，實已認定上訴人就系爭書籍有著作權或重製權。依一事不再理之原則，被上訴人卽不得再行提起本件確認著作權或重製權不存在之民事訴訟云云，實屬誤會。

五、查系爭書籍雖然主要係以大英公司擁有著作權之最新英文版大英百科全書中之「百科簡編」爲基礎，但並非「百科簡編」之單純的中譯本。蓋「百科簡編」有 124200 條目，而係爭書籍僅有 71000 條目（見系爭書籍前言第一及二段），此外，該等條目在英文版中順序亦與在系爭書籍中不同。況且，系爭書籍之製作過程中雖涉及部分翻譯、撰寫、製表、繪圖⋯⋯等行爲，但因其主要係利用文字著作、翻譯、地圖、圖表、攝影著作⋯⋯等，經蒐集、選擇、整理、增刪組合、編排而產生整體創意之新著作。又大英公司另與中華書局合作出版之正體字中文版「簡明大英百科全書」，其情形與系爭書籍類似，其登記之著作權類別爲編輯著作，有內政部核發之著作權執照在卷（上證六）可按。而該書在美國登記者亦屬編輯著作而非翻譯著作，亦有美國著作權執照在卷可按，足見系爭書籍係屬編輯著作，堪以認定。

六、被上訴人對於系爭書籍本身係屬編輯著作並無爭議，僅謂編輯工作係由中共大百科全書出版社爲之，大英公司僅擔任部分之翻譯工作，不能取得編輯著作權及大英公司並非聘僱中共大百科全書出版社編輯，故大英公司對該書亦無聘僱著作權。大英公司則謂伊係該書之共同編輯者之一，另一編輯者中共大百科全書出版社爲其聘僱編輯，故伊對該書有編輯及聘僱著作權。茲就大英公司是否共同編輯人及是否聘僱中共大百科全書出版社編輯該書，析

述如〔下〕:

(一)證人張建德證稱:「我有參與系爭書籍之編撰工作。將中文編譯與英文原版來比較有無翻錯,特別要指出二文有不同之處,增減部分均需一一列出,工作地點在美國伊利諾州芝加哥市。資料是大英公司提供的,我自己亦作了很多註解。我的著作經編輯委員會審核後,被使用於大英百科全書上」。證人張旭成證稱:「中共大百科全書公司送資料到編輯委員會整理後,由我審核。發現有錯誤卽加以修正、再送大英公司。中文資料均由大英公司提供,大英公司的資料來源爲何,我不知道。大英公司請我當顧問審核,薪資由大英公司負擔。大英公司有請很多專家,費用亦均由大英公司負擔。大英公司對中共大百科全書出版社有無支付費用,我則不清楚。站在學術立場,針對資料不只是修改,更有的是研創或整編加以撰擬,此部分著作權應屬僱主(大英公司),因僱主有付我費用」。證人大英公司亞洲作品發展部主任何得樂證稱:「我爲大英公司資深編輯。我參與系爭書籍編輯工作項目爲:(1)與公司三百多位員工之聯繫工作;(2)與外界聯繫工作;(3)外界合作對象包括中共大百科全書出版社、印靈公司,負責中文學者間之聯繫工作;(4)對文章作適度之修改及編撰工作。我的工作包括監督系爭書籍的品質,原文編撰後的品質、中文文字資料的品質,並負責更新所有的統計數據資料,還收集了數千張圖片、編撰地圖、工作人員薪水的發放工作。我亦爲編書委員會秘書之一。經費均來自大英公司支援的。大英公司提供經費及編撰上幫助中共大百科全書出版社。大英公司有提供美金十五萬元與中共大百科全書出版社作爲買影印機及小卡車等,何時提供,確定時間我不清楚。我想應該是在一九八一年付的。」(見本院更(一)卷二九三~三○○頁)。

(二)中共大百科全書出版社社長梅益於七十七年一月二十一日致

函大英公司總裁謂：該社與大英公司共同進行編輯之系爭書籍，該社係受聘工作，並承認大英公司對該書在美國登記之著作權。於七十九年間又與大英公司總裁簽訂協議書略謂：大英公司與中共大百科全書出版社爲系爭書籍之共同著作人，大英公司對該書之著作權遍及全世界，中共大百科全書出版社以受聘方式進行編輯工作。再於七十九年七月十八日以經北美事務協調會認證之書面聲明略謂：中共大百科全書出版社與大英公司係系爭書籍之共同著作人。中共大百科全書出版社係受聘之作。有該函、協議書及聲明在卷（上證四六～四八號，外附）可稽。

(三)系爭書籍前言三載明：「一九八〇年八月十二日雙方簽訂合作契約，編譯出版中文版簡明不列顚百科全書的協議書。這協議書規定由美方向中方提供第十五版的最新修訂稿及其自有之圖片。中方承擔翻譯、編輯、印刷、出版等任務。並負責撰寫純屬中國的條目（包括配圖）；成立中美聯合編審委員會負責編審工作並協商解決編譯中出現的問題」（見原證一，外附）。

(四)經外交部簽證之系爭書籍美國著作權執照載明系爭書籍之著作權人爲大英公司及中共大百科全書出版社。著作權人爲大英公司（見上證五三、外附）。

(五)大英公司曾給付中共大百科全書出版社美金十五萬元，有該社出具之收據（上證四二號）在卷可稽。

(六)綜上以觀，可知：(1) 系爭書籍係由大英公司提供英文版資料及圖片，由中共大百科全書出版社擔任翻譯、編輯、印刷及撰寫純中國之條目，雙方並聯合組成編審委員會負責編審工作及解決編譯中出現之問題。大英公司不但提供資料，出錢聘請專家學者參與編審工作，並曾支援中共大百科全書出版社美金十五萬元，供其購買影印機、小卡車等以利工作之進行。足見系爭書籍之編輯係由大英公司與中共大百科全書

出版社合作完成。雙方均爲共同編輯著作人。被上訴人徒以大英公司未能提出書面合作契約，而否認其爲共同編輯著作人。惟合作編書並不以訂立書面契約爲必要，大英公司既另行舉證證明伊爲共同編輯著作人，雖未能提出書面之合作契約，亦不得因此而認其爲非共同編輯著作人，被上訴人此一主張，應非可採；(2) 大英公司僅能證明提供美金十五萬元與中共大百科全書出版社，其所舉上開證人亦均不知有聘僱之事，且系爭書籍之前言亦僅言及共同編輯之事，並未說明係受聘之作。足見大英公司所謂中共大百科全書出版社共同編輯部分係屬受聘之作，伊對此部分享有聘僱著作權云云爲不可採。至於中共大百科全書出版社社長梅益於本件涉訟後，以協議書、函件、聲明書謂該社係屬受聘之作，並無實證以資證明，爲不足採。

七、大英公司係系爭書籍之共同編輯著作人，並在美國登記爲該書之著作權人，有該書之美國著作權執照在卷可按。則大英公司在美國爲該書之著作權人，實堪認定。而該書在我國未爲著作權登記，爲兩造所不爭。查我國著作權法對本國人之著作採創作保護主義，對外國人之著作則採註冊保護主義，此觀著作權法第四條、第十五條及第十七條之規定甚明。茲所應審究者爲大英公司爲美國之私法人，其所編輯著作之系爭書籍在我國未經註冊，是否得享有著作權。爰析述如〔下〕：

(一)中美友好通商航海條約第九條規定：「締約此方之國民，法人及團體，在締約彼方全部領土內，依照依法組成之官廳現在或將來所施行關於登記及其他手續之有關規章（倘有此項法律規章時），在不低於現在或將來所給與締約國彼方之國民、法人及團體之條件下，應享有關於版權、專利權……之一切權利及優例。」（見上證五一號）。

(二)美國紐約州南區聯邦地方法院於七十八年三月八日作成之一項判決中，對於「中美友好通商航海條約」在司法上之實踐

有極爲明確之說明。該項判決（見上證五十，附中文摘譯）第十六頁第三段及第十八頁第二段指出，系爭的電視節目依美國著作權法第一〇四條(B)(1)規定，著作之作者爲「與美國簽訂著作權條約之一外國」之國民或居民者，該著作卽可享有著作權之保護。且根本不涉及這些著作是於臺灣或美國境內首次發行此一爭點。由此可知美國法院對中華民國著作人之著作權採創作保護主義，且不論在何國境內首次發行皆受保護。其次該判決於第二十一頁第二、三段及第二十二頁第四行明白指出美國國會對此一條約之承認並且應予遵守之宣示。而該判決第二十二頁第三段亦指出，美國國務院將此一「中美友好通商航海條約」列爲美國與中國（臺灣）」之間之有效條約。基於各項理由，該判決認定依「中美友好通商航海條約」給予臺灣人民互惠的著作權保護是合於美國憲法的。更係符合該條約之本旨及國際義務之履行。

由上述可知，美國法院就「中美友好通商航海條約」以立法、行政兩項權源加以檢驗，再依其司法權獨立判斷，確認美國應實踐條約。而其中包含之意義，絕非僅因美國國會曾制定「臺灣關係法」，所以才能適用該條約。而是經司法獨立分析判斷後，確認此一條約之有效，符合雙方人民之利益，符合立法之本旨，亦符合國際社會之利益與慣例，始予適用該條約。

(三)按兩國斷交，未必使兩國在斷交前所訂之條約失效，此觀西元一九六九年維也納條約法公約第五編第二節有關條約失效之規定自明，另查中美友好通商航海條約係於三十五年十一月四日在南京簽訂，同月九日經立法院審議通過，同月十一日由國民政府主席批准；三十七年十一月三十日在南京互換批准書，並於同日生效。案經總統於三十七年十二月十一日以統(一)字第二四二號令公布，並刊登於同月十七日之總統府公報。雖中美兩國於六十八年一月一日終止外交關係，但

據雙方達成之協議，兩國間當然仍然有效之條約暨協定，除因期限屆滿或依法終止者外，仍繼續有效。此項協議已經美方訂入爲臺灣關係法第四條（丙）之內容。中美友好通商航海條約迄未經締約國依據該條約第三十條第三款之規定，予以終止，自應繼續有效（參見最高法院七十三年臺非字第六九號判決）。被上訴人主張中美兩國斷交，中美間所有條約包括中美友好通商航海條約均告失效，尚嫌臆測，不足採信。

(四)條約在我國是否有國內法之效力，法無明文，惟由憲法第五十八條第二項、第六十三條、第五十七條第三款之規定觀之，其審查程序殆與內國一般法律相同，應認其具有國內法之同等效力，法院自應予以適用（參見最高法院七十二年臺上字第一四一二號判決）。另依憲法第一百四十一條「尊重條約」之規定，條約之效力應優於內國一般法律（參照最高法院二十三年上字第一〇七四號判例）而居於特別規定之地位，故條約與內國一般法律抵觸時，依特別法優於普通法之原則，自應優先適用條約之規定。又特別法優於普通法之原則，於特別法爲舊法（卽前法）普通法爲新法（卽後法）之情形亦然，此觀中央法規標準法第十六條「法規對其他法規所規定之同一事項而爲特別之規定者，應優先適用之。其他法規修正後，仍應優先適用。」之規定自明。是以被上訴人主張中美友好通商航海條約係於三十五年簽訂，著作權法則於七十四年修正，依「後法優於前法」之原則，自應優先適用著作權法之規定，而認大英公司應依該法第十七條第一項規定，就系爭書籍在我國申請著作權註冊，始能取得著作權云云，依上述規定，卽無可採。另按有關著作權之規定，關於一國文化與學術發展至鉅，依國際慣例，有關著作權之條約，均視爲「非自動履行條款」，須俟內國立法機關制定法律加以特別規定後，始對法院有拘束力，故中美友好通商航海條約第九條關於著作權，中美兩國人民互享有與其本國人

　　　　民同等待遇之規定，應屬「非自動履行條款」，對本院無拘
　　　　束力。惟本院認依上揭憲法第一百四十一條尊重條約之精
　　　　神，在基於兩國互惠原則下，仍有適用之必要。從而被上訴
　　　　人主張中美友好通商航海條約第九條爲非自動履行條款，雖
　　　　非無據，但認大英公司不能援引該條，主張與我國人民就著
　　　　作權享有創作保護主義之同等待遇，依據上述，亦不足採。
　（五）綜上以觀，大英公司已在美國就系爭書籍辦理著作權登記，
　　　　取得著作權執照，依中美友好通商航海條約第九條及內政部
　　　　七十五年二月六日、七十五年臺內著字第三七八〇六二函及
　　　　基於兩國互惠原則，應認爲大英公司與我國人民就著作權享
　　　　有創作保護主義之同等待遇（參見最高法院七十八年臺上字
　　　　第一〇三九號判決，上證四九號）申言之，大英公司就系爭
　　　　書籍之著作權雖未經註册，在我國仍享有著作權。被上訴人
　　　　謂我國並未有類似美國臺灣關係法之制定，卽不得適用中美
　　　　友好通商航海條約第九條之規定，大英公司非在我國註册，
　　　　卽不得享有著作權云云，尚非可採。
八、大英公司就系爭書籍在我國旣享有著作權，而其將該著作物授權
　　中華書局重製、出版，復爲其所自認（見本院更（一）卷二〇頁、
　　一六一頁），並有證明書一件（見同卷二二八～二二九頁）在卷
　　可按。則中華書局就該書在我國享有重製權，亦堪認定。
九、綜上所述，大英公司就系爭書籍在我國享有著作權；中華書局則
　　享有重製權。從而，被上訴人訴請確認上訴人對於系爭書籍之著
　　作權或重製權不存在，卽屬不應准許。原審所爲不利於上訴人之
　　判決，尚有未洽。上訴意旨指摘原判決不當，求爲廢棄，爲有理
　　由，應由本院將原判決予以廢棄改判。
十、兩造其餘攻擊防禦方法不影響判決結果，不再逐一加以論列，合
　　併敍明。
十一、據上論結，本件上訴爲有理由，依民事訴訟法第四百五十條、
　　　第七十八條、第八十五條第一項前段，判決如主文。

中華民國八十年一月二十八日

臺灣高等法院民事第八庭

審判長法官　王　　　惠

法官　沈　明　彥

法官　許　朝　雄

〔上〕正本係照原本作成。

如不服本判決，應於收受送達後二十日內向本院提出上訴書狀，其未
敍述上訴理由者，並應於提出上訴後二十日內向本院補提理由書（均
須按他造當事人之人數附繕本）。

書記官　徐　秋　鎂

中華民國八十年二月一日

附表㈠：上訴人所提證物一覽表

訴　狀　名　稱	證　物　名　稱（被　證）
民事答辯（二） 78、1、19	一、『簡明不列顛百科全書』美國著作權 　　執照影本乙套（含中文節譯）及中國 　　大陸大百科全書出版社社長梅益出具 　　之說明書乙套。 二、美國著作權法第四一〇條（C）款規定 　　原文影本乙份。 三、美國伊利諾州聯邦高等法院一九六五 　　年之判決影本。 四、美國著名著作權法學者意見影本乙 　　份。 五、法務部函釋兩則。 六、系爭書籍版權頁。

民事答辯（四） 78、4、18	一、Islamic　Republic　of　Iran　v. 　　Boeing　Co.　771　F2d　1279　（9th. 　　Cir.　1985） 二、美國法律重述 —— 美國之外國關係法 　　文件。 三、Spiess v. C. Itoh & Co. (America), 　　Inc., 643　F2d　253 四、中美友好通商航海條約與美日友好通 　　商航海條約均在二次大戰後簽訂之文 　　件。 五、美國紐約南區聯邦地方法院之判決摘 　　要。

註： 上訴（卽被告）於原第一審提呈之證物業已附卷。

訴　狀　名　稱	證　物　名　稱（上　證）
上訴理由（一） 78、7、19	一、美國聯邦高等法院一九八五年判決節 　　錄影本乙份。 二、美國法學會『法律重述 —— 美國之外 　　國關係法』之節錄影本乙份。 三、美國聯邦高等法院一九八一年判決節 　　錄影本乙份。 四、美國商務條約論文節錄影本。 五、『簡明大英百科全書』中文版第十二、 　　十三冊版權頁影本乙份及 關 係 圖 乙 　　份。 六、正體字『簡明大英百科全書』中華民 　　國著作權執照影本乙套。 七、『大英百科全書』英文版著作權執照

	影本。
	八、美國著作權法第三〇二條(a)款規定影本乙份。
	九、美國著作權法第二〇一條(b)款規定影本乙份。
	十、美國著作權法第四〇一條(c)款規定影本乙份
	十一、美國伊利諾州聯邦上訴法院判決影本（摘錄）乙份。
	十二、臺灣高等法院七十七年度上字第一三七四號民事判決影本一份。
	十三、法務部函釋二則。
	十四、緊急聲明啓事影本兩份。
	十五、七十八年五月十二日中央日報第十六版影本乙份。
上訴理由（三） 78、8、31	十六、索樂文先生聲明書正本乙份。（經中華民國駐美機構認證，附中譯文）
	十七、金斯伯先生聲明書正本乙份。（經中華民國駐美機構認證，附中譯文）
	十八、劉珙先生聲明書正本乙份。（經中華民國駐美機構認證，附中譯文）
	十九、鄒讜先生聲明書正本乙份。（經中華民國駐美機構認證，附中譯文）
	二十、張旭成先生聲明書正本乙份。（經中華民國駐美機構認證，附中譯文）
	二十一、Goetz 先生聲明書正本乙份。（經中華民國駐美機構認證，附中譯文）

二十二 —— 一、張建德先生聲明書正本乙
　　　份。（經中華民國駐美機構認證，附
　　　中譯文）

二十二 —— 二、張建德先生負責比對之系
　　　爭書籍部分樣本。

二十三、何得樂先生聲明書正本乙份。（經
　　　中華民國駐美機構認證，附中譯文）
　　　（一九八九、七、二十二）

二十四 —— 一、大英公司聘專家作成使用
　　　於系爭書籍之各國統計一覽表和大型
　　　統計表格之部分樣本。

二十四 —— 二、經大英公司聘專家比對、
　　　審核、修改用於系爭書籍之文章部分
　　　樣本。

二十五 —— 一、何得樂聲明書正本乙份。
　　　（一九八九、八、二十一）

二十五 —— 二、大英公司擁有著作權之『
　　　百科詳編』中有關『匈牙利』條目部
　　　分之英文原文樣本二十一頁。

二十五 —— 三、大英公司對系爭書籍中有
　　　關『匈牙利』條目部分中文初稿所作
　　　之修改（以英文所作）。

二十五 —— 四、大英公司審稿者手寫文字
　　　命加入關於『匈牙利』早期政治組織
　　　體制等資料之樣本。

二十五 —— 五、定稿後系爭書籍中有關
　　　『匈牙利』條目之樣本。

二十六 —— 一、大英公司擁有著作權之
　　　『百科簡編』中關於『匈牙利』條目

	部分之英文原文樣本。
	二十六——二、臺灣中華書局就該條目所作之初稿樣本。
	二十六——三、定稿後之『簡明大英百科全書』有關『匈牙利』條目部分之樣本。
	二十七、丹青版仿襲系爭書籍，其中有關『匈牙利』條目部分，幾乎完全相同。
	二十八——一、威廉Ｊ・波威先生出具之聲明書正本乙份。
	二十八——二、加拿大著作權執照影本六紙。
上訴理由(四) 78、9、8	二十九、張靜著「新著作權法釋論」第六十二頁影本乙份。
	三十、伯恩公約有關條文影本乙份。
	三十一、五十七年十月三日第五十四次會議依行政院會辦理資料影本乙份
	三十二、丘宏達等著「現代國際法」第一〇三頁影本。
	三十三、外交部組織法影本乙份。
	三十四、一九四七年三月二十日國會紀錄（參議院部分）（Congressional Record-Senate)第九十三卷第二部分，以及一九四八年四月十三日與五月二十五日參議院「外交關係委員會」討論紀錄影本各一份。
	三十五、「續議通商行船條約」影本乙份。

三十六、美國聯邦最高法院及上訴法院判
決影本乙份。

三十七、美國法學會「法律重述 —— 美國
之外國關係法」第五十三頁影本乙
份。

三十八、上訴人前已提呈之證物一覽表乙
份。

三十九、最高法院七十八年度臺上字第一
〇三九號判決影本乙份。

四十、經中華民國北美事務協調委員會簽
證之大陸「中國大百科全書出版社」
社長兼總編輯梅益先生出具之聲明書
正本（壹套）。

四十一、美國哥倫比亞特區執業律師 Ro-
bert W. Sacoff 聲明書正本乙份。
（經簽證；含中譯文）

四十二 大英公司執行副總裁兼財務主任
F. H. Figge, Jr. 之聲明書正本乙
份。及「中國大百科全書出版社」簽
發之收據影本乙紙。（經簽證；含中
譯文）

四十三、美國聯邦證據法部分條文影本乙
份。

四十四、「美國法典註釋」部分影本乙
份。

四十五、張靜著「新著作權法釋論」第一
九〇頁影本乙份。

訴 狀 名 稱	證 物 名 稱 （上 證）
（更）上訴理由 （三） 79. 8、9	四十六、一九八八年一月二十一日大百科全書出版社社長梅益先生致大英公司總裁 Peter Norton 先生信函影本乙件（含中譯本），及 Norton 先生宣誓書正本乙份（含中譯文）（經中華民國駐外單位北美事務協調委員會認證） 四十七、大英公司與大百科全書出版社於一九九〇年六月共同簽訂之『兩造協議書』正本乙份（含中譯文）（經中華民國駐外單位北美事務協調委員會認證） 四十八、一九九〇年七月十八日大百科全書出版社社長梅益先生簽署之第二份書面聲明正本乙份（含中譯文）（經中華民國駐外單位北美事務協調委員會認證） 四十九、臺灣高等法院七十六年度上易字第五六七二號判決，七十七年度上字第一三七四號判決及最高法院七十八年度臺上字第一〇三九號判決影本各乙份。 五十、七十八年三月八日美國紐約州南區聯邦地方法院判決影本（含中文摘譯）乙份。
（更）上訴理由 （四）	五十一、『中美友好通商航海條約』部分條文及議定書影本乙份。

79、8、30	五十二、美國著作權法第四一一條(a)項規定及執照推定效力之規定（含中譯本）影本乙份。 五十三、系爭書籍美國著作權執照影本乙份。（經中華民國外交部簽證） 五十四、臺灣臺中地方法院七十九年度訴字第六〇二號刑事判決影本乙份。 五十五、內政部『著作權註冊申請須知』第一三，一四頁影本乙份。 五十六、美國上訴法院第七巡廻法院判決摘要影本乙份。 五十七、大英公司亞洲部主任何得樂先生出具之宣誓書及附呈二件系爭書籍文章手稿。 附註：上證四十六、四十七、四十八經認證之正本於 七十九 年八月 三十 日提呈，其影本則已於七十九年八月九日附（更）上訴理由(三)提呈。

附表㈡：被上訴人所提證物一覽表

一、簡明不列顛百科全書版權頁影本。

二、簡明不列顛百科全書前言影本。

三、中國時報七十六年四月一日第二十四版吉布尼聲明報導影本。

四、自立晚報七十六年九月二十二日十版，「捉『來龍』看『去脈』——大陸版簡明不列顛百科全書出版緣由」影本。

五、美國著作權法第四〇九條第四款影本。

六、著作權法第四條前段之解釋影本。

七、法律問題研究第十四號影本。

八、游啓忠著「論中美兩國間條約協定於其國內法之地位及運作」
　　（二）影本。

九、游啓忠著「論中美兩國間條約協定於其國內法之地位及運作」
　　（四）影本。

十、游啓忠著「論中美兩國間條約協定於其國內法之地位及運作」
　　（五）上影本。

十一、民生報七十七年二月七日九版，張靜「大英」著作權官司的
　　　法律疑點，乙文影本。

十二、自立晚報七十八年一月二日十六版蕭雄淋著「由美東錄影帶
　　　官司看中美著作權談判」乙文影本。

十三、經建會法規小組：中美經貿談判有關法律問題之研究，第四
　　　三一頁影本。

十四、經建會法規小組：中美經貿談判有關法律問題之研究，第四
　　　三九頁影本。

十五、楊崇森著「考慮翻譯權談判的交換籌碼」乙文影本。

十六、蕭雄淋著「中美著作權談判專輯」第 一四〇 至 一四一 頁影
　　　本。

十七、經建會法規小組：中美經貿談判有關法律問題之研究，第四
　　　三六至四三七頁影本。

十八、外國人著作申請著作權註冊應繳書件影本。

十九、出資聘人證明書影本。

二十、施文高著「著作權法原論」第九七七頁影本。

二十一、淪陷區出版品、電影片、廣播電視節目進入本國自由地區
　　　　管理要點影本。

二十二、中華民國與美利堅合眾國間友好通商航海條約影本。

二十三、ジェスト判例百選，一九八七年版第二二九頁影本；牛田
　　　　正夫，紋谷暢男編著作權のラハウ，三一五頁影本。

二十四、美國著作權法第四〇九、四一〇、四一一條條文影本。

二十五、Melville B. Nimmer: Nimmer on Copyright. at

　　　　5-12.1, 1988. 影本。

二十六、Melville B. Nimmer: Nimmer on Copyright. at
　　　　5-18 to 20, 1988. 影本。

二十七、蕭雄淋著「著作權法逐條釋義」第三〇三頁影本。

二十八、最高法院七十一年臺上字第一九七三號判決要旨影本。

二十九、吳明軒著「中國民事訴訟法論」第五五七頁影本。

三　十、石志泉著「民事訴訟法論」第二八〇頁影本。

三十一、最高法院四十八年臺上字第一八一二號判例要旨影本。

三十二、最高法院三十一年十一月十九日決議文影本。

三十三、王甲乙等合著「民事訴訟法新論」第二三六頁影本。

三十四、最高法院三十二年上字第三一六五號判例要旨影本。

三十五、最高法院七十二年四月十九日第四次民庭會議決議影本。

三十六、司法院院字第一三五三號解釋影本。

三十七、Melville B. Nimmer: Nimmer on Copyright. ♯7.
　　　　16. B., 1989. 影本。

三十八、蕭雄淋著「一場永遠打不贏的戰爭」乙文影本。

三十九、張靜著「新著作權法釋論」第一七五至一八五頁影本。

四　十、內政部:「各國法令彙編」第一八五至一八六頁影本。

四十一、洪美華著:「論商標法上商標返似的法律問題 ── 兼論美
　　　　商在華訴權之爭議，第四九至五〇頁影本。

四十二、劉慶瑞著:「比較憲法」第二〇一頁影本。

四十三、「出版界」雜誌二十五期，第二三頁影本。

四十四、美國著作權登記執照及摘譯影本三張。

戊、重要涉外聲明與說明

行政院發表不承認香港基本法聲明

中共政權爲了接管香港，在所謂「一國兩制」的名義之下，訂定所謂的「香港特別行政區基本法」，妄圖達到其控制香港的目的。並進而以所謂「香港模式」展開對中華民國政府及人民的統戰。

中華民國政府及人民，一向關心香港同胞的安全與福祉。多年來，曾經不斷表達我們的關懷，並對願意返國定居的港澳同胞，訂定來臺投資、定居、就業、就學等各種措施，熱切期望能和香港同胞共同致力於維護香港未來的安定繁榮與建立自由民主的體制。

就此次公布的「基本法」內容來看，當初中共信誓旦旦所揚言的「港人治港」、「高度自治」，竟妄顧信譽自食其果。因此，該法一旦實施，不但剝奪了香港同胞的自由與人權，並爲香港前途帶來更大的危機。

此一完全受中共控制起草的「基本法」，顯然違反世界民主潮流及香港同胞的意願。我政府除堅決不予承認外，今後將本一貫政策，盡力協助香港同胞爭取其生活之自由、經濟之繁榮與政治之民主；設若香港未來發生任何危難，中華民國政府與人民，絕不坐視，必將以具體行動予以支援。

中共政權歷經天安門事件，已爲我全中國同胞及舉世愛好民主自由人士所共棄，尚望香港同胞與我海內外同胞心手相連，共同爲香港前途及一個自由、民主、統一的新中國繼續奮鬥。

中央日報（航空版）民國七十九年四月二十二日頁1。

中華民國政府聲明支持聯合國制裁伊拉克

中華民國八十年一月十七日

　　關於美國政府宣佈對伊拉克採取軍事行動事，中華民國政府一向支持聯合國安全理事會先後所通過十二項譴責與制裁伊拉克的決議案，堅決反對伊拉克以武力兼併科威特的侵略行為。我們認為在伊拉克峻拒國際間謀求和平解決的各項行動後，多國部隊依據聯合國安全理事會的決議所採取的軍事行動乃屬必要的舉措，同時切盼伊拉克政府及早醒悟，儘速自科威特撤軍，俾早日回復中東地區的和平與穩定。

世界日報，民國八十年一月十七日，頁7。

己、涉外統計資料

目前我國仍保有會籍的政府間國際組織

組織名稱	簡稱	創立日期	總部
1.國際稅則局	International Union for the Publication of Customs Tariffs	1891.4.1.	布魯塞爾
2.常設公斷法院①	Permanent Court of Arbitration	1899.7.29.	海牙
3.國際刑警組織②	INTERPOL	1923.9	巴黎
4.國際畜疫會	IOE	1924.1.25.	巴黎
5.國際棉業諮詢委員會③	ICAC	1939.9.5.	華盛頓
6.亞洲生產力組織	APO	1961.5.26	東京
7.亞非農村復興組織	AARRO	1962.3.31.	新德里
8.亞太理事會	ASPAC	1966.7.14.	曼谷
9.亞洲開發銀行④	ADB	1966.8.22.	馬尼拉
10.國際軍事醫藥委員會⑤	International Committee of Military Medicine	1921.7.21	列日

①常設公斷法院的行政理事會(Administrative Council)在民國六十一(一九七二)年四月六日決定在其年度報告中將略去「中華民國」及其所任命之仲裁員名字，對此事須俟一八九九年及一九○七年和平解決國際爭端公約的締約國諮商後再作決定。見美國國務院法律事務局所編之 *Treaties in Force, January 1, 1985,* Washington, D. C.: U. S. Government Printing Office, 1985, p. 278.

②國際刑警組織已於民國七十三（一九八四）年九月接納中共入會，我會籍問題正由該組織執委會研究中。

③一九六三年以China (Taiwan) 名義參加。

④亞洲開發銀行於民國七十五（一九八六）年宣佈接納中共入會，並擅自將我國改為「中國臺北」，我國已嚴重抗議，並不出席一九八七年之會議，在一九八九年在抗議下參加北平年會，一九九○年也在抗議下參加印度新德里年會。

⑤中華民國已喪失會籍，但中華民國軍醫仍得以個人身分參加其活動。見**世界日報**，紐約，民國79年5月16日，頁2。

我國至民國七十九 (1990) 年底止加入之非政府間 (民間) 國際組織分類表:

組　織　類　別	數　目	組　織　類　別	數　目
1.科技類	71	12.交通觀光類	37
2.醫藥衛生類	108	13.休閒娛樂類	25
3.農林漁牧水利類	45	14.貿易金融保險類	58
4.宗教類	61	15.工礦類	6
5.慈善福利類	12	16.工程類	36
6.教育類	21	17.研究發展訓練類及生產管理類	45
7.新聞類	16	18.能源類	8
8.文化藝術類	42	19.體育類	89
9.政治行政類	32	20.婦女童軍聯誼類	13
10.法律警政安全類	19		
11.工會類	12	總　　　　數	756

民國七十八年我國與世界各國雙邊條約協定一覽表

簽約日期: 1989年1月1日　　　　生效日期: 1989年1月1日
中文名稱: 北美事務協調委員會與在臺協會修正房舍交換使用續約書
外文名稱: Amendment #9 to the Exchange of Use Agreement of the Premises Between the CCNAA and the AIT

簽約日期: 1989年1月6日　　　　生效日期: 1989年1月6日
中文名稱: 北美事務協調委員會與美國在臺協會間工具機瞭解備忘錄
外文名稱: Memorandum of Understandings Concerning Trade in Certain Machine Tools (VRA), January 6, 1989.

簽約日期: 1989年1月6日　　　　生效日期: 1989年1月6日
中文名稱: 北美事務協調委員會與美國在臺協會間火雞肉瞭解備忘錄
外文名稱: Memorandum of Understandings Concerning Trade in Whole Turkeys, Turkey Parts, Processed Turkey Products and Whole Ducks, January 6, 1989.

簽約日期: 1989年1月16日　　　　生效日期: 1989年1月16日
中文名稱: 中泰雙邊經貿協定
外文名稱: Cooperation Agreement Between the Federation of Thai Industries and the Chinese National Association of Industry and Commerce, January 16, 1989.

簽約日期: 1989年1月26日　　　　生效日期: 1986年1月26日
中文名稱: 中美物理科學合作計畫綱領1號修定書
外文名稱: Amendment #1 to [March 10, 1987] Guidelines for a Cooperative Program in the Physical Sciences Between the AIT and the CCNAA, January 26, 1989.

簽約日期: 1989年1月26日　　　　生效日期: 1989年1月26日
中文名稱: 北美事務協調委員會與美國在臺協會間物理科學合作計畫綱領第一號追加附錄

外文名稱: Appendix No. 1 to the Guidelines for a Cooperative Program in the Physical Sciences Between the AIT and the CCNAA, January 26. 1989.

簽約日期: 1989年2月24日　　　生效日期: 1989年2月24日
中文名稱: 科技資訊交換合作計畫
外文名稱: Agreement for the Cooperation and Exchange on Science and Technology Information Between the Science and Technology Information Center, NSC and the Division of Information Services, CSIR
備　　註: 本協定係由國科會科學技術資料中心與南非工研會資訊服務處簽訂

簽約日期: 1989年3月16日　　　生效日期: 1989年3月16日
中文名稱: 北美事務協調委員會與美國在臺協會間工具機瞭解備忘錄
外文名稱: Memorandum of Understanding Between the AIT and the CCNAA Concerning Trade in Certain Machine Tools (VRA), March 16, 1989.

簽約日期: 1989年3月16日　　　生效日期: 1989年3月16日
中文名稱: 北美事務協調委員會與美國在臺協會間火雞肉瞭解備忘錄
外文名稱: Memorandum of Understanding Between the AIT and the CCNAA Concerning the Trade of Turkeys and Ducks, March 16, 1989.

簽約日期: 1989年4月7日　　　生效日期: 1988年7月1日
中文名稱: 中史 (瓦濟蘭) 手工藝技術合作協定
外文名稱: Agreement of Handicraft Technical Co-operation Between the Republic of China and the Kingdom of Swaziland
備　　註: 溯及生效

簽約日期: 1989年4月20日　　　生效日期: 1989年4月20日
中文名稱: 北美事務協調委員會與美國在臺協會間生物醫學合作計畫綱領第一號修訂附錄
外文名稱: Amendment No. 1 to Guidelines for a Cooperative Program in the Biomedical Sciences Between the AIT and

the CCNAA, April 20, 1989.

簽約日期: 1989年5月11日　　生效日期: 1989年5月11日
中文名稱: 中印（尼）交換航權協定
外文名稱: Air Services Agreement Between The Chinese Chamber of Commerce to Jakarta and the Indonesian Chamber of Commerce to Taipei

簽約日期: 1989年5月19日　　生效日期: 1989年6月16日
中文名稱: 北美事務協調委員會與美國在臺協會間視聽著作權保護及執行取締協定
外文名稱: Agreement Concerning the Protection and Enforcement of Rights in Audiovisual Works Between the CCNAA and the AIT, May 19, 1989, effective from June 16, 1989.

簽約日期: 1989年5月25日　　生效日期: 1988年10月26日
中文名稱: 中印（尼）日惹暨中爪哇農技合作協定續約
外文名稱: The Extension to the Agricultural Technical Cooperation Agreement Between the Chinese Chamber of Commerce to Jakarta and the Indonesian Chamber of Commerce to Taipei, May 25, 1989; effective retroactively from October 26, 1988.

簽約日期: 1989年6月7日　　生效日期: 1988年1月1日
中文名稱: 中荷（蘭）互免海運事業所得稅議定書
外文名稱: Protocol Between the Far East Trade Office, The Hague and the Dutch/Chinese Committee for Economic Cooperation of the Joint Business Council, The Hague, Concerning Income Tax Exemption on Shipping Enterprises, June 7, 1989, effective retroactively from January 1, 1988

簽約日期: 1989年6月12日　　生效日期: 1989年6月12日
中文名稱: 北美事務協調委員會與美國在臺協會間水壩工程設計建造之技術支援協議第三號追加附錄
外文名稱: Appendix No. 3 to the Agreement Between the AIT and

the CCNAA for Technical Assistance in Dam Design and Construction, June 12, 1989.

簽約日期: 1989年6月15日　　　生效日期: 1989年6月15日
中文名稱: 中斐 (南非) 人口發展協定
外文名稱: Agreement Between the Government of the Republic of China and the Government of the Republic of South Africa on Matters Relating to Co-operation in the Field of Population Development
備　　註: 繼續有效

簽約日期: 1989年6月16日　　　生效日期: 1989年6月16日
中文名稱: 中美視聽著作權保護與執行協定
外文名稱: Agreement Concerning the Protection and Enforcement of Rights in Audiovisual Works Between the CCNAA and AIT

簽約日期: 1989年6月19日　　　生效日期: 1989年6月19日
中文名稱: 中斐 (南非) 文化協定
外文名稱: Agreement Between the Government of the Republic of China and the Government of the Republic of South Africa Relating to Cultural Matters
備　　註: 繼續有效

簽約日期: 1989年6月20日　　　生效日期: 1989年6月20日
中文名稱: 中多 (米尼克) 農技合作協定
外文名稱: Agreement Between the Republic of China and the Republic of Dominica Concerning Cooperation on Agricultural Technology, June 20, 1989.

簽約日期: 1989年6月27日　　　生效日期: 1989年6月27日
中文名稱: 中美視聽著作權保護與執行協定
外文名稱: Agreement Concerning the Protection and Enforcement of Rights in Audiovisual Work Between the CCNAA and the AIT, June 27, 1989.

簽約日期: 1989年7月13日　　　生效日期: 1989年7月13日
中文名稱: 北美事務協調委員會與美國在臺協會關於北太平洋公海流網漁捕作業
交換信函
外文名稱: Exchange of Letters Between the AIT and the CCNAA
Regarding the High Sea Driftnet Fishing in the North
Pacific, July 13, 1989.

簽約日期: 1989年7月13日　　　生效日期: 1989年4月6日
中文名稱: 中聖（克里斯多福）農業技術合作協定延期換文
外文名稱: Amendment to Agreement of Agricultural Technical
Cooperation Between the Governments of St. Kitts and
Nevis and the Republic of China, July 13, 1989; effective
retroactively on April 6, 1989.

簽約日期: 1989年7月20日　　　生效日期: 1989年7月20日
中文名稱: 北美事務協調委員會與美國在臺協會間關於環境科學合作計畫綱領第
二項子研究專題協議
外文名稱: CPES Project No. 2, Joint Research on the Health Effects
of Arsenic Between CCNAA and AIT,

簽約日期: 1989年7月24日　　　生效日期: 1989年7月24日
中文名稱: 中約（旦）科技合作備忘錄
備　　註: 繼續有效

簽約日期: 1989年7月26日　　　生效日期: 1989年7月26日
中文名稱: 中約（旦）技術合作備忘錄
外文名稱: Memorandum Between the Republic of China and Jordan
Concerning Technology Cooperation, July 26, 1989.

簽約日期: 1989年7月27日　　　生效日期: 1989年7月27日
中文名稱: 亞東關係協會與交流協會第十四屆經濟貿易會議同意議事錄
外文名稱: Agreed Minutes of Fourteenth Round Economic and Trade
Conference Between the Association of East Asian Rela-
tions [Republic of China] and the Interchange Associ-
ation [Japan], July 27, 1989.

簽約日期: 1989年8月1日   生效日期: 1989年8月1日
中文名稱: 美國在臺協會與北美事務協調委員會稅務行政技術支援協定
外文名稱: Agreement Between the AIT and the CCNAA for Technical Assistance in Tax Administration, August 1, 1989.

簽約日期: 1989年8月22日   生效日期: 1988年11月1日
中文名稱: 中宏（都拉斯）漁業技術合作協定延期換文
外文名稱: Canje de Notas Entre la Republica de China y la Republica de Honduras Relacionadas a la Extension del Acuerdo de Cooperacion Tecnica-Pesquera
備　　註: 溯及生效: 效期五年

簽約日期: 1989年8月24日   生效日期: 1989年8月24日
中文名稱: 北美事務協調委員會與美國在臺協會間生物醫學合作計畫綱領第二號修訂附錄
外文名稱: Amendment No. 2 to Guidelines for a Cooperative Program in the Biomedical Sciences Between the AIT and the CCNAA, August 24, 1989.

簽約日期: 1989年8月24日   生效日期: 1989年8月24日
中文名稱: 北美事務協調委員會與美國在臺協會間關於北太平洋公海流網漁捕作業協定
外文名稱: Agreement Between the Coordination Council for North American Affairs and the American Institute in Taiwan Regarding the High Seas Driftnet Fishing in the North Pacific Ocean
備　　註: 效期至1990年12月31日止

簽約日期: 1989年8月29日   生效日期: 1989年8月29日
中文名稱: 國科會與瑞典自然科學研究委員會間合作協定
外文名稱: Agreement Between the Swedish Natural Science Research Council in Stockholm and the National Science Council in Taipei Regarding Scientific Cooperation, August 29, 1989.

簽約日期: 1989年9月11日 　　　生效日期: 1989年9月11日
中文名稱: 美國在臺協會與北美事務協調委員會農技合作計畫綱領修定書
外文名稱: Amendment to [January 28, 1986] Guidelines for a Cooperative Program in the Agricultural Sciences Between the AIT and the CCNAA, September 11, 1989.

簽約日期: 1989年9月28日 　　　生效日期: 1989年9月28日
中文名稱: 中阿（拉伯）印刷維護合約
外文名稱: Contract Between the China Engraving and Printing Works of the Republic of China and the Ministry of Finance for Central Administrative Service of the Dubai United Arab Emirates for the Operation and Maintenance of Saudi Government Security Printing Press in Riyadh, September 28, 1989.

簽約日期: 1989年10月3日 　　　生效日期: 1989年10月3日
中文名稱: 北美事務協調委員會與美國在臺協會間農業科學技術合作綱領第四期七項合作研究計劃撥款信函
外文名稱: Letter for the Foreign Research Grant of the Guidelines for Cooperative Program in the Agricultural Science Between the CCNAA and the AIT, October 3, 1989.

簽約日期: 1989年10月9日 　　　生效日期: 1989年10月9日
中文名稱: 中巴（拉圭）有關在巴推行農牧示範村計劃協定
外文名稱: Acuerdo Para el Establecimiento de Proyectos de Desarrollo Integrado en Asentamientos Rurales Entre la Republica de China y la Republica del Paraguay
備　　註: 效期五年

簽約日期: 1989年10月11日 　　　生效日期: 1989年10月11日
中文名稱: 北美事務協調委員會與美國在臺協會間同步輻射研究實驗室儀器購置協議附件二
外文名稱: Appendix No. 2 to the Agreement Between the CCNAA and the AIT for the Procurement of Equipment for the

Taiwan Synchrotron Radiation Laboratory, October 11, 1989.

簽約日期: 1989年10月11日   生效日期: 1989年10月11日
中文名稱: 北美事務協調委員會與美國在臺協會間農業科學合作計劃綱領換文
外文名稱: Guidelines for a Cooperative Program in the Agricultural Science Between the AIT and the CCNAA, October 11, 1989.

簽約日期: 1989年10月19日   生效日期: 1989年10月19日
中文名稱: 北美事務協調委員會與美國在臺協會間民用核能合作聯合常設委員會設置協定
外文名稱: Agreement Amending and Extending the Agreement Between the American Institute in Taiwan and the Coordination Council for North American Affairs Relating to the Establishment of a Joint Standing Committee on Civil Nuclear Cooperation
備　　註: 效期五年・英文本

簽約日期: 1989年10月20日   生效日期: 1989年10月20日
中文名稱: 中新（加坡）交換航權協定
外文名稱: Agreement on Exchange of Traffic Rights Between the Civil Aeronautics Administration of the Republic of China and the Civil Aviation Authority of Singapore

簽約日期: 1989年10月27日   生效日期: 1989年10月27日
中文名稱: 北美事務協調委員會與美國在臺協會有關海運運輸環境之瞭解
外文名稱: CCNAA-AIT Understanding on Improving the Operating Environment for Ocean Carriers, October 27, 1989.

簽約日期: 1989年11月9日   生效日期: 1989年11月12日
中文名稱: 中巴（拿馬）技術合作協定
外文名稱: Canje de Notas Entre la Republica de China y la Republic de Panama Relacionadas a la Extension del Acuerdo de Cooperacion Tecnica
備　　註: 效期二年（農技）

簽約日期: 1989年11月9日　　　生效日期: 1989年11月9日
中文名稱: 中模（里西斯）羅斯貝爾糖業公司間農業技術合作協定
外文名稱: Agreement on Agricultural Technical Cooperation Between the Trade Mission of the Republic of China to Mauritius and the Rose Belle Sugar Estate Board of Mauritius

簽約日期: 1989年12月1日　　　生效日期: 1990年1月1日
中文名稱: 北美事務協調委員會與美國在臺協會間紡織品貿易協定之瞭解備忘錄
外文名稱: Memorandum of Understanding Concerning Textile Agreement Between the CCNAA and the AIT
備　註: 至1995年12月31日失效

簽約日期: 1989年12月8日　　　生效日期: 1989年12月8日
中文名稱: 中多（明尼加）農業技術合作協定補充協議
外文名稱: Canje de Notas Entre la Republica de China y la Republica Dominicana Relacionadas a la Extension del Agregado Adicional al Acuerdo de Cooperacion Tecnica
備　註: 效期二年，自動延長

簽約日期: 1989年12月18日　　　生效日期: 1989年12月18日
中文名稱: 中宏（都拉斯）農牧技術合作協定
外文名稱: Convenio de Asistencia Tecnica y Cooperacion Agropecuaria Entre la Republica de China y la Repulica de Honduras
備　註: 效期五年

簽約日期: 1989年12月29日　　　生效日期: 1989年12月29日
中文名稱: 北美事務協調委員會與美國在臺協會間有關臺電核燃料運轉實績評估協議
外文名稱: Agreement for Cooperation Concerning Civil Uses of Atomic Energy
備　註: 1992年底失效

民國七十九年我國與世界各國雙邊條約協定一覽表

簽約日期: 1990年1月12日　　　生效日期: 1990年1月12日
中文名稱: 中阿（拉伯聯合大公國）民航協定
外文名稱: Agreement Between the Civil Aeronautics Administration of the Republic of China and the Department of Civil Aviation of Dubai United Arab Emirates on Exchange of Traffic Rights, January 12, 1990.

簽約日期: 1990年1月16日　　　生效日期: 1990年4月1日
中文名稱: 中華航空公司與泰國航空國際公司交換航權瞭解備忘錄
外文名稱: Memorandum of Understanding Between China Airlines, Ltd. and Thai Airways International Ltd.
備　　註: 效期五年

簽約日期: 1990年1月29日　　　生效日期: 1990年1月29日
中文名稱: 中斐（南非）植物品種交換辦法
外文名稱: Arrangement Between the Council of Agriculture of the Republic of China and the Department of Agricultural Development of the Republic of South Africa for the Exchange of Plant Material, January 29, 1990.

簽約日期: 1990年1月29日　　　生效日期: 1990年1月29日
中文名稱: 中斐（南非）農業科技人員暨機構合作聯繫辦法
外文名稱: Arrangement Between Agricultural Scientists and Institution of the Council of Agriculture (Republic of China) and the Department of Agricultural Development (Republic of South Africa) for Programmed Contacts and Cooperation, January 29, 1990.

簽約日期: 1990年2月5日　　　生效日期: 1990年2月5日
中文名稱: 中美有關銷售美國二百年慶國會紀念幣協定

外文名稱: Agreement Regarding the Sale of the U. S. Bicentennial Congressional Coins in the R.O.C. Between the CCNAA and the AIT

簽約日期: 1990年2月9日　　　生效日期: 1990年2月9日
中文名稱: 中印（尼）鼓勵投資合作協定
外文名稱: Memorandum of Understanding Between the Taipei Economic and Trade Office and the Indonesian Chamber of Commerce in Taipei Concerning Cooperation for the Promotion of Investment, February 9, 1990.

簽約日期: 1990年2月12日　　　生效日期: 1990年2月12日
中文名稱: 中厄（瓜多）漁技合作協定
外文名稱: Convenio de Cooperacion Tecnica Entre el Consejo de Agricultura del Yuan Ejecutivo de la Republica de China y el Ministerio de Defensa Nacional de la Republica del Ecuador
備　　註: 效期兩年・自動延長

簽約日期: 1990年2月14日　　　生效日期: 1990年4月1日
中文名稱: 中菲交換航權協議備忘錄
外文名稱: Memorandum of Agreement Between China Airlines, Ltd. and Philippine Airlines, Inc.
備　　註: 效期五年

簽約日期: 1990年3月6日　　　生效日期: 1990年3月6日
中文名稱: 中巴（哈馬群島）農技合作協定
外文名稱: Agreement on Agricultural Technical Cooperation Between the Government of the Republic of China and the Government of the Commonwealth of the Bahamas

簽約日期: 1990年3月9日　　　生效日期: 1990年3月9日
中文名稱: 北美事務協調委員會與美國在臺協會間水壩工程設計建造之技術支援

協議第四號追加附錄

外文名稱: Appendix No. 4 to the Agreement Between the American Institute in Taiwan and the Coordination Council for North American Affairs for Technical Assistance in Dam Design and Construction

簽約日期: 1990年3月9日　　　　生效日期: 1990年3月9日

中文名稱: 中多（明尼加）開發小水力發電計畫技術合作協定

外文名稱: Acuerdo de Cooperacion Tecnica Para Pequenos Proyectos Hidroelectricos Entre la Republica Dominicana y la Republica de China

備　　註: 1992年3月8日終止

簽約日期: 1990年3月12日　　　　生效日期: 1990年3月12日

中文名稱: 北美事務協調委員會與美國在臺協會間水壩工程設計建造技術支援協議附錄一之第一號修正案

外文名稱: Amendment No. 1 to Appendix No. 1 to the Agreement Between the AIT and the CCNAA for Technical Assistance in Dam Design and Construction, March 12, 1990.

簽約日期: 1990年3月15日　　　　生效日期: 1990年3月15日

中文名稱: 中瓜（地馬拉）礦業技術合作協定延期換文

外文名稱: Canje de Notas Entre la Republica de China y la Republica de Guatemala Relacionadas a la Extension del Acuerdo de Cooperacion Tecnica-Minera de Pesca

簽約日期: 1990年3月29日　　　　生效日期: 1990年3月29日

中文名稱: 中美有關流網漁捕作業科學觀察員計畫協定

外文名稱: Agreement Concerning the 1990 Scientific Observer Program Pursuant to 〔August 24, 1989〕 Driftnet Agreement, March 29, 1990.

簽約日期: 1990年4月2日　　　　生效日期: 1990年4月2日

中文名稱: 美國在臺協會與北美事務協調委員會稅務行政技術支援追加附錄（二）

外文名稱: Appendix No. 2 to the [August 1, 1989] Agreement Between the AIT and the CCNAA for Technical Assistance in Tax Administration, April 2, 1990.

簽約日期: 1990年4月9日　　　生效日期: 1990年4月9日
中文名稱: 中新（加坡）投資保證協定
外文名稱: Agreement Between the Economic Development Board in Singapore and the Industrial Development & Investment Center in Taipei on the Promotion & Protection of Investments, April 9, 1990.

簽約日期: 1990年4月9日　　　生效日期: 1990年7月8日
中文名稱: 中新（加坡）暫准通關證協定
外文名稱: Agreement Between the Board of Foreign Trade in Taipei and the Trade Development Board in Singapore for the Temporary Admission of Goods, April 9, 1990, effective on July 8, 1990.

簽約日期: 1990年4月11日　　　生效日期: 1990年4月11日
中文名稱: 美國在臺協會與北美事務協調委員會水電服務契約修定書
外文名稱: Amendment to the Utility Services Contract No. DE-SC05-84UECI200 Between the AIT and the CCNAA, April 11, 1990.

簽約日期: 1990年4月25日　　　生效日期: 1990年4月25日
中文名稱: 中菲（律賓）氣象合作協定暨合作計畫附錄
外文名稱: Agreement Between the Central Weather Bureau (Republic of China) and the Philippine Atmospheric, Geophysical and Astronomical Service Administration Concerning Scientific and Technical Cooperation, April 25, 1990.

簽約日期: 1990年4月25日　　　生效日期: 1990年4月25日
中文名稱: 中斐（濟）農技合作協定

外文名稱: Agreement Between the Government of the Republic of China and the Government of the Republic of Fiji Concerning Technical Cooperation, April 25, 1990,

簽約日期: 1990年4月25日　　　生效日期: 1990年4月25日
中文名稱: 中斐（濟）糖業合作協定
外文名稱: Agreement Between the Government of the Republic of China and the Government of the Republic of Fiji Concerning Technical Cooperation on Sugar Industry April 25, 1990.

簽約日期: 1990年6月18日　　　生效日期: 1990年7月17日
中文名稱: 中美高品質牛肉貿易協定
外文名稱: Agreement on Trade in High-Quality Beef, June 18, 1990, effective from July 17, 1990.

簽約日期: 1990年6月27日　　　生效日期: 1990年6月27日
中文名稱: 中賴（索托）農技合作協定
外文名稱: Agreement on Agricultural Technical Cooperation Between the Government of the Republic of China and the Government of the Kingdom of Lesotho

簽約日期: 1990年6月28日　　　生效日期: 1990年6月28日
中文名稱: 北美事務協調委員會與美國在臺協會間氣象學及氣象預報系統發展技術合作協定及第一號、第二號執行協定
外文名稱: Agreement Between the American Institute in Taiwan and the Coordination Council for North American Affairs for Technical Cooperation in Meteorology and Forecast Systems Development and Implementing Arrangement #1、#2

簽約日期: 1990年7月13日　　　生效日期: 1990年7月13日
中文名稱: 中美水電服務契約補充協定
外文名稱: Supplemental Agreement to Contract No. DE-SC05-84UEC

1200 Between the AIT, on behalf of the Department of Energy, and the CCNAA, on behalf of the Taiwan Power Company, July 13, 1990.

簽約日期: 1990年7月24日　　　生效日期: 1990年9月14日
中文名稱: 中奧（地利）交換航權協定
外文名稱: Agreement Concerning the Establishment of Scheduled Airlinks Between Vienna International Airport and Taipei International Airport.
備　　註: This agreement shall come into force as soon as the two Parties have notified each other that the competent authorities have taken note of it. It shall remain in force unless terminated by either Party, giving to the other three months prior notice in writing.

簽約日期: 1990年8月1日　　　生效日期: 1990年8年1日
中文名稱: 臺北經濟文化辦事處與歐洲商會互免海運事業所得稅議定書
外文名稱: Protocol on Income Tax Exemption on Shipping Enterprises Between Taipei Economic and Cultural Office, Brussels, Belgium and Eurochambres, Association of European Chambers of Commerce and Industry, Brussels, Belgium.
備　　註: Each party of this Protocol may give written notice of termination to the other party on or before June 30th in any year for this protocol to cease to be effective as from January 1st of the following calendar year.

簽約日期: 1990年8月3日　　　生效日期: 1990年8月3日
中文名稱: 中多（多米尼克）文化協定
外文名稱: Cultural Agreement Between the Republic of China and the Commonwealth of Dominica

簽約日期: 1990年8月8日　　　生效日期: 1990年8月8日

中文名稱: 中美銷售及交換技術、科學及電機資訊協定續約書
Extension to the Agreement for a Cooperative Program in the Sale and Exchange of Technical, Scientific and Engineering Information Between the AIT and the CCNAA, August 8, 1990.

簽約日期: 1990年8月20日   生效日期: 1990年8月31日
中文名稱: 中・聖文森農業技術合作協定延期換文
備　　註: 中南美司將提供外文名稱

簽約日期: 1990年8月22日   生效日期: 1989年12月12日
中文名稱: 中・索羅門群島農技合作協定續約
外文名稱: Agreement of Technical Cooperation Between the Government of the Republic of China and the Government of Solomon Islands
備　　註: 本約中英文本均經索館刪改，請注意，中英文名稱亦均有誤。

簽約日期: 1990年8月28日   生效日期: 1990年5月8日
中文名稱: 中・聖露西亞農業技術合作協定延期換文
外文名稱: Addendum to Agreement on Agricultural Technical Co-operation Between the Government of the Republic of China and the Government of St. Lucia

簽約日期: 1990年9月4日   生效日期: 1990年9月4日
中文名稱: 亞東關係協會與財團法人交流會關於雙方國際海空運事業所得互免稅捐協定

簽約日期: 1990年9月5日   生效日期: 1990年11月23日
中文名稱: 中韓航空協定修訂換文
外文名稱: Notes Exchange on Revision of the Air Transport Agreement Signed on November 14, 1986 Between the Republic of China and the Republic of Korea
備　　註: 1). The Notes were respectively signed by the ROC's foreign minister Chien Fu and the ROC's Ambassador Chul-Soo Han.

2). Three attachments are included as part of the whole revised agreement.

簽約日期: 1990年9月5日　　　生效日期: 1990年9月5日

中文名稱: 中瑞（典）互免海運事業所得稅議定書

外文名稱: Protocol on Income Tax Exemption on Shipping Enterprise Between The Taipei Trade Tourism and Information Office and The Swedish Trade Council

備　　註: Either Party to this Protocol may give a written notice of termination to the other Party or before June 30th in any year for this Protocol to cease to be effective as of January of the following calendar year.

本案各種文件存於歐三科

簽約日期: 1990年9月7日　　　生效日期: 1990年9月7日

中文名稱: 亞東關係協會・交流協會第十五屆經濟貿易會議同意議事錄

簽約日期: 1990年9月13日　　　生效日期: 1990年8月26日

中文名稱: 中華民國與巴拿馬共和國漁業技術合作協定延期換文

外文名稱: Canje de Notas Relacionado a la Extension del Acuerdo de Cooperacion Tecnica de Pesca Entre la Republica de China y la Republica de Panama

備　　註: 效期兩年

簽約日期: 1990年9月13日　　　生效日期: 1990年9月13日

中文名稱: 中法核子移轉協定

外文名稱: Agreement Between the Atomic Energy Council (AEC) and The Institut de Protection et de Surete Nucleaire (IPSN) Concerning Nuclear Transfers

備　　註: Appendex: Arrangement Between the Atomic Energy Council and the Institut de Protection et de Surete Nucleaire on Safeguards to be Applied on Materials, Nuclear Materials, Equipment and Facilities Supplied by French Industry and/or Organizations

簽約日期: 1990年9月14日　　　生效日期: 1990年9月14日
中文名稱: 中美氣象觀察契約續約書
外文名稱: Tenth Extension to Contract No. AIT-G-00151(Ionospheric Weather Observations) Between the CCNAA and the AIT, September 14, 1990.

簽約日期: 1990年9月19日　　　生效日期: 1990年9月19日
中文名稱: 中巴 (布亞紐幾內亞) 農技合作協定
外文名稱: Agreement on Agricultural Technical Cooperation Between the Government of the Republic of China and the Government of Papua New Guinea
備　　註: 效期兩年

簽約日期: 1990年9月28日　　　生效日期: 1990年1月1日
中文名稱: 中美紡品協定
外文名稱: Textile Agreement Between the AIT and the CCNAA
備　　註: 效期五年

簽約日期: 1990年9月28日　　　生效日期: 1990年4月30日
中文名稱: 中史 (瓦濟蘭) 農業技術合作協定續約
外文名稱: Extension of the Agreement on Agricutural Technical Cooperation, Signed on 30 April, 1984 and Renewed on 19 May, 1987.
備　　註: 1). The Extension is for period of three years with retrospective effect from 30 April, 1990.
　　　　 2). All the terms and conditions remain the same.

簽約日期: 1990年9月28日　　　生效日期: 1990年9月28日
中文名稱: 中美試驗花蓮土架構合作計劃
外文名稱: Cooperative Program on Hualien Soil-Structure Interaction Experiment Between the AIT and the CCNAA, September 28, 1990.

簽約日期: 1990年10月12日　　　生效日期: 1990年10月12日

中文名稱: 中華民國政府與幾內亞比索共和國政府經濟暨科技合作總協定
備　　註: 效期五年
　　　　　無英文名稱

簽約日期: 1990年10月15日　　　　生效日期: 1990年10月15日
中文名稱: 中‧貝里斯農業技術合作協定
外文名稱: Agreement on Agricultural Technical Cooperation Between the Government of the Republic of China and the Government of Belize
備　　註: 效期兩年,到期自動延期兩年

簽約日期: 1990年10月16日　　　　生效日期: (尚未生效)
中文名稱: 中多 (明尼加) 引渡條約
備　　註: 預備報行政院中

簽約日期: 1990年10月18日　　　　生效日期: 1990年10月18日
中文名稱: 中‧美環境保護合作計劃綱領及其第一項子計劃: 機動車輛排氣標準及測試步驟之技術支援
外文名稱: Guidelines for a Cooperative Program in Environmental Protection Between the American Institute in Taiwan and the Coordination Council for North American Affairs AIT-CCNAA Cooperative Program in Environmental Protection (CPEP) CPEC Project No. 1
備　　註: 本案中文名稱由北美司提供

簽約日期: 1990年10月22日　　　　生效日期: 1990年10月22日
中文名稱: 中加空運業務備忘錄
外文名稱: Memorandum on Air Services
備　　註: Signatories: 1). Henry Wang, Director, Department of North American Affairs, Ministry of Foreign Affairs. 2). John T. Clayden, Director, Canadian Trade Office in Taipei.

簽約日期: 1990年10月31日　　　　生效日期: 1990年10月31日
中文名稱: 中美紡品協定修定書
外文名稱: Amendment to the Textile Agreement Between the AIT and the CCNAA, October 31, 1990.

簽約日期: 1990年11月21日　　　　生效日期: 1990年11月21日
中文名稱: 中美有關航空物資借貸備忘錄附件五
外文名稱: Annex 5 to Memorandum of Agreement Between the AIT and the CCNAA Concerning a Loan of Aviation -Related Material From the AIT to the CCNAA, November 21, 1990.

簽約日期: 1990年11月27日　　　　生效日期: （尚未生效）
中文名稱: 中多（米尼克）引渡條約
外文名稱: Treaty of Extradtion Between the Republic of China and the Commonweath of Dominica
備　　註: This Treaty shall be ratified in accordance with the constitional processes of each Contracting Party and shall come into force upon the date on which instruments of ratification thereof have been exchanged.

簽約日期: 1990年11月28日　　　　生效日期: 1990年11月28日
中文名稱: 中美拋棄淘金研究反應器協定
外文名稱: Agreement Between the AIT and the CCNAA Abandoning in Place in Taiwan the Argonaut Research Reactor Loaned to the National Tsing Hua University, November 28, 1990.

庚、我國駐外及外國駐華機構

外國駐華使領館

大使館
(1) Apostolic Nunciature (Holy See) 教廷大使館
(2) Embassy of the Republic of Costa Rica* 哥斯大黎加大使館*
(3) Embassy of the Dominican Republic* 多明尼加大使館*
(4) Embassy of the Republic of El Salvador* 薩爾瓦多大使館*
(5) Embassy of the Republic of Guatemala* 瓜地馬拉大使館*
(6) Embassy of the Republic of Guinea Bissau 幾內亞比索共和
國大使館
(7) Embassy of the Republic of Haiti 海地大使館
(8) Embassy of the Republic of Honduras 宏都拉斯大使館
(9) Embassy of the Republic of Korea* 大韓民國大使館*
(10) Embassy of the Republic of Nicaragua 尼加拉瓜共和國大使館
(11) Embassy of the Republic of Panama* 巴拿馬大使館*
(12) Embassy of the Republic of Paraguy 巴拉圭大使館
(13) Embassy of the Republic of South Africa 南非大使館
領事館
Consulate of the Republic of Nauru 諾魯領事館
名譽總領事館或名譽領事館
(1) Honorary Consulate of Commonwealth of the Bahamas
巴哈馬名譽領事館
(2) Honorary Consulate of Cote d'Ivoire 象牙海岸名譽領事館
(3) Honorary Consulate of the Republic of Costa Rica 哥斯大黎

---

* 設有領事組者。

　　　加名譽領事館

(4) Honorary Consulate of the Republic of Guatemala
　　　瓜地馬拉名譽領事館

(5) Honorary Consulate-General of the Republic of Honduras
　　　宏都拉斯名譽總領事館

(6) Honorary Consulate of the Republic of Malawi
　　　馬拉威名譽領事館

(7) Honorary Consulate of the Republic of Nicaragua
　　　尼加拉瓜共和國名譽領事館

(8) Honorary Consulate of the Republic of Panama
　　　巴拿馬名譽領事館

(9) Honorary Consulate of Saint Lucia 聖露西亞名譽領事館

(10) Honorary Consulate-General of the Kingdom of Swaziland
　　　史瓦濟蘭王國名譽總領事館

(11) Honorary Consulate of Solomon Islands　索羅門群島名譽領事館

外國駐華官方、準官方及非官方機構

地　　區	機　　構　　名　　稱	是否接受簽證
(1) 亞洲 　印尼	Indonesian Chamber of Commerce to Taipei 印尼商會	是
日本	(Chinese/Japanese) Interchange Association, Taipei Office 交流協會臺北事務所	是，將申請書轉送日本駐香港總領事館辦理
	(Chinese/Japanese) Interchange Association, Kaohsiung Office 交流協會高雄事務所	是，將申請書轉送日本駐香港總領事館辦理
菲律賓	Manila Economic and Cultural Office 馬尼拉經濟文化辦事處	是
新加坡	Singapore Trade Office in Taipei 新加坡駐臺北商務辦事處	是
泰國	Thai Airways International, Ltd. Administration Office 泰航行政辦事處	是
	Thai Airways International, Ltd. Commercial Office 泰航商務處	
馬來西亞	Malaysian Friendship and Trade Centre 馬來西亞友誼及貿易中心	是
約旦	The Jordanian Commercial Office	是，同時接受中東

	約旦商務辦事處	沙烏地以外國家之簽證申請
帛琉	Representative of the Republic of Palau to the Republic of China 帛琉共和國駐華代表處	是
沙烏地阿拉伯	Saudi Arabian Trade Office 沙烏地阿拉伯貿易辦事處	是
(2) 歐洲 英國	Anglo-Taiwan Trade Committee 英國貿易促進會	是
奧地利	Austrian Trade Delegation, Taipei Office 奧地利商務代表團臺北辦事處	是
比利時	Belgian Trade Association, Taipei 比利時貿易協會駐華辦事處	是
丹麥	Danish Trade Organization, Taipei Office 丹麥商務辦事處	是
法國	France Asia Trade Promotion Association 法亞貿易促進會	接受商務簽證申請
	Institut Francais à Taipei (French Association for the Cultural and Scientific Development in Asia) 法國在臺協會 (法國文化科技協會駐華辦事處)	接受學生簽證申請
芬蘭	Office of Finnish Industry & Transport 芬蘭工業暨運輸辦事處	不詳
德國	German Trade Office, Taipei 德國經濟辦事處	是　商務簽證 觀光簽證
	Taipei German Cultural Center 臺北德國文化中心	是　留學簽證

希臘	Office of Representative A. H. Hellenic Organization for the Promotion of Exports (Greece) 希臘共和國外貿促進組織 駐華名譽代表辦事處	是
愛爾蘭	The Institute for Trade and Investment of Ireland 愛爾蘭投資貿易促進會	否
義大利	Italian Trade Promotion Office 義大利貿易推廣辦事處	否
荷蘭	Netherlands Trade and Investment Office 荷蘭貿易暨投資辦事處	是
挪威	Norway Trade Office, Taipei 挪威商務臺北辦事處	否
西班牙	Spanish Chamber of Commerce 西班牙商務辦事處	是 觀光、商務、學生簽證
瑞士	Trade Office of Swiss Industries 瑞士商務辦事處	是 商務簽證
瑞典	Swedish Industries Trade Representative Office 瑞典工商代表辦事處	是 商務簽證
(3) 北美洲 美國	American Institute in Taiwan, Taipei Office 美國在臺協會臺北辦事處	是，將申請書轉送美駐香港總領事館辦理
	American Institute in Taiwan, Kaohsiung Office 美國在臺協會高雄辦事處	同 上

加拿大	Canadian Trade Office in Taipei 加拿大駐臺北貿易辦事處	是
(4) 中南美洲		
巴西	Brazil Business Center 巴西商務中心	是
智利	Chilean Trade Office, Taipei 智利商務辦事處	是
厄瓜多	Commercial Office of the Republic of Ecuador in Taipei 厄瓜多駐華商務處	是，將申請書轉送 厄瓜多駐香港總領 事館辦理
墨西哥	Mexican Trade Services 墨西哥駐華商務辦事處	是
(5) 非洲		
模里西斯	The Mauritius Export Development & Investment Authority, Taipei Office 模里西斯外銷投資發展局駐華辦事處	否
(6) 大洋洲		
澳洲	The Australian Commerce and Industry Office 澳大利亞商工辦事處	是
紐西蘭	The New Zealand Commerce and Industry Office 紐西蘭商工辦事處	是
巴布亞紐 幾內亞	Office of Honorary Representative of Papua New Guinea 巴布亞紐幾內亞榮譽代表辦事處	是

我國駐外使領館

Bahamas	Embassy of the Republic of China （駐巴哈馬大使館） P. O. Box N-8325 Nassau, Bahamas Tel: 809-322-6832
Belize	Embassy of the Republic of China （駐貝里斯大使館） 3rd Fl., James Blake Bldg. Corner Hutson/Eyre Streets Belize City, Belize Tel: 2-31862
Costa Rica	Embassy of the Republic of China （駐哥斯大黎加共和國大使館） San Pedro Montes de Oca del I. C. E. de San Pedro 700 m. Sur. carretera lateral Izquierda San José, Costa Rica C.A. Tel: 248180, 248433
Dominican Republic	Embassy of the Republic of China （駐多明尼加共和國大使館） Edificio Palic, primer 1° piso Ave. Abraham Lincoln Izquierda, José Amado Soler Santo Domingo, República Dominicana Apartado 277-2 Santo Domingo Dominicana Tel: 562-5555, 562-5565
Dominica	Embassy of the Republic of China （駐多米尼克大使館） P. O. Box 56 Morne Daniel Roseau, Commonwealth of Dominica, West Indies Tel: 1385

El Salvador	Embassy of the Republic of China （駐薩爾瓦多共和國大使館） 89 Avenida Notre No. 335, Colonia, Escalón San Salvador, El Salvador C.A. Tel: 23-69-20, 23-30-36
Grenada	Embassy of the Republic of China （駐格瑞那達大使館） Archibald Avenue St. George's, Grenada West Indies Tel: 400-3054
Guatemala	Embassy of the Republic of China （駐瓜地馬拉共和國大使館） Edificio Torrecafé 12° Piso, 7a Avenida 1-20, Zona 4, Guatemala City Guatemala Tel: 324888, 324891
Guinea-Bissau	Embassy of the Republic of China （駐幾內亞比索大使館） Boîte Postale No. 66 Bissau Republica cla Guinea-Bissau West Africa via Portugal Tel: 201501, 201504
Haiti	Embassy of the Republic of China （駐海地共和國大使館） 2 Rue Canape Vert et Ruelle Riviere Port-au-Prince, Haiti Tel: 450361, 450363
Holy See	Embassy of the Republic of China （駐教廷大使館） Ambasciata Della Republic di Cina Presso la Santa Sede Piazza Delle Muse, 7 00197 Roma, Italia Tel: (06) 808-3166, 808-3278

Honduras	Embassy of the Republic of China （駐宏都拉斯共和國大使館） Colonia Palmira Avenida Republic de Panama No. 2043 Tegucigalpa, C.A. Honduras, D.C. Tel: 32-4490
Korea	Embassy of the Republic of China （駐韓國大使館） 漢城明洞二街八十三番地 #83, 2 Ka, Myung-Dong, Chung-Gu Seoul, Korea Tel: 776-2721—2725, 776-4309
	Consulate of the Republic of China （駐釜山領事館） 釜山市中區東光洞二街四番地東洋大廈六樓一室 Room 1, 6F, Dong Yang Bldg. 4 2-KA Dong-Kwang Dong Chung Ku, Pusan, R.O.K. P.O. Box 736 Tel: 246-3617, 246-5369
Lesotho	Embassy of the Republic of China （駐賴索托大使館） P.O. Box 428 Maseru 100 Kingdom of Lesotho Tel: (09266) 317870
Liberia	Embassy of the Republic of China （駐賴比瑞亞大使館） Tubman Blvd. Congo Town Monrovia, Liberia 〔Temporarily closed.〕 （因賴國內亂大使館暫時關閉）
Malawi	Embassy of the Republic of China （駐馬拉威共和國大使館）

Area 40, Plot No. 9, Capital City, Lilongwe
Republic of Malawi
Tel: 730611

Nauru	Embassy of the Republic of China
	（駐諾魯大使館）
	P.O. Box 294, Republic of Nauru
	Nauru Island-Central Pacific
	Tel: 4594

Nicaragua	Embassy of the Republic of China
	（駐尼加拉瓜大使館）
	Planes de Altamira
	Lotes #19 y 20
	Managua, Nicaragua
	Tel: 505-2-674024, 505-2-71333

Panama	Embassy of the Republic of China
	（駐巴拿馬共和國大使館）
	Apartado 4285, Panamá 5,
	República de Panamá
	Tel: 23-3424, 64-0773

Consulate of the Republic of China
（駐箇郎領事館）
Apartado No. 540, Colon
Republic de Panamá
Tel: 47-3784

Paraguay	Embassy of the Republic of China
	（駐巴拉圭大使館）
	Avenida Mariscal López No. 1043
	Casi Mayor Bullo
	Asuncion, Paraguay
	Tel: 22371, 27168

Consulate-General of the Republic of China
（駐東方市總領事館）
Casilla Postal #131
Ciudad del Este

	Republic of Paraguay
Saint Christopher and Nevis	Embassy of the Republic of China （駐聖克里斯多福大使館） Taylor's Range, Basseterre, St., Kitts West Indies Tel: (809) 465-2421
Saint Lucia	Embassy of the Republic of China （駐聖露西亞大使館） P.O. Box 690, Castries, St. Lucia, West Indies Tel: (809)45-20643
St. Vincent & Grenadines	Embassy of the Republic of China （駐聖文森國大使館） Murrys Road, St. Vincent and the Grenedines St. Vincent, West Indies Tel: (45) 62431
Solomon Islands	Embassy of the Republic of China （駐索羅門群島大使館） Lengakiki Ridge Honiara, Solomon Islands Tel: 22590, 22187
South Africa	Embassy of the Republic of China （駐南非共和國大使館） No. 1147 Schoeman St., Hatfield, Pretoria 0083 Republic of South Africa Tel: 436071-73
	Consulate-General of the Republic of China （駐開普敦總領事館） 753, 7th Floor, Main Tower, Standard Bank Centre Foreshore, Cape Town, Republic of South Africa Tel: 21-4267, 21-4268

Consulate-General of the Republic of China
（駐約翰尼斯堡總領事館）
10th Floor, Safren House
19 Ameshoff St., Braamfontein
Johannesburg 2001,
Republic of South Africa
Tel: 294334, 294335

Swaziland	Embassy of the Republic of China （駐史瓦濟蘭王國大使館） Warner Street, Mbabane Kingdom of Swaziland Tel: 42379
Tonga	Embassy of the Republic of China （駐東加王國大使館） Holomui Road, Nuku'alofa Kingdom of Tonga Tel: 21-766
Tuvalu	Embassy of the Republic of China （駐吐瓦魯大使館） P.O. BOX 842 Nuku'alofa, Kingdom of Tonga

我國駐外官方、準官方及非官方機構

Argentina 阿根廷	Oficina Comercial de Taiwan （駐阿根廷商務代表辦事處） Av. de mayo 654, 4° piso, 1084, Capital Federal Argentina Tel: 334-5581
	Centro Cultural de Taiwan, Republica de China, Buenos Aires, Argentina （駐阿根廷中華民國臺灣文化中心） Av. de Mayo 654, Piso 4, 1084 Capital Federal Argentina Tel: 307982
Australia 澳大利亞	Far East Trading Co., Pty, Ltd. （駐澳洲美爾鉢遠東貿易公司） D401, International House World Trade Center Melbourne Corner Spencer and Flinders Streets Melbourne, Victoria 3005 Australia Tel: 611-2988
	Sydney Office, Far East Trading Co., Pty, Ltd. Sydney, Australia （駐澳洲遠東貿易公司雪梨分公司） Suite 1902, Level 19 M. L. C. Center King St. Sydney, N. S. W. 2000 Australia Tel: (02) 2233207

Austria 奧地利	Institute of Chinese Culture Vienna 　(駐奧地利中國文化研究所) Stubenring, 4/III/18 A-1010, Vienna Austria Tel: 5124681-5
Bahrain 巴　林	Trade Mission of the Republic of China Manama, Bahrain 　(駐巴林中華民國商務代表團) Flat No. 1 Abulfatih Building No. 172, Block 319, Road 1906 Al-hoora Area Manama, Bahrain Tel: 292578
Belgium 比利時	Taipei Economic and Cultural Office Bruxells, Belgium 　(駐比利時臺北經濟文化辦事處) 41, Avenue des Arts 1040 Bruxelles Belgium Tel: (02)5110687
	Far East Trade Service, Inc. Branch Office in Belgium 　(遠東貿易服務中心駐比利時辦事處) World Trade Center Tower 1, 16th Fl. Boulevard Emile Jacqmain 162, 1210 Brussels, Belgium Tel: (02) 218-51-57, (02) 218-51-97
Bolivia 玻利維亞	Oficina Comercial-Consular de la Republica de China 　(中華民國駐玻利維亞商務領事辦事處) Calacoto, Calle 22 No. 7810, La Paz Bolivia Tel: 792101

Brazil 巴 西	Centro Comercial de Taipei no Brasil Sao Paulo, Brasil （駐巴西臺北商務中心） Av. Paulista, 2073-Conj. 1203 E 1204 Edificio Horsa 2 01311-Sao Paulo S. P. Brasil Tel: 285-6194, 285-6988
	Sucursal do Centro Comercial de Taipei Rio de Janeiro, Brasil （駐里約熱內盧臺北商務中心） Rua Voluntarios da Patria 45, Sala 405 CEP22, 270 Rio de Janerio-RJ, Brazil Tel:(021)2860039, (021)2662751
Brunei 汶 萊	Far East Trade and Cultural Center B. S. Begawan, Brunei Darussalam （駐汶萊遠東貿易文化中心） No. 5, Simpang 1006, Jalan Tutong, B. S. Begawan Brunei Darussalam Tel: (02)61817
Canada 加拿大	Taipei Economic and Cultural Office, Toronto （臺北經濟文化辦事處多倫多總處） 123 Edward St. Suite 805 Toronto, ONT. M5G 1E2, Canada Tel: (416)964-9213
	Taipei Economic and Cultural Office, Vancouver （臺北經濟文化辦事處溫哥華分處） 2008 Cathedral Place 925 W. Georgia Street, Vancouver B. C. V6C, 3L2 Canada Tel: 604-6894111~5

Fax: 604-689-0101

Far East Trade Service, Inc.
Toronto, Branch Office
（遠東貿易服務中心駐多倫多辦事處）
2 Bloor Street East
Suite 3315, Toronto
Ontario M4W 1A8, Canada
Tel: (416) 922-2412

Chile 智　利	Ofician Comercial de Taipei en Chile Santiago, Chile （駐智利臺北商務辦事處） La Gioconda 4222 Santiago, Chile Tel: 2282919, 2283185

Corresponsal del Sinorama
Santiago, Chile　（駐智利新聞處）
Casilla 182-D
Correo Central Santiago
Chile
Tel: 2086658

Colombia 哥倫比亞	Oficina Comercial de Taipei Bogota, D.E. Republica de Colombia （駐哥倫比亞臺北商務辦事處） Carrera 7, No. 79-75 of.501 Bogota D.E., Colombia Tel: 23554713

Denmark 丹　麥	Taipei Economic and Cultural Office, Copenhagen, Denmark （駐丹麥臺北經濟文化辦事處） Fakoner Alle 53, 5 SAL 2000 Copenhagen F Denmark Tel: (01) 197511 (01) 197696

Far East Trade Office
Copenhagen-Denmark

（駐丹麥遠東商務辦事處）
Ny Ostergade 3, 1st Fl.
DK-1101 Copenhagen, K
Denmark
Tel: 33-123505

Ecuador 厄瓜多	Oficina Comercial de la República de China （中華民國駐厄瓜多商務處） Casilla No. 9316 Sucursal-7 Quito, Ecuador Tel: 459357, 242829
	Sucursal de la Oficina Comercial de la República de China （中華民國駐厄瓜多商務處惠夜基分處） Cordova 808 y V.M. Rend on 12° Piso Guayaquil, Ecuador Tel: 303500, 310618
Fiji 斐　濟	Trade Mission of the Republic of China （中華民國駐斐濟商務代表團） 6th Floor, Air Pacific House, Corner MacArthur and Butt Sts., Suva, Fiji Tel: 315922, 315476
Finland 芬　蘭	Taipei Trade and Cultural Office Helsinki, Finland （駐芬蘭臺北貿易文化辦事處） Bulevardi 1A, 22 Helsinki 00100 Finland Tel: 358-0-6801216
France 法　國	Association pour la Promotion des Echanges Commerciaux et Touristiques avec Taiwan (A.S.P.E.C.T.) （法華經濟貿易觀光促進會） A.S.P.E.C.T.

75, Rue d'Anjou
75008 Paris, France
Tel: 44707000

Centre Asiatique de Promotion
Economique et Commerciale
Paris, France
（亞洲貿易促進會駐巴黎辦事處）
C.A.P.E.C.
3, Avenue Bertie Albrecht
75008 Paris, France
Tel: 45633354, 45637900

Germany
德　國

Asia Trade Center Tourism Bureau
Frankfurt, Federal Republic of Germany
（觀光局駐法蘭克福辦事處）
Dreieichstrasse 59
6000 Fankfurt/Main 70
Federal Republic of Germany
Tel: (069) 610743

Taipei Economic and Cultural Office
Leipzig, Federal Republic of Germany
（駐萊比錫臺北經濟文化辦事處）
Grassitrasse 12
0-7010 Leipzig
Federal Republic of Germany
Tel: 3741-7170563

Taipei Wirtschafts-und Kulturburo
Munchen, Federal Republic of Germany
（臺北經濟文化辦事處慕尼黑分處）
Tengstrasse 38/ Ⅱ
8000 München 4Q
Federal Republic of Germany
Tel: (089) 2716061

Taipei Wirtschafts-und Kulturburo
Bonn, Federal Republic of Germany
（臺北經濟文化辦事處波昂總處）

Villichgasse 17, IV. OG
5300 Bonn 2
Federal Republic of Germany
Tel: (0228) 364014-8

Taipei Wirtschafts-und Kulturburo
Hamburg, Federal Republic of Germany
（臺北經濟文化辦事處漢堡分處）
Mittelweg 144
2000 Hamburg 13
Federal Republic of Germany
Tel: 040/44 77 88

Taipei Wirtschafts-und Kulturburo
Berlin, Federal Republic of Germany
（臺北經濟文化辦事處柏林分處）
Dahlmannstrasse 23
1000 Berlin 12
Federal Republic of Germany
Tel: (030) 3242123, (030) 3232752

Taipei Trade Office
Federal Republic of Germany
（駐德國臺北貿易辦事處）
Westerdstrasse 8
D-6000 Frankfurt/M. 1.
Federal Republic of Germany
Tel: (069) 727641-2

Greece 希　臘	Taipei Economic and Cultural Office 　（駐希臘臺北經濟文化辦事處） No. 54, Queen Sophia Ave. 4th Floor, GR 115, 28 Athens, Greece Tel: 7243107-8
Hong Kong 香　港	Chung Hwa Travel Service 　（駐香港中華旅行社） 4th Floor, East Tower

Bond Centre, No. 89 Queensway
Hong Kong
Tel: 5258315-8

Hong Kong Representative
Free China Review
（自由中國評論社）
P.O. Box 33593
Hong Kong
Tel: 5-454975

Hungary 匈牙利	Taipei Trade Office, Budapest, Hungary （駐匈牙利臺北商務辦事處） Budapest VIII Rákoczi út 1-3/III. Emelet 1088 1088 Hungary Tel: (361) 251-2884
Indonesia 印度尼西亞	Taipei Economic and Trade Office Jakarta, Indonesia （駐印尼臺北經濟貿易代表處） 7th Floor Wisma Dharmala Sakti JL., Jendral Sudirman 32 Jakarta 10220 Indonesia Tel: 5703047
Ireland 愛爾蘭	Taipei Economic and Cultural Office, Dublin, Ireland （駐愛爾蘭臺北經濟文化辦事處） 1st Floor, 10-11 South Leinster Street Dublin 2 Republic of Ireland Tel: (01) 785413, 785580
Italy 義大利	Centro Commerciale Per L'Estremo Oriente Milano, Italy （駐義大利遠東貿易中心） Via Errico Petrella, 2

20124 Milano, Italy
Tel: (02) 29403319

Istituto Culturale ed Economico di Taipei
（駐義大利臺北文化經濟學會）
Via Sardegna 50 II
p. Int. 12
00187 Roma, Italy
Tel: 06-4741613

Japan 日　本	Tokyo Office, Association of East Asian Relations （亞東關係協會東京辦事處） 20-2, Shiroganedai 5-Chome, Minato-ku Tokyo 108, Japan Tel: 2-280-7811

Yokohama Branch, Tokyo Office,
Association of East Asian Relations
（亞東關係協會東京辦事處橫濱支處）
2nd Fl. Asahi-Semei Building, 60
Nihon-Ohdori, Naka-Ku
Yokohama, Japan
Tel: (045) 641-7645

Osaka Office, Association of East Asian
Relations
（亞東關係協會大阪辦事處）
4th Fl. Nichiei Building, 4-8 Tosabori
I-Chome, Nisi-Ku
Osaka, Japan
Tel: 06-443-8481—8487

Fukuoka Branch, Osaka Office,
Association of East Asian Relations
（亞東關係協會大阪辦事處福岡分處）
3rd Fl. Sun Life Building III 5-19, 2-Chome
Hakataeki
Higashi Hakata-Ku
Fukuoka, Japan

Tel: 092-473-6655—6657

Jordan 約 旦	Far East Commercial Office (駐約旦遠東商務處) P.O. Box 2023, Amman, Jordan Tel: 671530
Kuwait 科威特	Commercial Office of the Republic of China (中華民國駐科威特商務辦事處) P.O. Box 732 Hawali 32008 State of Kuwait Tel: 5339988
Lebanon 黎巴嫩	Far East Trade Service Inc., Lebanon Office, Beirut, Lebanon (遠東貿易服務中心駐黎巴嫩辦事處)
Libya 利比亞	Commercial Office of the Republic of China (中華民國駐利比亞商務辦事處) P.O. Box 6604, Tripoli, Libya Tel: 75052
Luxembourg 盧森堡	Center Dr. Sun Yat-Sen (駐盧森堡孫中山中心) 50, Route d'Esch, Luxembourg-Ville L-1470 Grand-Duche de Luxembourg Tel: 444772-4
Macao 澳 門	Taipei Trade and Tourism Office, Macao (駐澳門臺北貿易旅遊辦事處) Edificio Comercial Central 15。Ander Avenida Infante D. Henrique 60-64, Macao Tel: 306-282
Madagascar 馬達加斯加	Delegation Speciale De La Republique de Chine Antanamarivo, Republique Democratique De Madagascar (中華民國駐馬達加斯加民主共和國特別代表團) B. P. 3117, Antananarivo 101

République Démocratique de Madagascar
Tel: 216-2-34838

Malaysia 馬來西亞	Taipei Economic and Cultural Center in Malaysia （駐馬來西亞臺北經濟文化中心） 9.01 Level 9, Amoda Bldg., 22, Jalan Imbi 55100, Kuala Lumpur Malaysia Tel: 2435337, 2425549
Mauritius 模里西斯	Trade Mission of the Republic of China （中華民國駐模里西斯商務代表團） 3rd Floor, First Knitters Building c/r Mgr. Gonin & Lislet Geoffroy Streets Port Louis, Mauritius Tel: 2081996
The Netherlands 荷　蘭	Taipei Information Center, The Netherlands （駐荷蘭臺北新聞中心） Burgemeester Haspelslaan 5 1181 NB Amstelveen, The Netherlands Tel: (020)412536, (020)451470
	Far East Trade Service Inc. Branch Office in Rotterdam （遠東貿易服務中心駐鹿特丹辦事處） Room 1269 12th Fl. Beursphein 37 World Trade Center Rotterdam The Netherlands Tel: (010) 4053388
	Taipei Economic and Cultural Office The Hague, The Netherlands （駐荷蘭臺北經濟文化辦事處） Javastraat 56 2585 AR, The Hague The Netherlands Tel: (070) 3469438

New Zealand 紐西蘭	East Asia Trade Center 　(駐紐西蘭亞東貿易中心) Level 21, Marac House 105–109 The Terrace Wellington, New Zealand Tel: (04) 736474, 736475
	East Asia Trade Centre, Auckland Office 　(駐紐西蘭亞東貿易中心屋崙分處) Norwich Union Building 4th Fl. Cnr. Queen and Durham Streets Auckland, New Zealand Tel: (09) 33903
Nigeria 奈及利亞	The Trade Mission of the Republic of China Lagos, Federal Republic of Nigeria 　(中華民國駐奈及利亞聯邦共和國商務代表團) Plot 292E Ajose Adeogun St. P.B.M 80035 Victoria Island Lagos, Nigeria
Norway 挪　威	Taipei Trade Center Oslo, Kingdom of Norway 　(駐挪威臺北商務處) Eilert Sundtsgate 4/2 0259, Oslo 2, Norway Tel: 555471
Oman 阿　曼	Taipei Economic and Cultural Office 　(駐阿曼王國臺北經濟文化辦事處) P.O. Box 4536, Ruwi Muscat Sultanate of Oman Tel: 605695
Papua New Guinea 巴布亞紐幾內亞	Trade Mission of the Republic of China On Taiwan 　(中華民國駐巴布亞紐幾內亞商務代表團) P.O. Box 334 N.C.D. Papua New Guinea Tel: 212922

Peru 秘　魯	Oficina Economica y Cultural de Taipei 　Lima, Republica del Peru 　（駐秘魯臺北經濟文化辦事處） 　Av. Gregorio Escobedo No. 426 　Jesus Maria, Lima 11 　Lima, Peru 　Tel: 623544
The 　Philippines 菲律賓	Taipei Economic and Cultural Office 　in the Philippines 　（駐菲律賓臺北經濟文化辦事處） 　28th Fl., Pacific Star Building 　Sen. Gil J. Puyat Ave. 　Corner Makati Ave., Makati 　Metro Manila, the Philippines 　Tel: 8164317, 475715
Saudi Arabia 沙烏地阿拉伯	Taipei Economic and Cultural Representative 　Office in the Kingdom of Saudi Arabia 　（駐沙烏地阿拉伯王國臺北經濟文化代表處） 　P.O. Box 94393 　Riyadh 11693 　Saudi Arabia 　Tel: (01) 4881900
	Taipei Economic and Cultural Representative 　Office in the Kingdom of Saudi Arabia, 　Jeddah Office 　（駐沙烏地阿拉伯王國臺北經濟文化代表處吉達分處） 　P.O. Box 1114 　Jeddah 21431 　Saudi Arabia 　Tel: (02)6604731
Singapore 新加坡	Taipei Representative Office in Singapore 　（駐新加坡臺北代表處） 　460 Alexandra Road 　♯23-00 PSA Building 　Singapore 0511 　Tel: 2786511

Spain 西班牙	Centro Cultural y Economico, Taipei-Madrid Reino do Espna, Madrid （駐西班牙臺北經濟文化辦事處） Paseo de la Habana, 12-4° 28036-Madrid Espana (Spain) Tel: 4113463, 4113645
Sri Lanka 斯里蘭卡	Taipei Trade Mission in Sri Lanka （駐斯里蘭卡臺北商務代表團） （駐團暫時裁撤）
Sweden 瑞　典	Taipei Trade Tourism & Information Office Stockholm, Sweden （臺北商務觀光暨新聞辦事處） Wenner-Gren Genter, 4th fr Sveavagen 166, S-113 46 Stockholm, Sweden Tel: 08-7288513
Switzerland 瑞　士	Delegation Culturelle et Economique de Taipei （駐瑞士臺北文化經濟代表團） 54, Avenue de Béthusy, 1012 Lausanne, Suisse Tel: (021) 6535005 Far East Trade Service, Inc. （遠東貿易服務中心駐瑞士辦事處） Sihlguai 306 8005 Zurich, Switzerland Tel: (01) 271-7620
Thailand 泰　國	The Far East Trade Office Bangkok, Thailand （駐泰國遠東商務處） 10th Fl., Kian Gwan Building 140 Wit Thayu Road Bangkok, Thailand Tel: 2519274-6, 2519393-6

Turkey 土耳其	Taipei Economic and Cultural Office in Ankara, Turkey （駐安卡拉臺北經濟文化辦事處） Resit Galip Cod, No. 97 Gaziosmanpasa, Ankara, Turkey Tel: (04) 1367255
United Arab Emirates 阿拉伯聯 合大公國	Commercial Office of the Republic of China to Dubai, United Arab Emirates （中華民國駐阿拉伯聯合大公國杜拜商務辦事處） P.O. Box 51966 Jumeira, Dubai, U. A. E. Tel: 04-448229
United Kingdom 英　國	Majestic Trading Company Ltd. London, England （大華貿易公司駐倫敦辦事處） 5th Floor, Bewlay House 2, Swallow Place London, W1R 7AA United Kingdom Tel: (01) 629-1516-8
	Free Chinese Centre London, United Kingdom （駐英國自由中國中心） 4th Floor, Dorland House 14-16 Regent Street London, SWIY 4PH England, U.K. Tel: (071) 930-5767
United States 美　國	Coordination Council for North American Affairs, Office in the United States of America （北美事務協調委員會駐美國辦事處） 4201 Wisconsin Ave., N.W. Washington, D.C. 20016, U.S.A. Tel: (202) 895-1800

Coordination Council for North American
Affairs, Office in Atlanta
（北美事務協調委員會駐亞特蘭達辦事處）
Suite 1290, Two Midtown Plaza,
1394 West Peachtree St., N.E.
Atlanta, Georgia 30303, U.S.A.
Tel: (404) 872-0123

Coordination Council for North American
Affairs, Office in Chicago
（北美事務協調委員會駐芝加哥辦事處）
Two Prudential Plaza, 57 & 58 Floors
180 North Stetson Ave.
Chicago, Illinois 60601, U.S.A.
Tel: (312) 616-0100, 1214, 1218

Coordination Council for North American
Affairs, Office in Honolulu
（北美事務協調委員會駐火奴魯魯辦事處）
2746 Pali Highway,
Honolulu, Hawaii 96817, U.S.A.
Tel: (808) 595-6347, 6348

Coordination Council for North American
Affairs, Office in Houston
（北美事務協調委員會駐休士頓（霍斯敦）辦事處）
Eleven Greenway Plaza, Suite 2006
Houston, Texas 77046, U.S.A.
Tel: (713) 626-7445-47

Coordination Council for North American
Affairs, Office in Los Angeles
（北美事務協調委員會駐羅安琪辦事處）
3731 Wilshire Boulevard, Suite 700
Los Angeles, California 90010, U.S.A.
Tel: (213) 389-1215-18

Coordination Council for North American
Affairs, Office in Miami
（北美事務協調委員會駐邁亞密辦事處）
2333 Ponce de Leon Blvd., Suite 610

Coral Gables, FL 33134, U.S.A.
Tel: (305) 443-1897

Coordination Council for North American
Affairs, Office in New York
（北美事務協調委員會駐紐約辦事處）
801 Second Ave., 9th Fl.
New York, N.Y. 10017, U.S.A.
Tel: (212) 697-1250-54

Coordination Council for North American
Affairs, Office in San Francisco
（北美事務協調委員會駐舊金山辦事處）
No. 555 Montgomery St. Suite 501
San Francisco, CA 94111, U.S.A.
Tel: (415) 362-7680, 362-7681, 362-7683, 362-7686

Coordination Council for North American
Affairs, Office in Seattle
（北美事務協調委員會駐西雅圖辦事處）
Ste. 2410, Westin Building
2001 Sixth Ave., Seattle
Washington 98121, U.S.A.
Tel: (206) 441-4586

Coordination Council for North American
Affairs, Office in Boston
（北美事務協調委員會駐波士頓辦事處）
99 Summer St., Room 801, Boston, MA 02110
U.S.A.
Tel: (617) 737-2050

Coordination Council for North American
Affairs, Office in Guam
（北美事務協調委員會駐關島辦事處）
Suite 505, Bank of Guam Bldg.
111 Ohalan Santo Papa
Agana, Guam 96910, U. S. A.
Tel: (671) 472-5865

Coordination Council for North Amercian
Affairs, Office in Kansas City, Missouri
（北美事務協調委員會駐堪薩斯辦事處）
Penntower Office Center
3100 Broadway, Suite 1001
Kansas City, Missouri 64111, U.S.A.
Tel: (816) 531-1298, 531-1299

Venezuela 委內瑞拉	Oficina Comercial de Taiwan （駐委內瑞拉商務辦事處） Avenida Francisco de Miranda Torre Delta, Piso 4 Caracas, Venezuela Tel: 313044 339361
Zaire 薩伊共和國	Délégation de la République de Chine en République de Zaire （駐薩伊共和國代表團） 館址未定

捌、中華民國七十八(1989)年
　　至七十九(1990)年國內出
　　版的國際法及國際事務書
　　籍與論文選錄

中華民國七十八(1989)年至七十九(1990)年國內出版的國際法及國際事務書籍與論文選錄

任 孝 琦

（一）書 籍

（1）國際法與比較國際法部分

傅崐成著，**國際海洋法與漁權之爭**，臺北：123 資訊出版，一九九〇年。

黃異著，**國際海洋法論集**，臺北縣新莊市：著者出版，三民書局總經銷。

（2）國際政治與國際關係部分

王守潛著，**國際航空運送與責任賠償的問題**，臺北市：水牛出版社，一九九〇年。

王育三著，**核子時代的國際關係**，臺北市：黎明文化出版公司，一九八八年。

外交部條約法律司編，**我國與世界各國關係一覽表**，臺北市：編者出版，一九八九年。

朱松柏主編，**分裂國家的互動關係：以中韓兩國爲例**，臺北市：國際關係中心出版，一九八九年。

林碧炤著，**國際政治與外交政策**，臺北：五南圖書出版公司，一九九〇年。

杜蘅之著，**中美實質外交與其他國際法的問題**，臺北市：臺灣商務印書館出版，一九八八年。

畢英賢，趙春山，洪茂雄，王承宗，**東歐國情分析與我國對外關係**，臺北市：研考會出版，一九八九年。

蔡政文著，**國際環境與我國對外關係**，臺灣省訓團出版：一九八七年。

〔495〕

陳隆修著，**比較國際私法**，臺北市：五南圖書出版公司，一九八九年。

黃勝興著，**外國自然人的地位及國際法上立法保護之探討**，嘉義市：協同出版社，一九八七年。

（二）論　文

（1）國際法與比較法

尹章華著，「卡佛律與卡佛條款在國際交易中之法律效力」，**華岡商科學報**，第五期（一九八九年一月），頁四八七～五〇〇。

包允武著，「外人在華逾期停留問題之探討」，**警學叢刊**，第十九卷第四期，（一九八九年六月），頁六五～七〇。

芮正皋，"R. O. C. and the International Law of Development", *Area Studies*, vol. 10, No. 1, pp. 91-100.

李訓民著，「國際私法上適用外國法之理論與實務」，**軍法專刊**，第三十五卷第九期（一九八九年九月），頁二八～三八。

林享能著，「從國際法觀點論『中美北太平洋公海流刺網捕魚協定』」，**問題與研究**，第二十九卷第一期（一九八九年十月），頁一～一三。

林俊益著，「外國仲裁判斷在我國聲請承認之總檢討」，**軍法專刊**，第三十五卷第六期（一九八九年六月），頁二二～二九。

姜皇池著，「淺述專屬經濟區與海捕」，**法律學刊**，第二十期（一九八九年七月），頁二八三～三〇五。

陳光輝著，「論治海國之海上刑事管轄權」，**問題與研究**，第二十八卷第十期（一九八九年七月），頁八二～一九四。

許美玲著，「歐洲內部單一市場整合規定之法律分析」，**中興法學**，第二十九期（一九八九年十一月），頁四五～二三四。

彭塞雲著，「國家海權與海洋之研析」，**警學叢刊**，第二十卷，第二期（一九八九年十二月），頁四七～五七。

趙國材著，"The Minquiers and Ecrehos Case (France-United Kingdom) Legal Analysis of the International Court of Justice", **國立政治大學學報**，第六十期（一九八九年十二月），頁五七～七二。

藍瀛芳著，「阿拉伯聯合酋長國的新國際私法」，**法學叢刊**，第三十四卷第四期（一九八九年十月），頁三三～四三。

（2）國際政治與國際關係

朱松柏著，「現階段南北韓的互動關係」，**問題與研究**，第二十八卷第十期
　　（一九八九年七月），頁五三～六五。

林碧炤，「國際關係的新現實主義與新自由主義」，**政治學報**，第十七期（一
　　九八九年十二月），頁一二～一八。

吳玲君著，「美國的跨國公司與外交政策」，**問題與研究**，第二十八卷第十
　　一期（一九八九年八月），頁五一～六一。

吳榮義著，「從臺灣經濟發展成就談外交突破之道」，**中山社會科學**，第四
　　卷第二期（一九八九年六月），頁二六～三一。

胡志強著，「中蘇共高峰會談與我國外交政策……從彈性到務實」，**中山社
　　會科學**，第四卷第二期（一九八九年六月），頁四〇～四九。

咸炳洙著，「南北韓分裂的背景與統一問題」，**韓國研究**，第九期（一九八
　　九年），頁五五～七三。

鄒念祖著，「美國對中共的人權外交」，**問題與研究**，第二十八卷第十期（
　　一九八九年七月），頁一～一三。

連戰著，「當前國際情勢與中華民國的外交政策」，**問題與研究**，第二十八
　　卷第七期（一九八九年四月），頁一～一一。

張臺麟著，「中法關係的回顧與展望」，**中山社會科學**，第四卷第二期（一
　　九八九年六月），頁五〇～五七。

彭慧鸞著，「布希總統『局部制裁』中共的決策分析──府會共識的新考驗」，
　　問題與研究，第二十八卷第十二期（一九八九年九月），頁六九～七八。

龍舒甲著，「論蘇、日北方領土問題之爭議」，**問題與研究**，第二十八卷第
　　九期（一九八九年六月），頁七〇～八〇。

顏建發著，「當前臺灣經貿外交的發展空間及內在的限制因素」，**中山社會
　　科學**，第四卷第二期（一九八九年十二月），頁三二～三九。

蘇義雄著，「論國際恐怖行動」，**中興法學**，第二十九期（一九八九年十一
　　月），頁一～五六。

蕭曦清著，「南非的新外交攻勢」，**問題與研究**，第二十八卷第五期（一九
　　八九年），頁八一～八八。

（三）英文論文

(1) 國際法與比較法

Steindorff Ernst 著, "Das Europaische Gemeinschaftsrecht", 國立臺灣大學法律論叢特刊, (一九九〇年一月), 頁二八九～三〇七。

(2) 國際政治與國際關係

宋秉俊著, "North-South Korea Relations and the Role of the U. S." *Area Studies*, Vol. 10, No. 1 (一九八九年六月), 頁一～一三。

Armacost, Michael H. 著, "The United States in the Changing Asia of the 1990s-", *Sino-American Relations*, Vol. 15, No. 3 (一九八九年), 頁三二～四八。

Gregor, A. James 著, "U. S. China Policy and Asia Security" *Sino-American Relations*, Vol. 15, No. 2 (一九八九年), 頁九～四五。

Jing, Ru Hwai著, "Australia's Relations with Southeast Asia" *Issue & Studies*, Vol. 25, No. 5 (一九八九年五月), 頁一二三～一三六。

Lin, Yung-Io 著, "Anloga: Congressional Role and U. S. Policy", *Issues & Studies*, Vol. 25, No. 10 (一九八九年十月), 頁一一一～一三〇。

Lin, Yung-Io 著, "The U. S.-Soviet Conflict in Angola: A Historical "Knot," *Issues & Studies*, Vol. 26, No. 1 (一九九〇年一月), 頁一一八～一三一。

Lin, Yung-Io 著, "U. S. Policy Choice: Military Relations with Taipei and Peking Revisited," *Issues & Studies,* Vol. 26, No. 3 (一九九〇年三月), 頁九八～一一八。

劉必榮著, 「Taiwan-South Korea Relations: A View From Taipei 臺灣與南韓之關係: 一個來自臺北的觀點」, 東吳政治社會學報, 第十三期 (一九八九年十二月), 頁八三～九五。

Menefee, "Samuel Pyeatt, Maritime Terror in Europe and the Mediterranean, "警政學報, 第十五期 (一九八九年六月), 頁四一

七～四三三。

Menefee, Samuel Pyeatt 著, "Terrorism at Sea: The Historical Development of an International Legal Response," **警政學報**，第十五期（一九八九年六月），頁三八三～四一五。

鈕先鍾著, "Maritime strategic situation in Southeast Asia", *Area Studies*, Vol. 10, No. 2 （一九八九年十二月），頁五一一～六九。

Pfelfenberger, Werner著, "Some Reflections on the Actual State of Political Relations between the Republic of China and The Republic of Austria," *Area Studies*, Vol. 10, No. 2 （一九八九年十二月），頁二五～四三。

Steindorff Ernst 著, 「Antidumping-Verfahren der EG: **歐洲共同體反傾銷程序**」，國立臺灣大學法學論叢特刊，（一九九〇年一月），頁三〇九～三一六。

碩士論文部分

國際公法

廖文皓著，從衆議院制定臺灣關係法聽證會分析貿易對中美關係之影響，文化中美，劉伯倫。

海洋法

蔡碧琿著，**深海床之立法研究**，東吳法研，李子文。

國際經濟法

郭玉蘭著，國際私法上商品製造之人責任：**國際管轄權、定性準據法之研究**，臺大法研，馬漢寶。

鄭純惠著，**國際商務仲裁契約之研究**，臺大法研，柯澤東。

國際關係與政治

王學奮著，**中共、蘇共對澳南非洲經濟援助之比較研究**，文化政研，丁慰慈。

朴亨根著，**中共之四個現代化與其對韓國半島之影響**，政大外研，林碧炤。

沈基爕著，**國際安全局勢之研究**，政大政研，蔡政文。

邱顯清著，**美國雷根總統對南非共和國外交政策之研究**，文化研政，趙金鏞。

林明誠著，**中共對拉丁美洲的外交政策**，政大外研，金神保。

吳得源著，**國際關係衝突概念之研究**，政大外研，林碧炤。

金聖興著，**中共「獨立自主」外交政策對美、蘇運用之研究**，政戰政研，李超宗。

胡永銘著，**一九四九到一九五〇年美國對華關係：蔣公引退至韓戰爆發前夕**，政大外研，李榮秋。

陳文樟著，**美國與中共關係正常化之研究，一九六九─一九七九年**，文化大陸，兪劍鴻。

馮瑜著，**南非共和國與史瓦濟蘭王國、賴索托王國關係之研究**，文化政研，楊逢泰。

郭克嚴著，**從美蘇中（共）三角關係看一九七九年中越共戰爭**，政大外研，蘇起。

許志麟著，**抗戰勝利後中美關係惡化原因之研究**，文化中美，楊紹震。

陳敬忠著，**中共對拉丁美洲策略之研究**，文化大陸，王建勛。

張銘森著，**美國對華關係白皮書主要論點之評析**，文化中美，毛樹清。

馮鎮歐著，**中共與日本關係之發展及其影響，一九七八─一九八五年**，政戰政研，趙子祥，許介鱗。

楊建平著，**尼加拉瓜桑定主義之研究**，政戰政研，王建勛。

蔡翠蓉著，**中華民國對中日、中美關係改變之因應態度研究**，政大外研，金神保。

蘇國勤著，**美國對華外交政策：析論中美斷交經緯**，文化政研，陳岱楚。

薛美瑜著，**國際關係中統合理論之研究**，政大外研，楊逢泰。

嚴光平著，**中（中華民國）美實質外交之發展與展望，一九七九～一九八五年**，文化中美，林碧炤。

玖、國內出版之國際公法與國際私法書籍一覽表

國內出版之國際公法與國際私法書籍一覽表

甲、國際公法部分

(一)國際公法教科書

著　者	書　名	出版地及出版社	出版年份
丘宏達	現代國際法	臺北：三民書局	62
丘宏達	現代國際法問題	臺北：新紀元出版社	55
丘宏達	現代國際法基本文件	臺北：三民書局	73
史振鼎	現代國際法	臺北：幼獅文化出版社	51
左紀國	國際社會之份子	臺北：正中書局	57
朱采眞	國際法入門	臺北：啓明書局	50
何任清	國際公法綱要	臺北：臺灣中華書局	61
何　適	國際公法	臺北：臺灣商務印書館	56
李聖五	國際公法論	上海：商務書局	22
杜蘅之	國際法大綱（一，二冊）	臺北：臺灣商務印書館	60
杜蘅之	國際法之展望	臺北：臺灣商務印書館	64
杜蘅之	國際法（上・下）	臺北：文星書局	55
沈克勤	國際法	臺北：臺灣學生書局	71
周子亞	國際公法提要	上海：大東書局	37
柯澤東	國際法	臺北：華視文化事業公司	72
洪　治	國際法	臺北：弘道文化公司	66
孫滌清	國際法上自衞權	臺北：嘉新水泥公司文化基金會	66
秦綬章	國際公法	臺北：帕米爾書局	70

崔書琴	國際法（一，二冊）	臺北：	臺灣商務印書館	50
張紹軍	國際法的理論與實踐	臺北：	黎明文化事業公司	64
張道行	國際公法	臺北：	正中書局	50
許煥益	國際公法研究	臺北：	著者自印	64
陳世材	國際法學（上冊）	臺北：	精華印書館	43
陳志豪	國際法	臺北：	綜合出版社	61
陳治世	國際法	臺北：	臺灣商務印書館	79
陳振邦	國際法律常識	臺北：	明道出版社	56
陸東亞	國際法原論	臺北：	中興大學法商學院	51
陸東亞	領土管轄權成案之研究	臺北：	國家長期發展科學委員會	54
黃炳坤	當代國際法	臺北：	風雲論壇出版社	78
傳統出版社編輯部	國際公法題解	臺北：	傳統出版社	60
雷崧生	國際法講話	臺北：	中華文化出版事業委員會	44
雷崧生	國際法原理	臺北：	正中書局	70
雷崧生	國際法研究	臺北：	臺灣商務印書館	64
趙學淵	國際法	臺北：	臺灣商務印書館	64
蘇義雄	平時國際法	臺北：	三民書局	78

(二)中國與國際法

著　者	書　名	出版地及出版社		出版年份
中國國民黨中央委員會第四組	釣魚臺列嶼問題資料彙編	臺北：	中國國民黨中央委員會第四組	60
中國國際法學會	中國國際法與國際事務年報(一)(二)(三)(四)	臺北：	臺灣商務印書館	74-79
丘宏達	中國國際法問題論集	臺北：	新紀元出版公司	57
杜蘅之	國際法與中國	臺北：	聯經出版事業公司	64
杜蘅之	中美關係與國際法	臺北：	臺灣商務印書館	68

杜蘅之	西藏法律地位之研究	臺中：私立東海大學	55
杜蘅之	中美關係與國際法	臺北：臺灣商務印書館	71
杜蘅之	中美實質外交與其他國際法問題	臺北：臺灣商務印書館	77
林金莖	戰後中日關係與國際法	臺北：中日關係研究會	76
洪鈞培	春秋國際公法	臺北：臺灣中華書局	60
符　駿	南海四沙群島	臺北：世紀書局	70
陳鴻瑜	南海諸島主權與國際衝突	臺北：幼獅文化事業公司	76
陳顧遠	中國國際法溯源	臺北：臺灣商務印書館	56
董　霖	中國與國際問題論著	臺北：華岡出版社	64
湯　武	中國與國際法（四冊）	臺北：中華文化出版事業委員會	46

(三)條　約　法

著　者	書　名	出版地及出版社	出版年份
于能模	廢除不平等條約之經過	臺北：臺灣商務印書館	40
王世杰　胡慶育	中國不平等條約之廢除	臺北：蔣總統對中國及世界之貢獻叢編編纂委員會	56
丘宏達編輯	中美間有效的雙邊與多邊條約	臺北：編者自印	68
丘宏達　陳澤祥	條約新編	臺北：編著人自印	48
外交部編	中外條約輯編（初編）	臺北：臺灣商務印書館	47
外交部編	中外條約輯編（續編）	臺北：外交部	52
外交部編	中外條約輯編（一，二，三輯）	臺北：臺灣中華書局	54
外交部編	中外條約輯編（第四編）	臺北：臺灣中華書局	62
外交部編	中外條約輯編（第五編）	臺北：臺灣中華書局	66
外交部編	中外條約輯編（第六編）	臺北：臺灣商務印書館	71
外交部編	中外條約輯編（第七編）	臺北：臺灣商務印書館	75
包遵彭　吳相湘	中國近代史論叢第二輯	臺北：正中書局	47
李定一　編纂	第一冊——不平等條約與平等新約		

林　泉編	抗戰期間廢除不平等條約史料	臺北：正中書局	72
吳昆吾	不平等條約的概論	上海：上海商務印書館	22
吳昆吾	條約論	臺北：臺灣商務印書館	66
杜蘅之	中外條約關係之變遷	臺北：中華文化復興運動推行委員會	70
孫希中	條約論	臺北：文化圖書公司	47
郭子雄 薛典曾	中國參加之國際公約彙編	臺北：臺灣商務印書館	60
楊國棟	中華民國條約與協定的批准制度	臺北：臺灣商務印書館	62
葉祖灝	廢除不平等條約	臺北：正中書局	56
葉潛昭	當代日本條約的析論	臺北：臺灣中華書局	66
魏武煉	條約之廢除與國際公法上情勢變更原則爲題之探討	臺北：白雲文化事業有限公司	69

(四)海 洋 法

著　者	書　名	出版地及出版社	出版年份
王志文	海域油氣探採之法律觀	臺北：中國文化大學出版部	75
朱子芬	海洋法	臺北：正中書局	72
汪威錞	人工島在國際法上的地位	基隆：海洋學院海洋研究所	68
汪德培編譯	國際海上避碰規則	臺北：交通部交通研究所	不　詳
侯木仲	國際海洋法	臺北：環球書局	71
馬英九	從新海洋法論釣魚臺列嶼與東海劃界問題	臺北：正中書局	75
兪寬賜	從國際法觀點研究大陸礁層	臺北：東吳大學出版社	64
黃　剛	中華民國的領海及其相關制度	臺北：臺灣商務印書館	62
黃　異	海底礦物法	基隆：海洋學院研究所	70
黃　異	公船法律地位	基隆：海洋學院研究所	72
黃　異	國際法上船舶國籍制度之研究	臺北：文笙書局	74

傅崐成	國際海洋法與漁權之爭	臺北：	123資訊有限公司	79
楊敏華	國際海洋法——經濟領域於漁業資源之研究	基隆：	海洋法學研究所	75
楊樹澤	國際海上避碰規則與當值	臺北：	國立編譯館	78
雷崧生	海洋法	臺北：	中華書局	53
劉承漢	國際海洋	臺北：	交通部交通研究所	不　詳

(五)航空太空法

著　者	書　名	出版地及出版社		出版年份
卞夷年	民航空運新論	臺北：	黎明文化事業公司	74
吳子丹	太空法律地位之研究	臺北：	嘉新水泥公司文化基金會	57
邵玉銘主編	奪機投誠與政治庇護	臺北：	亞洲與世界社	72
洪德旋	劫機之防制與立法	臺北：	東大圖書公司	77
洪慧珠	劫機行為之國際法研究	臺北：	臺灣商務印書館	76
劉承漢　蔡喆生	民用航空法論	臺北：	中國交通建設學會	43
劉清波	太空法	臺北：	華年出版社	51
劉鐵錚	航空法論文選輯	臺北：	政大法研所	74
劉鐵錚	航空法論文選輯	臺北：	政大法研所	76
龍武威編 譚亢凱校	民用航空法規彙編	臺北：	五洲出版社	61
甄克士（C. W. Jenks） 雷崧生譯	太空法	臺北：	臺灣商務印書館	57

(六)引　渡　法

著　者	書　名	出版地及出版社		出版年份
洪應灶	引渡法概論	臺北：	著者自印	46
陳榮傑	引渡之理論與實踐	臺北：	三民書局	74

(七)人 權

著 者	書 名	出版地及出版社	出版年份
中國人權協會 編	人權論文選輯	臺北: 中國人權協會	71
中國人權協會 編	人權法典	臺北: 中國人權協會	71
張乃維	國際法上人權與其保障問題	臺北: 臺灣商務印書館	68
陳文敏	人權在香港	香港: 廣角鏡出版社	79
黃正銘	中國人在英美各國的法律地位	臺北: 臺灣商務印書館	59
黃金鴻	英國人權六十案	臺北: 聯經出版事業公司	79
謝福助	個人在國際法上之地位	臺北: 正中書局	66
蓋伊・古德溫吉耳 (Guy S. oo win-Gill) 王福邁譯	國際法與難民	臺北: 正中書局	79

(八)國際法院

著 者	書 名	出版地及出版社	出版年份
黃武智	國際法院法官顧維鈞之個別意見與反對意見 (1957-67)	臺北: 私立東吳大學中國學術著作獎委會	63
張永恆	國際法院一訴訟案與諮詢意見案	臺北: 正中書局	66
陳治世	國際法院	臺北: 臺灣商務印書館	72
雷崧生	國際法院成案	臺北: 正中書局	57

(九)戰爭與中立法

著　者	書　名	出版地及出版社	出版年份
黃正銘	戰時國際公法	臺北：天聲出版社	55
雷崧生	日內瓦法典	臺北：臺灣中華書局	53
鄭　斌	戰時國際法	臺北：臺灣商務印書館	64
劉大文　發行	第二次世界大戰中華民國暨同盟國審判世界戰犯實錄	臺北：聯經新聞資料出版社	63
劉青雷	現代國際關係中的中立與不結盟	臺北：幼獅文化事業公司	73
Michael Howard 錢懷源譯	戰爭與和平之研究	臺北：黎明文化事業公司	65
L. F. L. Oppenheim 岑德彰譯	奧本海國際法戰爭與中立	臺北：臺灣商務印書館	59
Adolf Boelling Overweg 俞叔平譯	化學兵器與國際公法	臺北：中國法學編譯社	66
Tedder 謝力中譯	空權與戰爭	臺北：中華文化出版事業委員會	46
Quincy Wright 毛如升　金善增譯	戰爭與和平	臺北：臺灣商務印書館	58

(十)國際法專論集

著　者	書　名	出版地及出版社	出版年份
王聿修等	紀念崔書琴先生政治學術論文集	臺北：中華叢書委員會	47
丘宏達	關於中國領土的國際法問題論集	臺北：臺灣商務印書館	64
張彝鼎	國際法論集	臺北：亞洲與世界社	75
陳治世	國際法論叢	臺北：漢苑出版社	67
黃正銘	黃正銘法政論文集	臺北：臺灣商務印書館	61
黃　異	國際海洋法論叢	臺北：輔仁大學法學叢書	79

| 雷崧生 | 國際法論叢 | 臺北：臺灣商務印書館 | 47 |

(十一)名著譯述

著　者	書　名	出版地及出版社	出版年份
美國法學會編 (The American Law Institute) 趙國材譯	對外關係法	臺北：司法院印行	77
布萊爾利（J. L. Brierly) 吳允祥 羅龍譯	平時國際法	臺北：中華文化事業出版社	48
寺田四郎著 韓逋仙譯	國際法學界之七大家	臺北：臺灣商務印書館	52
柏萊爾利（J. L. Brierly) 潘一德譯	國際法與國際機構	香港：華國出版社	39
依格爾頓 (Clyde Eagleton) 姚竹修譯	國家責任論	臺北：臺灣商務印書館	55
格老秀斯 (H. Grotius) 岑德彰譯	國際法典	臺北：臺灣商務印書館	66
孔慈（Kunz) 王學理譯	變動中之國際法（上・ 下)	臺北：臺灣商務印書館	60
盧麟斯 (Lawrence) 鐘建閎譯	國際公法要略	臺北：臺灣商務印書館	56
麥克杜格等著 雷崧生譯	世界公共秩序論集	臺北：臺灣商務印書館	62
奧本海（L. F. L. Oppenheim) 岑德彰譯	奧本海國際法（上・下)	臺北：臺灣商務印書館	66
鮑烈帝斯 但蔭蓀譯	國際法之新趨勢	臺北：時代文化出版社	55
韋雪爾 雷崧生譯	國際公法之理論與現實	臺北：臺灣商務印書館	64
魏納雷維 王紹堉　王震南譯	當代國際法論	臺北：陽明管理及發展中 心出版	72

乙、國際私法部分

(一)國際私法論著

著　者	書　名	出版地及出版社	出版年份
李訓民	國際私法專題研究(一)	臺北：文翔圖書公司	74
何　適	國際私法	臺北：聯合書店	53
何　適	國際私法研究	臺北：臺灣商務印書館	58
何　適	國際私法釋義	臺北：著者發行	75
阮毅成	國際私法論	臺北：臺灣商務印書館	59
周敦禮	國際私法新論	臺北：文星書局	54
洪應灶	國際私法	臺北：中華文化出版事業委員會	45
洪應灶	國際私法	臺北：中國文化大學出版部	69
馬漢寶	國際私法總論	臺北：著者自印	71
馬漢寶	國際私法論文選輯	臺北：五南出版社	73
馬漢寶先生六秩華誕祝賀論文集編輯委員會	法律哲學與國際私法	臺北：五南出版社	75
高鳳仙	中美離婚法之比較研究	臺北：臺灣商務印書館	74
梅仲協	國際私法新論	臺北：三民書局	71
陸東亞	國際私法	臺北：正中書局	56
陳隆修	美國國際私法新理論	臺北：五南出版社	76
陳隆修	國際私法管轄權評論	臺北：五南出版社	75
陳隆修	國際私法契約評論	臺北：五南出版社	75
曾陳明汝	國際私法原理	臺北：著者發行	78
曾陳明汝	國際私法專論	臺北：著者發行	65

(二)國　籍　法

(三)移民與簽證法規

黃正銘	中國人在英美各國的法律地位	臺北：臺灣商務印書館	59
黃茂清	如何申請美國簽證	臺北：作者自印	74
梁開天	透視美國簽證	臺北：美國教育出版社	75

(四)國際買賣

著　者	書　名	出版地及出版社	出版年份
王仁宏	信用狀與其他國際貿易付款方法	臺北：正中書局	70
梁滿潮	國際貿易買賣公約與實務	臺北：著者自印	70
鄭炎生	國際買賣之研究	臺北：著者自印	53
鄭炎生	國際買賣糾紛及解決原則	臺北：著者自印	59
鄧越今	國際商品買賣契約法	臺北：三民書局	74

(五)商務仲裁

著　者	書　名	出版地及出版社	出版年份
中華民國商務仲裁協會	商務仲裁法規彙編	臺北：中華民國商務仲裁協會	78
中華民國商務仲裁協會	商務仲裁論著彙編(一，二，三冊)	臺北：中華民國商務仲裁協會	77
劉鐵錚	論商務仲裁之國際立法	臺北：中央文物供應社	73

(六)國際私法譯述

著　者	書　名	出版地及出版社	出版年份
〔無作者〕	日本國際法有關法規	臺北：內政部	77
〔無作者〕	南非共和國公民法	臺北：內政部	78
〔無作者〕	德國國籍法	臺北：內政部	78
美國法律學會 劉鐵錚譯	國際私法	臺北：司法院印行	75

索　引

索　引

一 般 索 引

國名，地名索引

人 名 索 引

二十畫(蘇)

法 令 索 引

國際條約、協定或文件索引

〔533〕

五畫（世、加、北）

六畫（危、有）

七畫（伯、泛）

八畫（和、拉、東、波）

九畫（俄、保、威、建、美）

重要判決案例索引

〔536〕

稿　　約

　　中國國際法與國際事務年報為一份專門討論國際法、國際問題、及我國涉外事務等問題的學術性刊物。本年報除刊登中國國際法學會會員的著述外，亦歡迎外稿。來稿請遵照下准規定撰寫。

一、所有引註均須詳註出處；如引註係轉引自其他書籍或論文，則須另予註明，不得逕錄引註之註解。

二、須書寫於中文稿紙上；如有可能請用單頁橫寫稿紙。

三、無論在正文或註解中，凡書籍、雜誌、報紙之名稱均須加書名號（﹏﹏；如為西文著作，則在書名下劃一橫線），文章名加引號（「　」；如為西文著作，則加＂　＂標記）。

四、所有註解均列於正文之後，註解格式如下：

　　㈠專書

　　　⑴中文書籍：作者名，書名，出版地，書局，民國××年，頁×～×。

　　　⑵西文書籍：Author's Name, Books Name, Place of Publicatlon, Publisher,Year, pp. ×—×。

　　㈡論文

　　　⑴中文論文：作者名，「篇名」，雜誌名，×卷×期（民國××年×月），頁×～×。

　　　⑵西文論文：Author's Name,"Article's Name,"Journal's Name, Vol. ×, No.×(Year), pp. ×—×。（如有必要須加註月份或日期）

　　㈢報紙

　　　⑴中文報紙：作者名，「篇名」，報紙名，民國×年×月×日，第×版。（如為一般性新聞報導，可略去作者名和「篇名」。）

(2)西文報紙: Author's Name, "Article's Name," News
　　Paper's Name, Date, p.×。

㈣第一次引註須註明出處之完整資料（如上）；第二次以後之引
　　註有兩種格式：(1)作者名，書名（或「篇名」，或特別註明之
　　「簡稱」），前引註○，頁×～×；(2) 如全文中僅引該作者之
　　一種作品，則可更為簡略——作者名，前引註○，頁×～×。
　　（西文作品第二次引註原則與此同）。

㈤所有本文中註解的號碼，均放在標點之內（如：並簽署蒙地維
　　多宣言㊿，）。

五、來稿一律須經本年報敦請之專家審查通過，必要時並得予修改、
　　潤飾，唯改稿於刊登前必先送請投稿人核對。來稿一經發表，當
　　酌贈稿酬及該期年報二冊。

六、來稿請寄

PROFESSOR HUNGDAH CHIU
UNIV. OF MARYLAND LAW SCHOOL
500 WEST BALTIMORE STREET
BALTIMORE, MARYLAND 21201-1786
U. S. A.

電話：美國 (410)328-7579　或 (410)328-3870 杜芝友女士
傳真機 (FAX)：美國 (410) 328-4045 或 (410) 992-1495
來稿也可先與本年報編輯趙國材教授（政大外交系）、法治斌教
　　授（政大法律系）、傅崑成教授（臺大法律系）、林碧炤教授
　　（政大國關中心）或馬英九博士（行政院大陸委員會）聯絡再轉
寄總編輯。

中國國際法與國際事務年報 第五卷
（民國七十八至七十九年）

精裝本基本定價十二元
平裝本基本定價十　元

編 著 者	中 國 國 際 法 學 會 中國國際法與國際事務年報編輯委員會
責任編輯	梁 永 麗
發 行 人	張 連 生
出 版 者 印 刷 所	臺灣商務印書館股份有限公司

登記證：局版臺業字第0836號
臺北市10036重慶南路１段37號
郵政劃撥：0000165-1號
電話：(02)3116118・3115538
傳眞：(02)3710274

中華民國八十一年三月初版第一次印刷

ISBN 957-05-0445-5（精裝）　　　　　56675
ISBN 957-05-0446-3（平裝）

ISBN 957-05-0446-3　(579)

00450

9 789570 504460